《上市公司环境绩效评估报告（2017年）》

编 委 会

上市公司环境绩效评估报告（2017 年）

China's Listed Company Environmental Performance Assessment Report 2017

李晓亮 张 炳 葛察忠 王 琪 贾 真 等著

中国环境出版集团·北京

图书在版编目（CIP）数据

上市公司环境绩效评估报告. 2017 年/李晓亮等著.
—北京：中国环境出版集团，2019.12
ISBN 978-7-5111-4242-9

Ⅰ. ①上… Ⅱ. ①李… Ⅲ. ①上市公司—企业环境管理—企业绩效—评估—研究报告—中国—2017
Ⅳ. ①F279.246②X322.202

中国版本图书馆 CIP 数据核字（2019）第 292816 号

出 版 人　武德凯
责任编辑　陈金华　曹　玮
责任校对　任　丽
封面设计　彭　杉

出版发行　中国环境出版集团
（100062　北京市东城区广渠门内大街 16 号）
网　　址：http://www.cesp.com.cn
电子邮箱：bjgl@cesp.com.cn
联系电话：010-67112765（编辑管理部）
010-67113412（第二分社）
发行热线：010-67125803，010-67113405（传真）
印　　刷　北京中科印刷有限公司
经　　销　各地新华书店
版　　次　2019 年 12 月第 1 版
印　　次　2019 年 12 月第 1 次印刷
开　　本　787×1092　1/16
印　　张　22.75
字　　数　435 千字
定　　价　78.00 元

中国环境出版集团郑重承诺：

中国环境出版集团合作的印刷单位、材料单位均具有中国环境标志产品认证；
中国环境出版集团所有图书“禁塑”。

目　录

图目录

表目录

第1章 概 述

企业环境绩效评价是评估相关市场主体环境守法水平、绿色发展程度的重要任务，也是推进和完善企业环境信用评价、完善绿色金融制度的重要基础性工作，而上市公司是我国国民经济的主力军，是环境政策优先试用对象和生态文明建设创新引领者，也是污染排放重要贡献者。所以，以上市公司为主体完善企业环境绩效评价理论体系和技术方法，开展系统全面评价实践工作，对于进一步完善我国企业环境管理、促进提升企业环境守法与绿色创新水平、构建有利于绿色创新的制度体系与市场机制、进而为生态文明建设提供持久不竭的动力具有重要意义。

1.1 上市公司环境管理的重要性

人类生存的空间及其中可以直接或间接影响人类生活和发展的各种自然因素统称为环境。通常按环境的属性，将环境分为自然环境和人文环境。自然环境，通俗地说，是指未经过人类的加工改造而天然存在的环境，是客观存在的各种自然因素的总和。[①]人类生活的自然环境，按环境要素又可分为大气环境、水环境、土壤环境、地质环境和生物环境等。本研究主要关注的是企业同其所处自然环境的关系。

环境质量已经成为当今社会发展的一个重要课题。习近平总书记指出：“我们既要绿水青山，也要金山银山。宁要绿水青山，不要金山银山，而且绿水青山就是金山银山。”然而，我国的环境污染，尤其是城市空气污染十分严重。《2017中国生态环境状况公报》显示，当前我国城市面临严重的空气污染问题。2017年，全国338个地级及以上城市中，有239个城市环境空气质量超标，占所有城市的70.7%。338个城市发生重度污染2 311天次、严重污染802天次，以$PM_{2.5}$为首要污染物的天数占重度及以上污染天数的74.2%。

---

① 冯平. 论环境保护与可持续发展. 广东化工，2013（6）.

从463个城市（区、县）的降水监测结果来看，出现酸雨的城市比例为36.1%，酸雨频率平均为10.8%[①]。显然，在当前严峻的环境形势下，采取措施改善环境质量极其迫切。

党的十九大报告中指出，“要提供更多优质生态产品以满足人民日益增长的优美生态环境需要着力解决突出环境问题，提高污染物排放标准，强化排污者责任，健全环保信用评价、信息强制性披露、严惩重罚等制度。”可见国家已经把解决环境问题摆在了突出的位置，不但设定了环境改善的总体目标，而且指明了实现的方向。污染物的源头控制是实现环境改善最为重要的环节；在诸多污染源当中，工业企业又是最为主要的部分，因此，实现改善生态环境的目标，强化对企业环境行为的监管，尤其是企业废水、废气等污染物的排放的监管，是贯彻落实十九大报告精神的必然要求。

中国企业环境管理的发展大体经历了3个阶段[②]：

第一阶段，从中华人民共和国成立初期到改革开放前。在这一阶段，企业的职能就是在政府的计划下搞生产，无须考虑环境问题。那时候根本就没有企业知道环境管理为何物。

第二阶段，从改革开放到20世纪90年代中期。在这一阶段，政府部门已经意识到治理工业污染的重要性，并制定发布了不少污染控制的法律法规，只是执行情况差强人意。一方面，企业多是在完全被动的情况下接受管理，主观不情愿，钻法律空子的情况很多；另一方面，出于财政收入的考虑，一些地方政府执法不严、纵容污染。在这个阶段，企业的环境管理基本上只是挂在嘴边，缺乏真正的行动。

第三阶段，从20世纪90年代中后期至今。在这一阶段，工业污染已经到了非治不可的境地，政府态度相当坚决，并对污染企业实施“关停并转”使企业不得不采取切实措施加强管理、控制污染，一些企业才开始正视环境管理的问题。

在探讨上市公司的环境管理的重要性前，有必要先从一般意义上分析企业环境管理的必要性：

（1）从宏观层面看，环境管理是构建“人类命运共同体”、推进全球可持续发展、完善全球治理体系变革的内在需要。我国企业环境管理的发展完善，是推进绿色发展、完善全球治理的切实行动，顺应了全球治理体系变革的内在要求，彰显了同舟共济、权责共担的命运共同体意识。

（2）同发达国家现存的差距，逐渐倒逼我国企业环境管理实践的探索。发达国家的企业环境管理实践起步较早，渐趋成熟，形成了较为完备的体系。企业环境管理的有效实践所释放的巨大红利已在发达国家得以印证。党的十八大以来，随着生态文明建设的稳步推进，企业环境管理的构建、完善就显得尤为必要。与此同时，借助“一带一路”

① 参见 http：//www.mee.gov.cn/。

② 援引郭沛源《中国企业环境管理的新展望》中观点。郭沛源是清华大学管理学博士，资讯网站商道纵横的创建人之一。

建设，我国企业环境管理的探索实践亦可为其他发展中国家提供先进经验与参考。

（3）国家治理的必然要求，改革开放以来，随着我国工业经济的突飞猛进，环境治理压力日益凸显。企业环境管理，是我国环境治理的终端和关键一环。从产业分布状况来看，我国是制造业大国，工业企业数量众多，火电、钢铁、煤炭等重污染行业占据了相当高的比例，且污染物排放规模巨大，如果不能有效进行环境管理，将对环境带来巨大的威胁；从环境执法情况来看，环境政策效果的实现依赖于基层的充分落实。如果实施效果不佳，不仅不能达到既定的目标，还有可能诱发企业的寻租行为，导致资源配置的扭曲和环境质量的进一步恶化。因此，要实现国家环境建设的目标，需要对企业环境管理行为进行有力的监督和治理，遏制企业的环境违法行为。加快企业环境管理步伐，不仅是建设美丽中国的内在需要，也有利于助推乡村振兴；同时，企业环境管理的日益完善，也有利于推动我国绿色金融的发展。

（4）从企业自身层面看，企业环境管理既是企业社会责任感的践行，一定程度上也有利于提升企业经济效益。企业对自身排污状况进行有效管理、公开，以及践行环境保护行动，是企业社会责任感的体现。企业承担环境保护的社会责任，本是一件天经地义的事情，但是由于认识的模糊和企业社会责任感的长期缺失，以及现今我国对企业的责任约束还没有一个权威有力的法律条文或规章，于是，要么企业巧借责任追求广告效应，要么环境责任事件此起彼伏。其实，企业投入人力、物力于环境管理中，从长远看，有利于完善企业形象，甚至有利于提升品牌效应，进而提升企业经济效益。已有诸多实践表明，企业主动践行社会责任、纳入环境管理工具、开展环境管理工作，能够实现经济效益、环境效益和组织管理效益的多赢。总之，企业承担起环境保护社会责任，是推动社会进步，维护社会和谐、生态和谐的必然要求[1,2]。

而对于上市公司来说，环境管理更有其特殊重要意义：

（1）国家环境治理以及上市公司监管的必要。重点排污上市公司清单中，采矿、冶炼、化工、造纸、电力等传统行业占较大比重，对上市公司的环境管理既有利于试点探索，也对环境治理成效贡献显著；同时，也有利于加强对上市公司的监管。

（2）上市公司进行企业环境管理，是践行社会责任的有力体现，彰显了公司的优良形象；同时，进行社会责任投资可以改善上市公司的声誉，进而可能会影响其股价甚而改善融资生态。

（3）某种程度上，可以刺激技术创新。上市公司往往可以调配更多的资源，具备更好的企业生态。环境管理前期虽然以投入资本为主，但随着管理水平的提升、公司企业形象和声誉的改善、排污状况的梳理，公司生产技术也会经过螺旋式上升的过程。

（4）有利于增强上市公司的合规意识。目前，大多上市公司的规范意识和风险意识不足，违法违规事件时有发生，个案风险比较突出。部分企业内部治理规范性较差，对规范运作认识不足、行动不实。尤其在经济下行压力加大、企业发展面临困难的情况下，违法违规运作问题突出，如财务造假、资金占用、违规减持等。部分上市公司股东风险管控不力，期限错配过度负债，股票质押面临平仓或个人债务到期无法清偿，对市场流动性造成冲击。尽管部分个案已经成功处置，但后续风险依然不容忽视。

1.2 构建企业环境绩效指标体系的重要性

企业环境绩效关系到经济增长、生态环境和居民健康等一系列问题。大气和水污染会对人体健康造成严重的危害，显著增加心肺疾病、消化系统疾病的发病率和死亡率，提高医疗成本，降低居民的社会福利。同时，健康水平的下降导致人力资本的流失和工作效率的下降，最终会影响经济的可持续发展。随着数量和生产规模不断扩大，企业成为污染物排放的非常重要来源，给企业环境监管和治理工作带来了新的挑战。因此，我们需要对企业的环境绩效有全面综合的了解，并在此基础上进一步通过经济和政治手段开展企业的环境管理工作。

当前我国在污染监管方面的力度逐年加强，形成了包括排污许可、监督性监测、环境违法处罚以及在线监测等在内的多种环境监管措施和数据，但是如何通过这些环境监管措施和数据评价企业的环境绩效却依然存在很多问题：首先，不同数据存在判别标准不一致的现象。以监督性监测和在线监测为例，经统计分析，废水国控企业、废气国控企业以及污水处理厂分别有29.33%、37.00%以及31.11%的排口因子排放两套数据使用排放标准不一致，这会导致同一时间、同一排口在不同的系统内是否达标可能存在矛盾[3]；此外，不同的监管数据分别从不同的角度反映企业的环境绩效水平，如果从多个角度综合使用不同的监管数据来评价企业的环境绩效可以得到更加全面、合理的结果。但是目前国内有关综合评判企业环境绩效评价的研究却相对较少。在政策的制定和执行层面上，通过综合评价企业的环境绩效表现可以了解不同地区、不同特性企业之间的环境绩效差异，并进一步探究差异的形成原因，运用经济手段和行政手段引导企业的环境行为，同时也为环境政策执行和监管行为提供信息支持[4]。

目前我国的环境监管数据质量逐步提升，且可通过企业基本信息实现互相匹配。一方面，我国的环境监管体系建设愈加完善，覆盖范围逐步扩大，数据质量稳步提升。以在线监控为例，国控重点污染源基本上已经实现了在线监控设备全覆盖和全部联网，大量省控、市控污染源和重点排污单位已经或正在纳入在线监控范围，并逐步与生态环境部门联网。另一方面，不同的监管体系均对企业名称、社会信用代码、组织机构代码等基本信息进行了记录，确保不同体系之间企业可以得到有效匹配，保证了这一研究的可行性。

有效利用这些数据为环境监测、监察和其他环境管理服务，需要分别对排污许可、监督性监测、环境违法处理和在线监测数据进行系统、完整的分析，并结合相关研究和现实情况构建企业环境绩效评价指标体系[3,5]。这一工作可以综合评价企业的环境绩效水平，可以帮助监管部门锁定重点监管对象，同时也可以促进企业综合提高各方面的环境表现，因此对于提高监管效率，进一步促进企业环境表现的改善很有必要。

1.3　当前研究进展及存在的问题

随着区域经济的不断发展，全国各区域的环境问题日益严重，以雾霾天气、水污染为代表的环境污染问题直接影响了人们的生产和生活。放眼全球，环境保护已经成为人们倡导的主流，环境问题受到了前所未有的关注。①

尽管我国在污染控制方面的监管力度逐年加强，但是超标排放现象依然严重。2014—2016 年的统计数据显示，近年来环境保护部门查处的行政处罚案件数量在不断上升，以 2016 年为例，全国共立案查处环境违法案件 13.78 万件，下达行政处罚决定 12.47 万份，罚没款数额总计 66.33 亿元，分别比 2015 年增长了 34%、28%和 56%；②全国实施按日连续处罚、查封扣押、限产停产、移送行政拘留、移送涉嫌环境污染犯罪案件共 22 730 件，同比增长 93%。2017 年第一季度，按日连续处罚案件共 224 件，同比上升 54%，罚款数额达 26 375 万元；查封扣押案件 2 190 件，同比上升 229%；限产停产案件 1 228 件，同比上升 308%；移送行政拘留 958 起，同比上升 206%；涉嫌犯罪移送公安机关案件 387 起，同比上升 46%（图 1-1）。有关部门需采取更加有效的手段，进一步遏制环境违法行为的增长态势。

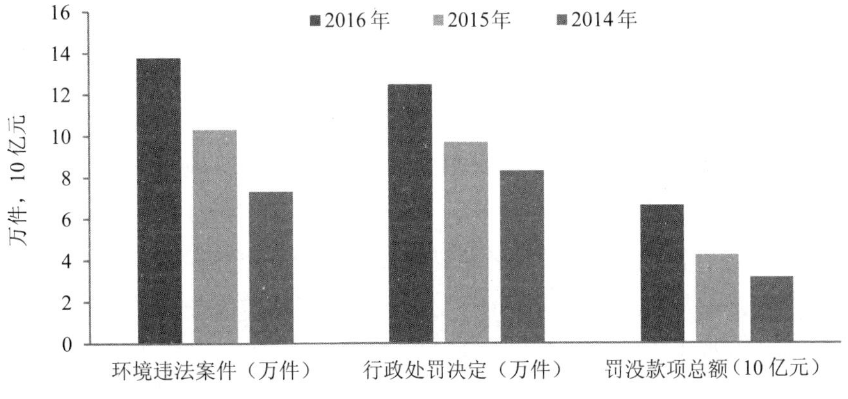

图 1-1　2014—2016 年环境执法情况统计

① 黄波. 基于 PDCA 企业环境绩效评价体系研究. 华东交通大学硕士学位论文，2016.

② 潘常爋. 我国生态环境污染与刑法保护. 法制与社会，2019（1）：127-128.

针对超标排放现象严峻的现状，环保部门已经出台了一系列规章制度、督查措施和行动目标。原环境保护部发布了《关于实施工业污染源全面达标排放计划的通知》，要求到 2017 年年底完成钢铁、火电、水泥等 8 个行业超标问题整治任务，到 2020 年年底，各类工业污染源持续保持达标排放。2017 年是环保部第三年开展《环境保护法》实施年活动，环保部近日的通报也表明，要将从严治理“散乱污”企业作为强化督查的重点内容之一，对无法实现达标排放的企业，2017 年 9 月底前一律关闭，这对于超标排污企业的打击力度是空前的。为了确保各级环保部门对政策的落实，督查工作也在不断加强。例如，2017 年年初，时任环境保护部部长陈吉宁表示，2017 年要实现中央环保督察“全覆盖”，并将适时组织开展督察“回头看”。从 2017 年 6 月起，环境保护部在山西、广东、山东、江苏、四川等多个省份开始了督查行动，并且把工业污染源达标排放和大气污染防治作为督查重点。要求地方环保部门针对偷排偷放、数据造假、不正常运行污染防治设施、严重超标排放等环境违法行为进行全面的整治。

转变经济增长方式，走可持续发展之路。中国自 1978 年改革开放以来，一直坚持“以经济建设为中心”，直到 2012 年党的十八大首次将“生态文明建设”纳入社会主义现代化建设“五位一体”的总体布局，时间已过去了 34 年。在此期间，我国经济的增长方式是粗放式的，即以 GDP 和财政收入为导向，以高投资、高出口、高资源能源消耗、低土地成本和劳动力成本为路径，是不可持续的。日本从 20 世纪 50 年代的“产业优先”到 80 年代“环境保护与经济发展同等重要”，再到 21 世纪“环境保护先行”和“环境立国”，大致经过了 50 年的时间。从日本的经验看，我国应加快转变经济增长方式：一方面，政府要把可持续发展作为环境保护的核心价值，政府、环保组织通过环境教育、文化导向、舆论引导、伦理规范、道德感召等，唤醒全民的环境保护意识，真正将环境保护意识全面贯穿到经济社会发展以及人们的生活之中；另一方面，要通过技术进步、结构升级、法制约束、社会规范等，大力促进经济增长方式转型。①

2015 年 1 月 1 日新修订的《环境保护法》开始施行。同时环境保护首次纳入我国五年规划，国民经济发展第十三个五年规划指出：要以“绿色”发展为理念，把生态环境保护建设作为我国经济社会发展的要义，建设“美丽中国”。目前，我国还有不少企业环境保护意识不强，企业乱排乱放现象依然严重。随着公众环保意识的增强及国家相关的管制措施加强，企业不得不面对环境绩效问题，因此研究企业环境绩效问题是一个非常必要的课题。企业环境绩效是企业环境活动的一系列结果，而企业环境活动并不能对企业在环境方面取得的效果进行直接和客观的反映，所以需要通过建立一系列指标才能对企业环境绩效进行直观的反映和评价。

① 卢洪友. 发达国家环境治理经验的中国借鉴. 人民论坛·学术前沿，2013（15）.

然而我国目前企业环境绩效评价体系的研究尚处于初始阶段，仍存在一些问题：

（1）国外关于企业环境绩效评价指标的研究主要以非营利性组织机构颁布的标准为主，其设计的指标往往具有全球性的特点，对不同地区实际情况的考虑不足。

（2）企业环境绩效评价体系的研究大多只注重研究指标的构建，而对于指标的实际运用、结果的分析和改进研究较少①。

在环境监察的过程中，杜绝超标排污、环境违法行为并非易事。从监管对象来看，当前企业数量众多，生产规模不断扩大。部分城市具有上万家工业企业，但是污染物排放自动监控系统并不完善，很难通过工作人员一一现场督查来实现达标排放常态化；从环保部门自身来看，地方环保部门用于日常监管的人力和财力有限。定期开展的监督性监测、自动监控设备的正常运转所必需的维护、居民对污染排放投诉建议的及时处理等工作都具有很高的成本，在人力不足的情况下，企业很容易趁机偷排或者毁灭证据，导致监管失效；从宏观环境来看，实际情况的复杂性对环境管理提出了新的要求。具体表现在，我国区域发展水平存在很大的差异，不同地区在经济基础、制度环境、能源结构等方面存在明显的异质性，而且不同行业、规模、技术水平的企业在污染排放方面也不尽相同。这就对环保督查提出了更高的要求：仅仅依靠传统的经验不足以应对多变的现实情况，照搬发达国家的经验也不能完全适应我国的特殊问题，因此需要环保部门提高日常监管的工作效率和科学决策的能力。

为实现“十三五”期间全面达标排放目标，原环境保护部的一系列文件指出了具体的改进方向，其中一个重要的内容是强化科技在环境监管执法中的应用，推进大数据等技术手段与环境执法工作深度融合应用，推动环境执法工作科学化、精准化和规范化。《国家环境保护“十三五”环境与健康工作规划》指出，当前我国环境与健康问题基础数据缺乏，技术支撑不足问题依然突出，要发挥大数据在支撑环境管理科学决策中的作用。当前，全国范围内企业自动监测设备正在逐步完善，对于国控重点污染源基本实现了实时监测，为运用大数据优化监管提供了数据基础。但是对相关数据的开发和利用的工作较少，还需要进一步加以完善。

我国改革开放初期，最为重要的目标是发展经济，GDP增速成为政府官员升迁的最重要指标，以环境保护为代表的公司对其社会责任并不重视，经济的高速增长以生态和环境资源的透支为代价。根据中国科学院牛文元教授2002年的计算，中国经济成长的GDP中，至少有18%是依靠资源和生态环境的“透支”获得的，这种代价至今仍存在于我们的经济发展之中。只有当政府的战略方针发生重大变化，才有可能引起我国经济发展、企业运营情况的变化。黎文靖（2012）指出，2006年构建社会主义和谐社会成为

① 黄波. 基于PDCA企业环境绩效评估体系研究. 华东交通大学，2016.

党和中央政府的重要政策，对我国企业社会责任的兴起和推广有重要意义。从经济增长和企业经营层面上看，可持续发展和公司社会责任与构建和谐社会目标一脉相承，因此企业社会责任受到政府的高度重视。地方政府与企业也开始重视社会责任，社会责任逐步成为企业经营决策的一个重要部分。以社会责任报告为例，2001—2005 年，企业发布社会责任报告仅为 24 份，而 2006 年一年时间就发布了 33 份社会责任报告，截至 2010 年，社会责任报告已经达到了 663 份（黎文靖，2012）。体现在环境保护方面，2005 年国家发改委、环境保护总局、国家统计局联合下发通知，从 2006 年开始实施 GDP 能耗指标公报制度，一个最为重要的变化是试图将能耗和环境保护纳入政府官员政绩考核体系中。总体而言，自 2006 年以来，以环境保护为代表的企业社会责任已经成为政府与社会各界关注的热点，社会责任方面的表现将会影响企业价值。①

1.4 本研究的意义

自 2004 年 9 月中共中央十六届四中全会《中共中央关于加强党的执政能力建设的决定》首次完整提出"构建社会主义和谐社会"的概念以来，企业社会责任已经成为企业经营决策中非常重要的部分，而环境保护又是社会责任的重中之重。考虑到我国目前环境状况的严峻态势，各级政府开始重视生态环境保护，对企业的环境行为与环境绩效提出了更高的要求。因此，政府的重视使得企业环境绩效可能对企业价值产生重要的影响，进而影响到机构投资者的投资决策。但目前从理论和实践中，我们尚不能清楚地回答以下问题：我国机构投资者做出投资决策时会考虑企业的环境绩效吗？什么类型的机构投资者更倾向于投资环境业绩较好的公司，环境绩效较好的公司能否带来更高的回报，为什么环境绩效较好的公司能够带来更高的回报？找到上述问题的答案，能够深入理解我国机构投资者的投资行为，对监管机构合理引导机构投资者的投资决策，使其更好地发挥引导投资、稳定市场的作用，都具有重要的理论与实践意义。②

切实改善环境质量，推进绿色富国、绿色惠民，进而推进经济社会更有质量、更有效益、更加可持续的发展。企业基层是创新的沃土，探索是创新的火花。绿色发展任务越重，越要重视基层探索实践，越需加大经验的交流推广，这是不断加强环境保护、推进绿色发展的重要方法。

---

① 黎文清，路晓燕. 机构投资者关注企业的环境绩效吗？——来自我国重污染行业上市公司的经验证据. 金融研究，2015（12）.

② 同上。

（1）本研究是践行绿色发展理念、建设美丽中国的有益探索，更是生态文明建设的应有之义。绿色是大自然无限生机的象征和丰富资源的底蕴，生态环境是人类生产、生活须臾不离的前提条件。坚持绿色发展，着力改善生态环境，大力推进生态文明建设，是关系中国特色社会主义发展全局的深刻变革和战略抉择。党的十八大以来，以习近平同志为核心的党中央从坚持和发展中国特色社会主义全局出发，把生态文明建设作为实现中华民族伟大复兴中国梦的重要内容，坚持绿色发展，推动生态文明建设在重点突破中实现整体推进。党的十八届五中全会首次提出“绿色发展理念”，要求“形成人与自然和谐发展现代化建设新格局”。党的十九大进一步提出，坚持人与自然和谐共生，形成绿色发展方式和生活方式，坚定走生产发展、生活富裕、生态良好的文明发展道路，建设美丽中国。2018 年 5 月 18 日，习近平总书记在全国生态环境保护大会上强调，绿色发展是构建高质量现代化经济体系的必然要求，是解决污染问题的根本之策。这使我们党对生态文明建设的认识提升到一个新的高度，是新时代我国社会主义生态文明建设的科学指南、行动纲领。贯彻绿色发展理念任重而道远。生态文明建设写入了党章，解决生态环境问题是党的宗旨的重要组成部分。深入贯彻习近平新时代中国特色社会主义思想和党的十九大精神，统筹推进“五位一体”总体布局、协调推进“四个全面”战略布局，抓好绿色发展，建设美丽中国，满足人民日益增长的优美生态环境需要，这是沉甸甸的政治责任。

（2）本研究通过对企业环境绩效进行评价、排序，为环保部门的监管决策提供了信息支持，将显著提高监管的效率。我国当前的现状对监管工作效率提出了新的要求：①部分城市具有上万家工业企业，但是污染物排放自动监控系统并不完善，很难通过工作人员一一现场督查来实现达标排放常态化；②地方环保部门用于日常监管的人力和财力有限，定期开展的监督性监测、自动监控设备的正常运转所必需的维护、居民对污染排放投诉建议的及时处理等工作都具有很高的成本，在人力不足的情况下，企业很容易趁机偷排或者毁灭证据，导致监管失效；③实际情况的复杂性对环境管理提出了新的要求，我国区域发展水平存在很大的差异，不同地区在经济基础、制度环境、能源结构等方面存在明显的异质性，而且不同行业、规模、技术水平的企业在污染排放方面也不尽相同。因此，充分了解实际情况，抓住工作的重点，提升发现超标违规行为的能力，对于实现企业全面达标排放十分必要。

（3）本研究通过对企业环境绩效评价，剖析其超标排污的原因，提供有针对性的解决方案。企业超标排放的原因往往存在一定差异。例如，内部因素包括企业生产过程控制不佳、设施老化处理效果不好、工程人员稀缺不能及时处理异常、生产和治污工艺落后等。外部因素包括天气状况和自然灾害、政府监管力度不足、公众监督和环境信息公开水平低等。对于企业主观上钻监管的漏洞造成的超标排放，可通过提高监督能力和违法成本加以遏制；对于客观技术上的不足则应促使企业改进生产、治污设备或及时淘汰落后产能。因此，针对不同原因“对症下药”才能有效遏制超排，同时起到节约监管成本和减轻企业负担的效果。

（4）本研究可以为环境管理部门在进行决策和日常监管时的工作提出相应的优化建议，对于解决具体问题有较大帮助。在了解了超标排污的规律和原因之外，还应该进一步思考如何采取合理措施对超标排污加以解决。在深入了解超标现状和深层原因之外，本研究不局限于定性的结论，而是根据数据估计得到模型参数，从而预测出在各个时间点企业超标排污的概率。在给定条件下（如环境保护部门，工业企业类型和数量）计算出最佳人力分配方案，重点解决主要问题，从而提升方案的实用性。

综上所述，本研究对于我国环境保护具有重要的支持与推动作用。习近平总书记指出，“环境就是民生”，保护生态环境关系到人民的根本利益和民族发展的长远利益。推动企业建立环境绩效评价体系，深入分析企业超标排污行为规律及原因，乃为当务之急，具有重要的现实意义。

第 2 章　企业环境绩效评价指标体系的构建

在分析企业环境绩效与企业环境信用评价出发点、理论体系、技术指标等方面不同的基础上，基于企业环境绩效与环境信用评价国内外相关研究和政策实践进展，提出与界定了上市公司环境绩效评价的目标、原则、指标体系、权重比例、评估方法和工作流程。同时，为了紧扣绩效评价的出发点与关注点，建立能够充分反映、细致区分不同企业“结果型”“表现型”“关键性”绩效差异的指标体系（而非“投入型”“过程性”“描述型”），基于数据与“绩效表现”间的关系以及数据可获得性，提出了以监督性监测、在线监测、环境处罚等数据为主的绩效评价指标体系，以及相应的环境绩效等级划分方法。

2.1　环境绩效评价与环境信用评价之间的比较

目前，有关企业环境信用评价的工作已经得到了广泛的开展，其工作同环境绩效评价之间存在密切的关联，但同时也存在很大的差异，主要体现在以下 3 个方面：

（1）背景意义或评价的出发点不同。企业环境信用评价，是指环保部门根据企业环境行为信息，按照规定的指标、方法和程序，对企业遵守环保法律法规、履行环保社会责任等方面的实际表现，进行环境信用评价，确定其信用等级，并向社会公开，供公众监督和有关部门、金融等机构应用的环境管理手段。开展企业环境信用评价，是环保部门提供的一项公共服务，通过企业环境信用等级这一直观的方式，向公众披露企业环境行为实际表现，方便公众参与环境监督；还可以帮助银行等市场主体了解企业的环境信用和环境风险，作为其审查信贷等商业决策的重要参考；同时，相关部门、工会和协会可以在行政许可、公共采购、评先创优、金融支持、资质等级评定、安排和拨付有关财政补贴专项资金中，充分应用企业环境信用评价结果，共同构建环境保护“守信激励”和“失信惩戒”机制，解决环保领域“违法成本低”的不合理局面。

环境信用评价，立足点在于构建环境保护“守信激励”和“失信惩戒”机制，建立完善环境保护的社会信用体系。环境信用评价，更多服务于企业外部对企业的考量，主要为公众监督、政府决策及金融机构决策服务；而企业环境绩效评价，不同于信用评价宽泛的等级设定，有具体的评价分数，并且除为环保等相关部门的决策服务外，更多的侧重于对企业的内部环境管理，可看作对其内在环境管理的评价。

（2）涵盖范围不同。环境信用评价的范围主要包括生态环境部公布的国家重点监控企业，地方生态环境部门公布的重点监控企业，重污染行业内企业，产能严重过剩行业内企业，可能对生态环境造成重大影响的企业，污染物排放超标、超总量企业，使用有毒、有害原料或者排放有毒、有害物质的企业，2016年发生较大以上突发环境事件的企业，被处以5万元以上罚款、暂扣或者吊销许可证、责令停产整顿、挂牌督办的企业；而上市公司环境绩效评价整合了在线监测数据、监督性监测数据以及环境违法处罚数据，既涵盖了重点排污单位企业，也包括了重点排污单位企业。

（3）评价指标存在差异。环境信用评价指标主要包括污染防治、生态保护、环境监理、社会监督4个方面21项。而环境绩效评价以在线监测系统、监督性监测系统以及环境违法处罚系统3个方面10项指标为主。10项指标分别是：企业年度超标率、污染物最大超标倍数、污染物平均超标倍数、企业最大连续超标时长、企业超标次数、污染物最大超标倍数、污染物平均超标倍数、违法处罚次数、重大环境违法处罚次数和罚款总金额。不难发现，不同于信用评价的多元化，环境绩效评价更加聚焦于企业当年度的环境表现，对企业适时调整自身的环境管理方案更具指导意义。

2.2 国内外企业环境绩效评估指标研究进展

2.2.1 环境绩效评价的内涵

环境绩效，源自英文 environmental performance，在我国也曾经被翻译为环境表现、环境行为等。著名英国会计学家 R.H. Gray（1993）从信息披露视角着眼，界定了环境绩效的定义。他提出企业的环境绩效应当包含如下 5 个方面的内容：企业的环境政策（policy）、企业的环境计划与框架（plans and structure）、发生的环境活动（activity），涉及的财务事项（financial）以及可持续发展管理（sustainable management）[6]。Klassen 和 McLaughlin（1996）从环境绩效同经济绩效间的关联出发理解环境绩效，将环境绩效定义为企业在环境及环境问题方面有关联的财务成果和在提升环境状况方面所获取效果的总和[7]。Corbett 和 Pan（2002）从企业行为与环境间联系的方向出发，提出企业环境绩效是企业在环境治理方面获得成果，即一个企业在把环境的影响控制到最小化过程中取得的结果。他认为环境绩效应当涉及以下的内容：①企业在正常的生产活动中对环境所造成的影响；②企业在文化、制度等一些方面所表现出的环保意识[8]。

环境绩效评价（environmental performance evaluation，EPE），亦被翻译为环境表现评估或环境绩效评测等，指帮助管理者对组织的环境绩效进行决策的过程，包括选择参数、收集和分析数据、依据环境绩效准则进行信息评价、报告和交流，并针对过程本身进行定期评审和改进。它既是组织对内、对外沟通环境绩效的一项程序和工具，也是组织进行环境管理的重要工具之一。ISO 14001 标准将环境绩效评价定义为对环境管理所取得效果进行测量的一系列过程，从指标选择、信息收集、数据分析到评测结果与改进分析等[9]。Tyteca 将环境绩效定义概括为，企业在对资源进行利用和对污染进行治理等方面，通过管理所取得的成效，而环境绩效评价是指对不同企业取得的环境成效进行评测与比较[10]。谢芳和李慧明在《企业的环境责任与环境绩效评估》中指出：环境绩效评估是反映环境管理成效的过程，将环境管理的效果通过指标及数据评测出来，让企业及外部信息使用者可以更直观地了解环境状况[11]。

就环境绩效及评价的内涵界定，国内外诸多学者从多种不同的角度进行了阐述：有基于信息披露的角度，有基于企业行为与环境关系的角度，有基于财务绩效和环境绩效展开的角度，也有参照国际标准等。但是，这些研究从根本上说都是强调企业在环境方面所获得的成绩。①

目前，国内外对环境绩效与环境绩效评价的定义还没有达成共识，虽然侧重点不同，但实质上都可以总结为：环境绩效是企业在环境管理方面所取得的成果，而环境绩效评价是对该成果的衡量。从环境绩效评价标准来看，我国在环境绩效方面还没有统一的准则，这种现象导致了企业不重视环境绩效，相关环境监管部门也无法进行统一的管理。如今我国的经济处于飞速发展阶段，而环境问题制约了经济的发展，在完善经济体制的同时也应完善信息披露制度与环境管理制度，拟定环境绩效评价相关的标准，为企业管理与政府监督提供依据。

2.2.2　企业环境绩效评价案例介绍

我国对企业环境绩效评价的研究起步较晚，尚未确定一套统一的标准来对企业的环境绩效进行量化评价。下面对国际上业已发布的涉及企业环境绩效的评估和排名进行了汇总：

（1）最具可持续性公司排名（The World’s Most Sustainable Companies）。该排名由加拿大一家专业媒体和投资研究公司 Corporate Knights 编制，其中包括约 7 500 家公司

① 庞蕾. 基于 DEA 的企业环境绩效评价研究. 北京邮电大学，2018.

的名单，所有这些公司的年收入超过10亿美元。Corporate Knights公司主要有三大业务系统：①Corporate Knights杂志：主要负责管理运营世界上最大的流通杂志，专注于可持续发展业务，覆盖全球435 000名最具影响力的商业和政治决策者；②CK Research：提供一系列企业可持续发展评级，投资产品评级和工具，为几个外部研究项目提供支持（如新闻周刊绿色排名、碳排放清洁 200、可持续证券交易所排名和全球绿色金融指数）；③清洁资本理事会：主要推动智能和有效的公共政策，与领先的公共政策制定者合作。

排名主要基于公开披露的数据（如财务报告、可持续发展报告），在项目完成之前，会联系候选名单上的公司进行数据验证。排名方法论基于最多 21 个关键绩效指标（KPI），涵盖资源管理、员工管理、财务管理、清洁收入和供应商绩效等方面。

每年1月的达沃斯世界经济论坛，CK都会发布最新版本的最具可持续性公司排名。2019年是该排名连续发布的第15年。The 2019 Global 100 中，排名第一的是丹麦科汉森公司（分数82.99%），具备130多年菌种研究历史，全球领先的自有营养健康中心益生菌供应商，拥有世界上最大、生产能力最强的菌种工厂；排名第二的是法国开云集团（分数81.55%），拥有Gucci、Yves Saint Laurent和Alexander McQueen等奢侈品牌，通过从经过认证的可持续来源采购40%以上的产品；排名第三的是总部位于芬兰的石油炼制和营销公司Neste（分数80.92%），其在2018年全球排名第二，生物燃料业务占其利润的50%。中国大陆没有企业挺入百强榜单。

（2）“新闻周刊”绿色排名（NEWSWEEK GREEN RANKINGS）。美国的“新闻周刊”绿色排名是全球公认的企业环境绩效评估之一，由新闻周刊与Corporate Knights（Research）、HIP投资公司联合发布。该项目对美国500强和全球500强上市公司分别进行了排名。该项目2017年版本共包含8个关键绩效指标（KPI），分别为：综合能源生产率得分（15%）、综合温室气体生产率得分（15%）、综合水生产率得分（15%）、综合废弃物生产率得分（15%）、绿色收入百分比范围（20%）、可持续发展薪酬（10%）、可持续发展委员会（5%）、环境相关的审计指标（5%）。此外，该评估方法还包含两个减分项目：一是已付或应付的罚款（最高扣除额为5%）。如果公司的罚款占销售额的百分比与GICS行业同行相比处于最低四分位数，则扣除5%；二是产品或服务类别（最高扣除5%）。从煤炭经营，烟草和武器制造中获得大部分收入的公司可获得5%的扣除额。

项目分析数据来自Bloomberg、FactSet、汤森路透和碳信息披露项目。一旦获得所有可用数据，所有公司都会联系进行数据验证，但需视公众提供的电子联系方式而定。2017年版的“新闻周刊”绿色排名中，全球排名前三的分别是法国欧莱雅公司（GICS基本消费品、分数89.90%）、英国森特理克公司（GICS公共事业、分数88.70%）、加拿大恩桥天然气公司（GICS 能源、分数 86.00%）。而中国排名第一的是联想集团（GICS 信息科技、分数 58.80%），全球排名是 67 位。

（3）美国环境保护局的清洁能源伙伴关系（The Green Power Partnership）。绿色电力伙伴关系是美国环境保护局（EPA）发起的一项自愿性计划，鼓励组织使用绿色电力作为减少与传统电力使用相关的环境影响的方法。该合作伙伴目前拥有 1 700 多个合作组织，每年自愿使用数十亿千瓦时的绿色电力。合作伙伴包括各种领先的组织，如财富 500 强公司、中小企业、州和联邦政府以及高等院校等。每年，EPA 评估其自愿计划，并审查与参与这些计划相关的环境成果和产出。

2018 年 10 月发布的最新财富 500 强合作伙伴名单中，共有 76 家上市公司，每年使用近 260 亿 kW·h 的绿色电力，相当于近 240 万美国家庭的平均用电量。这些上市公司清洁能源的主要来源是风能和太阳能。前三甲均是信息科技公司，分别是微软（绿色电力比重 100%）、因特尔（绿色电力比重 100%）和谷歌（绿色电力比重 53%）。

基于这样的背景，本研究希望能够利用已有数据，通过构建我国的企业环境绩效评价指标体系，更加综合全面地了解企业现有的环境表现水平，为今后有关部门对企业的环境管理与监督提供借鉴与参考。

2.3　企业环境绩效评价指标体系构建目标

目前，自动监测、监督性监测、环境执法作为我国环境管理的 3 个重要维度，各自被用于对企业环境绩效的表征和度量，但它们其实反映的都是企业环境表现的一个方面，因此如何能够综合 3 个维度更加全面地对企业环境绩效进行更加全面地评价显得非常重要。本研究利用重点企业在线监测数据、监督性监测数据以及环境违法处罚数据构建企业环境绩效评价指标体系，并且结合数据对上市公司 2017 年的环境绩效进行评价，以期能够较为客观、全面地反映企业的环境表现。

2.4　评价指标体系构建原则

结合国家相关标准和研究文献[15,16]，在制定环境绩效评价指标体系的过程中，我们主要依据的原则有以下几点。

（1）科学性原则。环境绩效评价指标体系中所选用和设置的评价指标，要能客观充分地反映企业的环境表现状况，真实、客观、完整、科学地评价企业的环境绩效水平，保证环境绩效评价内容的完整性和评价结果的准确性，指标包含的内容应当全面客观，能够反映重点企业环境表现的内容以及其在环境行为方面的表现情况。

（2）可操作性原则。指标体系应该具有可操作性和实践价值。对于企业而言，运用该指标能够反映重点企业在环境行为方面的优势与不足，以及需要努力的方向。同时，指标体系要抓住影响企业环境表现的重点和关键环节，反映出影响环境表现的主导因素，利用对环境表现产生最大限制性主导因素的指标体系来进行描述和评价，这样才能表征出企业环境表现最本质的特征。对于每一个指标，应当是能够被量化的，能够收集数据进行处理的。

（3）可比性原则。可比性主要包含以下两层含义：①不同类型、不同性质和规模的企业之间是可以运用同一个指标体系评价并可以相互之间进行比较的；②同一个企业在不同的时间，运用这个指标体系能反映不同时间环境行为的差异性。因此，在选择指标时需要充分考虑各类企业的客观条件的差异。

（4）实用性原则。评价标准的确立应当具有政策和法规上的依据，避免指标确立上的随意性；应与政策的指导性及具体的环境管理实务相结合，才能促进环境管理工作的开展；结合公众的环境诉求，有利于公众参与环境管理。

（5）严格性原则。企业环境绩效评价指标体系的构建，一方面是为了能够全面综合地了解企业的环境表现现状；另一方面也是为了明确企业环境表现的不足之处和提升空间。此外，目前我国对环境质量的要求越来越高，政府对企业环境管理的力度越来越大，可以预见在未来企业的环境表现水平会得到进一步地提升，为了使评价指标体系能够在长时间尺度范围内适用，我们在制定标准的时候需要以更加严格的要求对企业环境绩效评价指标体系进行构建。

2.5 指标体系构建

2.5.1 指标选取

我们在确定指标的过程中，主要是从目前我国环境管理的 3 个主要维度自动监测、监督性监测及环境执法监察出发，对在线监测数据、监督性监测数据和企业环境违法数据进行匹配整合，从污染物排放状况和违法处罚方面对企业的环境绩效进行评估。一方面污染物排放直接反映了企业生产活动对于环境的影响，另一方面企业的违法处罚行为是企业合规性的直接反映。往往企业为了降低生产成本，逃避环境治理的投入，从而导致污染物超标排放和环境违法事件发生。基于此，本研究建立了由目标层（企业环境表现指标体系）、准则层（在线监测系统、监督性监测系统、企业环境违法处罚系统）、指标层（企业环境表现评估二级指标）组成的阶梯层次模型，从企业超标频率、企业超标程度、企业违法频率、企业违法程度多个方面对企业环境绩效进行了尽可能综合全面的评价。[17]本研究构建的企业环境绩效评价指标体系见表 2-1。

表 2-1 企业环境绩效评价指标体系

目标层	准则层	权重	指标层	权重
企业环境绩效综合评估	在线监测系统	40	企业年度超标率	10
			污染物最大超标倍数	10
			污染物平均超标倍数	10
			企业最大连续超标时长	10
	监督性监测系统	30	企业超标次数	10
			污染物最大超标倍数	10
			污染物平均超标倍数	10
	环境违法处罚系统	30	违法处罚次数	10
			重大环境违法处罚次数	10
			罚款总金额	10

表 2-1 中指标层的定义如下：

- 企业年度超标率：指该企业特定污染物全年小时浓度超标次数之和（某一排口小时浓度超标 1 次计 1 次，有其他排口小时均值同时超标可累积计）/该企业（所有排口）全年有效监测次数之和，以此来表征企业的超标频率，超标率越高，说明企业违规排放的行为越频繁，产生的环境损害就越大。
- 污染物最大超标倍数：指该企业特定污染物当年小时监测浓度/小时监测浓度标准的最大值，以此来表征企业的超标最高严重程度。
- 污染物平均超标倍数：指该企业特定污染物当年小时监测浓度/小时监测浓度标准的平均值，以此来表征企业的超标平均严重程度。
- 企业最大连续超标时长：指该企业当年监测浓度连续超标小时数的最大值，以此来表征企业超标排放的连续性。在实际生产中，超标情况的高发可能有多种原因。例如，每天生产设备启动的时候，机器未能稳定运行，产生少量超标记录；或者由于设备故障或者操作错误，导致零星的超标。而另一些企业则长期持续超标排放污染物，则说明企业故意逃避环境责任，没有遵循达标排放标准，因此我们通过企业最大连续超标时长来表征企业的排放合规情况。
- 企业超标次数：指该企业当年监督性监测超标记录次数，以此来表征在监督性监测系统中企业的超标频数。
- 违法处罚次数：指该企业当年受到环境违法处罚的次数，以此来表征在环境违法处罚系统中企业的超标频数。

- 重大环境违法处罚次数：综合现有一系列中央和地方的规定，本研究中所指的重大环境违法处罚是指该企业当年被责令停产、相关负责人被拘留、吊销许可证以及单次罚款金额 10 万元以上的次数，以此来表征在环境违法处罚系统中企业重大违法处罚的情况。
- 罚款总金额：指该企业当年由于环境违法处罚所罚没的金额总数，以此来从另一个角度度量企业的环境违法程度。

2.5.2 评价方法

本研究的评价采取百分制评分，各企业的最后综合评价得分为百分制，各评估项目单项基础得分总和为 100 分。指标层中各项指标的得分系数参考《企业绩效评价操作细则（修订）》将其划分为 5 个档次如表 2-2 所示，并根据匹配得到的最终评价所需数据，分别对在线监测系统、监督性监测系统和环境违法处罚系统内各二级指标进行描述性统计，按照数据的分布情况对档次水平进行划分，但考虑到未来该标准的适用性和严格性原则，档次水平的划分可能需要合理地提升。

表 2-2 企业环境绩效评价档次水平划分

等级	A	B	C	D	E
得分系数	1.0	0.8	0.6	0.4	0.2

企业环境表现指数的计分方法如下所示：

- 单项指标得分=单项指标权重×得分系数。
- 准则层得分=∑准则层内单项指标得分。
- 总得分=准则层得分×准则层权重。

由于本次评价中所使用到的监督性监测数据是开展的所有监督性监测中的超标记录，所以其同环境违法处罚数据一样仅包含了存在违规现象的企业而非所有目标企业，因此这两个数据集中所包含的数据量相对而言较小，因此在我们的得分评价过程当中，在对 3 个系统的得分进行匹配汇总时，如果企业存在准则层得分缺失的情况，我们则认为该企业的该项得分应得分数为满分。

与此同时，由于在线监测系统和监督性监测系统中均涉及了不同污染物的超标情况，因此对于在线监测系统和监督性监测系统，拟分别对不同的污染物因子计算其单项指标得分，并根据严格性原则取各项污染物因子得分中的最低得分作为该企业该单项指标的最终得分。

在计算出总得分的基础之上，本研究进一步根据总得分将企业划分为 5 个等级，分别为：

- 优（A）：评价得分达到 85 分以上（含 85 分），其中 85～90 分为 A，91～95 分为 A^+，96～100 分为 A^{++}。
- 良（B）：评价得分达到 70～85 分（含 70 分），其中 70～74 分为 B^-，75～79 分为 B，80～84 分为 B^+。
- 中（C）：评价得分达到 50～70 分（含 50 分），其中 50～59 分为 C^-，60～69 分为 C。
- 低（D）：评价得分在 40～50 分（含 40 分）。
- 差（E）：评价得分在 40 分以下。

本研究的评价流程见图 2-1。

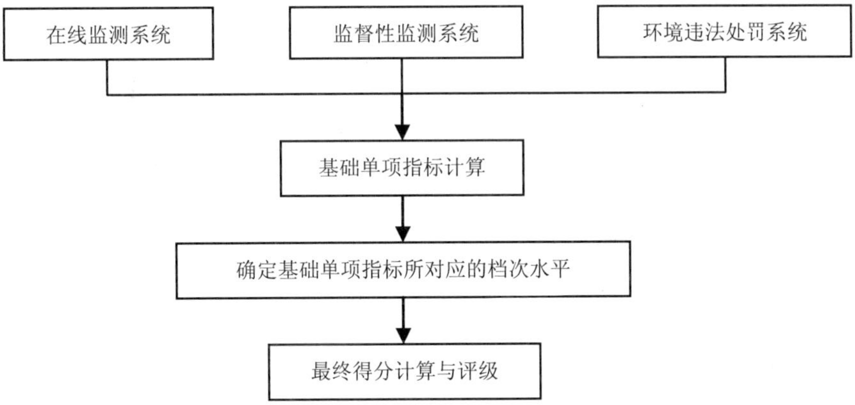

图 2-1　企业环境绩效指标体系评价流程

第 3 章　数据结构、整合及分布情况

系统介绍了监督性监测、在线监测、环境处罚等数据来源的特性、数据处理过程，以及上述 3 种数据来源的 2017 年基本情况。介绍了纳入实证评估的上市公司范围及筛选过程，对于数据加工、清晰、处理和可视化过程进行了详细描述。对于纳入评估的上市公司的地区、行业、规模、所有制等分布情况进行了描述性统计与分析。对监督性监测、在线监测、环境处罚等三者分别的环境绩效档次水平划分，以及总体的环境绩效水平档次汇总结果情况进行了详细介绍。

3.1　数据来源及数据清理

由于在企业环境绩效指标体系评价的过程中用到了非常多不同来源的数据，因此我们首先对包括企业在线监测数据、企业监督性监测数据、企业环境违法处罚数据和企业外部环境数据在内的不同数据及其清理过程进行介绍和说明。

3.1.1　企业在线监测数据

在企业环境绩效指标体系评价中所用到的企业在线监测数据是原环境保护部提供的 2017 年固定污染源在线监测数据库。

（1）使用 SQL Server 2014 软件进行清理工作。我们拥有原始的数据库文件（bak 格式），据此进行数据整合。最初要把原始的备份文件还原成 mdf 格式和 ldf 格式的文件，附加到数据库当中。这样就可以看到原始监控记录构成的表格。对于在线监测小时数据的处理步骤如下：①根据表格当中的污染物排放标准，生成一张污染物检查表（ExamRecord），通过这张表来判别企业是否达标排放。然后根据企业停产记录表（StopRecord），确定各家企业停产的日期和时间。②用初始表格（FacDayData）和以上两个表格进行合并，就可以得到任一条记录对应的工厂是否停产的状态以及对应的排放

记录。然后在排放记录当中去除掉停产时间段内的数据。根据变量（AvailableStatus）确认数据是否有效。这样每一条排放记录就能和标准值匹配起来（StandardValue）。③考虑到部分企业要用折算数据，而烧结厂无须折算，我们把折算数据记录（FacDayData）和初始表格（FacDayData）进行合并，这样既有原始记录，也有折算记录，然后根据变量（WhetherSintering）去除掉烧结厂的数据。对于烧结厂我们单独进行判别，然后和上述合并结果合并。④最后一个步骤是筛选，对于一些不纳入考虑范围的特殊企业，均从数据库中对其进行了剔除。

（2）我们将整理得到的在线监测记录文件（csv 格式）导入至 STATA 中（dta 格式）进行进一步的整理以便于后续指标的计算与回归分析。对于数据当中的异常值，首先观察是否能够转化为正常值。例如，排放标准值当中有“无标准”“烧结机/球团 50”的取值，对于前者转化为空值处理，对于后者根据字面意思取值为 50。若不能转化成正常值，如记录为“国标”“无标准”“无记录”，则视为空值，不纳入计算范围。经过对所有数值进行系统处理之后，就可以得到初始的数据集。

整理得到的在线监测小时数据集中包括了污染源编码（pscode）、排放口编码（outputcode）、监测污染物类型（pollutantcode）、在线监测时间（monitortime）、污染物浓度（revisedstrength）、污染物标准值（standardvalue）等变量，通过对污染物标准值和污染物浓度之间进行比较，就可以判断出该企业该排放口该污染物该监测时间是否超标排放。

除此之外，该数据库中还录入了包括经度（longitude）、纬度（latitude）、所属地区（regioncode）、企业规模（psscalecode）、所属行业（industrytypecode）、注册类型（registtypecode）等在内的企业基本信息，通过这些变量我们可以进一步对不同性质企业的环境绩效情况及特征加以分析。

3.1.2　企业监督性监测数据

在企业环境绩效指标体系评价中所用到的企业监督性监测数据是原环境保护部提供的 2017 年全国监督性监测超标记录数据，该数据中包含了 2017 年污水处理厂、国控废气和国控废水企业全部的 1 000 余条监督性监测存在超标情况的记录。

我们将原始文件（xlsx 文件）中的污水处理厂、国控废水、国控废气 3 张工作表分别导入至 STATA 中（dta 格式）以便于后续指标的计算与回归分析。

整理得到的监督性监测数据集中包含了监测日期、企业名称、监测设备、监测项目、污染物浓度以及超标倍数等信息。

3.1.3 企业环境违法处罚数据

在企业环境绩效指标体系评价中所用到的企业环境违法处罚数据是原环境保护部提供的 2017 年全国监督性监测超标记录数据，该数据中包含了 2017 年污水处理厂、国控废气和国控废水企业全部的 1 000 余条监督性监测存在超标情况的记录。

我们将原始文件（xlsx 文件）中的污水处理厂、国控废水、国控废气 3 张工作表分别导入至 STATA 中（dta 格式）以便于后续指标的计算与回归分析。

整理得到的监督性监测数据集中分别包含了污水处理厂、国控废气和国控废水企业的监测日期、企业名称、监测设备、监测项目、污染物浓度以及超标倍数等信息。

3.1.4 其他环境数据

在对企业环境绩效进行评价的基础之上，还需要进一步对不同性质企业的环境绩效特征及其影响因素进行探究与分析，因此这需要通过不同渠道尽可能更加完整地获取企业相关的数据。在研究中，我们利用 2013 年工业企业数据库以及对排污许可证系统中企业基本信息数据库对企业特征变量的缺失情况进行了进一步的补充，并将这些信息纳入企业环境绩效的分析当中。

3.2 数据整合与可视化

3.2.1 评价对象选取

在研究过程当中，我们依据不同的需求分别对属于重点排污单位的上市公司、不属于重点排污单位的上市公司以及汇总至股票代码级别的上市公司的企业环境绩效进行了评价。由于评价对象选取过程不尽相同，因此其评价范围存在差异。

在对属于重点排污单位的上市公司进行评价的过程当中，我们首先对上市公司与重点排污单位的名称进行核对，从中选出属于重点排污单位的上市公司。根据筛选的结果，属于重点排污单位的共有 1 092 家上市公司企业，其中包括仅母公司为重点排污单位的企业 254 家，母公司和至少一家子公司均为重点排污单位的企业 238 家，以及仅子公司属于重点排污单位的企业 600 家；由于企业环境绩效的评价是以在线监测系统为基础的，因此我们进一步将这些属于重点排污单位的企业清单同在线监测系统进行匹配，并最终评价了 620 家属于重点排污单位的上市公司（母公司及其子公司）的企业环境绩效。

在对属于不重点排污单位的上市公司进行评价的过程当中，首先从上市公司清单中剔除掉属于重点排污单位的上市公司，并将剩余的被参控公司/母公司名称同 2017 年在线监测数据库相匹配，最终得到有效匹配与评价的不属于重点排污单位的上市公司（母公司及其子公司）共有 867 家。

在此基础上，再将重点排污单位企业和非重点排污单位企业合并，在得到 1 487 家被参控公司/母公司环境绩效得分情况的基础上，以相同股票代码下企业的营业收入占比情况对其赋予权重，通过加权平均的方式得到了 1 487 家被参控公司/母公司所属的 501 家股票代码级别上市公司的环境绩效得分。

全部评价企业及其所属公司、股票代码、行业等基本信息见附录 A 表 A1。

3.2.2　数据整合

在确定了需要评价环境绩效的企业清单之后，将其同在线监测数据库、监督性监测数据库以及环境违法数据库进行匹配。由于同一家企业在不同数据库内的企业名称可能会存在差异，这种差异的存在将导致我们无法对同一家企业在不同数据库内进行有效的识别，因此首先需要对企业名称进行核对和校正。基于此，我们计算制作了上市公司与在线监测数据库、监督性监测数据库与环境违法处罚数据库中企业名称对比的结果，在对比结果中列出了被参控公司/母公司的名称、最匹配公司、同名部分以及匹配度 4 个变量。其中被参控公司/母公司是上市公司的名称、最匹配公司是目标数据库（在线监测数据库、监督性监测数据库、环境违法处罚数据库）中名称与上市公司名称最接近的企业名称，同名部分是上市公司名称与目标数据库中最匹配公司相同的部分，而匹配度则是指同名部分字符个数同被参控公司/母公司名称字符总个数的比值。

在数据整合之前，首先对生态环境部环境规划院提供的对比结果进行了进一步的核查，对于其中匹配度为 1 的企业即认为其在两个系统中企业名称完全匹配，而对于匹配度在 0.5 以下的企业，则认为该企业没有匹配成功，而对于匹配度在 0.5～1 的企业，用人工的方法对两个系统间企业名称进行比较核查，从而进一步确认该企业是否匹配成功。最后，我们将人工核对的结果与匹配度为 1 的企业进行整合，形成最终的对比结果数据集，表 3-1 展示了人工核对之后属于重点排污单位的上市公司与各数据库中企业名称匹配成功的企业个数。从表 3-1 的结果来看，在线监测数据库中所匹配到的企业数量是最多的，占到了属于重点排污单位的上市公司的 1/3 左右。而监督性监测数据库和环境违法数据库相较而言所匹配到的企业个数则相对较少，这是因为监督性监测超标和由于环境违法受到处罚属于特殊情况，因此匹配到的企业数量相对较少，属于正常现象。

表 3-1 属于重点排污单位的上市公司与各数据库匹配情况

数据库名称	匹配企业个数
在线监测数据	1 154
监督性监测数据	103
环境违法处罚数据	536

在数据整合的过程之中，首先将对比结果同属于重点排污单位的上市公司清单进行匹配，保留属于重点排污单位的上市公司，再进一步以保留结果为基础分别对在线监测数据、监督性监测数据库和环境违法数据库进行匹配与整合。其具体流程见图 3-1。

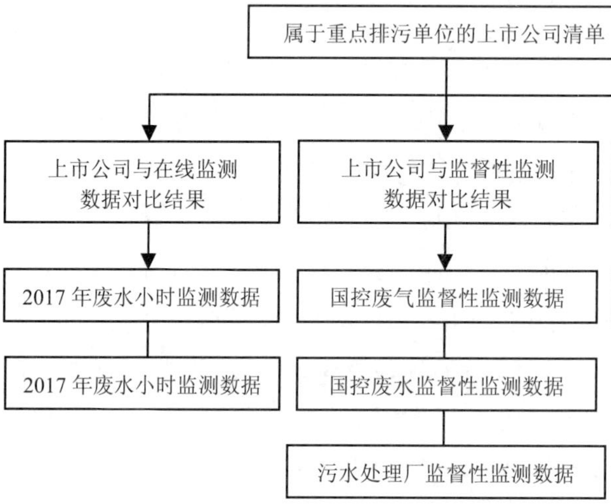

图 3-1 数据匹配与整合流程

数据匹配与整合后与各数据库可以成功匹配并计算出指标得分的 2017 年属于重点排污单位上市公司的企业个数见表 3-2。

表 3-2 能够匹配并计算出各项指标的企业个数

准则层	指标层	匹配企业个数
监督性监测数据	企业超标次数	33
	企业最大超标倍数	33
	企业平均超标倍数	33
在线监测系统	企业年度超标率	620
	企业最大超标倍数	620
	企业平均超标倍数	620
	企业最大超标时长	620
环境违法处罚数据	企业违法处罚次数	521
	企业重大违法处罚次数	521
	企业罚款总金额	521

从表 3-2 的结果来看，同表 3-1 的结果相类似，在线监测数据库中所匹配到的企业数量是最多的，占到了属于重点排污单位的上市公司的近 1/3；而监督性监测数据库所匹配到的企业数量非常少，这是因为监督性监测属于常规监测，企业在检查之前会有所准备，同时监督性监测在一次监测发现超标后会连续监测多次，若多次均超标才算超标，因此监督性监测超标情况非常少；环境违法数据库相较而言所匹配到的企业数量则相对较少，这是因为由于环境违法受到处罚属于特殊情况，因此匹配到的企业数量相对较少，属于正常现象。

3.2.3 数据可视化

在对数据进行了清理与整合之后，还需要对数据进行可视化操作，使之能够更加直观简洁地反映其中所蕴含的信息。对于企业特征分布情况，通过利用 STATA 绘制条形图、直方图、饼图等方式对其加以展示；而对于企业地级市水平特征的描述将通过使用 ArcGIS 来实现：①利用 STATA 对所要进行可视化描述的变量进行处理与汇总，然后将数据库中 regioncode（地区编码）进行处理后同国家统计局截至 2017 年 10 月 31 日统计用区划代码和城乡划分代码[①]进行匹配以明确各企业所属地级市；②利用 ArcGIS 中国地级市界矢量地图将 STATA 数据与 ArcGIS 矢量地图属性表通过地级市名称进行匹配；③通过 ArcGIS 中 Layer Properties 操作下 Quantities 中的 Graduated colors 选项选取要进行可视化描述的变量按照其取值范围在不同地级市区域中用不同的颜色进行表征。其中没有数据地级市统一用白色来进行表示。图 3-2 展示了数据可视化工作的详细流程。

3.3 企业分布

在完成了数据清理与整合的基础之上，对评价企业的特征和分布情况加以了解，从而利用在线监测数据库中的 2017 年企业基本信息、监督性监测数据库以及环境违法处罚数据库中的企业基本信息，同时整合了排污许可证系统中的企业基本信息以及 2013 年工业企业数据库，尽可能多地获取了企业的特征变量，并分别从地区、行业、所有制类型以及规模 4 个角度对企业的分布情况加以描述和刻划。

① http：//www.stats.gov.cn/tjsj/tjbz/tjyqhdmhcxhfdm/2017/index.html.

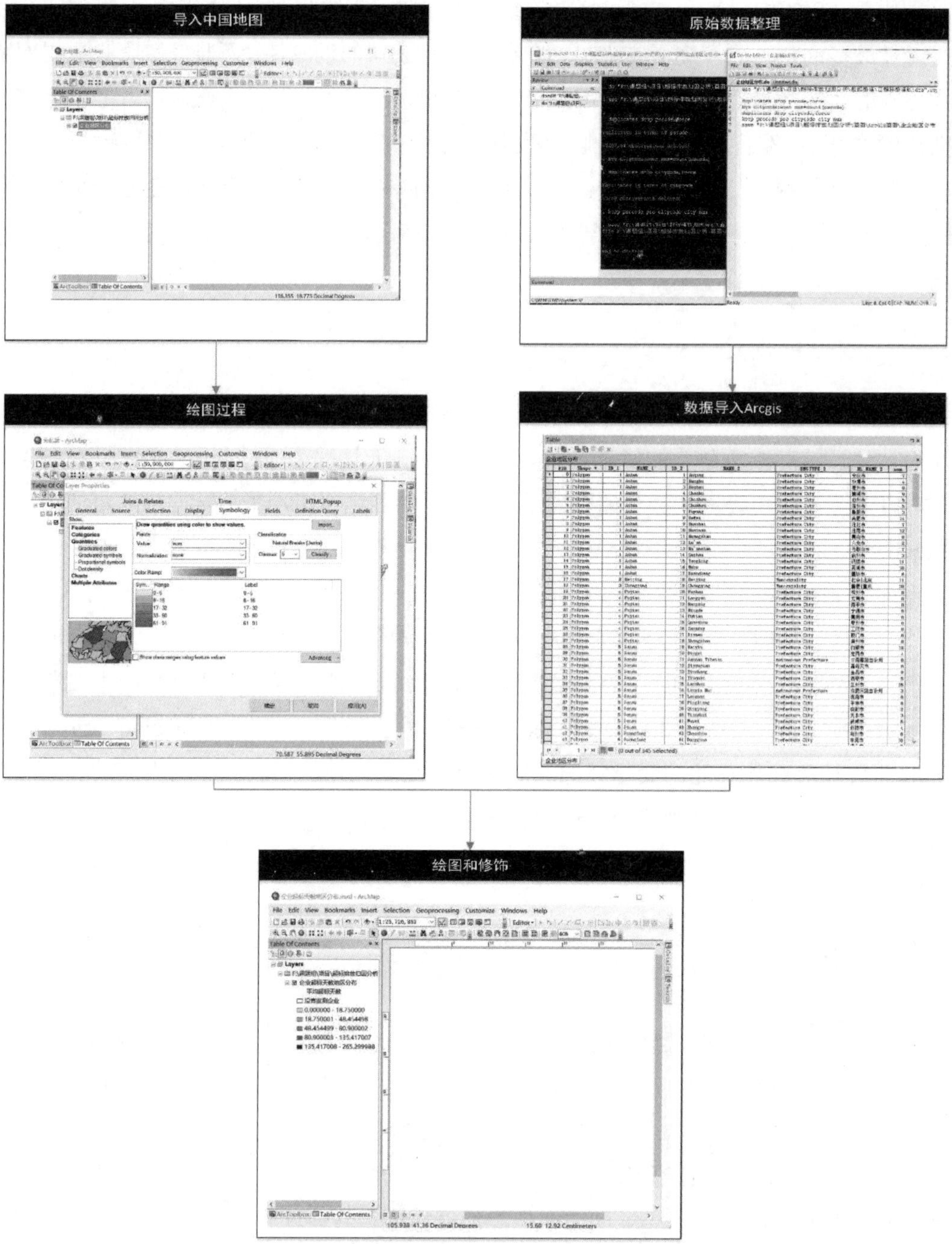

图 3-2　数据可视化流程

3.3.1　企业地区分布情况

依据在线监测数据库中的企业基本信息，综合利用企业名称和企业地址，通过百度地图利用 Xgeocoding 软件搜索到系统内几乎所有企业的地理位置信息。按照省份，对 976 家企业信息进行了汇总统计（表 3-3）。山东、江苏、浙江、河北被纳入在线监测数据库中的企业数量最多，分别为 74 家、69 家、69 家、65 家，占比分别达到 7.58%、7.07%、7.07%、6.66%，总占比高达 28.38%。可以发现，仅有鲁、苏、浙、冀 4 省超过了 60 家，这与以上 4 省工业企业较多有较大关联（西藏及港、澳、台地区尚未纳入在线监测数据库）。黑龙江和海南纳入企业最少，均少于 10 家。少于 15 家企业的省份还有吉林、青海、广西、天津和北京。总体来说，在线监测数据库中的企业绝大部分分布于我国东部和中部地区，西部地区较少，且涵盖的企业数量呈现由西向东渐进增多的规律。同时，西南地区几乎尚未纳入在线监测体系，“两北”（东北、西北）地区纳入的企业数量相对东南地区也较少。

表 3-3　纳入监测数据库中的企业数量统计

序号	省份	企业数/家	所占百分比/%	序号	省份	企业数/家	所占百分比/%
1	山东	74	7.58	18	贵州	21	2.15
2	江苏	69	7.07	19	云南	20	2.05
3	浙江	69	7.07	20	福建	19	1.95
4	河北	65	6.66	21	陕西	19	1.95
5	新疆	55	5.64	22	甘肃	18	1.84
6	山西	53	5.43	23	宁夏	16	1.64
7	广东	51	5.23	24	吉林	13	1.33
8	内蒙古	47	4.82	25	青海	13	1.33
9	湖南	44	4.51	26	广西	12	1.23
10	安徽	41	4.20	27	天津	11	1.13
11	河南	41	4.20	28	北京	10	1.02
12	四川	40	4.10	29	黑龙江	8	0.82
13	湖北	35	3.59	30	海南	5	0.51
14	辽宁	34	3.48	31	台湾	0	0
15	上海	31	3.18	32	香港	0	0
16	江西	21	2.15	33	澳门	0	0
17	重庆	21	2.15	34	西藏	0	0

更具体地说，在市级层面根据不同地级市企业数量的个数，划分了 5 个等级，对纳入在线监测数据库中的企业的分布情况进行了统计，并根据不同省份的企业数量分布情况，划分为 5 个级别，见表 3-4。

表 3-4　企业纳入监测数据库中的地级市分布情况

监测企业数量	企业所在地级市名称
0 家	三亚市、三明市、中山市、临夏回族自治州、临汾市、临沂市、临沧市、丹东市、丽水市、丽江市、九江市、云浮市、亳州市、仙桃市、伊春市、佳木斯市、保山市、克孜勒苏柯尔克孜自治州、克拉玛依市、兴安盟、内江市、凉山彝族自治州、南充市、南宁市、南平市、厦门市、双鸭山市、台湾岛、吐鲁番市、周口市、和田地区、哈密地区、商洛市、喀什地区、嘉兴市、嘉峪关市、固原市、塔城地区、大兴安岭地区、大庆市、大理白族自治州、天门市、孝感市、宁德市、安康市、安顺市、宜春市、山南地区、巢湖市、巴中市、庆阳市、延边朝鲜族自治州、张掖市、德宏傣族景颇族自治州、忻州市、怀化市、怒江傈僳族自治州、抚州市、抚顺市、拉萨市、攀枝花市、文山壮族苗族自治州、日喀则市、日照市、昆明市、昌都市、昭通市、晋中市、普洱市、朔州市、本溪市、来宾市、松原市、林芝市、果洛藏族自治州、枣庄市、柳州市、桂林市、梧州市、楚雄彝族自治州、武威市、毕节市、汉中市、汕头市、河源市、泉州市、济南市、济源市、海东市、海北藏族自治州、海南、海南藏族自治州、海口市、淮南市、温州市、渭南市、湘西土家族苗族自治州、湘西土家族苗族自治州、漳州市、潜江市、濮阳市、烟台市、玉林市、玉树藏族自治州、珠海市、甘孜藏族自治州、白城市、白山市、盘锦市、眉山市、石河子市、神农架林区、福州市、绥化市、聊城市、肇庆市、自贡市、莆田市、菏泽市、衡阳市、衢州市、西双版纳傣族自治州、许昌市、贵港市、贺州市、资阳市、辽源市、迪庆藏族自治州、通化市、遂宁市、那曲地区、郑州市、鄂州市、金华市、金昌市、钦州市、铜仁市、铜川市、银川市、锦州市、长春市、长沙市、防城港市、阿克苏地区、阿勒泰地区、阿坝藏族羌族自治州、阿拉善盟、阿里地区、陇南市、随州市、雅安市、驻马店市、鸡西市、鹤岗市、鹰潭市、黄南藏族自治州、黄山市、黑河市、黔东南苗族侗族自治州、黔南布依族苗族自治州、黔西南布依族苗族自治州、齐齐哈尔市、龙岩市
1～2 家	七台河市、上饶市、东莞市、乌海市、乐山市、佛山市、信阳市、六安市、博尔塔拉蒙古自治州、台州市、吉安市、吴忠市、咸宁市、咸阳市、哈尔滨市、商丘市、大连市、威海市、定西市、宣城市、宿迁市、巴彦淖尔市、平顶山市、广元市、广安市、延安市、开封市、张家界市、德阳市、恩施土家族苗族自治州、承德市、揭阳市、晋城市、景德镇市、曲靖市、朝阳市、榆林市、汕尾市、江门市、泰安市、深圳市、清远市、湘潭市、滨州市、漯河市、潮州市、牡丹江市、玉溪市、甘南藏族自治州、百色市、益阳市、红河哈尼族彝族自治州、绵阳市、苏州市、茂名市、荆州市、荆门市、莱芜市、葫芦岛市、蚌埠市、襄阳市、贵阳市、运城市、连云港市、邵阳市、酒泉市、铁岭市、镇江市、阜新市、阜阳市、阳江市、鞍山市、韶关市、黄冈市、黄石市、三门峡市、东营市、六盘水市、北海市、南昌市、南阳市、吕梁市、四平市、天水市、安庆市、崇左市、常州市、常德市、平凉市、德州市惠州市、新乡市、新余市、昌吉回族自治州、池州市、沈阳市、河池市、泰州市、滁州市、秦皇岛市、绍兴市、舟山市、萍乡市、西安市、赣州市、遵义市、郴州市、长治市、阳泉市、青岛市、马鞍山市

监测企业数量	企业所在地级市名称
3～5 家	乌兰察布市、兰州市、北京市、十堰市、呼伦贝尔市、太原市、宜宾市、宝鸡市、宿州市、岳阳市、广州市、廊坊市、成都市、株洲市、沧州市、泸州市、洛阳市淮安市、湖州市、潍坊市、盐城市、衡水市、赤峰市、辽阳市、通辽市、锡林郭勒盟、鹤壁市、保定市、包头市、合肥市、娄底市、宁波市、安阳市、宜昌市、巴音郭楞蒙古自治州、扬州市、武汉市、湛江市、焦作市、白银市、芜湖市、西宁市、达州市、中卫市、乌鲁木齐市、伊犁哈萨克自治州、吉林市、呼和浩特市、大同市、张家口市、无锡市、梅州市、永州市、海西蒙古族藏族自治州、淮北市、石嘴山市、邢台市
6～10 家	南京市、徐州市、杭州市、济宁市、邯郸市、铜陵市、南通市、石家庄市、鄂尔多斯市、天津市、淄博市
11～16 家	唐山市、上海市、重庆市

整体看来，大部分地级市被纳入在线监测数据库的企业数量都在 5 家以下。超过 5 家企业的地级市主要位于东部地区，中部和西部仅有重庆市和鄂尔多斯市超过了 5 家（分别为 16 家和 8 家）。此外，只有重庆、上海、唐山市纳入在线监测数据库的企业数量超过了 10 家，根据我们统计情况，分别为 16 家、13 家和 12 家企业。

3.3.2 企业所属行业分布情况

依据企业基本信息中的行业类别编码这一变量，结合《国民经济行业分类》（GB/T 4754—2017）[①]对精确至两位行业代码的 734 家企业行业分类进行统计的结果见表 3-5。

表 3-5 精确至两位行业代码的企业所属行业分类统计

行业代码	行业类型	企业数/家	所占百分比/%
10	非金属矿采选业	1	0.14
13	农副食品加工业	8	1.09
14	食品制造业	4	0.54
15	酒、饮料和精制茶制造业	1	0.14
17	纺织业	16	2.18
19	皮革、毛皮、羽毛及其制品和制鞋业	2	0.27
22	造纸和纸制品业	21	2.86
23	印刷和记录媒介复制业	1	0.14
25	石油、煤炭及其他燃料加工业	10	1.36
26	化学原料和化学制品制造业	77	10.49
27	医药制造业	19	2.59
28	化学纤维制造业	6	0.82
29	橡胶和塑料制品业	2	0.27

① http：//www.stats.gov.cn/tjsj/tjbz/hyflbz/201710/t20171012_1541679.html.

行业代码	行业类型	企业数/家	所占百分比/%
31	黑色金属冶炼和压延加工业	173	23.57
32	有色金属冶炼和压延加工业	28	3.81
33	金属制品业	26	3.54
34	通用设备制造业	4	0.54
35	专用设备制造业	2	0.27
36	汽车制造业	1	0.14
37	铁路、船舶、航空航天和其他运输设备制造业	1	0.14
40	仪器仪表制造业	1	0.14
42	废弃资源综合利用业	1	0.14
44	电力、热力生产和供应业	306	41.69
50	建筑装饰、装修和其他建筑业	23	3.13

由表 3-5 我们看到，企业的行业类型分布较为广泛且一些行业在数据库中包含的数量非常少，因此为了方便展示与描述我们进一步对行业分类进行了一定的修改，具体操作主要如下：将除采矿业、制造业以及电力、热力、燃气及水生产和供应业外其他行业类型的企业全部归类为“其他”，将制造业企业根据企业数量分布进一步细化为黑色金属冶炼和压延加工业、有色金属冶炼和压延加工业、石油、煤炭及其他燃料加工业、化学原料和化学制品制造业、非金属矿物制品业以及其他制造业 6 类，在此基础上绘制企业所属行业分布图见图 3-3。

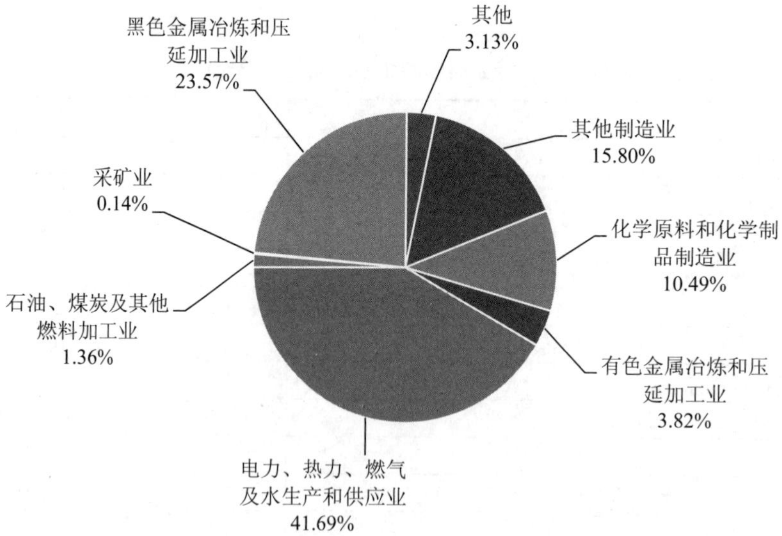

图 3-3　企业所属行业分布统计

从图 3-3 中我们看到，在可以对所属行业进行识别的 734 家企业中，电力、热力、燃气及水生产和供应业共有企业 306 家，在所有行业中占比最大，高达 41.69%；其次黑色金属冶炼和压延加工业、其他制造业以及化学原料和化学制品制造业的企业数量较多，分别有 173 家、116 家和 77 家，占到了总体的 23.57%、15.80%和 10.49%，而有色金属冶炼和压延加工业、其他、石油、煤炭及其他燃料加工业以及采矿业的数量相对而言则非常少，分别为 28 家、23 家、10 家和 1 家企业，其占总体的比例分别仅为 3.81%、3.13%、1.36%和 0.14%。

3.3.3　企业所有制特征分布情况

为了展示需评价企业的所有制分布情况，需要对企业的所有制类型进行划分。2006 年中国国家统计局发布的《关于划分企业登记注册类型的规定》①以工商行政部门对企业登记注册的类型为依据，将在工商行政管理机关登记注册的各类企业划分为内资企业，港、澳、台商投资企业和外商投资企业三大类，并对每一大类进行了进一步的细分。使用企业登记注册类型及其代码识别得到的所有制类型具有清晰透明的优点，因此目前有大量的研究通过企业的登记注册类型对企业的所有制类型进行分类，我们以这些研究为依据，通过整合后的企业基本信息中登记注册代码这一变量对企业的所有制类型进行了区分。

具体的分类方法如下：在 976 家企业中将登记注册代码为 110、120、141、142、143 以及 151 的企业识别为公有制企业，将登记注册代码小于 200 的非公有制企业识别为其他内资企业，将登记注册代码为 200、210、220、230、240 的企业识别为港、澳、台资企业，将登记注册代码为 300、310、320、330 以及 340 的企业识别为外资企业。通过这种方式对企业所有制类型进行划分后的企业所有制分布情况如表 3-6，图 3-4 所示。

表 3-6　企业所有制类型统计

所有制类型	企业数/家	所占百分比/%
公有制企业	181	18.55
其他内资企业	756	77.46
港、澳、台资企业	13	1.33
外资企业	26	2.66
合计	976	100

① http：//www.stats.gov.cn/statsinfo/auto2073/201310/t20131031_450535.html.

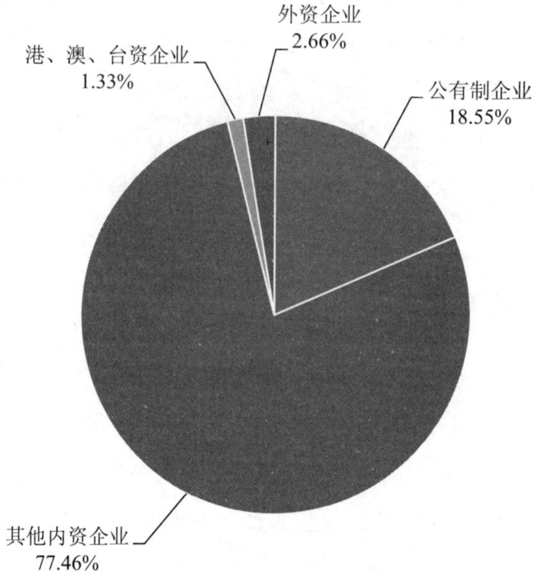

图 3-4 企业所有制类型分布

结合表 3-6 和图 3-4 可以发现，在得到最终得分的 976 家企业当中，内资企业占到所有企业的 96%，其中尤以非公有制的其他内资企业的个数最多，达到了 756 家，占到了所有企业的 77.46%，其次为公有制企业，共有 181 家，占到了总体的 18.55%，而外资企业和港、澳、台资企业的个数则相对而言少得多，分别仅有 26 家与 13 家，占所有企业的 2.66%和 1.33%。

3.3.4 企业规模分布情况

我们进一步地对评价企业的企业规模分布情况加以了解与刻划，根据在线监测数据库中企业基本信息中的企业规模这一变量，对企业规模的分布情况进行统计与描述如表 3-7 和图 3-5 所示。

表 3-7 企业规模分布统计

企业规模类型	企业数/家	所占百分比/%
特大型	75	12.44
大型一档	150	24.88
大型二档	80	13.27
中一型	142	23.55
中二型	96	15.92
小型	38	6.30

企业规模类型	企业数/家	所占百分比/%
其他	22	3.65
合计	603	100

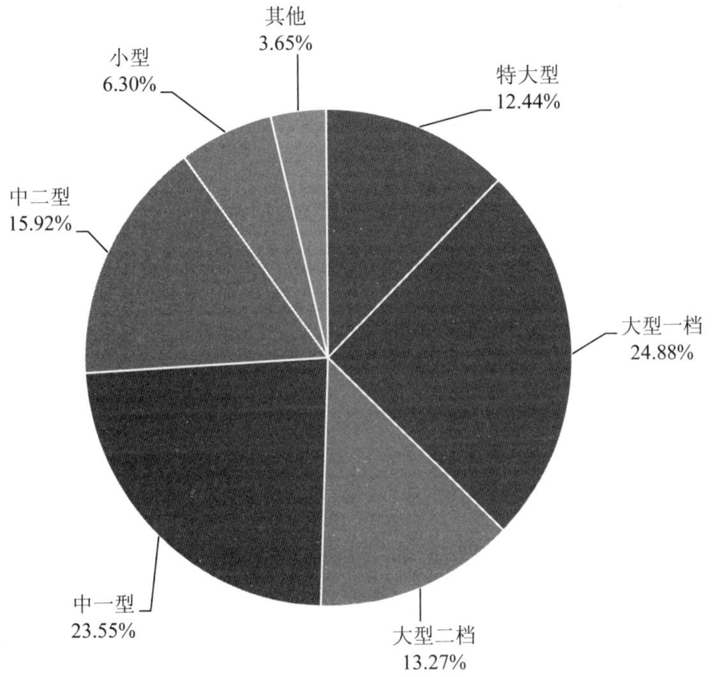

图 3-5　企业规模分布

结合表 3-7 和图 3-5 可以看到，在企业规模不为空值的 603 家企业当中，中型规模的企业数量最多，其次是人型规模和特大型规模的企业，而小型规模的企业和其他企业则最少。规模为大型一档和中一型的企业数量最多，分别为 150 家和 142 家，占到了 603 家企业的 24.88%和 23.55%；其次企业数量较多的企业规模分别为中二型和大型二档，分别有 96 家和 80 家企业，占 603 家样本企业的 15.92%和 13.27%；而特大型、小型和其他规模的企业数量则最少，分别仅有 75 家、38 家和 22 家企业，仅占到 603 家样本企业的 12.44%、6.30%和 3.65%。

3.4　企业环境绩效档次水平划分

正如之前在评价方法部分所提到的，在评价企业环境绩效之前还需要对企业的环境绩效档次水平进行合理地划分，而这种划分要以企业环境绩效各项指标计算结果的分布情况为依据。因此在这一部分，将在计算出企业环境绩效措施层各项指标的基础之上对各指标的分布情况进行分析和统计，并对各项指标的评价档次水平进行划分。

3.4.1 在线监测系统

在线监测系统中共涉及企业年度超标率、污染物最大超标倍数、污染物平均超标倍数以及企业最大连续超标时长四项指标的计算，接下来分别对这四项指标计算结果的分布情况和档次水平划分结果进行说明。

3.4.1.1 企业年度超标率

企业年度超标率指该企业特定污染物全年小时浓度超标次数之和（某一排口小时浓度超标 1 次计 1 次，有其他排口小时均值同时超标可累积计）同该企业（所有排口、所有因子）全年有效监测次数之和的比值，计算出该指标后各污染物绘制分布图的结果（图 3-6～图 3-10）。

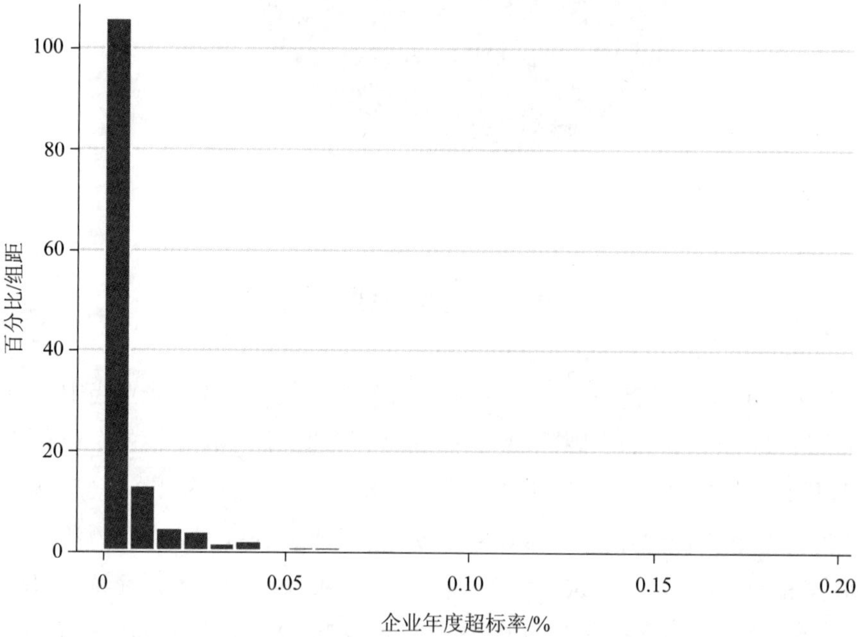

图 3-6 企业烟（粉）尘年度超标率分布

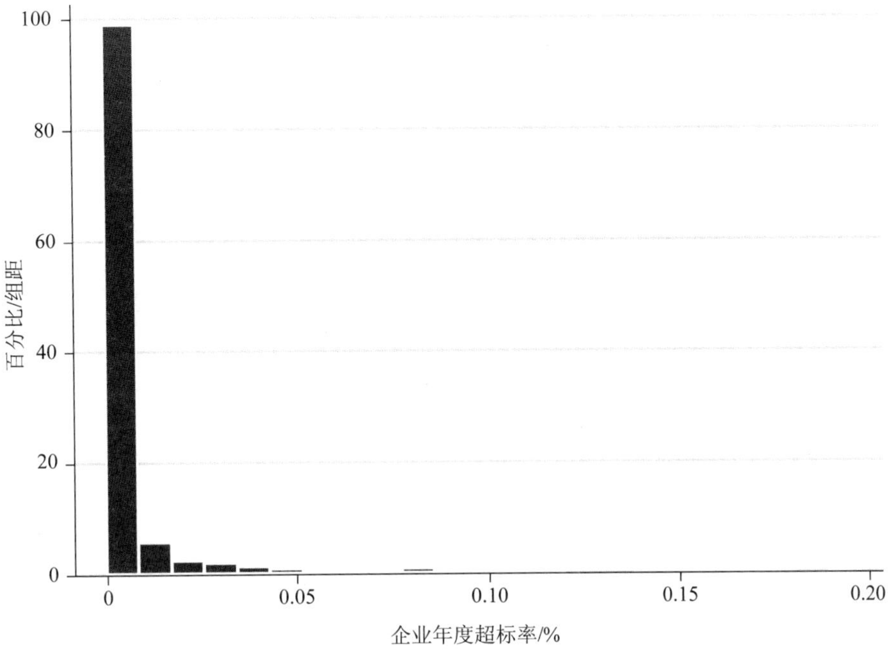

图 3-7　企业二氧化硫年度超标率分布

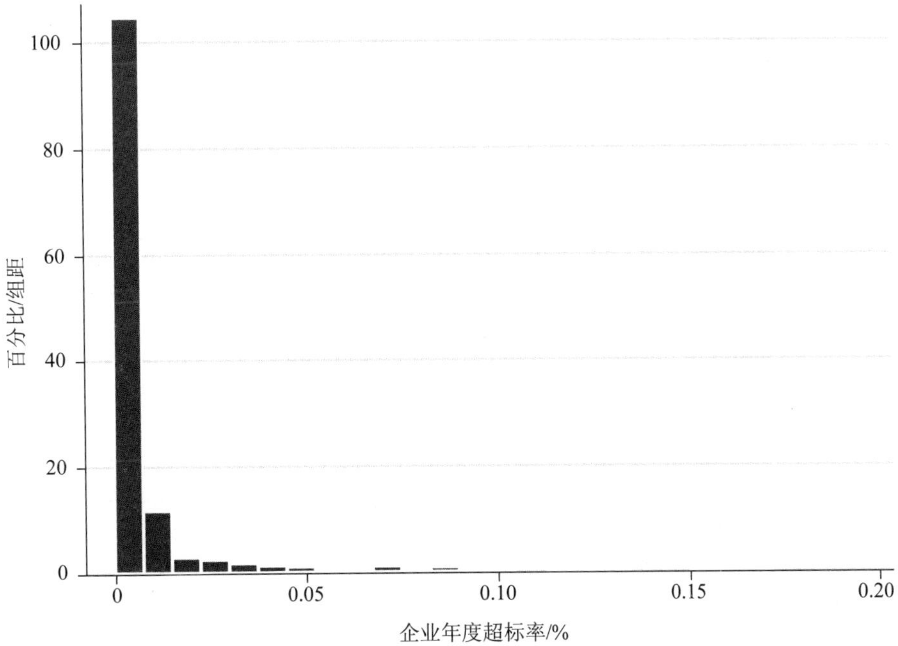

图 3-8　企业氮氧化物年度超标率分布

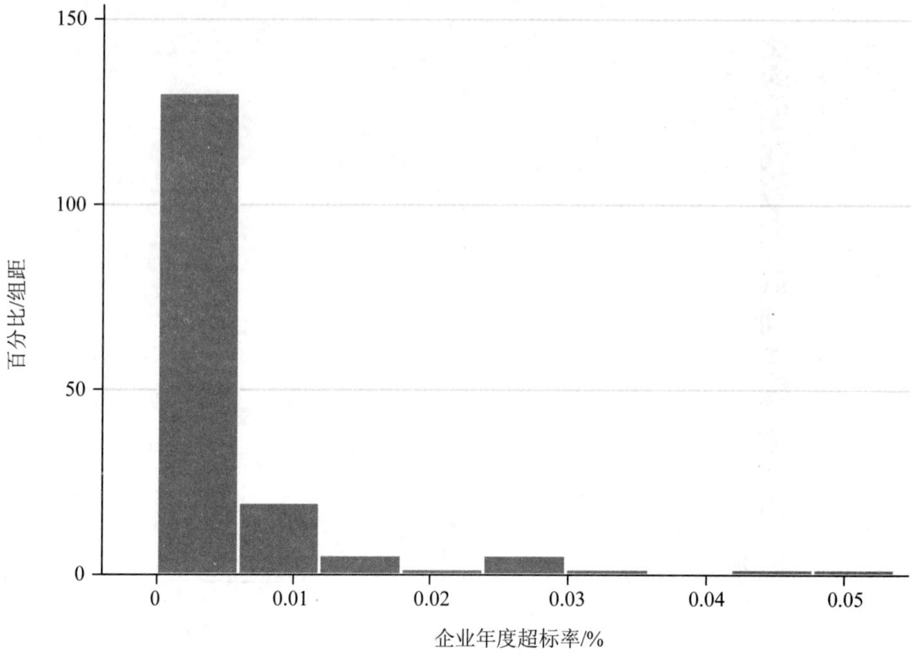

图 3-9 企业 COD 年度超标率分布

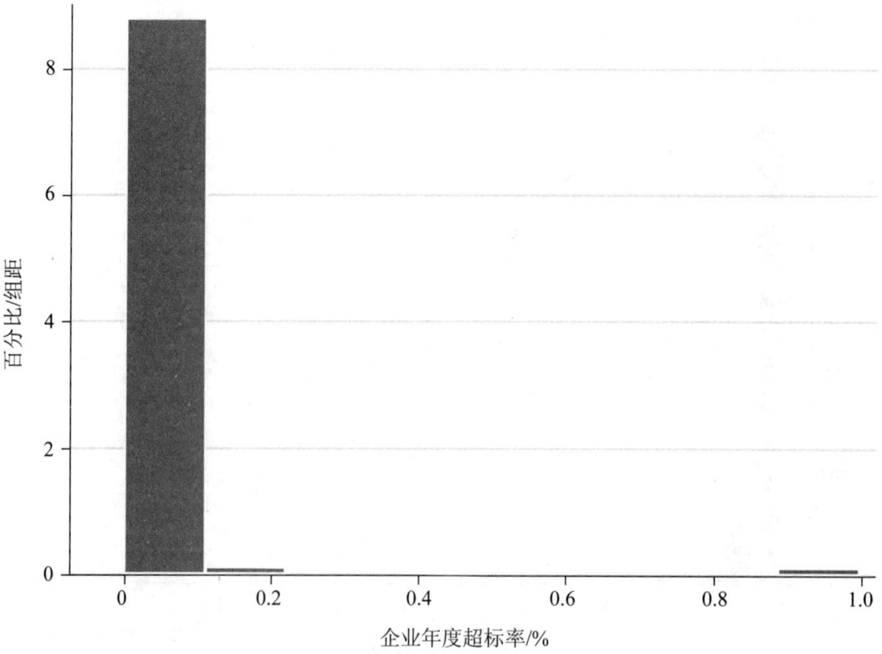

图 3-10 企业氨氮年度超标率分布

根据图 3-6～图 3-10 的结果，我们可以看到不同污染物的企业年度超标率分布非常相似，即大多数企业的年度超标率都非常小，同时随着年度超标率的提高企业数量呈现出明显的下降趋势，可见以企业年度超标率表征的企业环境表现总体而言较为良好。具体的指标档次结果见表 3-8。

表 3-8 企业年度超标率档次划分

污染物类别	得分等级	年度超标率/%	企业数/家	所占百分比/%
烟（粉）尘	A	0	113	19.52
	B	＞0，≤0.5	296	51.12
	C	＞0.5，≤1.0	51	8.81
	D	＞1.0，≤5.0	77	13.30
	E	＞5.0	42	7.25
二氧化硫	A	0	148	25.52
	B	＞0，≤0.5	288	49.66
	C	＞0.5，≤1.0	52	8.97
	D	＞1.0，≤5.0	50	8.62
	E	＞5.0	42	7.24
氮氧化物	A	0	85	14.63
	B	＞0，≤0.5	320	55.08
	C	＞0.5，≤1.0	64	11.02
	D	＞1.0，≤5.0	68	11.70
	E	＞5.0	44	7.57
COD	A	0	10	10.64
	B	＞0，≤0.2	36	38.30
	C	＞0.2，≤0.5	24	25.53
	D	＞0.5，≤1.0	13	13.83
	E	＞1.0	11	11.70
氨氮	A	0	21	25.00
	B	＞0，≤0.2	39	46.43
	C	＞0.2，≤0.5	12	14.29
	D	＞0.5，≤1.0	6	7.14
	E	＞1.0	6	7.14

3.4.1.2 污染物最大超标倍数

污染物最大超标倍数是指该企业当年特定污染物小时监测浓度同小时监测浓度标准比值的最大值，计算出该指标后各污染物绘制分布图的结果（图 3-11～图 3-15）。

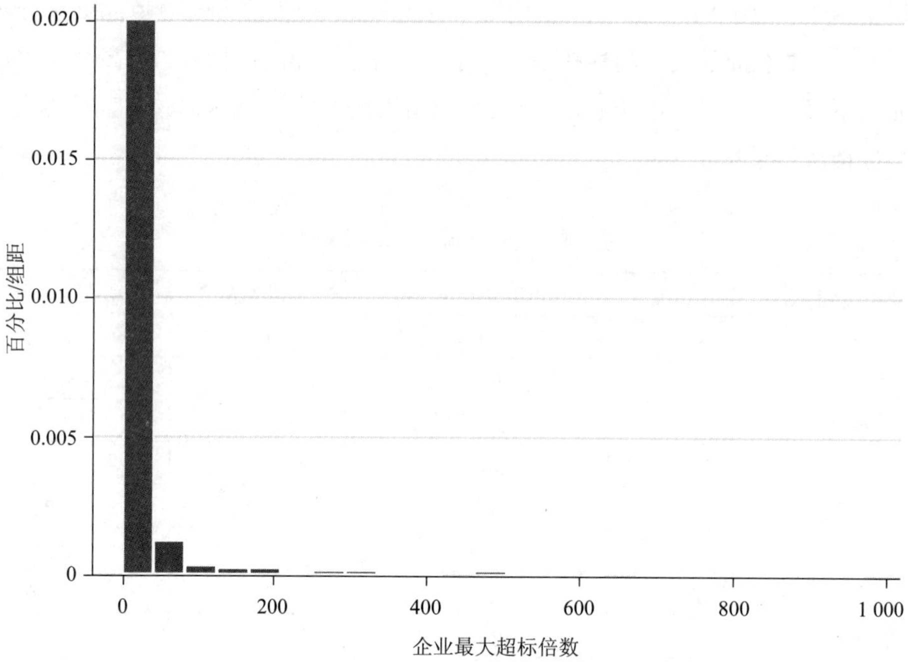

图 3-11　企业烟（粉）尘最大超标倍数分布

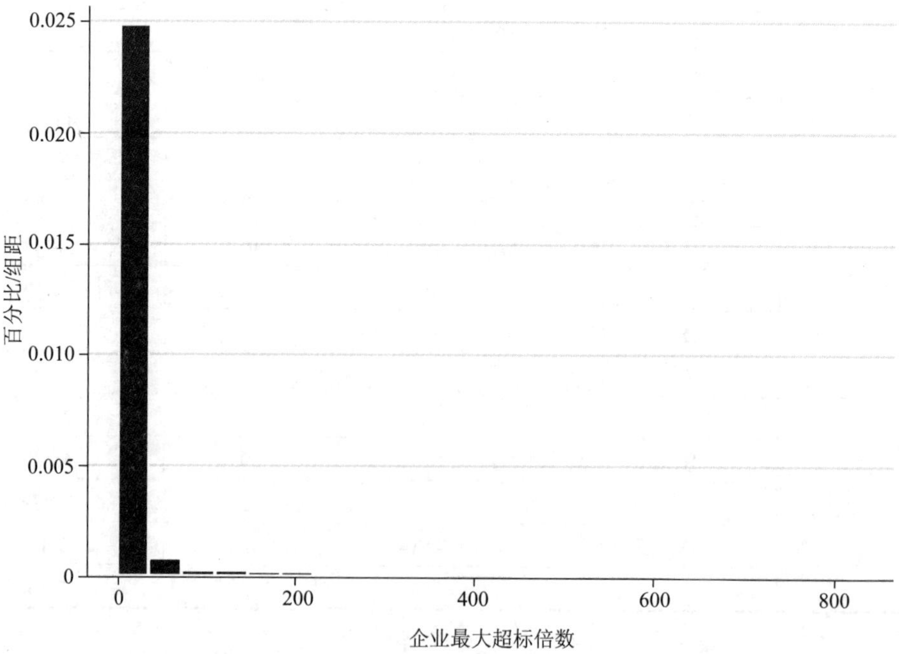

图 3-12　企业二氧化硫最大超标倍数分布

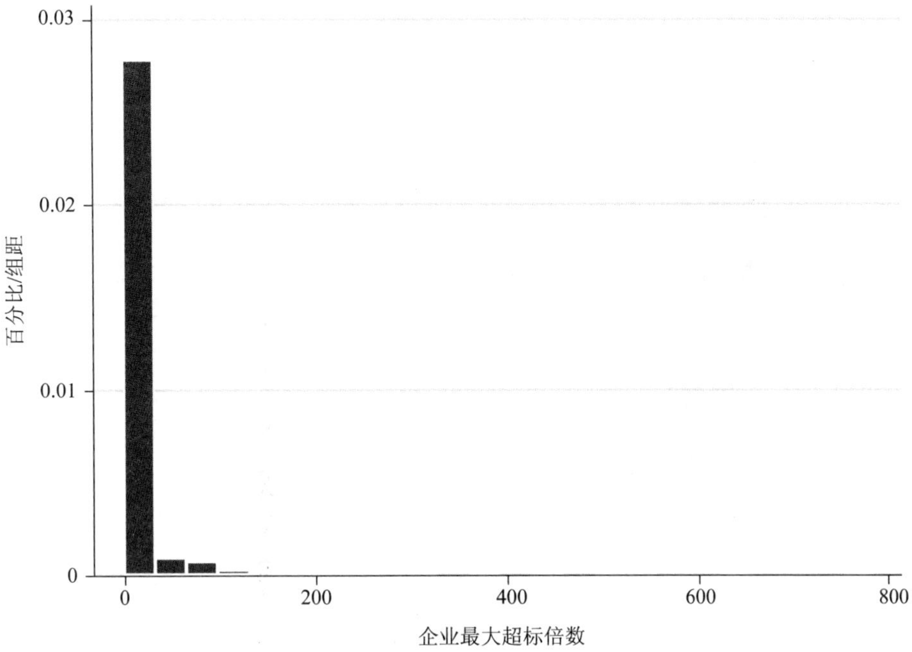

图 3-13　企业氮氧化物最大超标倍数分布

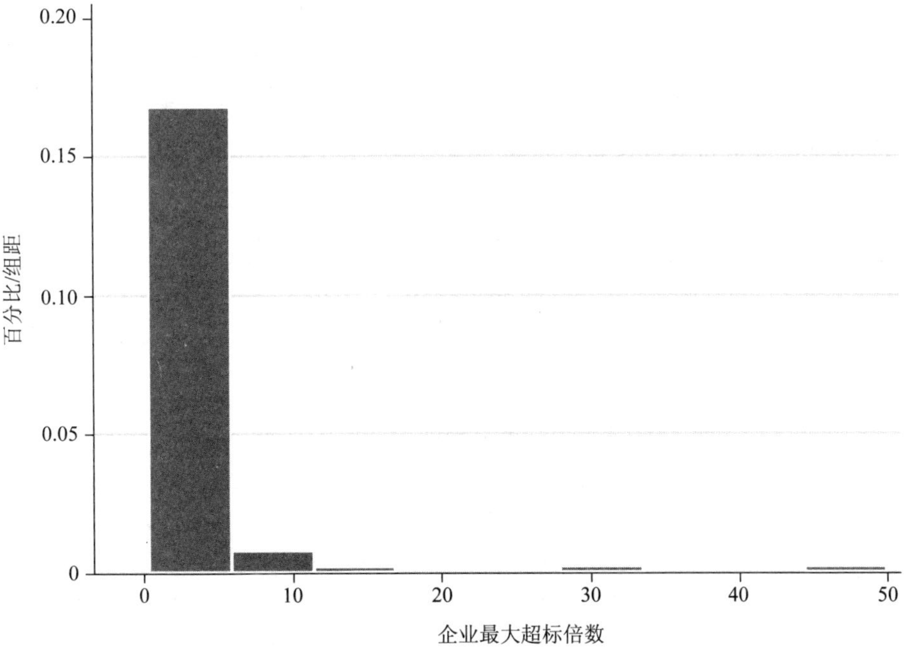

图 3-14　企业 COD 最大超标倍数分布

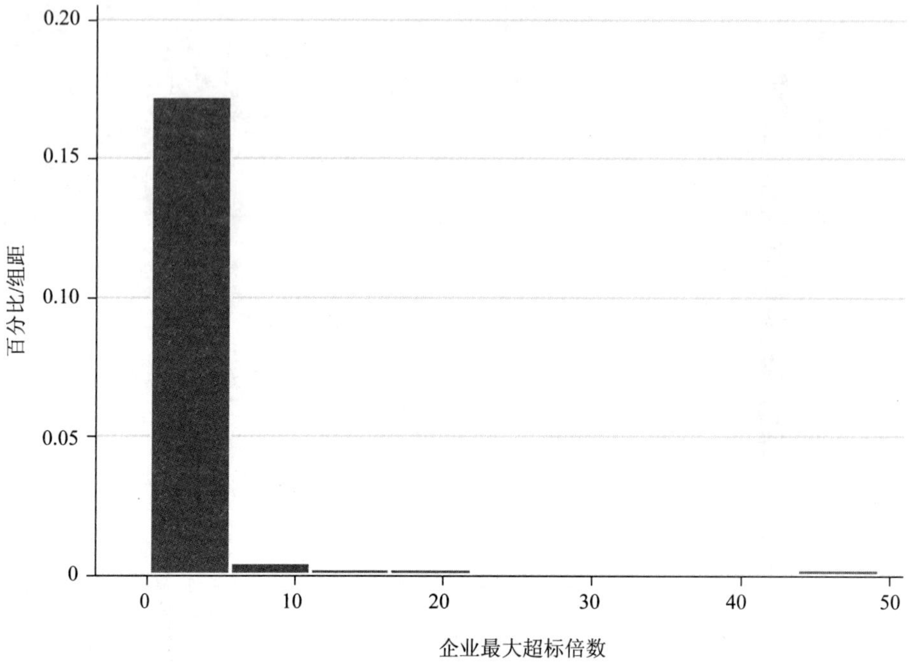

图 3-15 企业氨氮最大超标倍数分布

根据图 3-11～图 3-15 的结果可以看到，同企业年度超标率相类似地，不同污染物的企业最大超标倍数分布非常相似，即大多数企业的最大超标倍数都非常低，同时随着最大超标倍数的升高企业个数呈现出明显的下降趋势，可见以企业最大超标倍数表征的企业环境表现总体而言较为良好。具体的指标档次水平结果见表 3-9。

表 3-9 企业最大超标倍数档次水平划分

污染物类别	得分等级	最大超标倍数	企业数/家	所占百分比/%
烟（粉）尘	A	≥0，≤1	114	19.69
	B	＞1，≤2	94	16.23
	C	＞2，≤5	104	17.96
	D	＞5，≤10	68	11.74
	E	＞10	199	34.37
二氧化硫	A	≥0，≤1	149	25.69
	B	＞1，≤2	121	20.86
	C	＞2，≤5	121	20.86
	D	＞5，≤10	68	11.72
	E	＞10	121	20.86
氮氧化物	A	≥0，≤1	85	14.63
	B	＞1，≤2	134	23.06
	C	＞2，≤5	138	23.75

污染物类别	得分等级	最大超标倍数	企业数/家	所占百分比/%
氮氧化物	D	＞5，≤10	84	14.46
	E	＞10	140	24.10
COD	A	≥0，≤1	10	10.64
	B	＞1，≤2	39	41.49
	C	＞2，≤3	18	19.15
	D	＞3，≤5	17	18.09
	E	＞5	10	10.64
氨氮	A	≥0，≤1	21	25.00
	B	＞1，≤2	40	47.62
	C	＞2，≤3	9	10.71
	D	＞3，≤5	8	9.52
	E	＞5	6	7.14

3.4.1.3　污染物平均超标倍数

污染物平均超标倍数是指该企业当年特定污染物小时监测浓度同小时监测浓度标准比值的平均值，计算出该指标后各污染物绘制分布图的结果（图 3-16～图 3-20）。

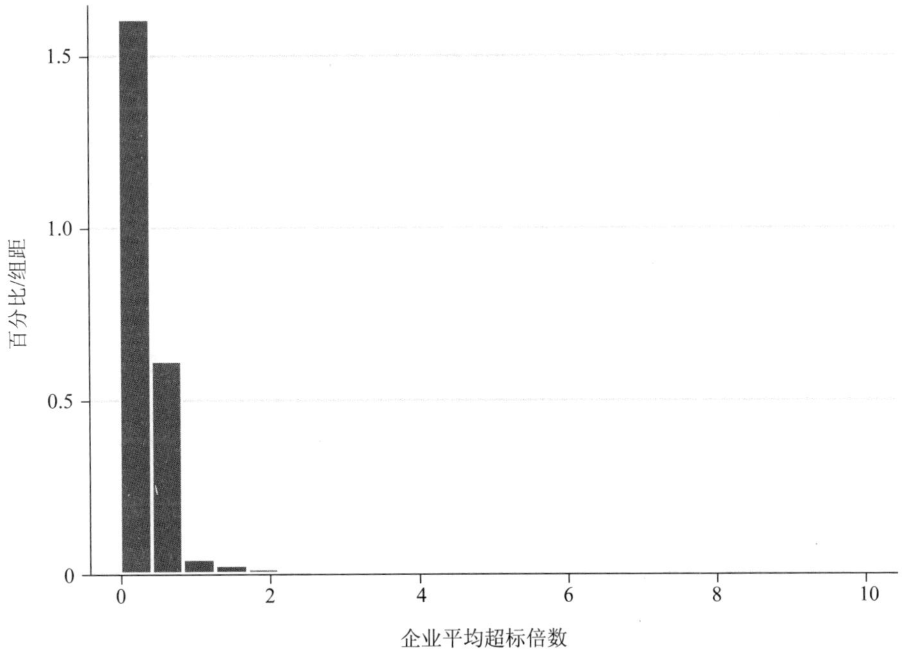

图 3-16　企业烟（粉）尘平均超标倍数分布

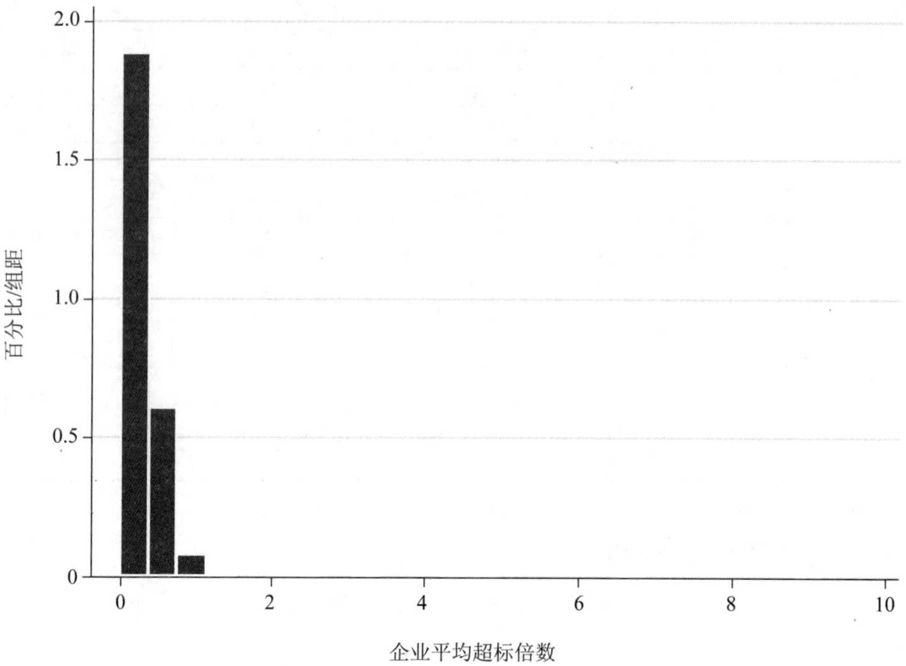

图 3-17　企业二氧化硫平均超标倍数分布

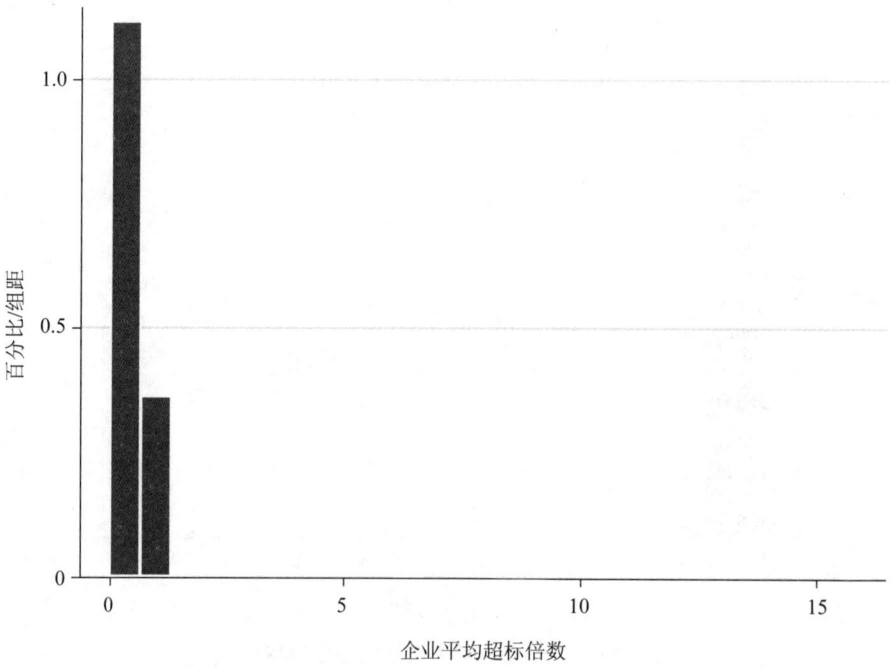

图 3-18　企业氮氧化物平均超标倍数分布

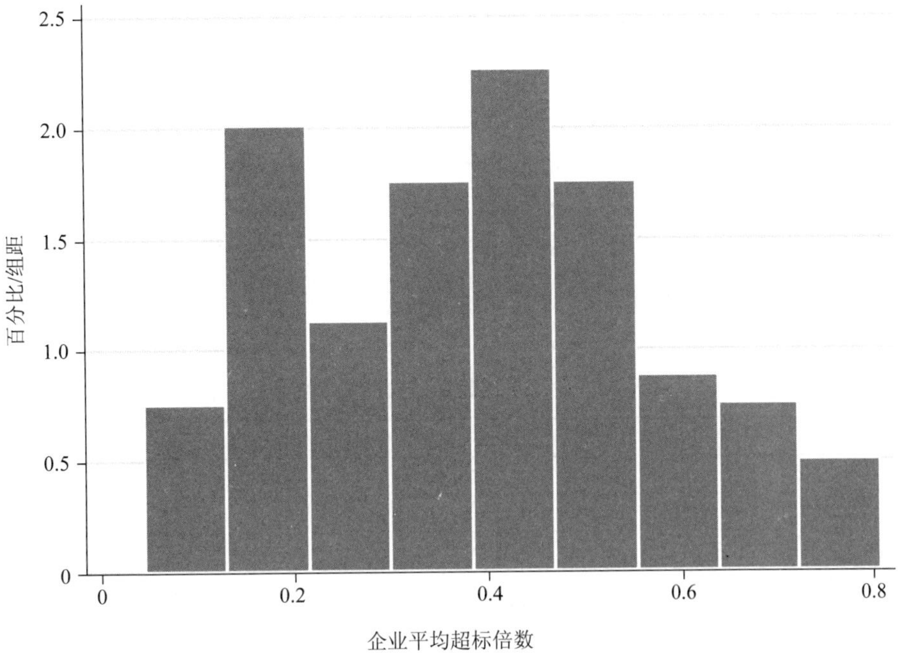

图 3-19　企业 COD 平均超标倍数分布

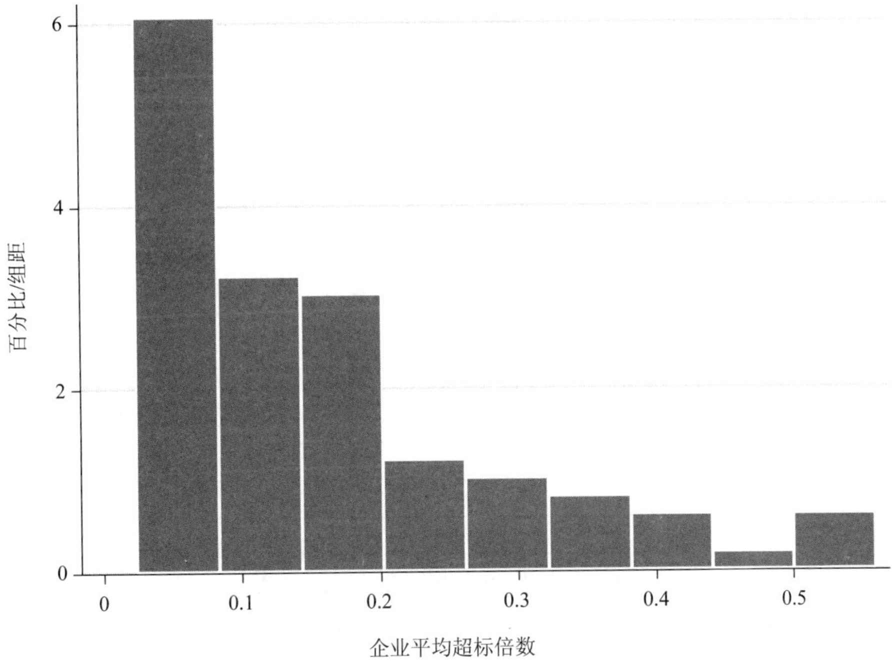

图 3-20　企业氨氮平均超标倍数分布

从图 3-16～图 3-20 的结果看出，除 COD 之外，其他 4 种污染物同企业最大超标倍数的分布非常相似，即大多数企业的平均超标倍数都非常低，同时随着平均超标倍数的升高企业个数呈现出明显的下降趋势，呈现出的企业环境表现较为良好；但是 COD 平均超标倍数的分布情况则较为特殊，即平均超标倍数位于中间位置在 0.3～0.5 倍的企业数量最多，而平均超标倍数较小和较大的企业数量则相对而言较少，但所有企业 COD 的最大平均超标倍数仍在 1 以下，即并未超标，就这个角度而言以 COD 平均超标倍数表征的企业环境表现同样较为良好。具体的指标档次结果见表 3-10。

表 3-10 企业平均超标倍数档次水平划分

污染物类别	得分等级	平均超标倍数	企业数/家	所占百分比/%
烟（粉）尘	A	≥0，≤0.1	69	11.92
	B	＞0.1，≤0.2	114	19.69
	C	＞0.2，≤0.5	272	46.98
	D	＞0.5，≤1.0	97	16.75
	E	＞1.0	27	4.66
二氧化硫	A	≥0，≤0.1	161	27.76
	B	＞0.1，≤0.2	104	17.93
	C	＞0.2，≤0.5	228	39.31
	D	＞0.5，≤1.0	76	13.10
	E	＞1.0	11	1.90
氮氧化物	A	≥0，≤0.1	19	3.27
	B	＞0.1，≤0.2	27	4.65
	C	＞0.2，≤0.5	266	45.78
	D	＞0.5，≤1.0	260	44.75
	E	＞1.0	9	1.55
COD	A	≥0，≤0.1	4	4.26
	B	＞0.1，≤0.2	15	15.96
	C	＞0.2，≤0.5	50	53.19
	D	＞0.5，≤1.0	25	26.60
	E	＞1.0	0	0.00
氨氮	A	≥0，≤0.1	34	40.48
	B	＞0.1，≤0.2	26	30.95
	C	＞0.2，≤0.5	20	23.81
	D	＞0.5，≤1.0	3	3.57
	E	＞1.0	1	1.19

3.4.1.4 企业最大连续超标时长

企业最大连续超标时长是指该企业当年特定污染物监测浓度连续超标小时数的最大值，计算出该指标后各污染物绘制分布图的结果（图 3-21～图 3-25）。

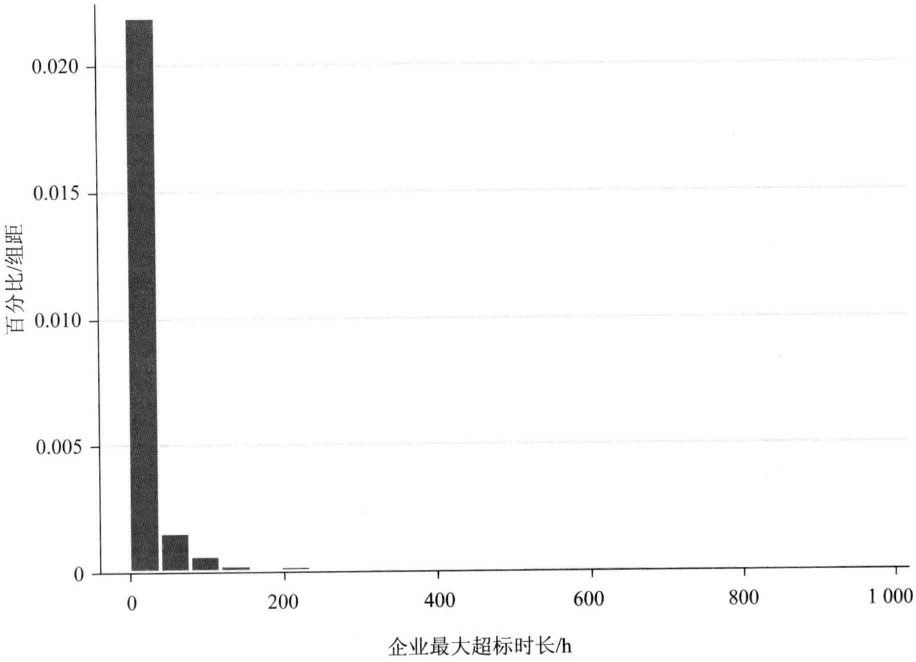

图 3-21　企业烟（粉）尘最大连续超标时长分布

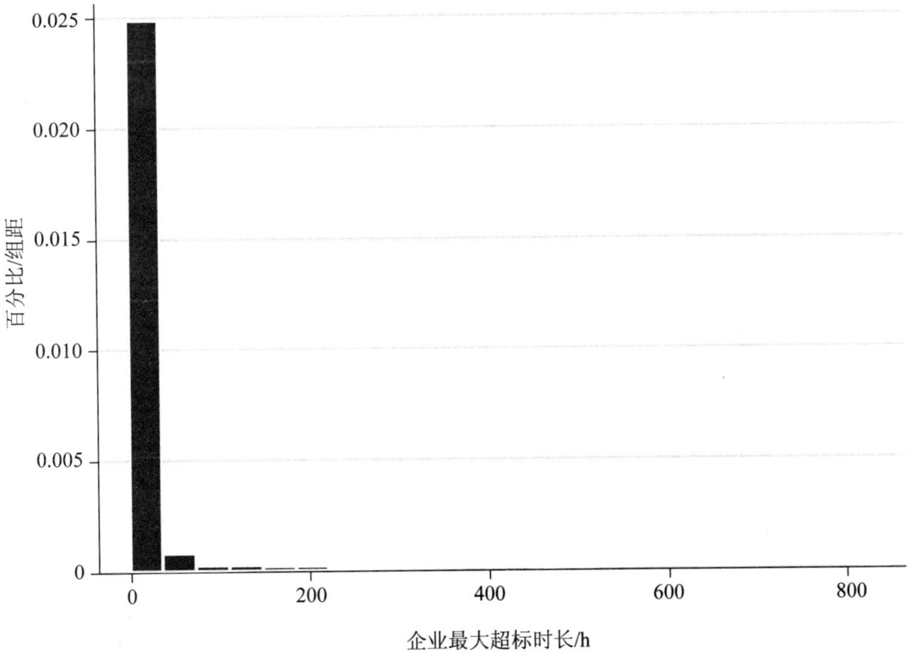

图 3-22　企业二氧化硫最大连续超标时长分布

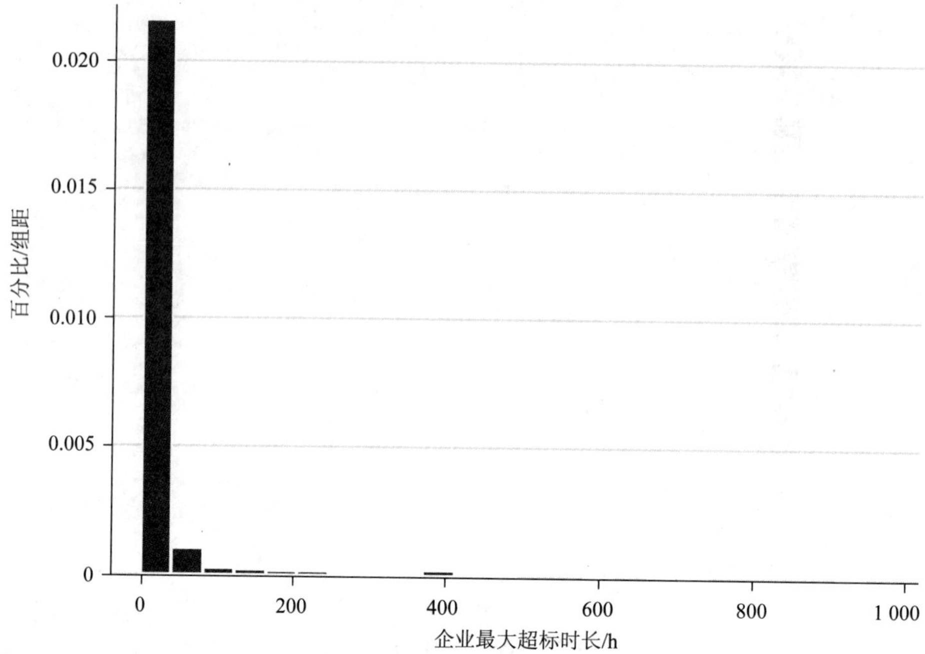

图 3-23　企业氮氧化物最大连续超标时长分布

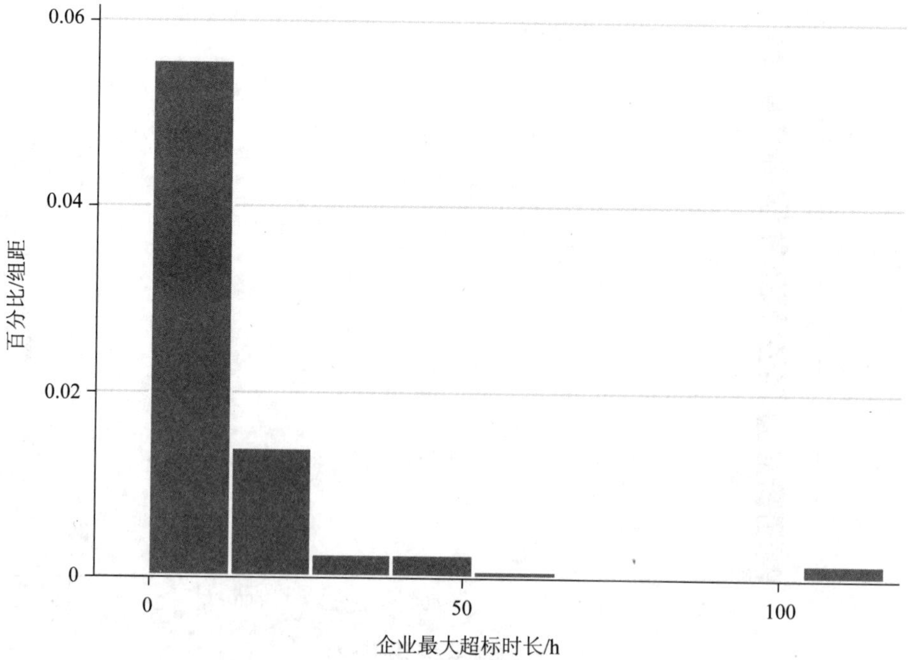

图 3-24　企业 COD 最大连续超标时长分布

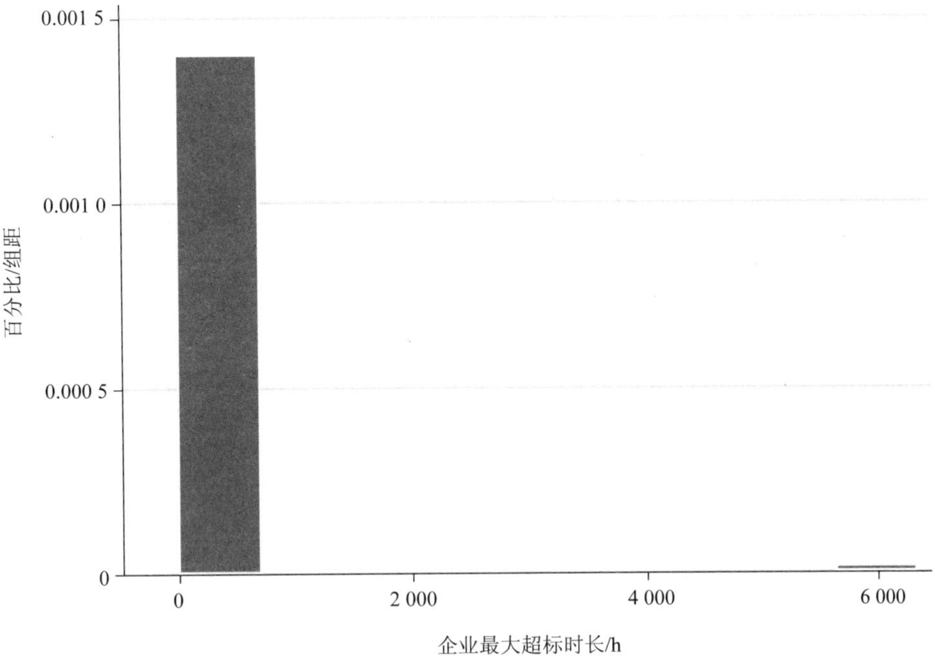

图 3-25　企业氨氮最大连续超标时长分布

根据图 3-21～图 3-25 的结果可以看到，企业在不同污染物的最大连续超标时长分布非常相似，即大多数企业的最大连续超标时长都非常低，同时随着最大连续超标时长的增加企业个数呈现出明显的下降趋势，可见以企业最大连续超标时长表征的企业环境表现总体而言较为良好。具体的指标档次结果见表 3-11。

表 3-11　企业最大连续超标时长档次划分

污染物类别	得分等级	最大连续超标时长/h	企业数/家	所占百分比/%
烟（粉）尘	A	0	113	19.52
	B	>0，≤12	284	49.05
	C	>12，≤24	70	12.09
	D	>24，≤96	66	11.40
	E	>96	46	7.94
二氧化硫	A	0	148	25.52
	B	>0，≤12	308	53.10
	C	>12，≤24	42	7.24
	D	>24，≤96	40	6.90
	E	>96	42	7.24
氮氧化物	A	0	85	14.63
	B	>0，≤12	332	57.14
	C	>12，≤24	75	12.91

污染物类别	得分等级	最大连续超标时长/h	企业数/家	所占百分比/%
氮氧化物	D	＞24，≤96	49	8.43
	E	＞96	40	6.88
COD	A	0	10	10.64
	B	＞0，≤12	58	61.70
	C	＞12，≤24	17	18.09
	D	＞24，≤96	7	7.45
	E	＞96	2	2.13
氨氮	A	0	21	25.00
	B	＞0，≤12	46	54.76
	C	＞12，≤24	10	11.90
	D	＞24，≤96	4	4.76
	E	＞96	3	3.57

3.4.2 监督性监测系统

3.4.2.1 企业超标次数

企业超标次数是指该企业的特定污染物一整年超标次数的总和，计算出该指标后各污染物绘制分布图的结果（图3-26～图3-30）。

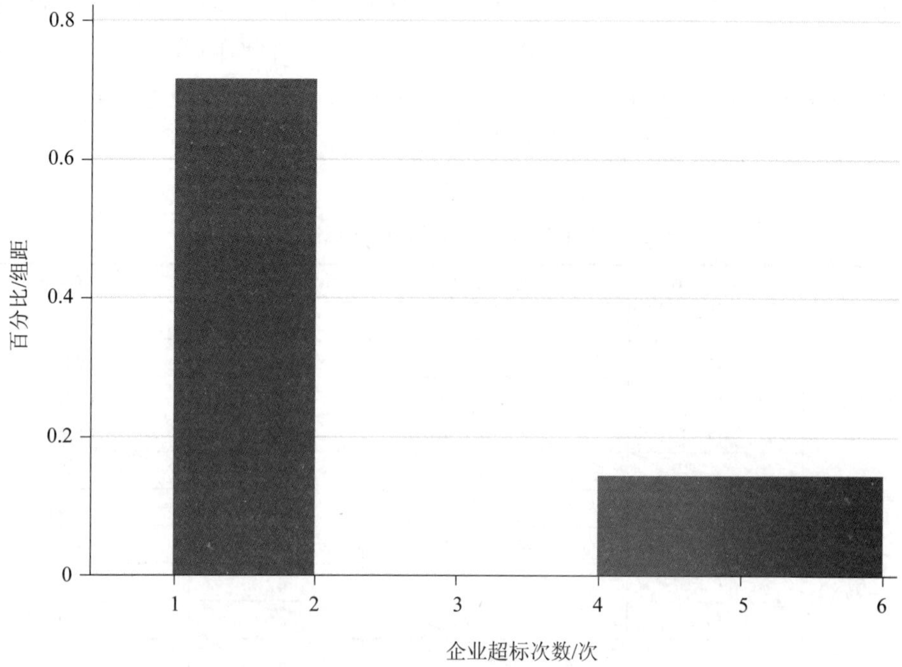

图3-26 企业烟（粉）尘超标次数分布

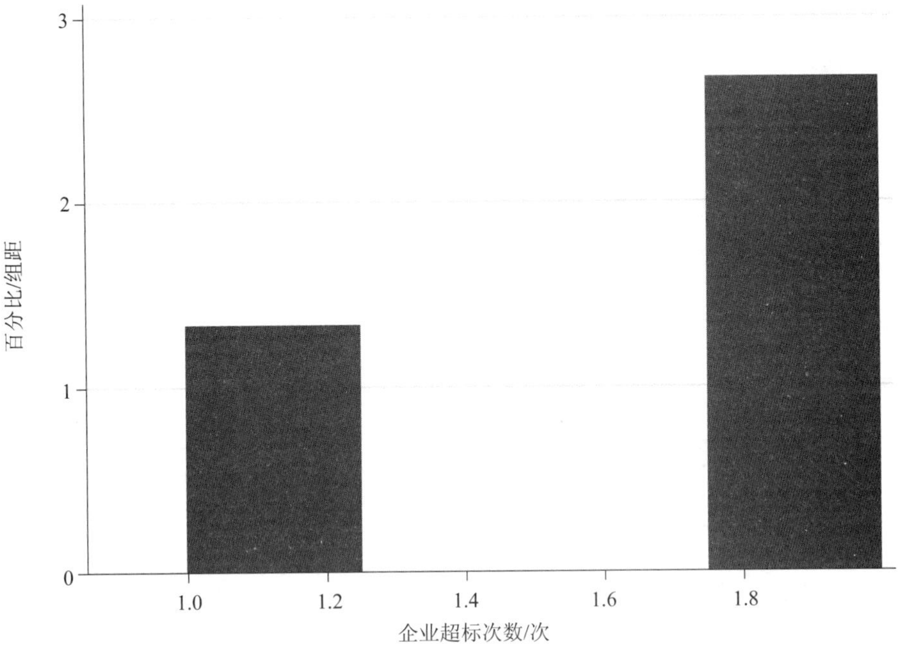

图 3-27 企业二氧化硫超标次数分布

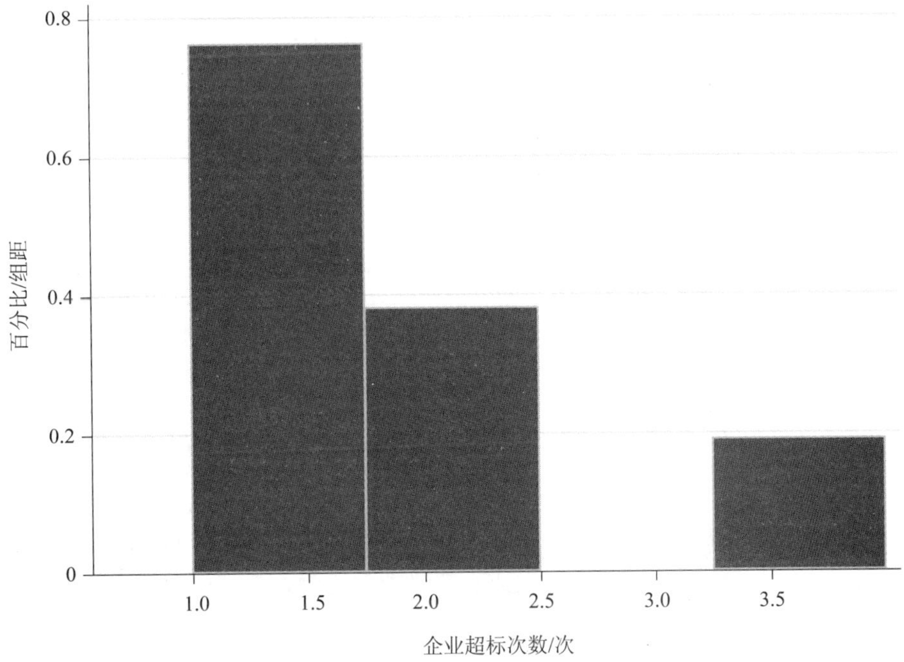

图 3-28 企业氮氧化物超标次数分布

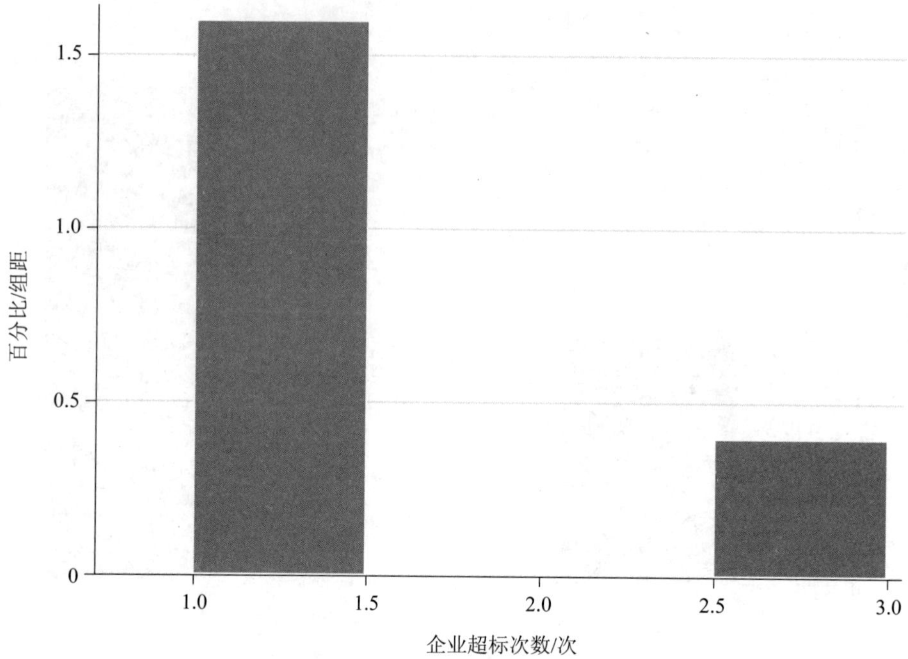

图 3-29　企业 COD 超标次数分布

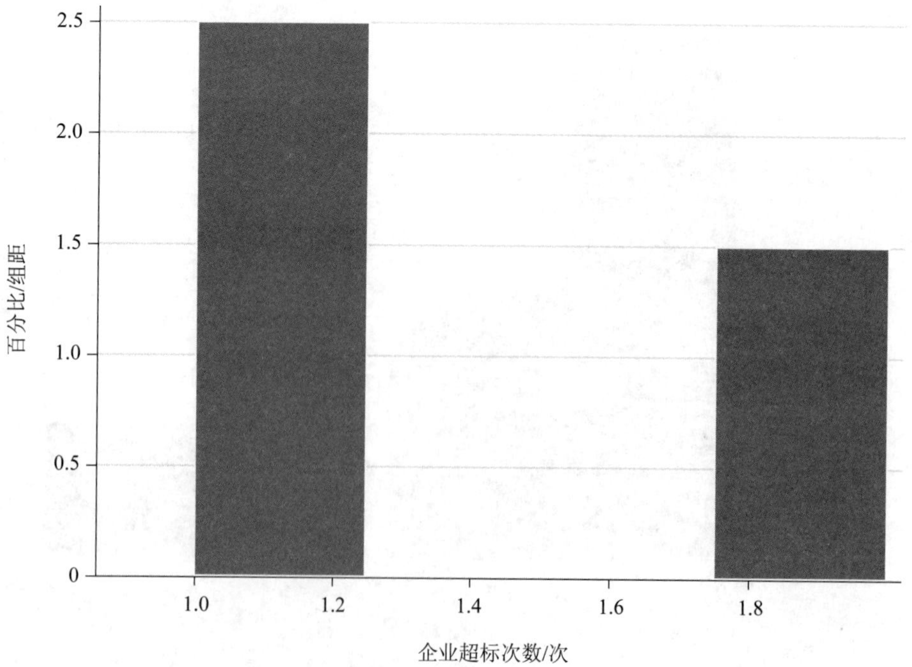

图 3-30　企业氨氮超标次数分布

由图 3-26～图 3-30 可以看出，在企业不同污染物的超标次数分布非常相似，即大多数企业的超标次数都非常低，大多集中在一次或两次。由此可见，以企业超标次数表征的企业环境表现总体而言较为良好。具体的指标档次结果见表 3-12。

表 3-12　企业超标次数档次划分

污染物类别	得分等级	企业超标次数/次	企业数/家	所占百分比/%
烟（粉）尘	A	0	0	0.00
	B	>0，≤1	5	71.42
	C	>1，≤2	0	0.00
	D	>2，≤3	0	0.00
	E	>3	2	28.58
二氧化硫	A	0	0	0.00
	B	>0，≤1	2	33.33
	C	>1，≤2	4	66.67
	D	>2，≤3	0	0.00
	E	>3	0	0.00
氮氧化物	A	0	0	0.00
	B	>0，≤1	4	57.14
	C	>1，≤2	2	28.57
	D	>2，≤3	0	0.00
	E	>3	1	14.29
COD	A	0	0	0.00
	B	>0，≤1	4	80.00
	C	>1，≤2	0	0.00
	D	>2，≤3	1	20.00
	E	>3	0	0.00
氨氮	A	0	0	0.00
	B	>0，≤1	5	62.50
	C	>1，≤2	3	37.50
	D	>2，≤3	0	0.00
	E	>3	0	0.00

3.4.2.2　企业最大超标倍数

污染物最大超标倍数是指该企业当年特定污染物小时监测浓度同小时监测浓度标准比值的最大值，计算出该指标后各污染物绘制分布图的结果（图 3-31～图 3-35）。

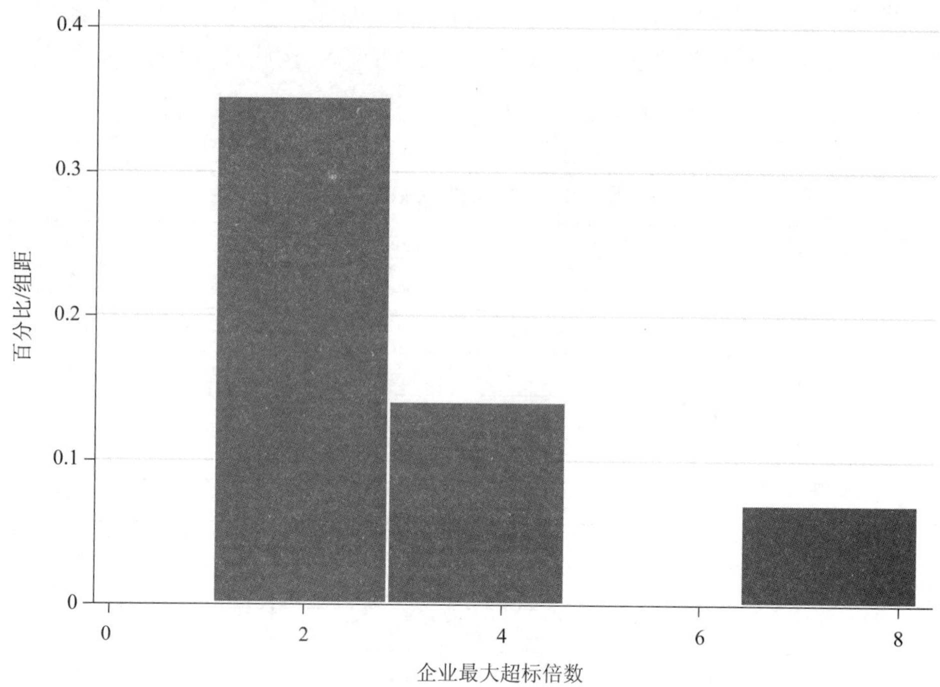

图 3-31　企业烟（粉）尘最大超标倍数分布

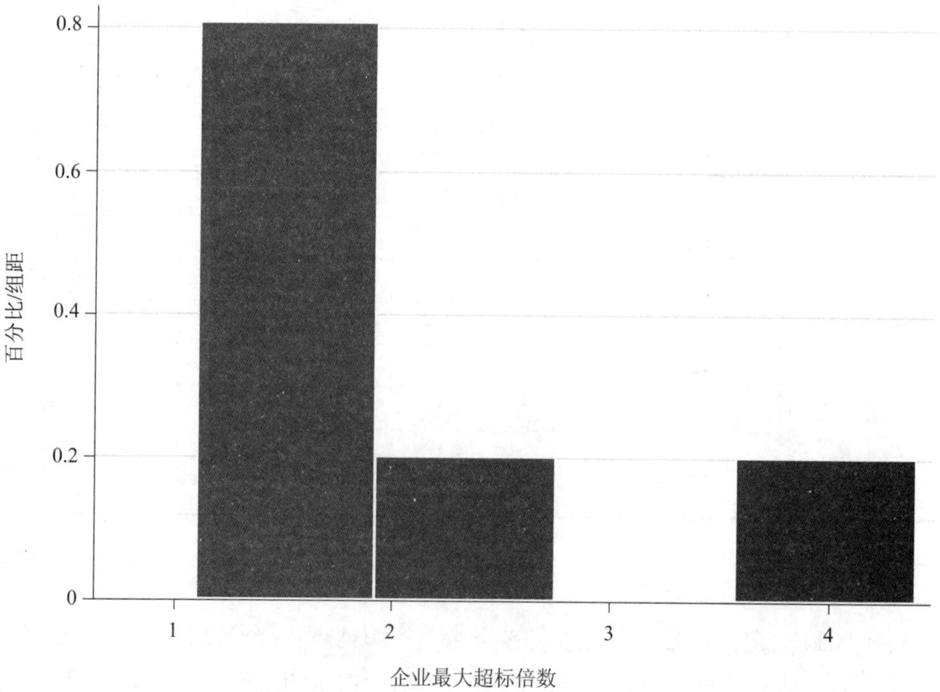

图 3-32　企业二氧化硫最大超标倍数分布

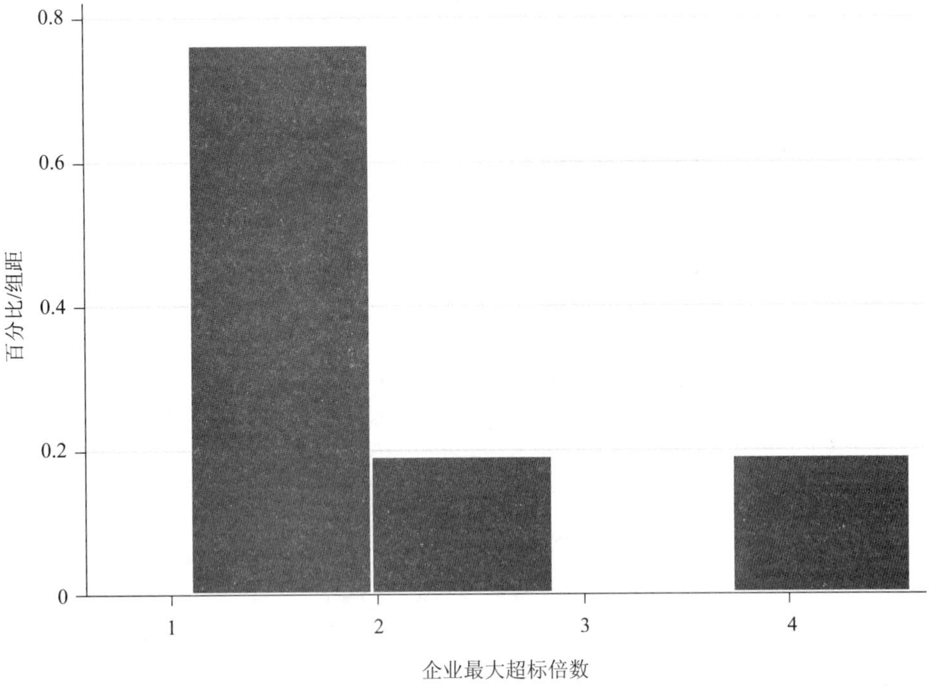

图 3-33　企业氮氧化物最大超标倍数分布

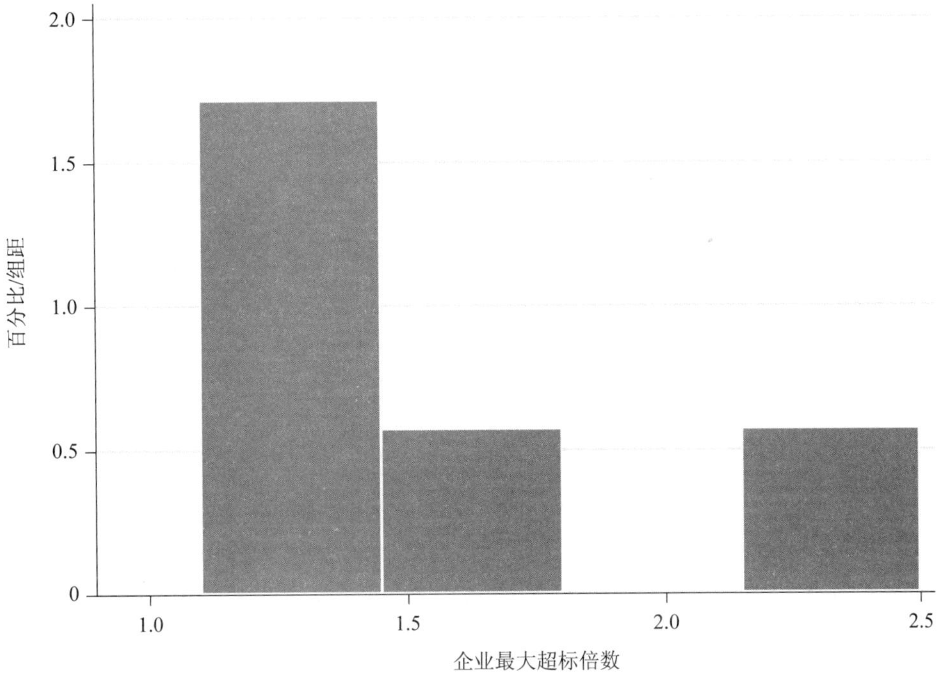

图 3-34　企业 COD 最大超标倍数分布

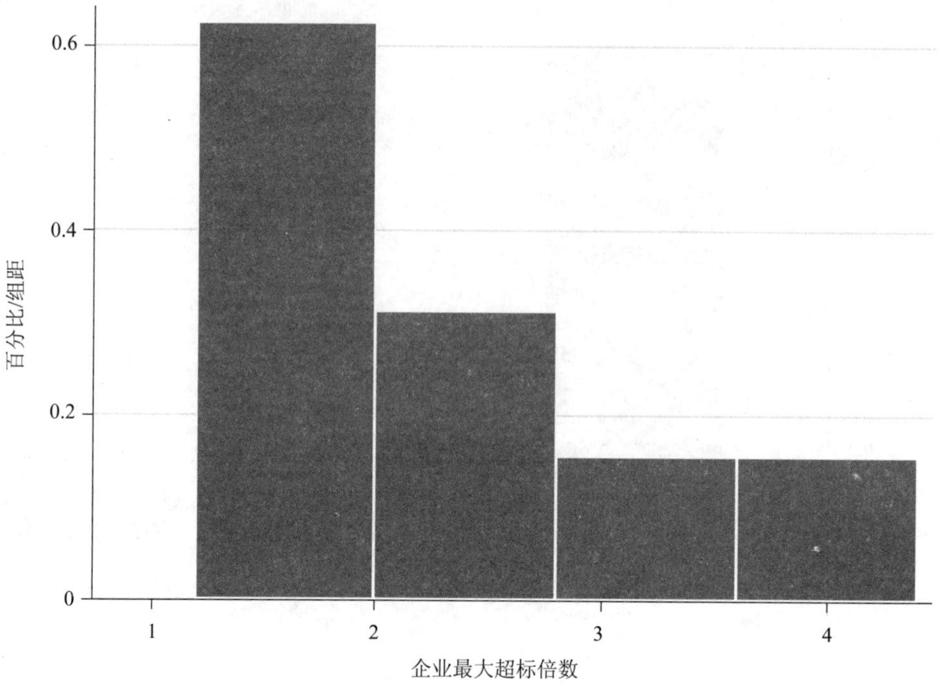

图 3-35 企业氨氮最大超标倍数分布

由图 3-31～图 3-35 可以看到，大多数企业的最大超标倍数都比较低，两倍以下占比较大。由此可见，以企业最大超标倍数表征的企业环境表现总体而言较为良好。具体的指标档次结果见表 3-13。

表 3-13 企业最大超标倍数档次划分

污染物类别	得分等级	企业最大超标倍数	企业数/家	所占百分比/%
烟（粉）尘	A	≥0，≤1.0	0	0.00
	B	＞1.0，≤1.5	3	37.50
	C	＞1.5，≤2.0	1	12.50
	D	＞2.0，≤3.0	1	12.50
	E	＞3.0	3	37.50
二氧化硫	A	≥0，≤1.0	0	0.00
	B	＞1.0，≤1.5	4	66.67
	C	＞1.5，≤2.0	0	0.00
	D	＞2.0，≤3.0	1	16.67
	E	＞3.0	1	16.67
氮氧化物	A	≥0，≤1.0	0	0.00
	B	＞1.0，≤1.5	3	50.00
	C	＞1.5，≤2.0	2	33.33

污染物类别	得分等级	企业最大超标倍数	企业数/家	所占百分比/%
氮氧化物	D	＞2.0，≤3.0	0	0.00
	E	＞3.0	1	16.67
COD	A	≥0，≤1.0	0	0.00
	B	＞1.0，≤1.5	3	60.00
	C	＞1.5，≤2.0	1	20.00
	D	＞2.0，≤3.0	1	20.00
	E	＞3.0	0	0.00
氨氮	A	≥0，≤1.0	0	0.00
	B	＞1.0，≤1.5	4	50.00
	C	＞1.5，≤2.0	0	0.00
	D	＞2.0，≤3.0	2	25.00
	E	＞3.0	2	25.00

3.4.2.3　企业平均超标倍数

污染物平均超标倍数是指该企业当年特定污染物小时监测浓度同小时监测浓度标准比值的平均值，计算出该指标后各污染物绘制分布图的结果（图 3-36～图 3-40）。

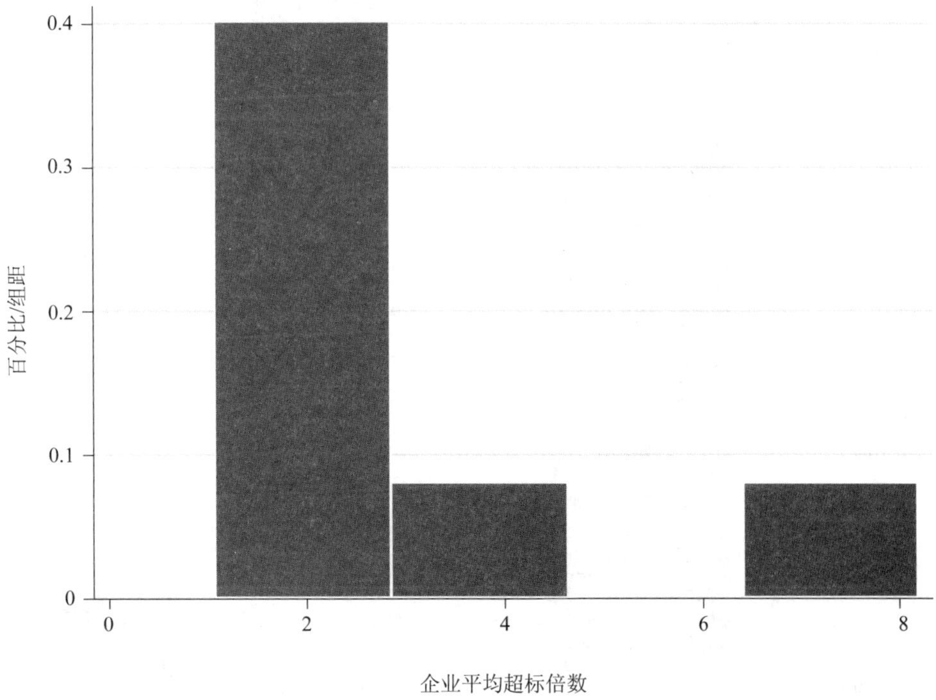

图 3-36　企业烟（粉）尘平均超标倍数分布

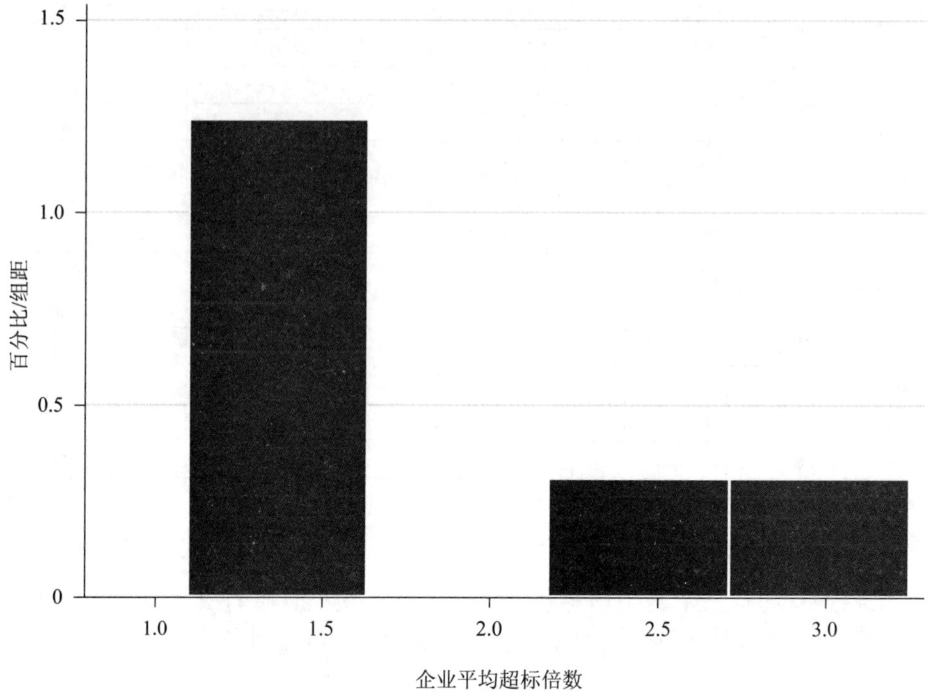

图 3-37　企业二氧化硫平均超标倍数分布

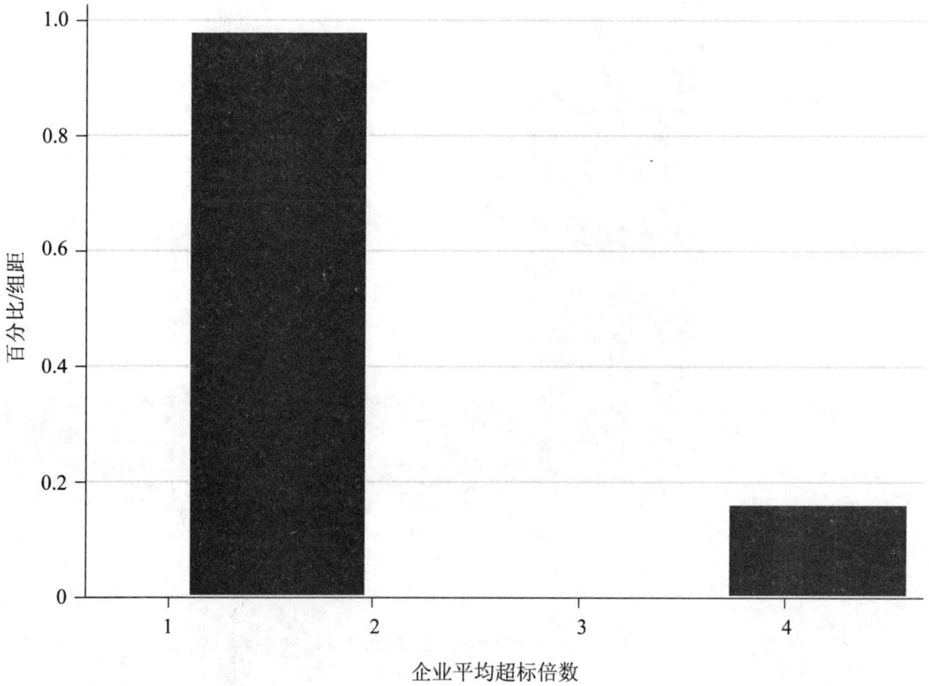

图 3-38　企业氮氧化物平均超标倍数分布

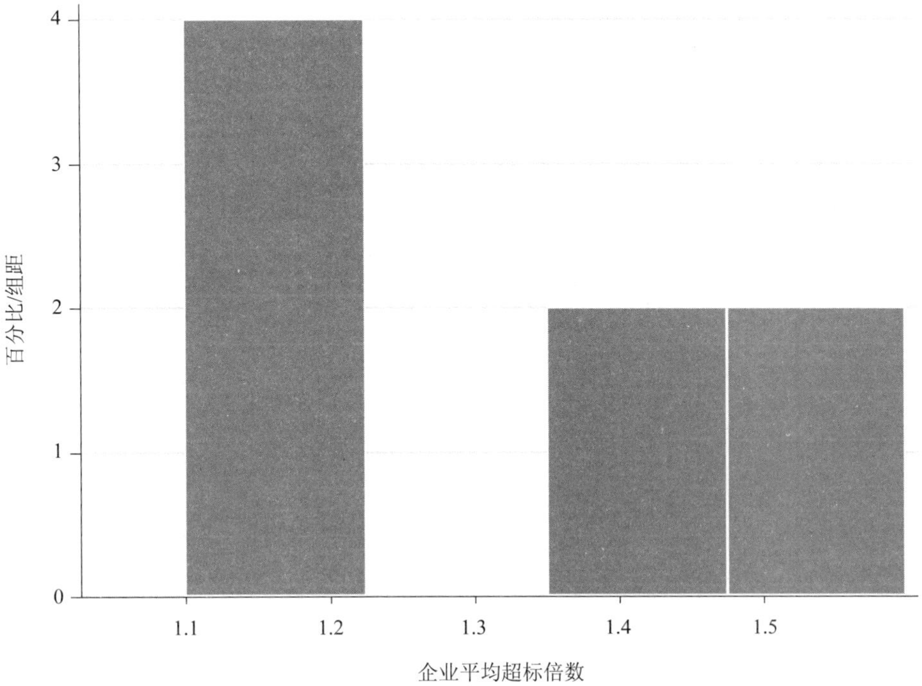

图 3-39　企业 COD 平均超标倍数分布

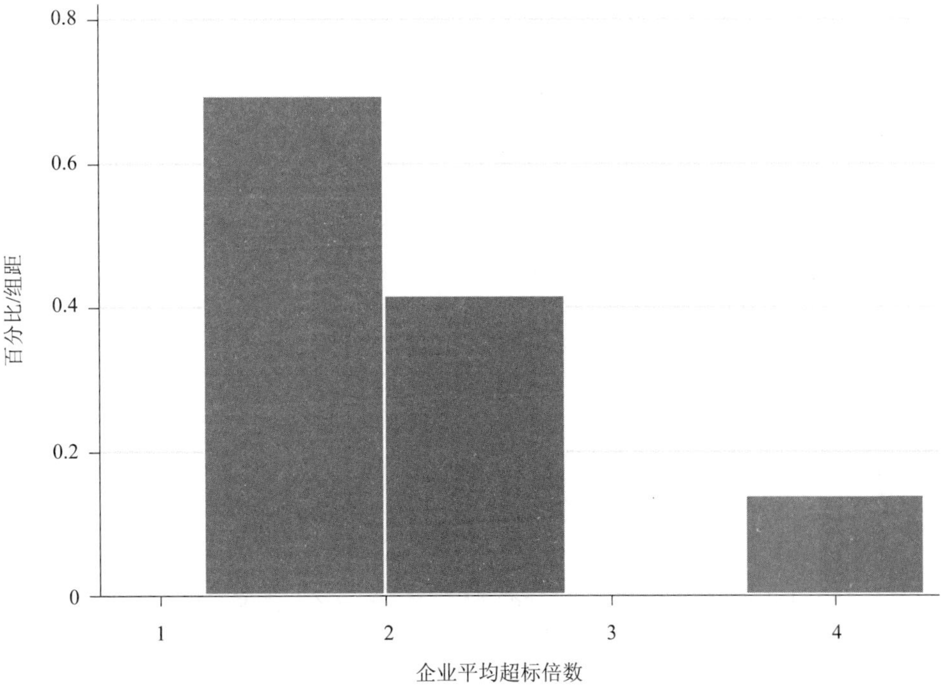

图 3-40　企业氨氮平均超标倍数分布

由图 3-36～图 3-40 可以看到，多数企业的平均超标倍数都比较低，两倍以下占比较大。由此可见，以企业平均超标倍数表征的企业环境表现总体而言较为良好。具体的指标档次结果见表 3-14。

表 3-14　企业平均超标倍数档次划分

污染物类别	得分等级	企业平均超标倍数	企业数/家	所占百分比/%
烟（粉）尘	A	≥0，≤1.0	0	0.00
	B	＞1.0，≤1.5	3	42.86
	C	＞1.5，≤2.0	2	28.57
	D	＞2.0，≤3.0	0	0.00
	E	＞3.0	2	28.57
二氧化硫	A	≥0，≤1.0	0	0.00
	B	＞1.0，≤1.5	4	66.66
	C	＞1.5，≤2.0	0	0.00
	D	＞2.0，≤3.0	1	16.67
	E	＞3.0	1	16.67
氮氧化物	A	≥0，≤1.0	0	0.00
	B	＞1.0，≤1.5	3	42.86
	C	＞1.5，≤2.0	3	42.86
	D	＞2.0，≤3.0	0	0.00
	E	＞3.0	1	14.29
COD	A	≥0，≤1.0	0	0.00
	B	＞1.0，≤1.5	3	75.00
	C	＞1.5，≤2.0	1	25.00
	D	＞2.0，≤3.0	0	0.00
	E	＞3.0	0	0.00
氨氮	A	≥0，≤1.0	0	0.00
	B	＞1.0，≤1.5	4	44.44
	C	＞1.5，≤2.0	1	11.11
	D	＞2.0，≤3.0	3	33.33
	E	＞3.0	1	11.11

3.4.3　环境违法处罚系统

3.4.3.1　企业违法处罚次数

企业违法处罚次数是指该企业当年环境违法行为次数的加总，该指标的分布情况见图 3-41。

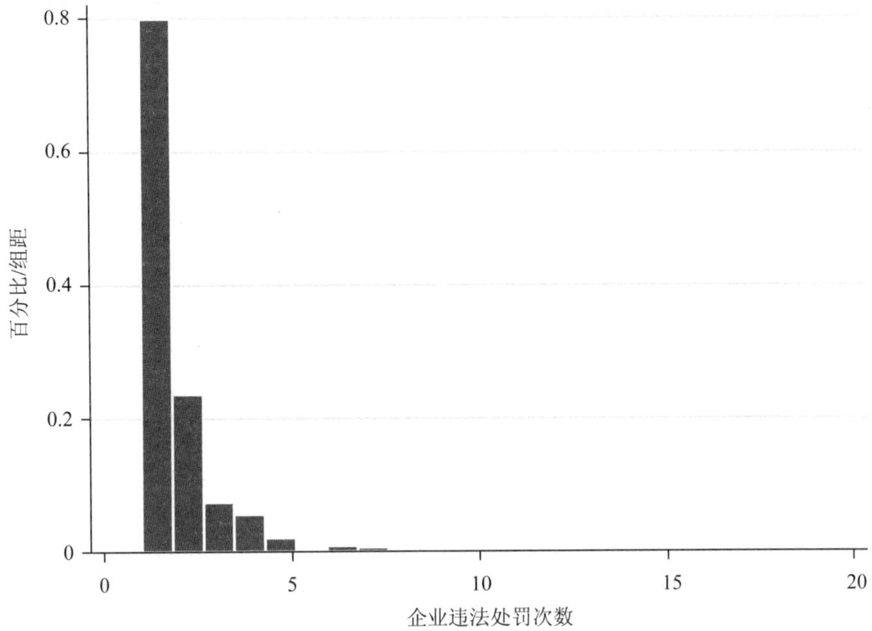

图 3-41　企业违法处罚次数分布

由图 3-41 可以看到，在 521 家样本企业中多数企业的违法处罚次数都比较少，只有极少数企业大于 5 次。由此可见，以企业违法处罚次数表征的企业环境表现总体而言较为良好。具体的指标档次结果见表 3-15。

表 3-15　企业违法处罚次数档次划分

得分等级	企业违法处罚数	企业数/家	所占百分比/%
A	0	0	0.00
B	1	341	65.45
C	2	101	19.39
D	＞2，≤4	56	10.75
E	＞4	23	4.41

3.4.3.2　企业重大违法处罚次数

企业重大违法处罚次数是指该企业当年环境重大违法行为次数的加总，该指标的分布情况见图 3-42。

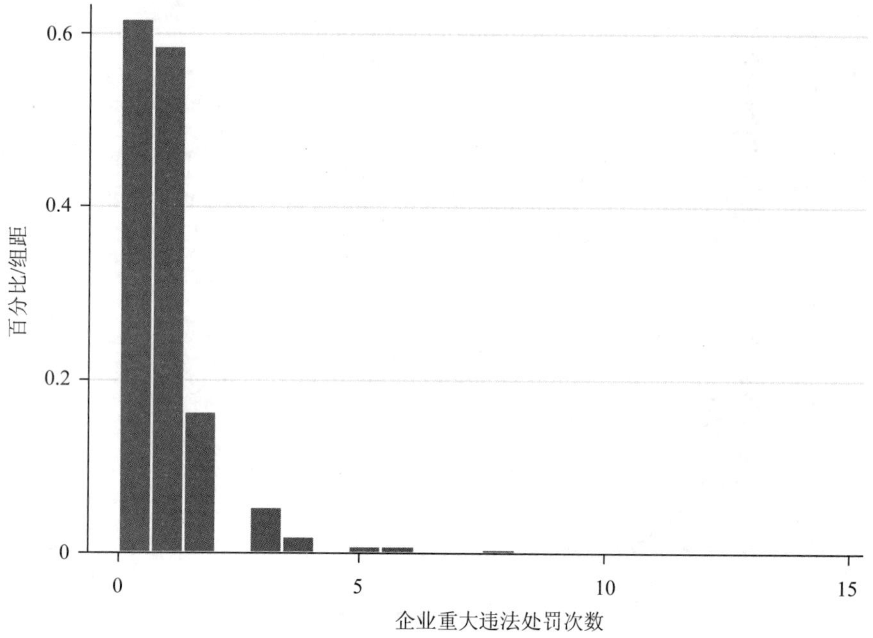

图 3-42 企业重大违法处罚次数分布

由图 3-42 可以看到，在 521 家样本企业中多数企业的重大违法处罚次数都比较少，只有极少数企业大于 5 次。由此可见，以企业重大违法处罚次数表征的企业环境表现总体而言较为良好。具体的指标档次结果见表 3-16。

表 3-16 企业重大违法处罚次数档次划分

得分等级	企业违法处罚数	企业数/家	所占百分比/%
A	0	219	42.03
B	1	208	39.92
C	>1，≤3	77	14.78
D	>3，≤5	10	1.92
E	>10	7	1.34

3.4.3.3 企业罚款总金额

企业罚款总金额是指该企业当年罚款金额的加总，该指标的分布情况见图 3-43。

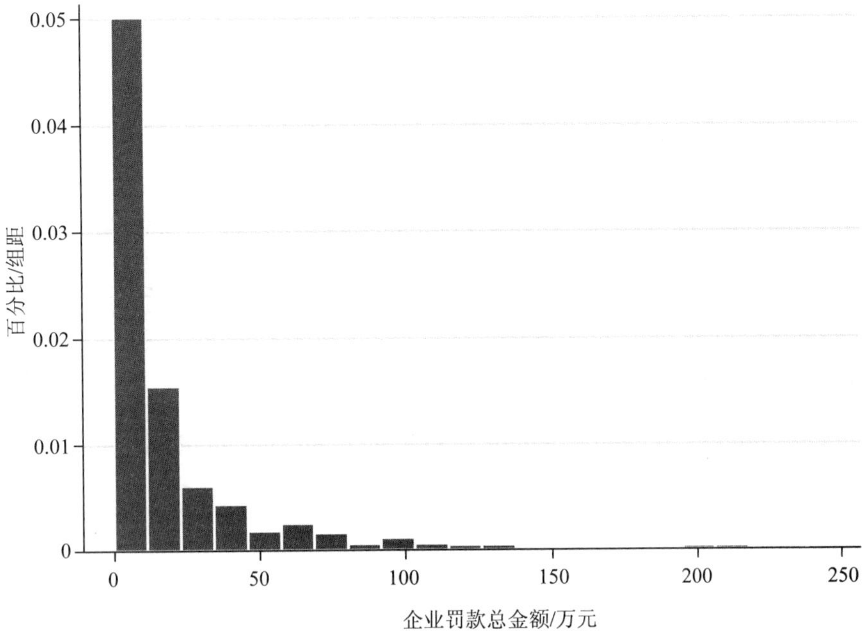

图 3-43　企业罚款总金额分布

由图 3-43 可以看到，在 521 家样本企业中多数企业的罚款总额都低于 50 万元。由此可见，以企业罚款总额表征的企业环境表现总体而言较为良好。具体的指标档次水平结果见表 3-17。

表 3-17　企业罚款总金额档次水平划分

得分等级	企业罚款总金额/万元	企业数/家	所占百分比/%
A	0	8	1.54
B	＞0，≤5	160	30.71
C	＞5，≤10	119	22.84
D	＞10，≤30	126	24.18
E	＞30	108	20.73

3.4.4　环境绩效档次水平划分汇总

对上述所划分的各项环境绩效措施层指标档次进行汇总的结果见表 3-18。

表 3-18 环境绩效措施层各项指标档次划分

准则层	指标层	污染物类别	档次水平划分				
			A	B	C	D	E
在线监测系统	企业年度超标率	烟（粉）尘	0	>0，≤0.5	>0.5，≤1.0	>1.0，≤5.0	>5.0
		二氧化硫	0	>0，≤0.5	>0.5，≤1.0	>1.0，≤5.0	>5.0
		氮氧化物	0	>0，≤0.5	>0.5，≤1.0	>1.0，≤5.0	>5.0
		COD	0	>0，≤0.2	>0.2，≤0.5	>0.5，≤1.0	>1.0
		氨氮	0	>0，≤0.2	>0.2，≤0.5	>0.5，≤1.0	>1.0
	最大超标倍数	烟（粉）尘	≥0，≤1.0	>1.0，≤2.0	>2.0，≤5.0	>5.0，≤10.0	>10.0
		二氧化硫	≥0，≤1.0	>1.0，≤2.0	>2.0，≤5.0	>5.0，≤10.0	>10.0
		氮氧化物	≥0，≤1.0	>1.0，≤2.0	>2.0，≤5.0	>5.0，≤10.0	>10.0
		COD	≥0，≤1.0	>1.0，≤2.0	>2.0，≤3.0	>3.0，≤5.0	>5.0
		氨氮	≥0，≤1.0	>1.0，≤2.0	>2.0，≤3.0	>3.0，≤5.0	>5.0
	平均超标倍数	烟（粉）尘	≥0，≤0.1	>0.1，≤0.2	>0.2，≤0.5	>0.5，≤1.0	>1.0
		二氧化硫	≥0，≤0.1	>0.1，≤0.2	>0.2，≤0.5	>0.5，≤1.0	>1.0
		氮氧化物	≥0，≤0.1	>0.1，≤0.2	>0.2，≤0.5	>0.5，≤1.0	>1.0
		COD	≥0，≤0.1	>0.1，≤0.2	>0.2，≤0.5	>0.5，≤1.0	>1.0
		氨氮	≥0，≤0.1	>0.1，≤0.2	>0.2，≤0.5	>0.5，≤1.0	>1.0
	最大连续超标时长	烟（粉）尘	0	>0，≤12.0	>12.0，≤24.0	>24.0，≤96.0	>96.0
		二氧化硫	0	>0，≤12.0	>12.0，≤24.0	>24.0，≤96.0	>96.0
		氮氧化物	0	>0，≤12.0	>12.0，≤24.0	>24.0，≤96.0	>96.0
		COD	0	>0，≤12.0	>12.0，≤24.0	>24.0，≤96.0	>96.0
		氨氮	0	>0，≤12.0	>12.0，≤24.0	>24.0，≤96.0	>96.0
监督性监测系统	企业超标次数	烟（粉）尘	0	>0，≤1.0	>1.0，≤2.0	>2.0，≤3.0	>3.0
		二氧化硫	0	>0，≤1.0	>1.0，≤2.0	>2.0，≤3.0	>3.0
		氮氧化物	0	>0，≤1.0	>1.0，≤2.0	>2.0，≤3.0	>3.0
		COD	0	>0，≤1.0	>1.0，≤2.0	>2.0，≤3.0	>3.0
		氨氮	0	>0，≤1.0	>1.0，≤2.0	>2.0，≤3.0	>3.0
	企业最大超标倍数	烟（粉）尘	≥0，≤1.0	>1.0，≤1.5	>1.5，≤2.0	>2.0，≤3.0	>3.0
		二氧化硫	≥0，≤1.0	>1.0，≤1.5	>1.5，≤2.0	>2.0，≤3.0	>3.0
		氮氧化物	≥0，≤1.0	>1.0，≤1.5	>1.5，≤2.0	>2.0，≤3.0	>3.0
		COD	≥0，≤1.0	>1.0，≤1.5	>1.5，≤2.0	>2.0，≤3.0	>3.0
		氨氮	≥0，≤1.0	>1.0，≤1.5	>1.5，≤2.0	>2.0，≤3.0	>3.0
	企业平均超标倍数	烟（粉）尘	≥0，≤1.0	>1.0，≤1.5	>1.5，≤2.0	>2.0，≤3.0	>3.0
		二氧化硫	≥0，≤1.0	>1.0，≤1.5	>1.5，≤2.0	>2.0，≤3.0	>3.0
		氮氧化物	≥0，≤1.0	>1.0，≤1.5	>1.5，≤2.0	>2.0，≤3.0	>3.0
		COD	≥0，≤1.0	>1.0，≤1.5	>1.5，≤2.0	>2.0，≤3.0	>3.0
		氨氮	≥0，≤1.0	>1.0，≤1.5	>1.5，≤2.0	>2.0，≤3.0	>3.0
环境违法处罚系统	企业违法处罚次数		0	1.0	2.0	>2.0，≤4.0	>4.0
	企业重大违法处罚次数		0	1.0	>1.0，≤3.0	>3.0，≤5.0	>5.0
	企业罚款总金额		0	>0，≤5.0	>5.0，≤10.0	>10.0，≤30.0	>30.0

第 4 章　企业环境绩效指标计算结果分析

根据前文中所提到的评价方法以及通过对企业分布情况统计得到的档次水平划分标准，我们对企业环境绩效得分进行了计算，其中各企业准则层及其对应措施层的详细得分情况和对应得分等级在附录 B 给出，而各企业准则层以及环境绩效总得分的详细得分情况则在附录 C 中给出。本章将分别从整体以及各种角度，对企业环境绩效的评价结果进行分析。

4.1　基本得分情况

4.1.1　总得分情况

在本次评估中最终计算出得分的企业共有 976 家上市公司（包含母公司及其子公司），其环境绩效的均分为 83.08 分（满分 100 分），标准差为 10.69。从总体来看企业的环境绩效水平较为良好，但环境绩效在不同企业间的差异非常大，在所有评价企业当中，有部分表现非常良好的企业能得到满分，而总得分最低的企业仅有 32 分。为了更清晰地展示企业环境绩效得分的分布情况，我们分别统计了各分段企业家数的分布表（表 4-1）并绘制了总得分的分布图（图 4-1）。

表 4-1　各分段企业家数分布

得分段	企业数/家	所占百分比/%	累计百分比/%
≤40	2	0.20	0.20
41～50	6	0.61	0.82
51～60	36	3.69	4.51
61～70	81	8.30	12.81
71～80	227	23.26	36.07
81～90	372	38.11	74.18
91～100	252	25.82	100.00

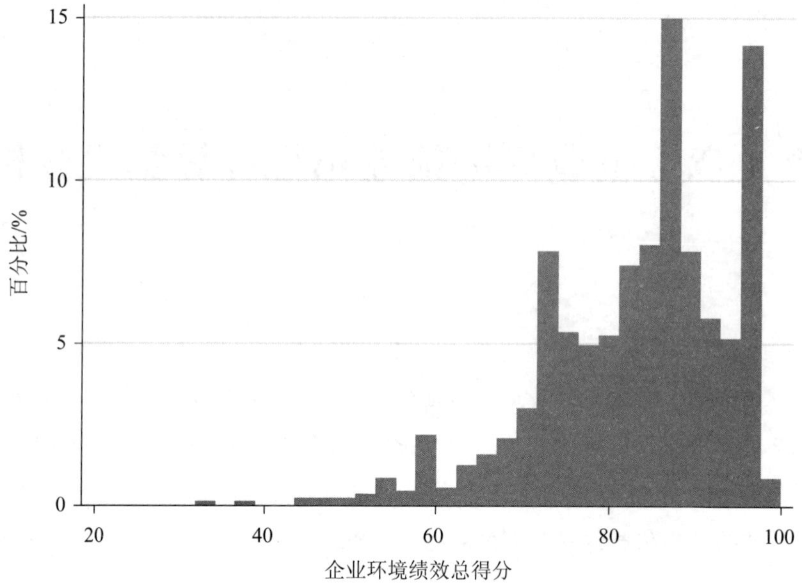

图 4-1　企业环境绩效得分分布

由表 4-1 和图 4-1 可以看到，大量企业的环境绩效得分集中在 80 分以上，其中尤以 81～90 分的企业个数最多。此外，绝大部分企业的得分能达到 60 分以上的水平，这表明就评价的 976 家企业而言，环境绩效水平较为良好，但需要注意的是，仍有少数企业的环境绩效得分在 60 分以下，甚至有极个别企业的环境绩效得分不到 40 分，应该重点加强对这些企业的环境监督与管理，以实现其环境绩效水平的提高与改善。

更进一步地，我们根据前文中提到的企业划分等级通过企业环境绩效总得分将企业划分为了 A～E 即优、良、中、低、差 5 个等级，其具体分布情况（图 4-2）。

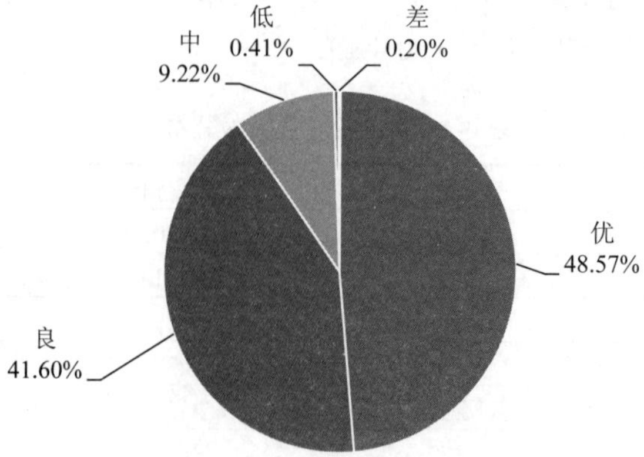

图 4-2　环境绩效得分等级分布

由图 4-2 可以看到，绝大多数企业的环境绩效得分等级都在中及以上，其中得分等级为优的企业个数近半，其次得分等级为良的企业也占到了所有评价企业中的约 40%，而其余 10%的企业当中，得分等级为中的企业占大多数，仅有个别企业的得分等级为低或者差。总体来看，参与评价企业的环境绩效水平较为良好，整体处于较高的水平，但仍有个别企业的环境绩效水平极低，对于这些企业环境管理水平的加强仍然不能懈怠。表 4-2 列出了得分等级为低的 4 家企业和得分等级为差的 2 家企业共 6 家企业的名单。所有企业当中得分最低的企业为宁夏和宁化学有限公司，其总得分仅有 32 分，且得分最低的 6 家企业中，各有 4 家企业分别来自宁夏、安徽、湖北和上海，而有 2 家企业则来自重庆，这些省市的政府及环境管理部门应当提高对这些企业环境水平的要求，加强其环境管理的力度，努力实现其环境绩效的改善。与此相对应的，丽珠集团宁夏新北江制药有限公司、叶城天山水泥有限责任公司以及杭州华电半山发电有限公司 3 家企业的环境绩效总得分为满分，针对这些环境表现非常良好的企业，相关部门应当制定有效的奖励机制予以嘉奖与宣传，以带动和激励其他企业环境表现水平的提升。

表 4-2　环境绩效得分等级为低和差的企业名单

企业名称	环境绩效得分	得分等级
宁夏和宁化学有限公司	32	E
安徽六国化工股份有限公司	38	E
湖北三峡新型建材股份有限公司	44	D
中国石化上海高桥石油化工有限公司	46	D
重庆市蓬威石化有限责任公司	48	D
重庆钢铁股份有限公司	48	D

在前文所提到的得分等级划分标准中，除优、良、中、低、差 5 个等级之外，在每个得分等级内部我们还进行了进一步的细分，其分布情况（表 4-3）。根据表中的结果可以看到，在所有参与评价的企业当中，得分等级为 A 的企业个数最多，有 222 家企业，其次分别为 B^+、A^{++}和 A^+，企业个数分别为 201 家、146 家和 106 家；与之相对应的，得分等级较低的企业个数则比较少，且得分等级越低企业个数越少，得分等级为 C、C^-、D 和 E 的企业分别有 61 家、29 家、4 家与 2 家。

表 4-3　企业环境绩效得分等级分布情况统计

得分等级	得分段	企业数/家	所占百分比/%
A^{++}	96～100	146	14.96
A^+	91～95	106	10.86
A	85～90	222	22.75

得分等级	得分段	企业数/家	所占百分比/%
B⁺	80～84	201	20.59
B	75～79	100	10.25
B⁻	70～74	105	10.76
C	60～69	61	6.25
C⁻	50～59	29	2.97
D	40～49	4	0.42
E	＜40	2	0.20

4.1.2 以在线监测系统为基准的总得分情况

在上述分析当中，我们利用之前所介绍的分析方法对3个数据库进行了合并，对于某个准则层得分缺失的情况我们采取了赋值为满分的处理方式。由于监督性监测系统和在线监测系统中记录的数据仅包含了存在违规现象的企业而非所有目标企业，因此可以认为在系统中没有加以录入的企业不存在违规现象，可以对其赋值为满分，这种处理方式对于监督性监测系统和环境违法处罚系统而言是较为合适的；然而对于在线监测系统来讲，有些企业的在线监测系统得分缺失并不是由于有关部门并未对其在线监测做出要求而导致的，而是由于企业没有及时安装在线监测设备、数据传输等其他问题所导致的，因此对缺失在线监测系统得分的企业赋值为满分的处理方式可能失当。基于这样的考虑，我们在之前分析的基础之上，进一步选取在线监测系统得分不为零的企业进行分析，以期能够更加贴近企业环境表现的真实情况，其详细的评分结果在附录C表C2中给出。后续分各项指标以及分特征对企业环境绩效结果的分析都将以此为基础进行展开。

在线监测系统得分不确实的企业共有620家（包含母公司及其子公司），其环境绩效的均分为78.41分（满分100分），标准差为10.27，相较于包含全部评价企业的结果而言，其均分水平略有下降，但企业的分布更加集中。同样地，为了更清晰地展示企业环境绩效得分的分布情况，我们分别统计了各分段企业个数的分布表（表4-4）并绘制了以在线监测系统为基准的总得分分布图（图4-3）。

表4-4 各分段企业个数分布

得分段	企业数/家	所占百分比/%	累计百分比/%
≤40	2	0.32	0.32
41～50	6	0.97	1.29
51～60	36	5.81	7.10
61～70	81	13.06	20.16
71～80	210	33.87	54.03
81～90	247	39.84	93.87
91～100	38	6.13	100.00

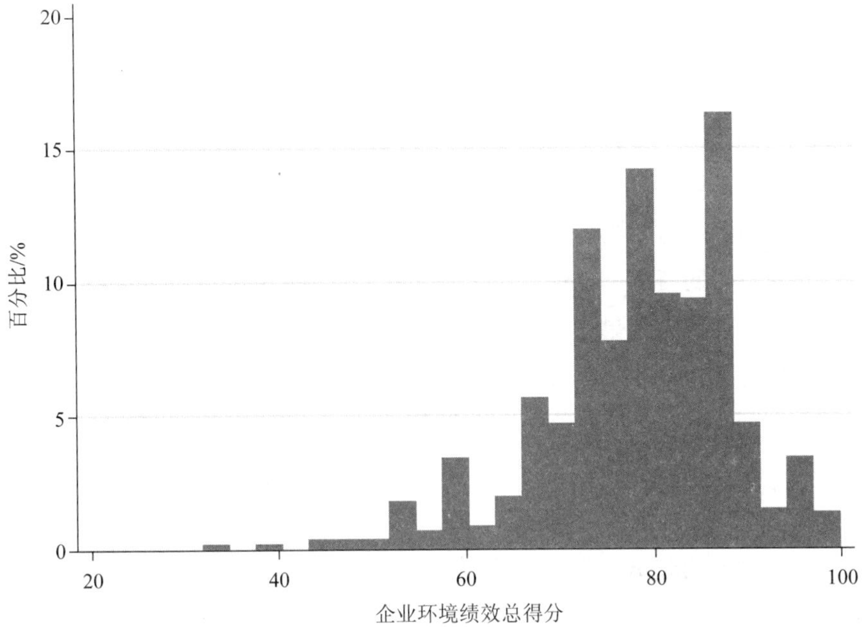

图 4-3　企业环境绩效得分分布

由表 4-4 和图 4-3 可以看到，相较于所有评价企业的得分分布情况，以在线监测系统为基准的得分结果中得分在 96～100 分的企业个数大幅度减少。具体来讲，大量企业的环境绩效得分集中在 70 分以上，其中尤以 81～90 分的企业个数最多，但仍有少量企业的环境绩效得分在 60 分以下，甚至有极个别企业的环境绩效得分不到 40 分。

更进一步地，我们同样对企业的得分等级进行了划分，其具体分布情况（图 4-4）。

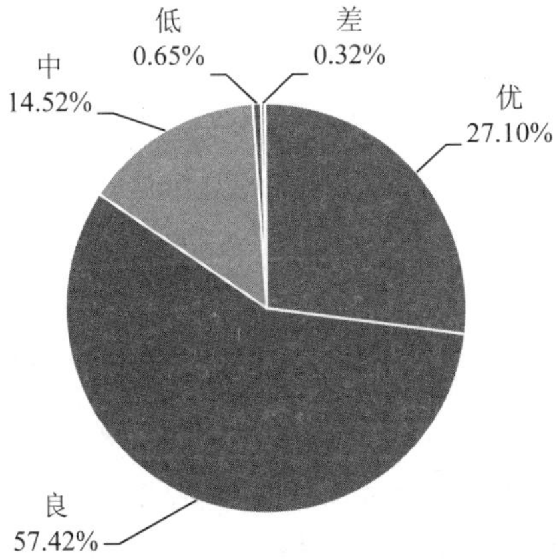

图 4-4　环境绩效得分等级分布

由图 4-4 可以看到，与全部企业的评价结果相比，得分等级的分布发生了较大的变化。具体而言，绝大多数企业的环境绩效得分等级都在中及以上，其中得分等级为良的企业超过半数，占到了全部企业的 57.42%，其次得分等级为优和中的企业也分别占到了所有评价企业中的 27.10%和 14.52%，而得分等级为低和差的企业仅分别占总体的 0.65%和 0.32%。从总体来看，参与评价企业的环境绩效水平较为良好，整体处于较高的水平，但仍有个别企业的环境绩效水平极低，对于这些企业环境管理水平的加强仍然不能懈怠。得分等级为低的 4 家企业、得分等级为差的 2 家企业以及环境绩效得分为满分的 3 家企业同全部企业的结果完全相同，因此不再赘述。

同样地，我们进一步对得分等级进行了细分，其分布情况如表 4-5 所示。根据表中的结果我们可以看到，在所有参与评价的企业当中，得分等级为 B^+的企业个数最多，有 158 家企业，其次分别为 A、B^-和 B，企业个数分别为 130 家、103 家和 95 家；与之相对应的，得分等级较高和较低的企业个数则比较少，且得分等级越低企业个数越少，得分等级为 A^{++}和 A^+的企业分别有 29 家和 9 家，而得分等级为 C^-、D 和 E 的企业则分别有 29 家、4 家与 2 家。

表 4-5 企业环境绩效得分等级分布情况统计

得分等级	得分段	企业数/家	所占百分比/%
A^{++}	96～100	29	4.68
A^+	91～95	9	1.45
A	85～90	130	20.97
B^+	80～84	158	25.48
B	75～79	95	15.32
B^-	70～74	103	16.61
C	60～69	61	9.84
C^-	50～59	29	4.68
D	40～49	4	0.65
E	＜40	2	0.32

根据表 4-5 的结果，得分等级为 A^{++}（环境绩效总得分为 96～100 分）的企业共有 29 家，这些企业在所有企业当中环境绩效水平最高，应当制定合理的奖励机制对其进行嘉奖，同时这些企业也可以成为其他企业学习和借鉴的对象，以推动和实现所有企业整体环境绩效水平的改善与提高。具体地，这 29 家企业名单如表 4-6 所示。在这 29 家企业中有 6 家企业来自广东省，占到了所有得分等级为 A^{++}企业的近 1/5，其次有 5 家企业来自浙江省、4 家企业来自天津市、3 家企业来自山东省、2 家企业来自江苏省，而内蒙

古自治区、辽宁省、安徽省、河南省、四川省、宁夏回族自治区和新疆维吾尔自治区则各有 1 家企业入选。因此对于地方环境管理相关部门来讲，一方面应当在地区内部展开宣传教育活动，形成有效的奖惩机制，使地区内企业向环境表现最为良好的企业看齐；另一方面也应当借鉴广东、浙江等企业环境表现突出的省份的优秀经验，更进一步推动本地区企业环境绩效水平的改善和提高。

表 4-6　环境绩效得分等级为 A^{++}的企业名单

企业名称	环境绩效得分
华能辛店发电有限公司	96
国华徐州发电有限公司	96
华电龙口发电股份有限公司	96
华能临港（天津）燃气热电有限公司	96
四川美丰化工科技有限责任公司	96
天津大唐国际盘山发电有限责任公司	96
大唐林州热电有限责任公司	96
天津华电福源热电有限公司	96
梅州金塔水泥有限公司	96
华新水泥（冷水江）有限公司	96
杭州航民热电有限公司	96
惠州深能源丰达电力有限公司	96
梅州市塔牌集团蕉岭鑫达旋窑水泥有限公司	96
国电浙江北仑第三发电有限公司	96
内蒙古京能盛乐热电有限公司	96
广州珠江天然气发电有限公司	96
安徽华电宿州发电有限公司	96
临湘海螺水泥有限责任公司	96
华能营口热电有限责任公司	96
天津天药药业股份有限公司	96
铜山华润电力有限公司	96
鲁丰织染有限公司	98
浙江清园生态热电有限公司	98
浙江凯丰新材料股份有限公司	98
深南电（中山）电力有限公司	98
深圳市广前电力有限公司	98
丽珠集团宁夏新北江制药有限公司	100
杭州华电半山发电有限公司	100
叶城天山水泥有限责任公司	100

4.1.3 各项指标得分情况

在对总得分的整体分布情况进行分析的基础之上，我们进一步对指标层各项指标的得分情况进行了描述性统计，其结果见表 4-7。

表 4-7 各项指标得分描述性统计

准则层	指标层	企业数/家	平均值	标准差	最小值	最大值
在线监测系统	年度超标率	620	6.15	2.45	2	10
	企业最大超标倍数	620	4.39	2.58	2	10
	企业平均超标倍数	620	4.90	1.43	2	10
	最大连续超标时长	620	6.35	2.38	2	10
监督性监测系统	超标次数	18	6.78	1.96	2	8
	最大超标倍数	18	5.89	2.61	2	8
	平均超标倍数	18	6.00	2.57	2	8
环境违法处罚系统	违法处罚次数	175	6.59	1.85	2	8
	重大违法处罚次数	175	7.91	1.74	2	10
	罚款总金额	175	4.65	2.29	2	10

为了更直观地展示指标层各项指标的得分情况，我们进一步绘制了指标层指标得分均分的分布图（图 4-5）。

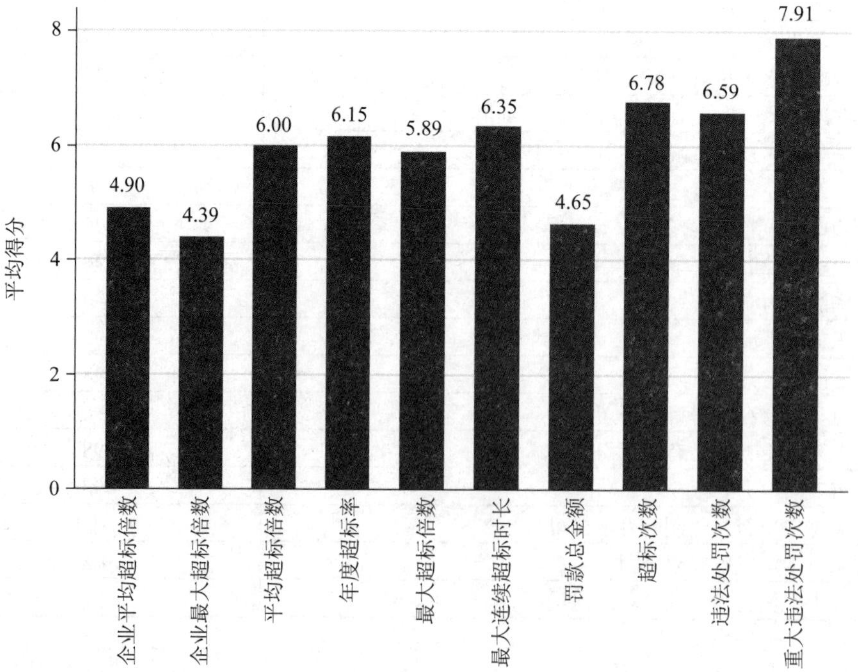

图 4-5 指标层各项得分均分比较

结合表 4-7 和图 4-5 的结果可以看到，在所有的十项指标层指标当中，均分最高的是“重大违法处罚次数”为 7.91 分，其次分别为“监督性监测超标次数”和“违法处罚次数”，这两项指标的平均分分别为 6.78 分和 6.59 分，同时这三项指标的标准差相对而言都较小，分别为 1.74、1.96 和 1.85，不难发现，均分最高的三项指标分别来自环境违法处罚系统和监督性监测系统，正如前文中所提到的，这两个数据库中记录的均是存在违规现象的企业而非所有目标企业，这表明存在违规现象的企业违规程度总体而言比较低；与此相对应的，平均得分最低的三项指标分别为“企业最大超标倍数”“罚款总金额”以及“企业平均超标倍数”，其平均得分均在满分（10 分）的一半以下，分别为 4.39 分、4.65 分和 4.90 分，这三项指标中有两项均来自在线监测系统，而在线监测系统中的另外两项指标“年度超标率”和“最大连续超标时长”的平均得分分别为 6.15 分和 6.35 分，相对而言得分较高，这说明虽然总体来讲以连续超标时长和超标次数表征的企业超标频率方面表现较为良好，但其超标的程度则较为严重，需要得到进一步的治理与改善。

4.2　地区分布

由于不同省份在产业结构、经济发展、福利水平、居民受教育程度等方面存在很大的差异，这些因素有可能会使得不同省份间企业的环境绩效水平出现差异。因此，我们依据企业所在省份的省份代码，对企业环境绩效总得分情况进行了描述性统计，其结果见表 4-8。

表 4-8　按照地区分类的企业得分情况的描述性统计

省份	企业数/家	平均值	标准差	最小值	最大值
北京	3	78.67	11.02	66	86
天津	9	88.67	8.43	76	96
河北	52	78.12	7.09	58	90
山西	34	72.65	9.98	52	88
内蒙古	33	77.15	9.66	54	96
辽宁	19	80.21	10.17	56	96
吉林	7	82.57	6.29	74	90
黑龙江	7	75.71	8.83	60	86
上海	13	71.08	11.91	46	86
江苏	42	84.33	7.93	54	96
浙江	43	84.84	7.55	70	100
安徽	34	76.53	12.37	38	96
福建	14	76.71	7.38	54	84

省份	企业数/家	平均值	标准差	最小值	最大值
江西	14	79.57	7.49	64	90
山东	31	80.00	10.95	56	98
河南	30	81.27	9.09	54	96
湖北	18	75.89	12.62	44	90
湖南	29	78.83	9.72	58	96
广东	31	84.32	8.10	70	98
广西	9	76.00	10.05	56	90
海南	3	69.33	14.47	60	86
重庆	16	70.50	10.92	48	84
四川	18	78.67	10.01	58	96
贵州	7	74.86	8.71	66	88
云南	14	78.14	7.94	60	90
陕西	13	78.62	7.27	60	86
甘肃	17	76.82	7.25	60	88
青海	9	69.78	10.46	50	82
宁夏	15	76.13	16.79	32	100
新疆	36	73.00	9.37	52	100

为了更直观地展示各省份之间的差异，我们绘制了各省份内企业环境绩效的平均得分的比较图，其结果见图4-6。

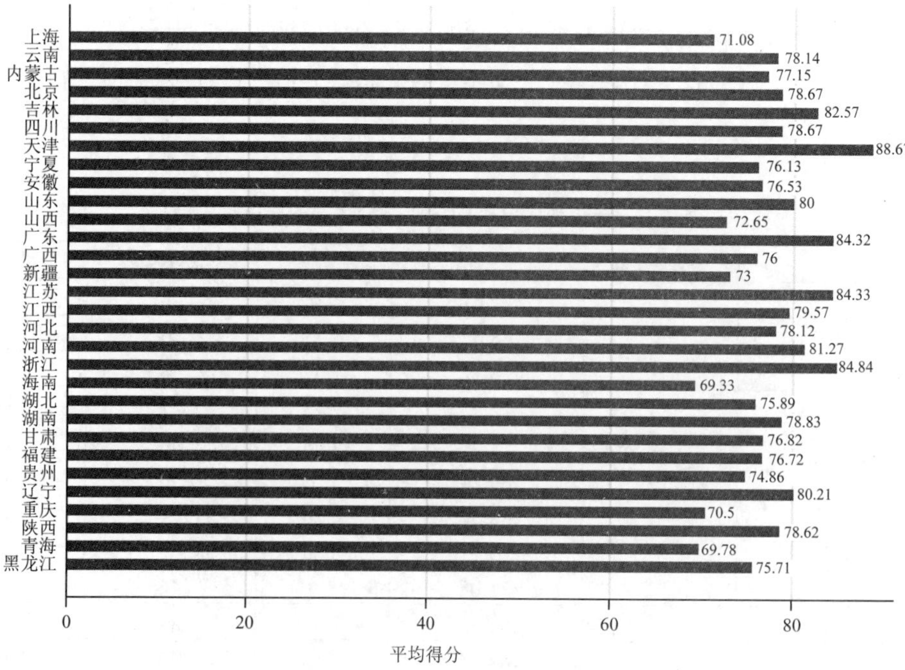

图4-6 各省企业环境绩效平均得分情况比较

由表 4-8 和图 4-6 可以看到，企业环境绩效得分排名前 5 名的省份分别为天津、浙江、江苏、广东和吉林，得分分别为 88.67 分、84.84 分、84.33 分、84.32 分和 82.57 分，其中浙江省和江苏省同时也是拥有评价企业最多的省份之一，它们的方差也相对而言较小，分别仅有 7.55 和 7.93，这表明尽管这两省的企业众多，但它们的环境绩效水平总体而言均处在较高的水平。与此相对应的，企业环境绩效得分排名最后 5 名的省份分别为山西、上海、重庆、青海和海南，得分分别为 72.65 分、71.08 分、70.50 分、69.78 分和 79.33 分，这 5 个省份除上海之外大多来自我国的中部和西部地区，因此环境管理相关部门应当加强对于包括这几个省份在内的中西部地区环境绩效的提高与改善，以实现中部与西部地区经济与环境的共同发展。

另外，我们对地级市一级的企业环境绩效平均得分进行了统计，并将平均得分划分为 4 个等级，企业环境绩效平均得分分布情况（表 4-9）。

表 4-9　企业环境绩效平均得分地区分布

平均得分	地区名称
无检测企业	七台河市、三亚市、三明市、东莞市、东营市、中山市、临夏回族自治州、临沂市、临沧市、丽水市、丽江市、九江市、云浮市、亳州市、仙桃市、伊春市、佛山市、佳木斯市、保山市、克孜勒苏柯尔克孜自治州、克拉玛依市、兴安盟、内江市、凉山彝族自治州、南充市、南宁市、南平市、厦门市、双鸭山市、台湾岛、吉安市、吐鲁番市、吴忠市、周口市、和田地区、哈尔滨市、商洛市、嘉峪关市、固原市、塔城地区、大兴安岭地区、大庆市、大理白族自治州、天门市、感市宁德市、安康市、安顺市、宜春市、山南地区、巢湖市、巴中市、广州市、庆阳市、延安市、延边朝鲜族自治州、开封市、张掖市、德宏傣族景颇族自治州、怀化市、怒江傈僳族自治州、惠州市、抚州市、抚顺市、拉萨市、揭阳市、攀枝花市、文山壮族苗族自治州、日喀则市、日照市、昆明市、昌都市、昭通市、普洱市、曲靖市、本溪市、来宾市、松原市、林芝市、果洛藏族自治州、柳州市、桂林市、梧州市、楚雄彝族自治州、武威市、毕节市、汉中市、汕头市、汕尾市、江门市、河源市、泉州市、泰安市、济源市、海东市、海北藏族自治州、海南、海南藏族自治州、海口市、淮南市、深圳市、渭南市、湘西土家族苗族自治州、漳州市、潜江市、潮州市、濮阳市、牡丹江市、玉树藏族自治州、玉溪市、珠海市、甘孜藏族自治州、白城市、白山市、百色市、盘锦市、眉山市、石河子市、神农架林区、福州市、红河哈尼族彝族自治州、绥化市、聊城市、肇庆市、自贡市、茂名市、莆田市、菏泽市、萍乡市、衡阳市、襄阳市、西双版纳傣族自治州、西安市、许昌市、贵港市、贺州市、资阳市、辽源市、迪庆藏族自治州、通化市、遂宁市、那曲地区、鄂州市、金昌市、钦州市、铜仁市、铜川市、银川市、长春市、长沙市、防城港市、阿勒泰地区、阿坝藏族羌族自治州、阿拉善盟、阿里地区、陇南市、随州市、雅安市、韶关市、驻马店市、鸡西市、鹤岗市、鹰潭市、黄南藏族自治州、黄山市、黑河市、黔东南苗族侗族自治州、黔南布依族苗族自治州、黔西南布依族苗族自治州、齐齐哈尔市、龙岩市

平均得分	地区名称
52～73 分	安庆市、包头市、临汾市、晋城市、哈密地区、海西蒙古族藏族自治州、阿克苏地区、巴音郭楞蒙古自治州、重庆市、湘潭市、益阳市、太原市、兰州市、合肥市、乌兰察布市、博尔塔拉蒙古自治州、崇左市、玉林市、荆州市、贵阳市、宜宾市、邯郸市、长治市、三门峡市、德州市、武汉市、遵义市、伊犁哈萨克自治州、辽阳市、铜陵市、南昌市、咸宁市、大连市、黄冈市、吕梁市、枣庄市
73～81 分	呼伦贝尔市、广安市、甘南藏族自治州、酒泉市、保定市、西宁市、朔州市、上海市、南京市、南阳市、晋中市、景德镇市、清远市、衡水市、达州市、郴州市、白银市、潍坊市、乌鲁木齐市、信阳市、商丘市、宜昌市、榆林市、河池市、淮北市、滁州市、莱芜市、通辽市、青岛市、十堰市、沈阳市、泸州市、中卫市、济宁市、阳泉市、株洲市、唐山市、焦作市、北海市、南通市、四平市、天水市、威海市、宿州市、巴彦淖尔市、新余市、永州市、阳江市、大同市、宝鸡市、北京市、咸阳市、锡林郭勒盟、平凉市、石嘴山市、邢台市、赤峰市、娄底市、乐山市、六盘水市、宣城市、平顶山市、廊坊市、德阳市、恩施土家族苗族自治州、池州市、秦皇岛市、邵阳市、石家庄市、湖州市、芜湖市、鹤壁市
81～88 分	上饶市、乌海市、嘉兴市、安阳市、定西市、沧州市、蚌埠市、运城市、鄂尔多斯市、阜新市、鞍山市、淄博市、张家口市、铁岭市、昌吉回族自治州、泰州市、呼和浩特市、岳阳市洛阳市、淮安市、丹东市、宁波市、忻州市、扬州市、济南市、滨州市、舟山市、郑州市、吉林市、常德市、无锡市、湛江市、葫芦岛市、成都市、绍兴市、张家界市、朝阳市、温州市、衢州市、赣州市、连云港市、苏州市、盐城市、杭州市、马鞍山市、天津市、六安市、常州市、广元市、承德市、新乡市、漯河市、荆门市、锦州市
88～100 分	台州市、宿迁市、镇江市、阜阳市、黄石市、梅州市、烟台市、金华市、徐州市、绵阳市、喀什地区

由表 4-9 中可以看到，环境绩效平均得分相对而言较低的地区集中分布于我国的中部与西部，而环境绩效平均得分相对而言较高的地区则集中于东南沿海地区，这表明我国的企业环境表现水平存在明显的地区差异，且东南沿海地区企业的环境表现水平显著高于中部和西部地区，这更进一步地表明了环境管理相关部门应当将环境表现水平改善的重点聚焦于我国的中部和西部地区，努力实现中西部地区企业环境绩效的改善与提高。

4.3 行业分布

由于不同行业企业的生产性质、生产特征存在差异，因此其受环境管理相关部门关注的程度有所不同，清洁生产水平也不尽相同，并最终有可能导致不同行业企业的环境绩效水平存在显著差异。因此，我们对不同行业企业环境绩效平均得分情况进行了统计，并绘制分行业企业平均得分情况如图 4-7 所示，其详细的描述性统计结果则在表 4-10 中给出。

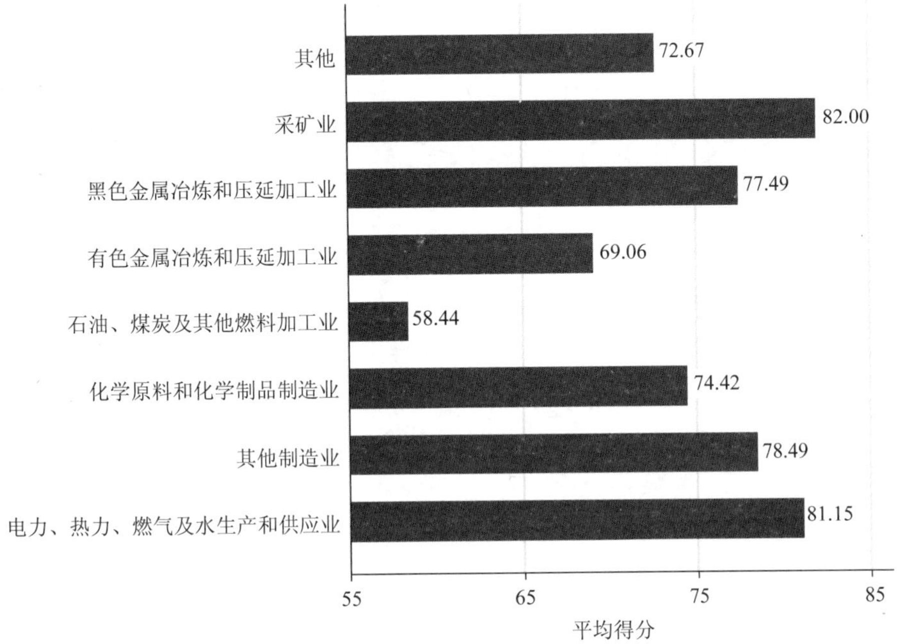

图 4-7　分行业企业平均得分情况

表 4-10　按照行业分类的描述性统计

行业类型	企业数/家	平均值	标准差	最小值	最大值
采矿业	1	82.00	0.00	82	82
黑色金属冶炼和压延加工业	160	77.49	8.29	44	100
有色金属冶炼和压延加工业	17	69.06	10.77	48	88
石油、煤炭及其他燃料加工业	9	58.44	9.63	46	72
化学原料和化学制品制造业	52	74.42	13.30	32	96
其他制造业	77	78.49	10.74	54	100
电力、热力、燃气及水生产和供应业	286	81.15	9.14	50	100
其他	18	72.67	9.07	54	88

由图 4-7 与表 4-10 可以看到，在对行业类别根据行业代码和分布情况进行汇总所得到的 8 个行业分类当中，得分最高的行业分别为采矿业，电力、热力、燃气及水生产和供应业，以及其他制造业，其企业环境绩效平均得分分别为 82.00、81.15 以及 78.49，但其中需要注意的是，采矿业这一行业类别下仅有一家企业参与了环境绩效评价，其得分为 82 分，因此并不具有代表性，无法对采矿业企业环境绩效水平的整体状况做出有效的判断；而这 8 个行业分类当中得分最低的行业为石油、煤炭及其他燃料加工业，其

均分仅有 58.44 分，相较于排名倒数第二位的有色金属冶炼和压延加工业的 69.06 分整整低了 10 分之多，因此有关部门应该提高对于石油、煤炭及其他燃料加工业企业的重视程度，通过定期督查、突击检查、限期治理、清洁生产等多种渠道和方式促进其环境表现水平的提高。

4.4 所有制特征分布

由于不同所有制企业受政府管理与控制的程度有所不同，因此面对政府和环境管理部门对于企业环境表现要求的提出，不同所有制类型的企业的响应和合规程度可能会有所不通过，因此其环境表现可能会存在显著的差异。我们根据企业的登记注册代码对企业的所有制类型进行了划分，并对不同所有制类型企业环境绩效的平均得分进行了描述性统计，其结果分别见图 4-8 和表 4-11。

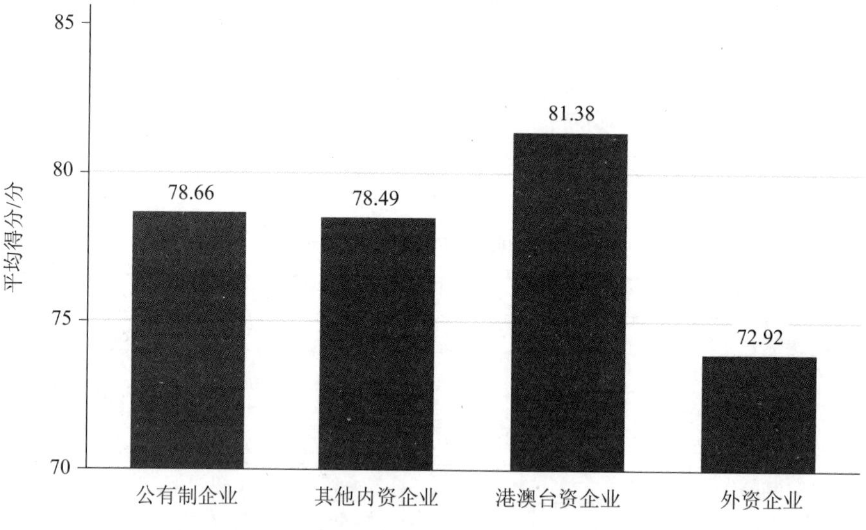

图 4-8 按照所有制分类的企业平均得分情况

表 4-11 按照企业所有制分类的描述性统计

所有制类型	企业数/家	平均值	标准差	最小值	最大值
公有制企业	181	78.66	10.22	32	100
其他内资企业	400	78.49	10.12	38	100
港澳台资企业	13	81.38	11.44	60	98
外资企业	26	73.92	11.76	48	96

由图 4-8 与表 4-11 可以看到，在 4 种所有制类型当中，港澳台资企业的环境绩效平均得分最高，为 81.38 分，其次为公有制企业，平均得分为 78.66 分；而与此相对的，其他内资企业和外资企业的环境绩效得分相对而言则较低，分别仅有 78.49 分和 73.92 分，因此对于公有制企业和外资企业，尤其是外资企业环境表现的改善应当成为接下来环境管理相关部门所关注的重点。

4.5　规模分布

由于不同规模企业的生产效率、对环境管理的重视程度等可能存在差异，因此它们所表现出来的环境绩效可能也会有所不同。我们利用在线监测数据库中企业规模这一变量，对不同规模企业的环境绩效进行了描述性统计，其结果见图 4-9 和表 4-12。

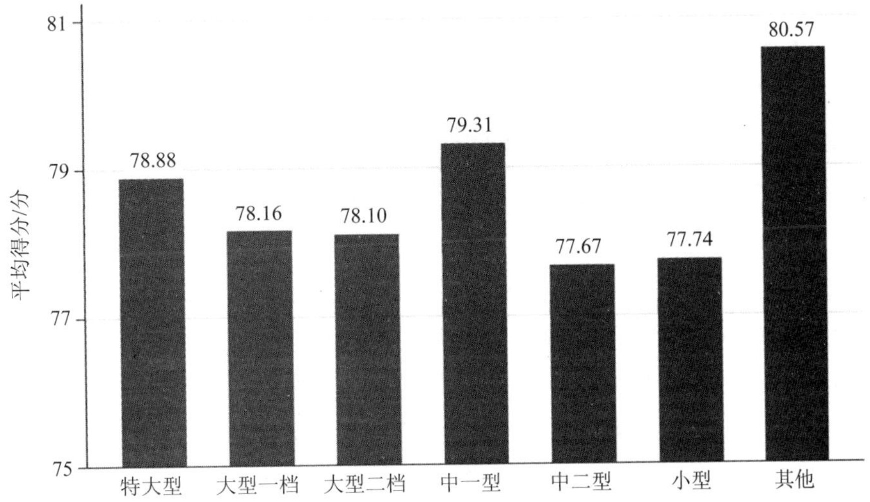

图 4-9　按照规模分类的企业平均得分情况

表 4-12　按照企业规模分类的描述性统计

规模类型	企业数/家	平均值	标准差	最小值	最大值
特大型	75	78.88	10.41	50	96
大型一档	150	78.16	10.61	38	98
大型二档	79	78.10	10.05	32	96
中一型	140	79.31	10.46	44	100
中二型	96	77.67	9.18	54	98
小型	38	77.74	10.55	58	100
其他	21	80.57	10.00	58	96

由图 4-9 和表 4-12 可以看到，我们可以看到在 7 种规模类型当中，其他类的环境绩效平均得分最高，为 80.57 分，其次为中一型和特大型，平均得分分别为 79.31 分和 78.88 分，而小型和中二型企业的环境绩效平均得分相较而言则较低，平均得分分别仅有 77.74 分和 77.67 分。其中，由于其他类包含大量难以判别其所属规模的企业，因此无法进行有效的识别与分析，而剩余六类企业规模之中，除中一型企业环境表现格外良好之外，总体而言规模较大企业的环境表现优于规模较小的企业，因此对于规模较小企业的环境表现应予以较高的重视与关注。

4.6 各因素对企业得分影响分析

为了能更好地分析不同因素对企业环境绩效得分的影响，我们进一步通过多元线性回归的方式，以企业环境绩效得分为因变量，以各项影响因素作为自变量进行回归分析，具体的模型如下：

$$S_i = \alpha + \beta_1 R_i + \beta_2 I_i + \beta_3 O_i + \beta_4 G_i + \varepsilon_i$$

其中，S_i 为企业 i 的环境绩效总得分；R_i 为企业 i 的所在地区的虚拟变量（东部、中部、西部）[①]；I_i 为企业 i 所属的行业类别的虚拟变量；O_i 为企业 i 的所有制类型（公有制企业、其他内资企业、港澳台资企业、外资企业）的虚拟变量；G_i 为企业 i 的企业规模（特大型、大型一档、大型二档、中一型、中二型、小型和其他）的虚拟变量；ε_i 为残差项。

表 4-13 展示了回归分析的结果。从结果中可以看到，在控制了所有的控制变量之后，就地区分布而言，不同地区企业的环境绩效得分依然存在显著差异，且东部地区得分水平最高，其次为中部地区，西部地区的环境绩效得分则最低；而就行业类别而言，其他、采矿业、有色金属冶炼和压延加工业以及化学原料和化学制品制造业的得分不存在显著差异，而电力、热力、燃气及水生产和供应业、其他制造业以及黑色金属冶炼和压延加工业企业的环境绩效水平显著较高，而石油、煤炭及其他燃料加工业的环境绩效水平则依然显著最低；就所有制类型而言，在控制了所有控制变量之后不同所有制类型之间的差异消失，不同所有制类型的企业环境绩效不存在显著差异；就企业规模而言，同所有制类型相类似的，不同规模企业环境绩效得分在控制了所有控制变量之后差异消失。这些结果表明，不同地区以及不同行业企业之间环境绩效确实存在非常显著的差异，而不同所有制类型以及不同规模企业之间环境绩效水平的差异至少部分地来自地区或

① http：//www.stats.gov.cn/ztjc/zthd/sjtjr/dejtjkfr/tjkp/201106/t20110613_71947.htm，东部地区包括北京、天津、河北、上海、江苏、浙江、福建、山东、广东和海南；中部地区包括山西、安徽、江西、河南、湖北和湖南；西部地区则包括内蒙古、广西、重庆、四川、贵州、云南、西藏、陕西、甘肃、青海、宁夏和新疆。

行业因素，因此不能单纯从企业所有制类型或者规模的角度出发对企业的环境绩效水平做出判断，同时，有关部门在对企业环境表现管理的过程当中，应当综合考虑不同企业各种影响因素的差异，尽可能制定科学合理的方案来进行差别化地监督、整治与管理，以期能够有效地促进整体企业环境绩效水平的提升与改善。

表 4-13　各因素对企业得分影响分析

	得分		得分
中部地区	-4.048^{***} (0.966)	港澳台资企业	2.333 (2.734)
西部地区	-5.615^{***} (0.969)	外资企业	−2.677 (2.742)
采矿业	5.084 (9.627)	大型一档	0.640 (1.361)
黑色金属冶炼和压延加工业	4.995^{**} (2.337)	大型二档	−0.150 (1.537)
有色金属冶炼和压延加工业	−2.879 (3.243)	中一型	1.539 (1.394)
石油、煤炭及其他燃料加工业	-16.32^{***} (3.958)	中二型	0.339 (1.522)
化学原料和化学制品制造业	1.871 (2.590)	小型	0.625 (1.940)
其他制造业	5.737^{**} (2.458)	其他	0.114 (2.329)
电力、热力、燃气及水生产和供应业	7.542^{***} (2.316)	常数项	5.224^{**} (2.637)
其他内资企业	0.153 (0.881)	N adj. R^2	599 0.166

注：该回归分别以东部地区、其他行业、内资企业以及企业规模代码为特大型的企业为参照组。标准误在括号内给出，$^{*}p<0.1$，$^{**}p<0.05$，$^{***}p<0.01$。

4.7　非重点排污单位上市公司得分情况

在对属于重点排污单位的上市公司进行分析的基础之上，我们进一步对不属于重点排污单位的上市公司的环境绩效水平进行了评价。

同样地，我们以在线监测系统为基准，首先提取出 2017 年有在线监测数据的企业清单并从中剔除属于重点排污单位上市公司的企业，随后我们将该企业清单同上市公司与在线监测数据库企业名称对比的结果数据集相匹配，保留其中匹配度为 1 的企业，删除匹配度在 0.5 以下的企业，并对匹配度在 0.5～1 之间的企业进行了手工核查，筛选出了最终评价的 867 家不属于重点排污单位的上市公司。在此基础上我们利用同属于重点排污单位的上市公司相同的评价方法得到其环境绩效得分，详细的得分情况见附录 C 表 C3。接下来我们分别从地区分布、行业分布、所有制特征分布和规模分布 4 个方面对非重点排污单位上市公司的企业环境绩效进行描述与分析。

首先看非重点排污单位上市公司的企业环境绩效的地区分布情况。我们对地级市一级的非重点排污单位上市公司的企业环境绩效平均得分进行了统计，并将平均得分划分为 4 个等级，非重点排污单位上市公司企业环境绩效平均得分分布见表 4-14。

表 4-14　非重点排污单位企业环境绩效平均得分地区分布

平均得分	地区名称
无检测企业	泉州市、新界、海北藏族自治州、锦州市、路环岛、黄南藏族自治州、安康市、铜仁市、台中市、中卫市、昭通市、克拉玛依市、新竹县、亚市、辽源市、松原市、昌吉回族自治州、酒泉市、牡丹江市、龙岩市、金普新区、新北市、台南市、佳木斯市、泰州市、楚雄彝族自治州、普洱市、甘南藏族自治州、厦门市、舟山群岛新区、莱芜市、广州市、昌都市、台北市、福州市、邵阳市、嘉义市、喀什地区、随州市、丹东市、昆明市、临汾市、九龙市、丽江市、宁德市、济南市、保山市、密云县、汕尾市、大庆市、兴安盟、商洛市、克孜勒苏柯尔克孜自治州、林芝地区、德宏傣族景颇族自治州、高雄市、临沧市、七台河市、宜兰县、山南地区、百色市、日照市、怒江傈僳族自治州、天津市、玉溪市、吉安市、四平市、广安市、金昌市、和田地区、台东县、开封市、三沙市、曲靖市、宜宾市、齐齐哈尔市、自贡市、贺州市、金门县、永州市、宜春市、茂名市、内江市、伊春市、揭阳市、贵港市、来宾市、巴中市、白山市、泰安市、博尔塔拉蒙古自治州、伊犁哈萨克自治州、雅安市、连江县、海东市、漳州市、庆阳市、防城港市、宿州市、云林县、拉萨市、西咸新区、玉树藏族自治州、文山壮族苗族自治州、鸡西市、梅州市、南投县、彰化县、屏东县、毕节市、延安市、绥化市、鞍山市、张家口市、忻州市、鹤岗市、阿坝藏族羌族自治州、三明市、南平市、黄山市、潮州市、红河哈尼族彝族自治州、贵阳市、嘉义县、阿勒泰地区、巴音郭楞蒙古自治州、双鸭山市、基隆市、云浮市、河源市、钦州市、桃园县、那曲地区、大理白族自治州、凉山彝族自治州、池州市、香港特别行政区、黑河市、白城市、北京市、果洛藏族自治州、澎湖县、西双版纳傣族自治州、台湾、大兴安岭地区、陇南市、哈密地区、海南藏族自治州、清远市、阿里地区、舟山市、澳门特别行政区、莆田市、六盘水市、日喀则市、哈尔滨市、迪庆藏族自治州、黔东南苗族侗族自治州、海口市、景德镇市、苗栗县、遂宁市、氹仔岛、青岛市、甘孜藏族自治州、花莲县、资阳市、达州市、南充市、新竹市、钓鱼岛
52～73 分	鹰潭市、新余市、安顺市、乌海市、嘉峪关市、南阳市、宝鸡市、阜阳市、阳泉市、阿克苏地区、晋城市、宁河县、黔西南布依族苗族自治州、三门峡市、北海市、沧州市、吉林市、太原市、张家界市、荆门市、秦皇岛市

平均得分	地区名称
73～81 分	乌鲁木齐市、桂林市、遵义市、长治市、鹤壁市、巴彦淖尔市、赤峰市、东营市、上海市、黔南布依族苗族自治州、潍坊市、十堰市、益阳市、大同市、襄阳市、固原市、定西市、柳州市、东莞市、焦作市、湛江市、抚顺市、长春市、崇左市、恩施土家族苗族自治州、平顶山市、德州市、天津市、石家庄市、阿拉善盟、鄂尔多斯市、通辽市、梧州市、攀枝花市、乌兰察布市、银川市、呼伦贝尔市、沈阳市、铜川市、淄博市、无锡市、武汉市、保定市、抚州市、辽阳市、宁波市、菏泽市
81～88 分	枣庄市、许昌市、咸宁市、马鞍山市、上饶市、绍兴市、运城市、葫芦岛市、湖州市、蚌埠市、平凉市、乐山市、阳江市、延边朝鲜族自治州、朝阳市、邯郸市、绵阳市、海南省、滁州市、河池市、白银市、汉中市、营口市、廊坊市、包头市、铜陵市、九江市、商丘市、咸阳市、荆州市、孝感市、济宁市、淮安市、潼南县、郑州市、西宁市、衢州市、南京市、重庆市、常州市、承德市、呼和浩特市、湘潭市、温州市、塔城地区、信阳市、邢台市、亳州、萍乡市、连云港市、武威市、玉林市、娄底市、佛山市、濮阳市、珠海市、苏州市、江门市、岳阳市、惠州市、南宁市、黄石市、唐山市、德阳市、宜昌市、崇明县、上海市、榆林市、晋中市、盘锦市、滨州市、杭州市、漯河市、常德市、临夏回族自治州、安阳市、驻马店市、汕头市、海西蒙古族藏族自治州、临沂市、赣州市、台州市、通化市、郴州市、宣城市、扬州市、新乡市、中山市、烟台市、衡水市、镇江市、吐鲁番地区、周口市、兰州市、威海市、张掖市、西安市、怀化市、锡林郭勒盟、黄冈市、鄂州市、吕梁市、铁岭市
88～100 分	金华市、肇庆市、衡阳市、徐州市、淮南市、丽水市、北京市、渭南市、眉山市、宿迁市、石嘴山市、大连市、聊城市、淮北市、芜湖市、合肥市、广元市、成都市、天水市、重庆市、湘西土家族苗族自治州、南昌市、六安市、洛阳市、韶关市、吴忠市、长沙市、嘉兴市、深圳市、盐城市、泸州市、安庆市、朔州市、阜新市、南通市、本溪市

由表 4-14 可以看到，同重点排污单位企业环境绩效的区域分布类似，非重点排污单位企业环境绩效平均得分相对较低的地区集中分布于我国的中部与西部，而相对较高的地区则集中于东南沿海地区，这表明无论是重点还是非重点排污单位企业，我国的企业环境绩效表现水平均存在明显的地区差异，且东南沿海地区企业的环境表现水平显著高于中部和西部地区，这更进一步地表明了环境管理相关部门应当将环境表现水平改善的重点聚焦于我国的中部和西部地区，努力实现中西部地区企业环境绩效的改善与提高。此外，对比表 4-14 可以进一步发现，非重点排污单位企业环境绩效平均得分较高的企业显著多于重点排污单位企业。这也为下一阶段着力增强对重点排污单位企业环境绩效的监督和把控提供了佐证。

在此基础上，我们将属于重点和非重点排污单位的评价企业进行了合并，并进一步结合企业基本信息中的地区编码得到了各地级市内企业环境绩效得分的平均情况，以此对地级市环境表现水平进行排名，具体情况如附录 D 中表 D1 所示。

分行业来看，我们对不同行业非重点排污单位企业环境绩效平均得分情况进行了统计，并绘制了分行业非重点排污单位企业平均得分情况见图 4-10，其详细的描述性统计结果则在表 4-15 中给出。

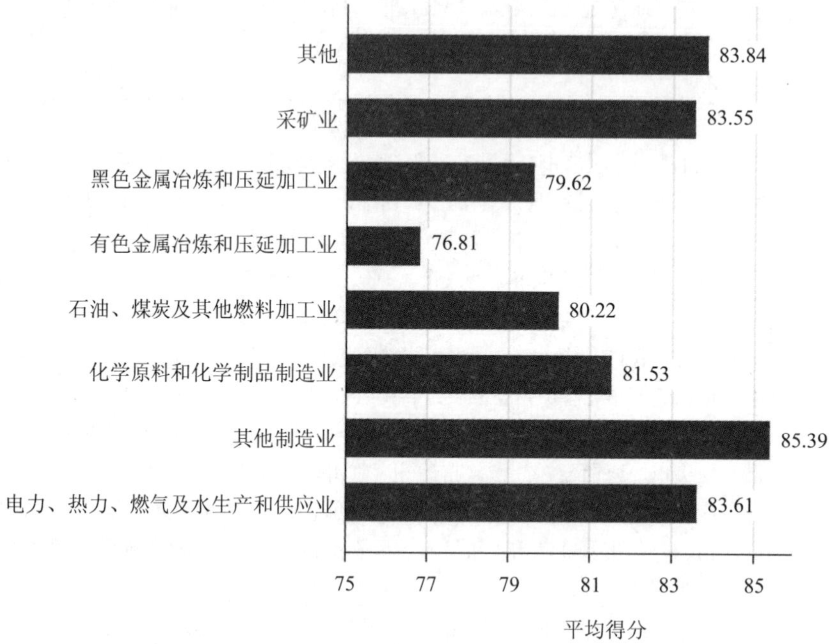

图 4-10 非重点排污单位企业分行业企业平均得分情况

表 4-15 非重点排污单位企业按照行业分类的描述性统计

行业类型	企业数/家	平均值	标准差	最小值	最大值
采矿业	22	83.55	8.86	68	100
黑色金属冶炼和压延加工业	79	79.62	6.54	68	100
有色金属冶炼和压延加工业	27	76.81	8.98	58	88
石油、煤炭及其他燃料加工业	9	80.22	7.84	68	90
化学原料和化学制品制造业	102	81.53	8.43	56	98
其他制造业	270	85.39	8.50	50	100
电力、热力、燃气及水生产和供应业	220	83.61	8.27	52	100
其他	77	83.84	7.92	58	98

由图 4-10 与表 4-15 可以看到，在对行业类别根据行业代码和分布情况进行汇总所得到的 8 个行业分类当中，得分最高的前三类行业分别为其他制造业、其他以及采矿业，其企业环境绩效平均得分分别为 85.39 分、83.84 分以及 83.61 分；而这 8 个行业分类当中得分最低的行业为有色金属冶炼和压延加工业，其均分仅有 76.81 分，相较于排名倒

数第二的黑色金属冶炼和压延加工业的 79.62 分整整低了 10 分之多，因此有关部门应该提高对于有色金属冶炼和压延加工业企业的重视程度，通过定期督查、突击检查、限期治理、清洁生产等多种渠道和方式促进其环境表现水平的提高。此外，与重点排污单位企业相比，非重点排污单位企业环境绩效评的平均水平在所有 8 个行业中均表现更优，最低分行业有色金属冶炼和压延加工业亦比重点的高出近 10 分。

分所有制来看，我们根据企业的登记注册代码对企业的所有制类型进行了划分，并对非重点排污单位不同所有制类型企业环境绩效的平均得分进行了描述性统计，其结果分别见图 4-11 和表 4-16。

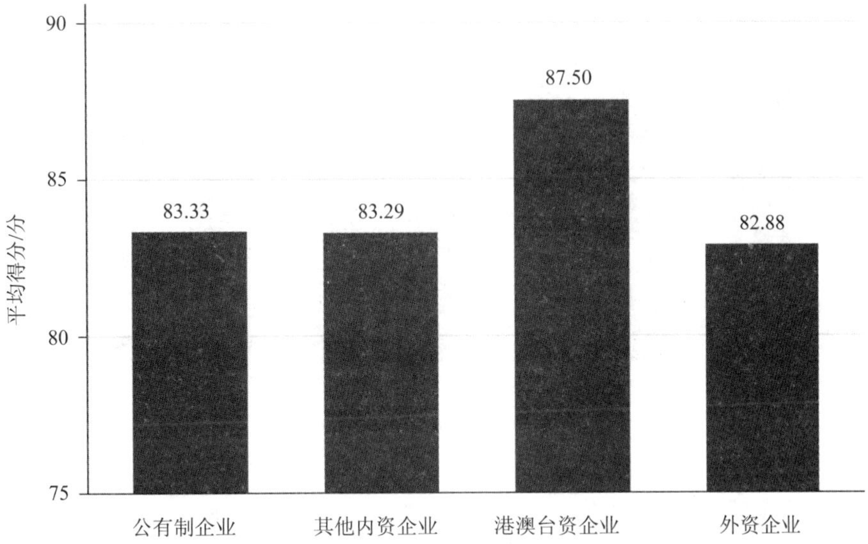

图 4-11 非重点排污单位企业按照所有制分类的企业平均得分情况

表 4-16 非重点排污单位按照企业所有制分类的描述性统计

所有制类型	企业数/家	平均值	标准差	最小值	最大值
公有制企业	193	83.33	8.07	58	100
其他内资企业	633	83.29	8.64	50	100
港澳台资企业	5	87.50	9.53	74	96
外资企业	36	82.88	7.68	68	96

由图 4-11 与表 4-16 可以看到，在 4 种所有制类型当中，在非重点排污单位企业中，港澳台资企业的环境绩效平均得分最高，为 87.50 分，同重点排污单位企业一样，但得分高出 6.12 分。其次为公有制企业，平均得分为 83.33 分；而与此相对地，其他内资企业和外资企业的环境绩效得分相对而言则较低，分别仅有 83.29 分和 82.88 分，因此对于公有制企业和外资企业，尤其是外资企业环境表现的改善应当成为接下来环境管理相

关部门所关注的重点。通过与重点排污单位企业的对比不难发现，二者在所有制的得分分布上一致，但非重点的得分状况同样优于重点排污单位企业。此外，最高得分与最低得分间的差距，非重点要比重点的低，非重点排污单位企业，除最高分港澳台资企业外，其他三类得分仅有微弱差异。

从规模分布情况来看，我们利用在线监测数据库中企业规模这一变量，对非重点排污单位的不同规模企业的环境绩效进行了描述性统计，其结果见图 4-12 和表 4-17。

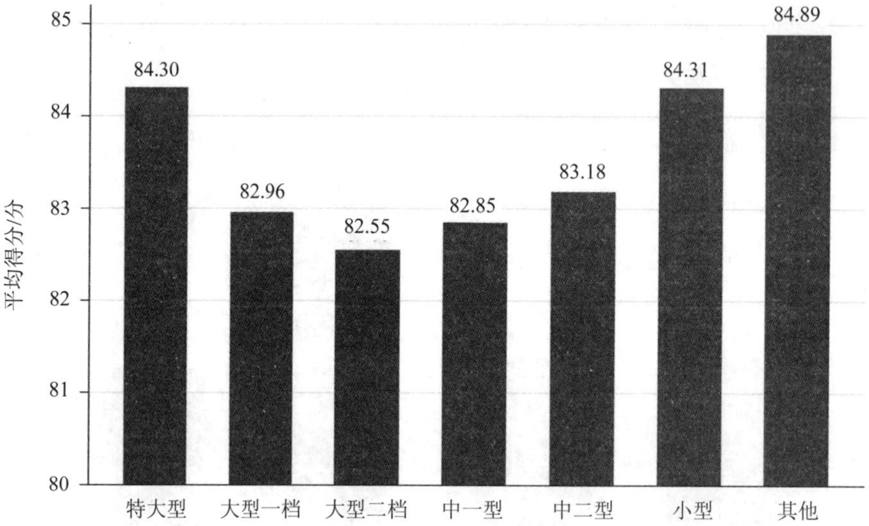

图 4-12 非重点排污单位企业按照规模分类的企业平均得分情况

表 4-17 非重点排污单位企业按照企业规模分类的描述性统计

规模类型	企业数/家	平均值	标准差	最小值	最大值
特大型	66	84.30	9.21	56	100
大型一档	180	82.96	8.51	50	100
大型二档	106	82.55	7.62	58	100
中一型	182	82.85	8.44	52	100
中二型	122	83.18	8.71	56	100
小型	116	84.31	8.91	58	98
其他	72	84.89	8.09	64	100

由图 4-12 和表 4-17 可以看到，对于非重点排污单位，在 7 种规模类型当中，其他类的环境绩效平均得分最高，为 84.89 分，其次为小型和特大型，平均得分分别为 84.31 分和 84.30 分，而中一型和大型二档企业的环境绩效平均得分相较而言则较低，平均得分分别仅有 82.85 分和 82.55 分。同样地，非重点排污单位的企业环境绩效，在规模分布上也全面优于重点排污单位企业。

4.8 汇总至股票代码级别的得分情况

在计算出重点排污单位上市公司及非重点排污单位上市公司的企业环境绩效得分的基础之上，我们进一步以营业收入为权重将得分汇总至股票代码级别，得到各股票代码下的企业环境绩效得分。

首先，我们通过上海证券交易所和深圳证券交易所网站中的信息披露平台下载各上市公司的 2017 年年报，从年报中获取所评价的共 1 487 家企业的营业收入数据，经过整理与格式转换形成数据处理可用的数据集。随后，我们将该数据集同评价结果数据集相匹配，计算相同股票代码级别下各企业应占权重，具体的操作方式如下：①对于相同股票代码下所有评价企业营业收入数据均缺失的情况，我们对每家企业赋予相同的权重；②对于相同股票代码下不存在营业收入数据缺失的情况，我们按照该企业营业收入占所有相同股票代码下评价企业营业收入总和的百分比为其赋予权重；③对于相同股票代码下部分评价企业营业收入数据存在缺失的情况，由于公司年报大多对主要控股公司的营业收入予以公开，因此我们认为这些营业收入数据缺失的企业处于相对次要的地位，所以我们为这些营业收入数据缺失的企业所赋的权重为 5%，以总权重 100%减去各缺失营业收入数据企业的总权重之后将剩余权重按照各企业的营业收入占比计算其权重。经过这样的处理，相同股票代码下各评价企业的权重之和应为 100%。在计算出各评价企业的权重之后，我们通过加权平均的方式计算出了汇总至股票代码级别的上市公司环境绩效得分，具体的得分情况在附录 D 表 D2 中给出。接下来我们将对汇总后的上市公司企业环境绩效得分情况进行描述与分析。

在本次评估当中最终计算出得分的上市公司共有 501 家，其环境绩效的均分为 81.01 分（满分 100 分），标准差为 9.06 分。从总体来看上市公司的环境绩效平均水平较为良好，但其在不同上市公司间的差异同样非常大，在所有评价公司当中，有部分表现非常良好的公司能得到满分，而总得分最低的公司仅有 40.59 分，但需要注意的是，由于上市公司的环境绩效得分是通过企业加权汇总的，因此最终的上市公司环境绩效得分极大程度上会受到相同股票代码下评价企业个数及其环境表现的影响，对于某些上市公司来讲，该得分可能并不具有代表性。在评价的所有上市公司当中，有 268 家来自上海证券交易所，而有 233 家则来自深圳证券交易所，其中上海证券交易所中上市公司的环境绩效总得分平均为 80.28 分，而深圳证券交易所终上市公司的环境绩效总得分平均则为 81.85 分，总体而言深圳证券交易所中上市公司的环境绩效水平要优于上海证券交易所，其具体情况见表 4-18。

表 4-18　按照证券交易所分类的描述性统计

证券交易所	企业数/家	平均值	标准差	最小值	最大值
上海证券交易所	268	80.28	8.98	40.59	100
深圳证券交易所	233	81.85	9.10	50	100

为了更清晰地展示企业环境绩效得分的分布情况，我们分别统计了各分段上市公司个数的分布（表 4-19）并绘制了总得分的分布图（图 4-13）。

表 4-19　上市公司各分段企业个数分布

得分段	企业数/家	所占百分比/%	累计百分比/%
40～50	4	0.80	0.80
51～60	12	2.39	3.19
61～70	49	9.78	12.97
71～80	160	31.94	44.91
81～90	228	45.51	90.42
91～100	48	9.58	100.00

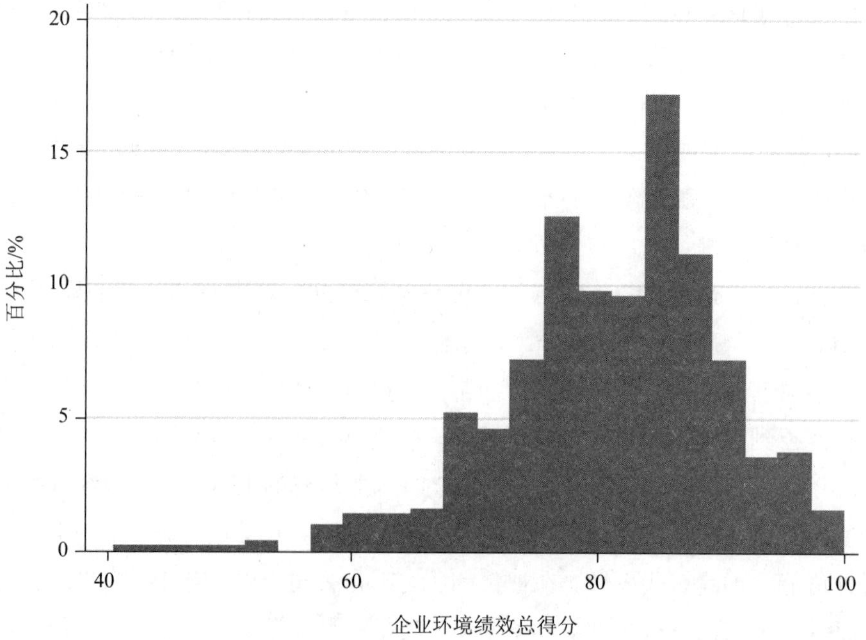

图 4-13　上市公司环境绩效得分分布

结合表 4-19 和图 4-13 的结果可以看到，大量上市公司的环境绩效得分集中在 71～90 分，其中尤以 81～90 分的企业个数最多。此外，绝大部分上市公司的得分能达到 60

分以上的水平，这表明就评价的 501 家上市公司而言，环境绩效水平较为良好，但仍有少数公司的环境绩效得分在 60 分以下，甚至有极个别企业的环境绩效得分不到 50 分，环境管理有关部门在工作中应当着重加强对这些公司的管理与监督。

更进一步地，我们同样将上市公司环境绩效总得分划分为了 A～E 即优、良、中、低、差 5 个等级，其具体分布情况见图 4-14。

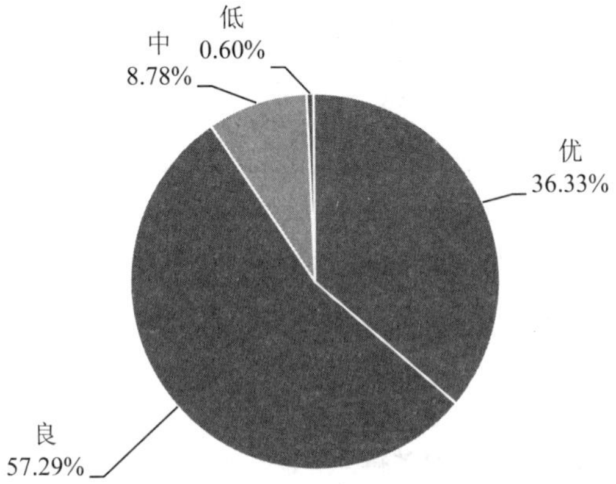

图 4-14　上市公司环境绩效得分等级分布

由图 4-14 可以看到，绝大多数上市公司的环境绩效得分等级都在中及以上，其中得分等级为良的上市公司占比超过了 50%，其次得分等级为优的上市公司也占到了所有评价上市公司中的 30%以上，而得分等级为中和低的企业则相对而言较少，且没有上市公司的得分等级为差。因此从总体来看，参与评价上市公司的环境绩效水平较为良好，整体处于较高的水平，但仍有个别上市公司的环境绩效水平极低，应当引起有关管理部门的重视。

除此之外，同样地我们在每个得分等级内部进行了进一步地细分，其分布情况如表 4-20 所示。由表可以看到，同企业环境绩效得分等级分布情况相类似的，在所有参与评价的上市公司当中，得分等级为 A 的上市公司个数最多，有 134 家，其次分别为 B^+、B 和 B^-，公司个数分别为 122 家、81 家和 69 家；而得分等级较高和较低的上市公司相对而言则较少，得分等级为 A^{++}和 A^+的公司分别仅有 23 家和 25 家，而得分等级为 C^-和 D 的公司则分别仅有 8 家与 3 家。

表 4-20 上市公司环境绩效得分等级分布情况统计

得分等级	得分段	企业数/家	所占百分比/%
A^{++}	96～100	23	4.59
A^{+}	91～95	25	4.99
A	85～90	134	26.75
B^{+}	80～84	122	24.35
B	75～79	81	16.17
B^{-}	70～74	69	13.77
C	60～69	36	7.19
C^{-}	50～59	8	1.60
D	40～49	3	0.60

更进一步地，我们分别列出了评价的上市公司中环境绩效表现最好（环境绩效得分等级为 A^{++}，即环境绩效得分为 96～100 分）以及环境绩效表现最差（环境绩效得分低于 60 分）的公司清单见表 4-21、表 4-22。

表 4-21 环境绩效得分等级为 A^{++}的上市公司名单

代码	名称（简称）	公司全称	环境绩效得分
002378.SZ	章源钨业	崇义章源钨业股份有限公司	100
601608.SH	中信重工	中信重工机械股份有限公司	100
002461.SZ	珠江啤酒	广州珠江啤酒集团有限公司	98
601038.SH	一拖股份	第一拖拉机股份有限公司	98
002012.SZ	凯恩股份	浙江凯恩特种材料股份有限公司	98
002240.SZ	威华股份	广东威华股份有限公司	98
000060.SZ	中金岭南	深圳市中金岭南有色金属股份有限公司	98
600031.SH	三一重工	三一重工股份有限公司	97.4
300433.SZ	蓝思科技	蓝思科技股份有限公司	97.2
000761.SZ	本钢板材	本钢板材股份有限公司	97.2
601233.SH	桐昆股份	桐昆集团股份有限公司	96.609 59
300132.SZ	青松股份	福建青松股份有限公司	96
002391.SZ	长青股份	江苏长青农化股份有限公司	96
603628.SH	清源股份	清源科技（厦门）股份有限公司	96
000100.SZ	TCL 集团	TCL 集团股份有限公司	96
600971.SH	恒源煤电	安徽恒源煤电股份有限公司	96
002311.SZ	海大集团	广东海大集团股份有限公司	96
002246.SZ	北化股份	四川北方硝化棉股份有限公司	96
000999.SZ	华润三九	华润三九医药股份有限公司	96
600488.SH	天药股份	天津天药药业股份有限公司	96
000039.SZ	中集集团	中国国际海运集装箱（集团）股份有限公司	96
300187.SZ	永清环保	永清环保股份有限公司	96
603198.SH	迎驾贡酒	安徽迎驾贡酒股份有限公司	96

由表 4-21 可以看到，在 501 家评价的上市公司当中，共有 23 家公司的环境绩效得分等级达到了 A^{++}，其中有 15 家属于深圳证券交易所，另外 8 家则属于上海证券交易所，从这个层面来讲深圳证券交易所的环境绩效水平仍优于上海证券交易所。此外，崇义章源钨业股份有限公司和中信重工机械股份有限公司两家上市公司的环境绩效总得分为满分，环境表现水平尤为突出。针对这些环境表现非常良好的上市公司，相关部门应当制定有效的奖励机制予以嘉奖与宣传，以推动和激励上市公司整体环境表现水平的提升。

表 4-22　环境绩效得分低于 60 分的上市公司名单

代码	名称（简称）	公司全称	环境绩效得分
600170.SH	上海建工	上海建工股份有限公司	58
600793.SH	宜宾纸业	宜宾纸业股份有限公司	58
002340.SZ	格林美	格林美股份有限公司	58
002513.SZ	蓝丰生化	江苏蓝丰生物化工股份有限公司	58
600123.SH	兰花科创	山西兰花科技创业股份有限公司	56.935 5
000755.SZ	*ST 三维	山西三维集团股份有限公司	52
600256.SH	广汇能源	广汇能源股份有限公司	52
002087.SZ	新野纺织	河南新野纺织股份有限公司	50
601005.SH	*ST 重钢	重庆钢铁股份有限公司	48
600293.SH	三峡新材	湖北三峡新型建材股份有限公司	44

由表 4-22 可以看到，在所有评价的上市公司当中共有 10 家的环境绩效总得分低于 60 分，其中有 4 家上市公司来自深圳证券交易所，而有 6 家公司则来自上海证券交易所。其中得分最低的上市公司为湖北三峡新型建材股份有限公司，其总得分仅有 44 分，对于这些环境绩效得分较低的上市公司，环保有关部门和公司管理人员应当予以高度重视，通过定期抽查、清洁生产等方式敦促其实现环境表现的改善。

第5章　政策建议

基于上述我们对于企业环境绩效得分情况的分析，不同特征企业之间的环境表现水平存在显著差异，针对这样的情况，我们提出以下政策建议。

5.1　对政府部门的政策建议

5.1.1　建立统一的环境绩效评价体系，定期对企业进行环境绩效考核

我国关于环境绩效的研究起步较晚，通过文献综述部分，可以发现目前的环境绩效评价标准都是国外的机构组织发布的，我国没有统一的标准与体系，这种现象导致了企业不重视环境绩效，相关环境监管部门也无法对企业进行统一的评价与管理。如今我国的经济处于飞速发展阶段，而环境问题制约了经济的发展，在完善经济体制的同时也应完善环境管理制度，建立一个系统化的环境绩效评价体系，为环境管理与监督提供依据。此外，政府应定期对企业进行绩效考核，调动企业进行环境管理的积极性，充分发挥企业的作用，维护正常的市场秩序，提高社会整体水平，促进社会的可持续发展。

5.1.2　完善环境信息披露制度，加大环境信息披露力度

当前我国对环境信息披露没有清晰的法律界定与强制性要求，很多企业站在自身利益的角度，考虑到成本、社会影响等因素，往往不会自愿披露环境信息。上市公司被要求披露的社会责任报告中，也只是对环境情况进行了整体说明，披露的环境数据不规范、不全面。没有真实详细的环境信息作支撑，有关部门无法对环境绩效进行客观公正的评价。鉴于我国环境信息披露制度不完善的现状，政府部门的首要任务是完善信息披露制度，加大企业的环境信息披露力度，让企业更好地接受社会与公众的监督。

5.1.3 合理布局、优化监督企业的“布控”范围

从前文分析看，现有监测系统内的上市公司，在区域分布、行业分布、所有制分布及规模分布上，均呈现不平衡的态势。在未来工作安排上，应当对监督企业的分布进行合理优化，兼顾不同地区和类型企业。例如，应适度增加对中西部地区企业、外资企业的监督力度，纳入更多此类企业进入监督系统。唯有如此，才能全方位对我国上市公司的环境绩效有更为全面、客观的评价。

5.1.4 进行差异化管理，重点强化环境绩效落后企业的监督力度

我国上市公司的环境绩效情况在区域、行业、所有制和规模上均存在明显的不均衡现象。由前述分析可知，在区域上，环境绩效较低的地区集中分布于我国的中部与西部；在行业上，得分最低的行业为石油、煤炭及其他燃料加工业，其均分仅有 58.44 分；在所有制上，其他内资企业和外资企业的环境绩效得分相对而言较低；在规模上，总体规模较小企业的环境表现劣于规模较大的企业。因此，在下一阶段的监督管理工作中，有关部门应当着重加强对上述环境绩效落后企业的监管力度，建立完善重点监督企业名录，强化环境监管的针对性和有效性。

5.1.5 制定环境绩效奖励与惩罚机制，调动企业进行环境管理的积极性

为了提高企业环境管理水平，仅仅靠强制性的制度并不能达到长期高效的作用，必须让企业从根本上意识到进行环境管理的重要性，主动进行环境信息披露与提高环境绩效水平，从而树立良好的企业形象，提高企业竞争力。此外，为了把环境绩效评价落实到实处，政府应该制定环境绩效评价奖惩机制，对环境信息披露及时全面和环境绩效表现好的企业给予奖励与支持，对披露不及时、不全面或绩效水平差的企业给予警告与处罚，从而形成较好的约束机制。一要树立标杆企业。对环境绩效水平较高的企业，制定合理的奖励机制，并通过开展宣传教育活动，推广其先进经验，以推动和实现所有企业整体环境绩效水平的改善与提高。二要细化惩罚机制。一方面对环境绩效水平较差的企业进行重点跟踪式监督，另一方面对惩罚机制进行细化，通过具体针对性惩罚条款督促其提升环境绩效。

5.2 对企业的政策建议

5.2.1 培育企业环保文化理念，重视环境管理

企业应将环境问题融入管理决策中，将绿色环保的理念，贯彻落实在生产经营的每一个环节中。改变高投入、低效率的粗放式生产经营模式，在生产经营过程中引入节能减排的新设备、新技术，提高资源的利用率，减少环境污染，达到经济与环境的协调发展。同时，企业应当重视创新和环保企业文化的培育，以符合组织需要的企业文化熏陶企业的员工，使它们建立起相应的创新及可持续发展理念，并用这些理念指导自身的日常工作行为。在创新和环保等符合组织要求的企业文化指导下，组织内将会出现积极向上的氛围，全体员工将有统一的努力方向并为之付出自己的努力，最终最大化提升企业价值。

5.2.2 聚焦核心环保技术的研发与创新

有些行业或企业虽然投入了大量的能源与资金，但因为使用效率低，导致环境效率低下。此时不应一味地追求产量而盲目扩张，应该努力提高环境管理水平，避免环境管理不经济而带来的环境规模不经济。在环境治理方面，技术创新能力的提升是影响企业核心竞争力的关键要素。这一重要性体现在技术创新带动企业环保工艺的优化，使新工艺更加符合企业的发展要求，从而提高企业的环保能力，最终在经济发展的同时提升环境效益。因此，企业应当重视环保技术创新能力的提升，树立创新意识，积极参与实践，以实现企业在环境管理方面的竞争优势。

5.2.3 定期披露环境信息，积极进行环境绩效评价

企业应认识到环境管理的重要性，响应政府号召，主动披露企业的环境信息，供相关部门及其他利益相关者查看与监督。企业应积极进行环境绩效评价，找到自身环境管理的薄弱环节，主动进行调整，排除环境风险。从而树立起良好的企业绿色形象，增强企业的整体竞争力，实现企业经济效益与社会责任的统一。

5.2.4 建立并完善企业环境绩效反馈机制

企业的环境保护情况需要定期对其进行分析，分析出企业在环境保护方面上的不足之处，从而在以后的工作中对其不足做出改正，更好地为企业的发展提供指导。企业内部除了要大力建设评估机制，落实监管责任外，还要形成反馈机制，根据反馈结果，调

整环境经营战略，推进环境管理工作的开展。在评估结果的反馈工作中，企业可以安排专门的人员对结果进行分析整理，形成环境绩效评价结果报告书，不仅要对当次的评估结果做出分析，列出对环境绩效有重大影响的因素并给予关注，还要进行纵向比较与横向比较，与本企业前期开展环境管理工作的成果和目前领域领先企业作对比分析，详细指出这个期间改进工作取得的成效和出现的新问题，认清企业自身实际管理状况，有针对性地制定企业下期环境管理工作的目标和策略，确定企业以后环境管理工作的开展方向。对于评估工作中发现的环境管理问题，要进行结果公示和限期调整，反馈工作要及时，执行要有力度，以最快的效率采取相应改进措施，提高企业环境管理效率。

第6章　研究不足与展望

虽然本研究对企业环境表现水平的评价工作在前人的基础上进行了进一步的补充与完善，但其目前仍然存在一定的缺陷与问题，主要体现在4个方面。

（1）现有的企业环境绩效评价指标体系中，不同系统间的得分比重过于均匀，如在线监测系统中企业的超标行为与环境违法处罚系统中企业受到重大环境违法处罚的扣分力度相近，这导致企业违规行为的层次感与差异性难以得到有效的体现，在后续的研究中应当对环境绩效评价指标体系加以进一步地完善，力求能展现出不同指标在违规判定的关键性、法律效力以及企业违规所面临风险等方面所存在的差异性。

（2）在数据处理的过程中，我们对于在线监测系统中企业监测的无效数据进行了删除处理，但在实际情况中还需要考虑企业应当合规有效地运营、检修与维护在线监测设备，确保其能够正常运行，得到的监测数据有效准确。基于这样的考量，对于在线监测有效数据低于一定比例的企业，应当在其现有得分的基础上惩罚性地扣除分数，以体现企业环境绩效评价中对于企业数据完整性和准确性的要求，这在后续的评价指标体系的完善过程中，也要进一步得到补充与修正。

（3）目前对于在线监测数据的处理过于复杂，根据对有关部门的访谈和调查我们得知，环保部门已不再对数据的有效性进行审核，企业需要对自己在线监测数据的有效性进行负责。因此，目前的数据处理过程可能会造成过多损失数据的问题，从而导致环境表现评价不够准确，因此在后续的评价过程中，需要在对环保部门进行了解、访谈和调查的基础之上，形成新的更加简洁、准确的数据处理流程，以期能够更加真实地反映企业的排放行为。

（4）排污许可作为目前环境管理的一项重要内容，也是企业环境表现的另一个重要方面，应当纳入企业环境绩效评价中，但由于排污许可制度是从 2017 年开始逐步推行的，因此在本年度还没有办法对企业的执行情况进行较好的评价，而在后续的评价过程中需要进一步将排污许可纳入环境绩效评级的框架中来，进一步加强环境绩效评价的全面性和完整性。

参考文献

[1] 黎文靖，路晓燕. 机构投资者关注企业的环境绩效吗？——来自我国重污染行业上市公司的经验证据[J]. 金融研究，2015（12）：97-112.

[2] 崔春. 企业环境责任评价模式与效应研究[J]. 技术经济与管理研究，2018（8）：56-60.

[3] 李平，黄嘉慧，王玉乾. 公司治理影响环境绩效的实证研究[J]. 管理现代化，2015，35（2）：81-83.

[4] 武剑锋，叶陈刚，刘猛. 环境绩效、政治关联与环境信息披露——来自沪市 A 股重污染行业的经验证据[J]. 山西财经大学学报，2015，37（7）：99-110.

[5] 唐蕾. 新能源行业上市公司的政府补助、研发投入与环境绩效[D]. 重庆工商大学，2018.

[6] Marlin J T. Accounting for pollution[J]. Journal of Accountancy（pre-1986），1973，135：41.

[7] Klassen R D，Mclaughlin C P. The impact of environmental management on firm performance[J]. Management science，1996，42（8）：1199-214.

[8] Corbett C J，Pan J N. Evaluating environmental performance using statistical process control techniques[J]. European Journal of Operational Research，2002，139（1）：68-83.

[9] 王军武. 工程建设项目绩效评价研究[M]. 武昌：武汉理工大学出版社，2015.

[10] Tyteca D. Linear programming models for the measurement of environmental performance of firms—concepts and empirical results[J]. Journal of productivity analysis，1997，8（2）：183-197.

[11] 谢芳，李慧明. 企业的环境责任与环境绩效评估[J]. 现代财经：天津财经学院学报，2005，25（1）：40-43.

[12] 联合国贸易与发展会议发布. 生态效率指标编制者和使用者手册[M]. 北京：中国财政经济出版社，2005.

[13] EPSTEIN M J，WISNER P. Good neighbours：implementing social and environmental strategies with the BSC[J]. Balanced Scorecard Report，2001，3（3）：8-11.

[14] SARKIS J，TALLURI S. Ecoefficiency measurement using data envelopment analysis：research and practitioner issues[J]. Journal of Environmental Assessment Policy and Management，2004，6（1）：91-123.

[15] 宋铁君. 企业环境绩效评价指标体系的构建及其应用[D]. 北方工业大学，2007.

[16] 贾钦然. 低碳经济背景下我国钢铁企业环境绩效评价研究[D]. 北京交通大学，2014.

[17] 周曙东. 企业环境行为绩效综合评价指标体系研究[J]. 中国国情国力，2011（11）：52-55.

附录 A

表 A1　所有评价企业基本信息

序号	代码	名称简称	被参控公司/母公司	子/母公司
1	000012.SZ	南玻 A	东莞南玻太阳能玻璃有限公司	子公司
1	000012.SZ	南玻 A	成都南玻玻璃有限公司	子公司
1	000012.SZ	南玻 A	咸宁南玻玻璃有限公司	子公司
1	000012.SZ	南玻 A	河北南玻玻璃有限公司	子公司
1	000012.SZ	南玻 A	河北视窗玻璃有限公司	子公司
2	000027.SZ	深圳能源	满洲里达赉湖热电有限公司	子公司
2	000027.SZ	深圳能源	国电织金发电有限公司	子公司
2	000027.SZ	深圳能源	深圳妈湾电力有限公司	子公司
2	000027.SZ	深圳能源	国电南宁发电有限责任公司	子公司
2	000027.SZ	深圳能源	龙岩新东阳环保净化有限公司	子公司
2	000027.SZ	深圳能源	国电深能四川华蓥山发电有限公司	子公司
2	000027.SZ	深圳能源	深圳市广深沙角 B 电力有限公司	子公司
2	000027.SZ	深圳能源	惠州深能源丰达电力有限公司	子公司
2	000027.SZ	深圳能源	武汉深能环保新沟垃圾发电有限公司	子公司
2	000027.SZ	深圳能源	深圳能源集团股份有限公司	母公司
2	000027.SZ	深圳能源	深圳市能源环保有限公司	子公司
2	000027.SZ	深圳能源	深能合和电力（河源）有限公司	子公司
2	000027.SZ	深圳能源	东莞深能源樟洋电力有限公司	子公司
3	000035.SZ	中国天楹	福州天楹环保能源有限公司	子公司
3	000035.SZ	中国天楹	滨州天楹环保能源有限公司	子公司
4	000037.SZ	深南电 A	深圳南山热电股份有限公司	母公司
4	000037.SZ	深南电 A	深南电（中山）电力有限公司	子公司
4	000037.SZ	深南电 A	深南电（东莞）唯美电力有限公司	子公司
5	000039.SZ	中集集团	驻马店中集华骏铸造有限公司	子公司
6	000050.SZ	深天马 A	上海中航光电子有限公司	子公司
6	000050.SZ	深天马 A	成都天马微电子有限公司	子公司
6	000050.SZ	深天马 A	武汉天马微电子有限公司	子公司
7	000059.SZ	华锦股份	盘锦北方沥青股份有限公司	子公司
7	000059.SZ	华锦股份	北方华锦化学工业股份有限公司	母公司
7	000059.SZ	华锦股份	锦西天然气化工有限责任公司	子公司
8	000060.SZ	中金岭南	深圳市中金岭南有色金属股份有限公司	母公司
9	000100.SZ	TCL 集团	深圳市华星光电技术有限公司	子公司
10	000401.SZ	冀东水泥	灵寿冀东水泥有限责任公司	子公司
10	000401.SZ	冀东水泥	冀东海德堡（扶风）水泥有限公司	子公司
10	000401.SZ	冀东水泥	涞水冀东水泥有限责任公司	子公司

序号	代码	名称简称	被参控公司/母公司	子/母公司
10	000401.SZ	冀东水泥	内蒙古冀东水泥有限责任公司	子公司
10	000401.SZ	冀东水泥	唐山冀东水泥股份有限公司	母公司
10	000401.SZ	冀东水泥	冀东水泥阿巴嘎旗有限责任公司	子公司
10	000401.SZ	冀东水泥	吴堡冀东特种水泥有限公司	子公司
10	000401.SZ	冀东水泥	辽阳冀东水泥有限公司	子公司
10	000401.SZ	冀东水泥	包头冀东水泥有限公司	子公司
10	000401.SZ	冀东水泥	冀东水泥璧山有限责任公司	子公司
10	000401.SZ	冀东水泥	冀东海天水泥闻喜有限责任公司	子公司
10	000401.SZ	冀东水泥	冀东水泥重庆江津有限责任公司	子公司
10	000401.SZ	冀东水泥	冀东水泥铜川有限公司	子公司
10	000401.SZ	冀东水泥	冀东水泥永吉有限责任公司	子公司
10	000401.SZ	冀东水泥	山西双良鼎新水泥有限公司	子公司
10	000401.SZ	冀东水泥	唐县冀东水泥有限责任公司	子公司
10	000401.SZ	冀东水泥	冀东水泥（烟台）有限责任公司	子公司
10	000401.SZ	冀东水泥	昌黎冀东水泥有限公司	子公司
10	000401.SZ	冀东水泥	冀东水泥凤翔有限责任公司	子公司
10	000401.SZ	冀东水泥	冀东水泥磐石有限责任公司	子公司
10	000401.SZ	冀东水泥	冀东水泥重庆合川有限责任公司	子公司
10	000401.SZ	冀东水泥	临澧冀东水泥有限公司	子公司
10	000401.SZ	冀东水泥	大同冀东水泥有限责任公司	子公司
10	000401.SZ	冀东水泥	阳泉冀东水泥有限责任公司	子公司
10	000401.SZ	冀东水泥	冀东水泥滦县有限责任公司	子公司
10	000401.SZ	冀东水泥	唐山冀东水泥三友有限公司	子公司
11	000420.SZ	吉林化纤	吉林化纤股份有限公司	母公司
12	000421.SZ	南京公用	华润电力唐山丰润有限公司	子公司
13	000422.SZ	湖北宜化	内蒙古宜化化工有限公司	子公司
13	000422.SZ	湖北宜化	宜昌宜化太平洋热电有限公司	子公司
13	000422.SZ	湖北宜化	湖北宜化化工股份有限公司	母公司
13	000422.SZ	湖北宜化	青海宜化化工有限责任公司	子公司
13	000422.SZ	湖北宜化	湖北宜化肥业有限公司	子公司
13	000422.SZ	湖北宜化	贵州宜化化工有限责任公司	子公司
14	000488.SZ	晨鸣纸业	江西晨鸣纸业有限责任公司	子公司
14	000488.SZ	晨鸣纸业	吉林晨鸣纸业有限责任公司	子公司
14	000488.SZ	晨鸣纸业	湛江晨鸣浆纸有限公司	子公司
14	000488.SZ	晨鸣纸业	山东晨鸣纸业集团股份有限公司	母公司
14	000488.SZ	晨鸣纸业	武汉晨鸣乾能热电有限责任公司	子公司
14	000488.SZ	晨鸣纸业	武汉晨鸣汉阳纸业股份有限公司	子公司
15	000507.SZ	珠海港	珠海碧辟化工有限公司	子公司
16	000510.SZ	金路集团	四川省金路树脂有限公司	子公司
17	000513.SZ	丽珠集团	丽珠集团福州福兴医药有限公司	子公司
17	000513.SZ	丽珠集团	丽珠集团宁夏新北江制药有限公司	子公司

序号	代码	名称简称	被参控公司/母公司	子/母公司
18	000525.SZ	红太阳	安徽国星生物化学有限公司	子公司
18	000525.SZ	红太阳	南京红太阳国际实业有限公司	子公司
18	000525.SZ	红太阳	南京红太阳股份有限公司	母公司
18	000525.SZ	红太阳	南京红太阳国际贸易有限公司	子公司
18	000525.SZ	红太阳	重庆华歌生物化学有限公司	子公司
18	000525.SZ	红太阳	南京红太阳农村云商有限公司	子公司
19	000531.SZ	穗恒运 A	广州恒运企业集团股份有限公司	母公司
19	000531.SZ	穗恒运 A	广州恒运热电（D）厂有限责任公司	子公司
20	000532.SZ	华金资本	珠海力合环保有限公司	子公司
21	000539.SZ	粤电力 A	广东红海湾发电有限公司	子公司
21	000539.SZ	粤电力 A	广东粤电靖海发电有限公司	子公司
21	000539.SZ	粤电力 A	广东惠州平海发电厂有限公司	子公司
21	000539.SZ	粤电力 A	茂名臻能热电有限公司	子公司
21	000539.SZ	粤电力 A	湛江中粤能源有限公司	子公司
21	000539.SZ	粤电力 A	广东韶关粤江发电有限责任公司	子公司
21	000539.SZ	粤电力 A	广东省惠州天然气发电有限公司	子公司
21	000539.SZ	粤电力 A	广东粤电大埔发电有限公司	子公司
21	000539.SZ	粤电力 A	广东惠州天然气发电有限责任公司	子公司
21	000539.SZ	粤电力 A	深圳市广前电力有限公司	子公司
21	000539.SZ	粤电力 A	湛江电力有限公司	子公司
21	000539.SZ	粤电力 A	广东电力发展股份有限公司	母公司
22	000543.SZ	皖能电力	皖能合肥发电有限公司	子公司
22	000543.SZ	皖能电力	临涣中利发电有限公司	子公司
22	000543.SZ	皖能电力	皖能马鞍山发电有限公司	子公司
22	000543.SZ	皖能电力	皖能铜陵发电有限公司	子公司
22	000543.SZ	皖能电力	阜阳华润电力有限公司	子公司
22	000543.SZ	皖能电力	淮北涣城发电有限公司	子公司
22	000543.SZ	皖能电力	淮北申皖发电有限公司	子公司
23	000544.SZ	中原环保	中原环保水务登封有限公司	子公司
23	000544.SZ	中原环保	郑州市郑东新区水务有限公司	子公司
23	000544.SZ	中原环保	中原环保新密热力有限公司	子公司
23	000544.SZ	中原环保	中原环保郑州上街水务有限公司	子公司
23	000544.SZ	中原环保	中原环保伊川水务有限公司	子公司
23	000544.SZ	中原环保	中原环保同生漯河水务有限公司	子公司
23	000544.SZ	中原环保	中原环保股份有限公司	母公司
24	000545.SZ	金浦钛业	南京钛白化工有限责任公司	子公司
25	000546.SZ	金圆股份	青海互助金圆水泥有限公司	子公司
25	000546.SZ	金圆股份	青海宏扬水泥有限责任公司	子公司
26	000550.SZ	江铃汽车	江铃汽车销售有限公司	子公司
26	000550.SZ	江铃汽车	江铃汽车股份有限公司	母公司
27	000552.SZ	靖远煤电	靖煤集团白银热电有限公司	子公司

序号	代码	名称简称	被参控公司/母公司	子/母公司
28	000553.SZ	沙隆达 A	湖北沙隆达股份有限公司	母公司
29	000571.SZ	新大洲 A	内蒙古牙克石五九煤炭（集团）有限责任公司	子公司
29	000571.SZ	新大洲 A	牙克石五九煤炭销售有限公司	子公司
30	000576.SZ	广东甘化	广东江门生物技术开发中心有限公司	子公司
31	000596.SZ	古井贡酒	安徽古井贡酒股份有限公司	母公司
32	000597.SZ	东北制药	东北制药集团股份有限公司	母公司
33	000598.SZ	兴蓉环境	成都市排水有限责任公司	子公司
33	000598.SZ	兴蓉环境	成都市兴蓉污泥处置有限责任公司	子公司
33	000598.SZ	兴蓉环境	西安兴蓉环境发展有限责任公司	子公司
34	000599.SZ	青岛双星	双星东风轮胎有限公司	子公司
35	000600.SZ	建投能源	邢台国泰发电有限责任公司	子公司
35	000600.SZ	建投能源	河北建投任丘热电有限责任公司	子公司
35	000600.SZ	建投能源	河北建投沙河发电有限责任公司	子公司
35	000600.SZ	建投能源	国电河北龙山发电有限责任公司	子公司
35	000600.SZ	建投能源	建投邢台热电有限责任公司	子公司
35	000600.SZ	建投能源	衡水恒兴发电有限责任公司	子公司
35	000600.SZ	建投能源	国电承德热电有限公司	子公司
35	000600.SZ	建投能源	河北西柏坡第二发电有限责任公司	子公司
35	000600.SZ	建投能源	河北邯峰发电有限责任公司	子公司
35	000600.SZ	建投能源	河北衡丰发电有限责任公司	子公司
35	000600.SZ	建投能源	河北西柏坡发电有限责任公司	子公司
35	000600.SZ	建投能源	河北建投宣化热电有限责任公司	子公司
36	000601.SZ	韶能股份	广东韶能集团股份有限公司公司	母公司
36	000601.SZ	韶能股份	张家界市桑梓综合利用发电厂有限责任公司	子公司
37	000606.SZ	神州易桥	青海明胶有限责任公司	子公司
38	000612.SZ	焦作万方	焦作万方电力有限公司	子公司
38	000612.SZ	焦作万方	焦作万方铝业股份有限公司	母公司
39	000615.SZ	京汉股份	湖北金环新材料科技有限公司	子公司
39	000615.SZ	京汉股份	襄阳金环新材料科技有限公司	子公司
40	000629.SZ	*ST 钒钛	攀枝花东方钛业有限公司	子公司
40	000629.SZ	*ST 钒钛	攀钢集团重庆钛业股份有限公司	子公司
41	000630.SZ	铜陵有色	赤峰金剑铜业有限责任公司	子公司
41	000630.SZ	铜陵有色	金隆铜业有限公司	子公司
41	000630.SZ	铜陵有色	铜陵有色金属集团股份有限公司	母公司
42	000635.SZ	英力特	宁夏英力特化工股份有限公司	母公司
43	000652.SZ	泰达股份	天津泰达股份有限公司	母公司
43	000652.SZ	泰达股份	天津泰达环保有限公司	子公司
44	000672.SZ	上峰水泥	怀宁上峰水泥有限公司	子公司
44	000672.SZ	上峰水泥	浙江上峰建材有限公司	子公司
44	000672.SZ	上峰水泥	铜陵上峰水泥股份有限公司	子公司
44	000672.SZ	上峰水泥	博乐市中博水泥有限公司	子公司

序号	代码	名称简称	被参控公司/母公司	子/母公司
45	000677.SZ	恒天海龙	恒天海龙股份有限公司	母公司
46	000683.SZ	远兴能源	内蒙古博大实地化学有限公司	子公司
46	000683.SZ	远兴能源	内蒙古博源水务有限责任公司	子公司
46	000683.SZ	远兴能源	河南中源化学股份有限公司	子公司
47	000685.SZ	中山公用	中山市污水处理有限公司	子公司
47	000685.SZ	中山公用	中山公用黄圃污水处理有限公司	子公司
47	000685.SZ	中山公用	济宁中山公用水务有限公司	子公司
48	000690.SZ	宝新能源	广东宝丽华电力有限公司	子公司
49	000695.SZ	滨海能源	天津滨海能源发展股份有限公司	母公司
49	000695.SZ	滨海能源	国华能源发展（天津）有限公司	子公司
50	000698.SZ	沈阳化工	沈阳石蜡化工有限公司	子公司
50	000698.SZ	沈阳化工	山东蓝星东大化工有限责任公司	子公司
51	000703.SZ	恒逸石化	浙江巴陵恒逸已内酰胺有限责任公司	子公司
51	000703.SZ	恒逸石化	海南逸盛石化有限公司	子公司
52	000707.SZ	双环科技	重庆宜化化工有限公司	子公司
52	000707.SZ	双环科技	重庆索特盐化股份有限公司	子公司
53	000709.SZ	河钢股份	邯钢集团邯宝钢铁有限公司	子公司
53	000709.SZ	河钢股份	河北钢铁集团滦县司家营铁矿有限公司	子公司
53	000709.SZ	河钢股份	唐山中厚板材有限公司	子公司
54	000720.SZ	新能泰山	山东华能莱芜热电有限公司	子公司
55	000723.SZ	美锦能源	山西美锦煤焦化有限公司	子公司
55	000723.SZ	美锦能源	唐钢美锦（唐山）煤化工有限公司	子公司
56	000725.SZ	京东方 A	成都京东方光电科技有限公司	子公司
56	000725.SZ	京东方 A	合肥鑫晟光电科技有限公司	子公司
56	000725.SZ	京东方 A	北京京东方光电科技有限公司	子公司
56	000725.SZ	京东方 A	北京京东方显示技术有限公司	子公司
56	000725.SZ	京东方 A	重庆京东方光电科技有限公司	子公司
56	000725.SZ	京东方 A	合肥京东方光电科技有限公司	子公司
57	000726.SZ	鲁泰 A	鲁泰纺织股份有限公司	母公司
57	000726.SZ	鲁泰 A	鲁丰织染有限公司	子公司
57	000726.SZ	鲁泰 A	淄博鑫胜热电有限公司	子公司
57	000726.SZ	鲁泰 A	新疆鲁泰纺织有限公司	子公司
58	000727.SZ	华东科技	南京中电熊猫晶体科技有限公司	子公司
59	000729.SZ	燕京啤酒	燕京啤酒（玉林）有限公司	子公司
59	000729.SZ	燕京啤酒	燕京啤酒（衡阳）有限公司	子公司
59	000729.SZ	燕京啤酒	燕京啤酒（河南月山）有限公司	子公司
59	000729.SZ	燕京啤酒	燕京啤酒（桂林漓泉）股份有限公司	子公司
59	000729.SZ	燕京啤酒	燕京惠泉啤酒（抚州）有限公司	子公司
59	000729.SZ	燕京啤酒	新疆燕京啤酒有限公司	子公司
59	000729.SZ	燕京啤酒	燕京啤酒（山东无名）股份有限公司	子公司
59	000729.SZ	燕京啤酒	山西燕京啤酒有限公司	子公司

序号	代码	名称简称	被参控公司/母公司	子/母公司
59	000729.SZ	燕京啤酒	河北燕京啤酒有限公司	子公司
59	000729.SZ	燕京啤酒	燕京啤酒（通辽）有限责任公司	子公司
59	000729.SZ	燕京啤酒	河北燕京玻璃制品有限公司	子公司
60	000731.SZ	四川美丰	四川美丰化工科技有限责任公司	子公司
60	000731.SZ	四川美丰	四川美丰化工股份有限公司	母公司
61	000737.SZ	南风化工	四川同庆南风有限责任公司	子公司
61	000737.SZ	南风化工	四川同庆南风洗涤用品有限责任公司	子公司
62	000739.SZ	普洛药业	浙江普洛康裕生物制药有限公司	子公司
63	000755.SZ	*ST 三维	山西三维集团股份有限公司	母公司
64	000756.SZ	新华制药	新华制药（寿光）有限公司	子公司
64	000756.SZ	新华制药	新华制药（高密）有限公司	子公司
64	000756.SZ	新华制药	山东新华制药股份有限公司	母公司
65	000758.SZ	中色股份	赤峰中色锌业有限公司	子公司
66	000761.SZ	本钢板材	本钢板材股份有限公司	母公司
66	000761.SZ	本钢板材	本钢板材辽阳球团有限责任公司	子公司
67	000766.SZ	通化金马	通化金马药业集团股份有限公司	母公司
68	000767.SZ	漳泽电力	山西漳电同华发电有限公司	子公司
68	000767.SZ	漳泽电力	山西华泽铝电有限责任公司	子公司
68	000767.SZ	漳泽电力	山西漳电大唐热电有限公司	子公司
68	000767.SZ	漳泽电力	秦皇岛秦热发电有限责任公司	子公司
68	000767.SZ	漳泽电力	山西漳泽电力股份有限公司	母公司
69	000768.SZ	中航飞机	中航飞机股份有限公司	母公司
70	000778.SZ	新兴铸管	新兴铸管（加拿大）有限公司	子公司
70	000778.SZ	新兴铸管	拜城县峰峰煤焦化有限公司	子公司
70	000778.SZ	新兴铸管	黄石新兴管业有限公司	子公司
70	000778.SZ	新兴铸管	新兴铸管（香港）有限公司	子公司
70	000778.SZ	新兴铸管	新兴铸管（卢森堡）有限公司	子公司
70	000778.SZ	新兴铸管	新兴铸管股份有限公司	母公司
71	000782.SZ	美达股份	广东新会美达锦纶股份有限公司	母公司
72	000786.SZ	北新建材	泰山石膏（济源）有限公司	子公司
72	000786.SZ	北新建材	阜新泰山石膏建材有限公司	子公司
72	000786.SZ	北新建材	泰山石膏（平山）有限公司	子公司
72	000786.SZ	北新建材	泰山石膏有限公司	子公司
73	000789.SZ	万年青	江西锦溪水泥有限公司	子公司
73	000789.SZ	万年青	江西玉山万年青水泥有限公司	子公司
73	000789.SZ	万年青	江西赣州南方万年青水泥有限公司	子公司
73	000789.SZ	万年青	江西万年青水泥股份有限公司	母公司
73	000789.SZ	万年青	江西瑞金万年青水泥有限责任公司	子公司
74	000792.SZ	盐湖股份	青海盐湖工业股份有限公司	母公司
74	000792.SZ	盐湖股份	青海水泥股份有限公司	子公司
74	000792.SZ	盐湖股份	青海盐湖镁业有限公司	子公司

序号	代码	名称简称	被参控公司/母公司	子/母公司
74	000792.SZ	盐湖股份	青海盐湖海纳化工有限公司	子公司
75	000799.SZ	酒鬼酒	酒鬼酒河南有限责任公司	子公司
75	000799.SZ	酒鬼酒	酒鬼酒股份有限公司	母公司
75	000799.SZ	酒鬼酒	酒鬼酒供销有限责任公司	子公司
76	000807.SZ	云铝股份	云南云铝润鑫铝业有限公司	子公司
76	000807.SZ	云铝股份	云南铝业股份有限公司	母公司
76	000807.SZ	云铝股份	云南云铝涌鑫铝业有限公司	子公司
77	000815.SZ	美利云	中冶美利云产业投资股份有限公司	母公司
78	000822.SZ	山东海化	山东海化盛兴热电有限公司	子公司
79	000823.SZ	超声电子	汕头超声印制板公司	子公司
79	000823.SZ	超声电子	汕头超声印制板（二厂）有限公司	子公司
80	000825.SZ	太钢不锈	天津太钢天管不锈钢有限公司	子公司
80	000825.SZ	太钢不锈	山西太钢不锈钢股份有限公司	母公司
81	000826.SZ	启迪桑德	临清德运环保能源有限公司	子公司
81	000826.SZ	启迪桑德	鄂州桑德鄂清水务有限公司	子公司
81	000826.SZ	启迪桑德	枝江桑德枝清水务有限公司	子公司
81	000826.SZ	启迪桑德	临朐邑清环保能源有限公司	子公司
81	000826.SZ	启迪桑德	包头鹿城水务有限公司	子公司
81	000826.SZ	启迪桑德	大冶桑德清波水务有限公司	子公司
81	000826.SZ	启迪桑德	宜昌桑德三峡水务有限公司	子公司
81	000826.SZ	启迪桑德	巨鹿县聚力环保有限公司	子公司
81	000826.SZ	启迪桑德	南昌桑德象湖水务有限公司	子公司
81	000826.SZ	启迪桑德	重庆绿能新能源有限公司	子公司
81	000826.SZ	启迪桑德	嘉鱼嘉清水务有限公司	子公司
81	000826.SZ	启迪桑德	襄阳桑德汉水水务有限公司	子公司
82	000830.SZ	鲁西化工	山东聊城鲁西化工第六化肥有限公司	子公司
82	000830.SZ	鲁西化工	山东聊城鲁西化工第五化肥有限公司	子公司
82	000830.SZ	鲁西化工	鲁西化工集团股份有限公司	母公司
83	000862.SZ	银星能源	宁夏银星能源股份有限公司	母公司
84	000875.SZ	吉电股份	吉林松花江热电有限公司	子公司
85	000877.SZ	天山股份	叶城天山水泥有限责任公司	子公司
85	000877.SZ	天山股份	哈密天山水泥有限责任公司	子公司
85	000877.SZ	天山股份	若羌天山水泥有限责任公司	子公司
85	000877.SZ	天山股份	新疆阜康天山水泥有限公司	子公司
85	000877.SZ	天山股份	江苏天山水泥集团有限公司	子公司
85	000877.SZ	天山股份	新疆米东天山水泥有限责任公司	子公司
85	000877.SZ	天山股份	新疆天山水泥股份有限公司	母公司
85	000877.SZ	天山股份	吐鲁番天山水泥有限责任公司	子公司
85	000877.SZ	天山股份	宜兴天山水泥有限责任公司	子公司
86	000878.SZ	云南铜业	玉溪矿业有限公司	子公司
86	000878.SZ	云南铜业	赤峰云铜有色金属有限公司	子公司

序号	代码	名称简称	被参控公司/母公司	子/母公司
86	000878.SZ	云南铜业	楚雄滇中有色金属有限责任公司	子公司
86	000878.SZ	云南铜业	云南铜业股份有限公司	母公司
86	000878.SZ	云南铜业	易门铜业有限公司	子公司
87	000883.SZ	湖北能源	新疆楚星能源发展有限公司	子公司
88	000885.SZ	同力水泥	三门峡腾跃同力水泥有限公司	子公司
88	000885.SZ	同力水泥	濮阳同力建材有限公司	子公司
88	000885.SZ	同力水泥	驻马店市豫龙同力水泥有限公司	子公司
88	000885.SZ	同力水泥	河南省同力水泥有限公司	子公司
88	000885.SZ	同力水泥	河南同力水泥股份有限公司	母公司
88	000885.SZ	同力水泥	洛阳黄河同力水泥有限责任公司	子公司
88	000885.SZ	同力水泥	濮阳同力水泥有限公司	子公司
88	000885.SZ	同力水泥	新乡平原同力水泥有限责任公司	子公司
89	000895.SZ	双汇发展	南昌双汇食品有限公司	子公司
89	000895.SZ	双汇发展	绵阳双汇食品有限责任公司	子公司
89	000895.SZ	双汇发展	湖北武汉双汇食品有限公司	子公司
89	000895.SZ	双汇发展	芜湖双汇食品有限公司	子公司
90	000899.SZ	赣能股份	江西赣能股份有限公司	母公司
91	000902.SZ	新洋丰	宜昌新洋丰肥业有限公司	子公司
92	000910.SZ	大亚圣象	大亚木业（江西）有限公司	子公司
93	000911.SZ	南宁糖业	广西环江远丰糖业有限责任公司	子公司
93	000911.SZ	南宁糖业	南宁糖业股份有限公司	母公司
94	000912.SZ	泸天化	宁夏和宁化学有限公司	子公司
94	000912.SZ	泸天化	四川泸天化股份有限公司	母公司
95	000926.SZ	福星股份	湖北福星新材料科技有限公司	子公司
96	000927.SZ	一汽夏利	天津一汽夏利汽车股份有限公司	母公司
97	000929.SZ	兰州黄河	兰州黄河嘉酿啤酒有限公司	子公司
98	000930.SZ	中粮生化	中粮生物化学（安徽）股份有限公司	母公司
98	000930.SZ	中粮生化	安徽中粮生化燃料酒精有限公司	子公司
99	000932.SZ	*ST 华菱	湖南华菱涟源钢铁有限公司	子公司
99	000932.SZ	*ST 华菱	湖南华菱湘潭钢铁有限公司	子公司
100	000933.SZ	神火股份	河南有色汇源铝业有限公司	子公司
100	000933.SZ	神火股份	新疆神火煤电有限公司	子公司
100	000933.SZ	神火股份	河南神火发电有限公司	子公司
100	000933.SZ	神火股份	国电民权发电有限公司	子公司
100	000933.SZ	神火股份	河南省许昌新龙矿业有限责任公司	子公司
100	000933.SZ	神火股份	河南神火兴隆矿业有限责任公司	子公司
101	000935.SZ	四川双马	四川双马宜宾水泥制造有限公司	子公司
101	000935.SZ	四川双马	都江堰拉法基水泥有限公司	子公司
102	000937.SZ	冀中能源	邢台东庞通达煤电有限公司	子公司
102	000937.SZ	冀中能源	金牛天铁煤焦化有限公司	子公司
103	000939.SZ	凯迪生态	祁阳县凯迪绿色能源开发有限公司	子公司

序号	代码	名称简称	被参控公司/母公司	子/母公司
103	000939.SZ	凯迪生态	南陵县凯迪绿色能源开发有限公司	子公司
103	000939.SZ	凯迪生态	临澧县凯迪绿色能源开发有限公司	子公司
103	000939.SZ	凯迪生态	益阳市凯迪绿色能源开发有限公司	子公司
103	000939.SZ	凯迪生态	安仁县凯迪绿色能源开发有限公司	子公司
103	000939.SZ	凯迪生态	德安县凯迪绿色能源开发有限公司	子公司
103	000939.SZ	凯迪生态	鄱阳县凯迪绿色能源开发有限公司	子公司
103	000939.SZ	凯迪生态	岳阳市凯迪绿色能源开发有限公司	子公司
103	000939.SZ	凯迪生态	郑州煤炭工业（集团）杨河煤业有限公司	子公司
104	000949.SZ	新乡化纤	新乡化纤股份有限公司	母公司
105	000950.SZ	*ST 建峰	重庆建峰化工股份有限公司	母公司
106	000952.SZ	广济药业	湖北广济药业股份有限公司	母公司
106	000952.SZ	广济药业	广济药业（孟州）有限公司	子公司
107	000953.SZ	*ST 河化	河池化工有限责任公司	子公司
107	000953.SZ	*ST 河化	广西河池化工股份有限公司	母公司
108	000958.SZ	东方能源	石家庄良村热电有限公司	子公司
108	000958.SZ	东方能源	国家电投集团石家庄东方能源股份有限公司	母公司
109	000959.SZ	首钢股份	首钢京唐钢铁联合有限责任公司	子公司
110	000960.SZ	锡业股份	云南华联锌铟股份有限公司	子公司
110	000960.SZ	锡业股份	云南云铜锌业股份有限公司	子公司
110	000960.SZ	锡业股份	郴州云湘矿冶有限责任公司	子公司
111	000962.SZ	东方钽业	宁夏东方钽业股份有限公司	母公司
112	000966.SZ	长源电力	国电长源荆门发电有限公司	子公司
112	000966.SZ	长源电力	国电长源荆州热电有限公司	子公司
112	000966.SZ	长源电力	国电长源电力股份有限公司	母公司
113	000967.SZ	盈峰环境	佛山市顺德区华清源环保有限公司	子公司
113	000967.SZ	盈峰环境	阜南绿色东方环保有限公司	子公司
113	000967.SZ	盈峰环境	佛山市顺德区华盈环保水务有限公司	子公司
114	000982.SZ	*ST 中绒	宁夏中银绒业股份有限公司	母公司
115	000983.SZ	西山煤电	山西西山煤电股份有限公司	母公司
115	000983.SZ	西山煤电	山西西山晋兴能源有限责任公司	子公司
115	000983.SZ	西山煤电	山西焦化股份有限公司	子公司
115	000983.SZ	西山煤电	武乡西山发电有限责任公司	子公司
115	000983.SZ	西山煤电	山西西山煤气化有限责任公司	子公司
115	000983.SZ	西山煤电	山西兴能发电有限责任公司	子公司
115	000983.SZ	西山煤电	山西西山热电有限责任公司	子公司
116	000990.SZ	诚志股份	陕西长青能源化工有限公司	子公司
117	000999.SZ	华润三九	华润三九（郴州）制药有限公司	子公司
118	001896.SZ	豫能控股	新乡中益发电有限公司	子公司
118	001896.SZ	豫能控股	南阳鸭河口发电有限责任公司	子公司
118	001896.SZ	豫能控股	鹤壁鹤淇发电有限责任公司	子公司
118	001896.SZ	豫能控股	南阳天益发电有限责任公司	子公司

序号	代码	名称简称	被参控公司/母公司	子/母公司
119	002001.SZ	新和成	浙江春晖环保能源股份有限公司	子公司
119	002001.SZ	新和成	山东新和成药业有限公司	子公司
120	002002.SZ	鸿达兴业	内蒙古中谷矿业有限责任公司	子公司
121	002004.SZ	华邦健康	山东凯盛新材料股份有限公司	子公司
121	002004.SZ	华邦健康	河北万全宏宇化工有限责任公司	子公司
121	002004.SZ	华邦健康	江西禾益化工股份有限公司	子公司
122	002011.SZ	盾安环境	武安顶峰热电有限公司	子公司
123	002012.SZ	凯恩股份	浙江凯丰新材料股份有限公司	子公司
124	002019.SZ	亿帆医药	鑫富科技有限公司	子公司
124	002019.SZ	亿帆医药	杭州鑫富科技有限公司	子公司
125	002034.SZ	美欣达	浙江美欣达印染集团股份有限公司	母公司
126	002042.SZ	华孚色纺	华孚色纺股份有限公司	母公司
127	002051.SZ	中工国际	成都中工水务有限责任公司	子公司
127	002051.SZ	中工国际	邳州中工水务有限责任公司	子公司
127	002051.SZ	中工国际	中工水务有限公司	子公司
128	002056.SZ	横店东磁	横店集团东磁股份香港有限公司	子公司
128	002056.SZ	横店东磁	横店集团东磁股份有限公司	母公司
129	002061.SZ	江山化工	浙江江山化工股份有限公司	母公司
130	002066.SZ	瑞泰科技	瑞泰科技股份有限公司	母公司
131	002067.SZ	景兴纸业	浙江景兴板纸有限公司	子公司
131	002067.SZ	景兴纸业	浙江景兴纸业股份有限公司	母公司
132	002068.SZ	黑猫股份	乌海黑猫炭黑有限责任公司	子公司
132	002068.SZ	黑猫股份	太原黑猫炭黑有限责任公司	子公司
132	002068.SZ	黑猫股份	韩城黑猫炭黑有限责任公司	子公司
132	002068.SZ	黑猫股份	济宁黑猫炭黑有限责任公司	子公司
132	002068.SZ	黑猫股份	唐山黑猫炭黑有限责任公司	子公司
133	002075.SZ	沙钢股份	江苏沙钢集团淮钢特钢股份有限公司	子公司
133	002075.SZ	沙钢股份	江苏沙钢股份有限公司	母公司
134	002078.SZ	太阳纸业	山东太阳纸业股份有限公司	母公司
134	002078.SZ	太阳纸业	太阳纸业（香港）有限公司	子公司
134	002078.SZ	太阳纸业	太阳纸业有限公司	子公司
134	002078.SZ	太阳纸业	山东太阳宏河纸业有限公司	子公司
135	002083.SZ	孚日股份	高密万仁热电有限公司	子公司
135	002083.SZ	孚日股份	孚日集团股份有限公司	母公司
136	002087.SZ	新野纺织	河南新野纺织股份有限公司	母公司
137	002091.SZ	江苏国泰	江苏国泰盱眙污水处理有限公司	子公司
137	002091.SZ	江苏国泰	江苏国泰盐城污水处理有限公司	子公司
138	002092.SZ	中泰化学	新疆华泰重化工有限责任公司	子公司
138	002092.SZ	中泰化学	新疆中泰矿冶有限公司	子公司
138	002092.SZ	中泰化学	新疆中泰化学托克逊能化有限公司	子公司
138	002092.SZ	中泰化学	新疆中泰化学阜康能源有限公司	子公司

序号	代码	名称简称	被参控公司/母公司	子/母公司
138	002092.SZ	中泰化学	新疆中泰化学股份有限公司	母公司
138	002092.SZ	中泰化学	新疆富丽达纤维有限公司	子公司
138	002092.SZ	中泰化学	新疆圣雄能源股份有限公司	子公司
139	002109.SZ	兴化股份	陕西兴化化学股份有限公司	母公司
140	002110.SZ	三钢闽光	福建天尊新材料制造有限公司	子公司
141	002118.SZ	紫鑫药业	吉林紫鑫药业股份有限公司	母公司
142	002125.SZ	湘潭电化	湘潭市污水处理有限责任公司	子公司
142	002125.SZ	湘潭电化	靖西湘潭电化科技有限公司	子公司
142	002125.SZ	湘潭电化	湘潭电化科技股份有限公司	母公司
143	002128.SZ	露天煤业	通辽霍林河坑口发电有限责任公司	子公司
144	002132.SZ	恒星科技	河南恒星科技股份有限公司	母公司
145	002136.SZ	安纳达	安徽安纳达钛业股份有限公司	母公司
146	002140.SZ	东华科技	合肥王小郢污水处理有限公司	子公司
147	002144.SZ	宏达高科	宏达高科控股股份有限公司	母公司
148	002145.SZ	中核钛白	安徽金星钛白（集团）有限公司	子公司
148	002145.SZ	中核钛白	甘肃和诚钛业有限公司	子公司
149	002155.SZ	湖南黄金	湖南安化渣滓溪矿业有限公司	子公司
150	002163.SZ	中航三鑫	海南中航特玻材料有限公司	子公司
151	002170.SZ	芭田股份	贵州芭田生态工程有限公司	子公司
152	002171.SZ	楚江新材	安徽楚江科技新材料股份有限公司	母公司
153	002172.SZ	澳洋科技	阜宁澳洋科技有限责任公司	子公司
153	002172.SZ	澳洋科技	玛纳斯澳洋科技有限责任公司	子公司
154	002185.SZ	华天科技	天水华天科技股份有限公司	母公司
155	002210.SZ	飞马国际	大同富乔垃圾焚烧发电有限公司	子公司
156	002216.SZ	三全食品	河南全惠食品有限公司	子公司
157	002217.SZ	合力泰	山东合力泰化工有限公司	子公司
158	002221.SZ	东华能源	东华能源股份有限公司	母公司
159	002225.SZ	濮耐股份	濮阳濮耐高温材料（集团）股份有限公司	母公司
159	002225.SZ	濮耐股份	濮阳市濮耐功能材料有限公司	子公司
160	002233.SZ	塔牌集团	广东塔牌集团股份有限公司	母公司
160	002233.SZ	塔牌集团	梅州市塔牌集团蕉岭鑫达旋窑水泥有限公司	子公司
160	002233.SZ	塔牌集团	梅州金塔水泥有限公司	子公司
160	002233.SZ	塔牌集团	福建塔牌水泥有限公司	子公司
160	002233.SZ	塔牌集团	蕉岭鑫盛能源发展有限公司	子公司
161	002237.SZ	恒邦股份	山东恒邦冶炼股份有限公司	母公司
162	002240.SZ	威华股份	河北威利邦木业有限公司	子公司
163	002246.SZ	北化股份	四川北方硝化棉股份有限公司	母公司
164	002250.SZ	联化科技	联化科技股份有限公司	母公司
164	002250.SZ	联化科技	联化科技（德州）有限公司	子公司
165	002255.SZ	海陆重工	张家港市清泉水处理有限公司	子公司
165	002255.SZ	海陆重工	张家港市清源水处理有限公司	子公司

序号	代码	名称简称	被参控公司/母公司	子/母公司
166	002260.SZ	德奥通航	蓝海实业有限公司	子公司
167	002271.SZ	东方雨虹	天鼎丰非织造布有限公司	子公司
168	002286.SZ	保龄宝	保龄宝生物股份有限公司	母公司
169	002304.SZ	洋河股份	江苏洋河酒厂股份有限公司	母公司
169	002304.SZ	洋河股份	江苏双沟酒业股份有限公司	子公司
169	002304.SZ	洋河股份	江苏双沟酒类运营有限公司	子公司
170	002311.SZ	海大集团	睢县豫粮海鼎饲料有限公司	子公司
171	002321.SZ	华英农业	河南华英农业发展股份有限公司	母公司
172	002326.SZ	永太科技	江西富祥药业股份有限公司	子公司
173	002340.SZ	格林美	荆门市城南污水处理有限公司	子公司
174	002342.SZ	巨力索具	保定巨力供热有限公司	子公司
175	002365.SZ	永安药业	潜江永安药业股份有限公司	母公司
176	002378.SZ	章源钨业	崇义章源钨业股份有限公司	母公司
177	002382.SZ	蓝帆医疗	蓝帆医疗股份有限公司	母公司
178	002386.SZ	天原集团	宜宾海丰和锐有限公司	子公司
179	002390.SZ	信邦制药	贵州信邦药业有限公司	子公司
179	002390.SZ	信邦制药	贵州信邦制药股份有限公司	母公司
180	002391.SZ	长青股份	江苏长青农化股份有限公司	母公司
181	002394.SZ	联发股份	江苏联发环保新能源有限公司	子公司
182	002407.SZ	多氟多	白银中天化工有限责任公司	子公司
183	002408.SZ	齐翔腾达	淄博齐翔腾达化工股份有限公司	母公司
184	002422.SZ	科伦药业	四川新迪医药化工有限公司	子公司
184	002422.SZ	科伦药业	河南科伦药业有限公司	子公司
184	002422.SZ	科伦药业	伊犁川宁生物技术有限公司	子公司
185	002423.SZ	中原特钢	中原特钢股份有限公司	母公司
186	002428.SZ	云南锗业	云南临沧鑫圆锗业股份有限公司	母公司
187	002440.SZ	闰土股份	浙江迪邦化工有限公司	子公司
188	002442.SZ	龙星化工	焦作龙星化工有限责任公司	子公司
188	002442.SZ	龙星化工	龙星化工股份有限公司	母公司
189	002461.SZ	珠江啤酒	河北珠江啤酒有限公司	子公司
190	002463.SZ	沪电股份	沪士电子股份有限公司	母公司
191	002470.SZ	金正大	金正大生态工程集团股份有限公司	母公司
191	002470.SZ	金正大	辽宁金正大生态工程有限公司	子公司
191	002470.SZ	金正大	德州金正大生态工程有限公司	子公司
191	002470.SZ	金正大	河南金正大生态工程有限公司	子公司
191	002470.SZ	金正大	安徽金正大生态工程有限公司	子公司
191	002470.SZ	金正大	金正大诺泰尔化学有限公司	子公司
191	002470.SZ	金正大	云南金正大生态工程有限公司	子公司
191	002470.SZ	金正大	广东金正大生态工程有限公司	子公司
192	002479.SZ	富春环保	浙江富春江环保热电股份有限公司	母公司
192	002479.SZ	富春环保	浙江清园生态热电有限公司	子公司

序号	代码	名称简称	被参控公司/母公司	子/母公司
192	002479.SZ	富春环保	常州市新港热电有限公司	子公司
192	002479.SZ	富春环保	衢州东港环保热电有限公司	子公司
193	002483.SZ	润邦股份	沾化绿威生物能源有限公司	子公司
194	002493.SZ	荣盛石化	浙江逸盛石化有限公司	子公司
194	002493.SZ	荣盛石化	香港逸盛大化有限公司	子公司
194	002493.SZ	荣盛石化	逸盛大化石化有限公司	子公司
195	002507.SZ	涪陵榨菜	重庆市涪陵榨菜集团股份有限公司	母公司
195	002507.SZ	涪陵榨菜	重庆市邱家榨菜食品有限责任公司	子公司
195	002507.SZ	涪陵榨菜	四川省惠通食业有限责任公司	子公司
196	002513.SZ	蓝丰生化	宁夏蓝丰精细化工有限公司	子公司
197	002521.SZ	齐峰新材	淄博市临淄区朱台热力有限公司	子公司
198	002532.SZ	新界泵业	陇西县博华污水处理有限公司	子公司
199	002534.SZ	杭锅股份	江西乐浩综合利用电业有限公司	子公司
200	002535.SZ	林州重机	林州重机林钢钢铁有限公司	子公司
200	002535.SZ	林州重机	林州重机集团股份有限公司	母公司
201	002539.SZ	云图控股	嘉施利（平原）化肥有限公司	子公司
201	002539.SZ	云图控股	应城市新都化工有限责任公司	子公司
202	002562.SZ	兄弟科技	江西兄弟医药有限公司	子公司
203	002566.SZ	益盛药业	吉林省集安益盛药业股份有限公司	母公司
204	002588.SZ	史丹利	史丹利化肥宁陵有限公司	子公司
204	002588.SZ	史丹利	史丹利化肥（平原）有限公司	子公司
204	002588.SZ	史丹利	史丹利化肥定西有限公司	子公司
205	002597.SZ	金禾实业	安徽金禾实业股份有限公司	母公司
205	002597.SZ	金禾实业	安徽华尔泰化工股份有限公司	子公司
206	002601.SZ	龙蟒佰利	四川龙蟒钛业股份有限公司	子公司
207	002604.SZ	龙力生物	山东龙力生物科技股份有限公司	母公司
208	002608.SZ	江苏国信	江苏淮阴发电有限责任公司	子公司
208	002608.SZ	江苏国信	江苏射阳港发电有限责任公司	子公司
208	002608.SZ	江苏国信	江苏国信靖江发电有限公司	子公司
208	002608.SZ	江苏国信	江苏新海发电有限公司	子公司
208	002608.SZ	江苏国信	江苏国信股份有限公司	母公司
208	002608.SZ	江苏国信	扬州第二发电有限责任公司	子公司
208	002608.SZ	江苏国信	江苏国信扬州发电有限责任公司	子公司
209	002616.SZ	长青集团	鱼台长青环保能源有限公司	子公司
210	002646.SZ	青青稞酒	青海互助青稞酒股份有限公司	母公司
211	002672.SZ	东江环保	东莞市虎门绿源水务有限公司	子公司
212	002674.SZ	兴业科技	兴业皮革科技股份有限公司	母公司
212	002674.SZ	兴业科技	徐州兴宁皮业有限公司	子公司
213	002688.SZ	金河生物	金河生物科技股份有限公司	母公司
214	002716.SZ	金贵银业	郴州市金贵银业股份有限公司	母公司
215	002748.SZ	世龙实业	江西世龙实业股份有限公司	母公司

序号	代码	名称简称	被参控公司/母公司	子/母公司
216	002805.SZ	丰元股份	山东丰元化学股份有限公司	母公司
217	002821.SZ	凯莱英	吉林凯莱英医药化学有限公司	子公司
218	002868.SZ	绿康生化	绿康生化股份有限公司	母公司
219	300070.SZ	碧水源	天津市碧水源环境科技有限公司	子公司
219	300070.SZ	碧水源	张家界碧水源水务科技有限公司	子公司
219	300070.SZ	碧水源	湖南合源水务环境科技股份有限公司	子公司
219	300070.SZ	碧水源	北京碧水源环境科技有限公司	子公司
219	300070.SZ	碧水源	宽城碧水源环保有限公司	子公司
219	300070.SZ	碧水源	秦皇岛碧水源环境科技有限公司	子公司
219	300070.SZ	碧水源	北京碧海环境科技有限公司	子公司
219	300070.SZ	碧水源	十堰京水环境科技有限公司	子公司
219	300070.SZ	碧水源	云南水务投资股份有限公司	子公司
219	300070.SZ	碧水源	天津蓟源水处理有限公司	子公司
220	300090.SZ	盛运环保	济宁中科环保电力有限公司	子公司
220	300090.SZ	盛运环保	伊春中科环保电力有限公司	子公司
220	300090.SZ	盛运环保	枣庄中科环保电力有限公司	子公司
221	300106.SZ	西部牧业	新疆石河子花园乳业有限公司	子公司
222	300132.SZ	青松股份	福建青松股份有限公司	母公司
223	300152.SZ	科融环境	诸城宝源新能源发电有限公司	子公司
224	300158.SZ	振东制药	山西振东制药股份有限公司	母公司
225	300185.SZ	通裕重工	山东省禹城市新园热电有限公司	子公司
226	300187.SZ	永清环保	衡阳永清环保能源有限公司	子公司
226	300187.SZ	永清环保	永清环保股份有限公司	母公司
227	300190.SZ	维尔利	桐庐沙湾畈维尔利污水处理有限公司	子公司
227	300190.SZ	维尔利	桐庐横村镇污水处理有限公司	子公司
227	300190.SZ	维尔利	桐庐维尔利水务有限公司	子公司
228	300239.SZ	东宝生物	包头东宝生物技术股份有限公司	母公司
229	300294.SZ	博雅生物	江西博雅生物制药股份有限公司	母公司
230	300328.SZ	宜安科技	新材料科技有限公司	子公司
231	300381.SZ	溢多利	河南利华制药有限公司	子公司
232	300388.SZ	国祯环保	遵化国祯污水处理有限公司	子公司
232	300388.SZ	国祯环保	安徽国祯环保节能科技股份有限公司	母公司
232	300388.SZ	国祯环保	砚山县国祯污水处理有限公司	子公司
232	300388.SZ	国祯环保	昆明市东川区国祯污水处理有限公司	子公司
232	300388.SZ	国祯环保	江门市新会区龙泉污水处理有限公司	子公司
232	300388.SZ	国祯环保	南陵国祯环保科技有限公司	子公司
232	300388.SZ	国祯环保	东莞市松山湖天地环科水务有限公司	子公司
232	300388.SZ	国祯环保	泗阳县华海水处理有限公司	子公司
232	300388.SZ	国祯环保	繁昌县城市污水处理有限责任公司	子公司
232	300388.SZ	国祯环保	怀远县国祯污水处理有限公司	子公司
232	300388.SZ	国祯环保	郎溪国祯水务运营有限公司	子公司

序号	代码	名称简称	被参控公司/母公司	子/母公司
232	300388.SZ	国祯环保	富宁县国祯污水处理有限公司	子公司
232	300388.SZ	国祯环保	彬县国祯水处理有限公司	子公司
232	300388.SZ	国祯环保	合肥朱砖井污水处理有限公司	子公司
232	300388.SZ	国祯环保	江门市国祯污水处理有限公司	子公司
232	300388.SZ	国祯环保	芜湖国祯环保科技有限公司	子公司
232	300388.SZ	国祯环保	云南陆良县国祯污水处理有限公司	子公司
232	300388.SZ	国祯环保	衡水国祯污水处理有限公司	子公司
232	300388.SZ	国祯环保	淮北中联环水环境有限公司	子公司
232	300388.SZ	国祯环保	汨罗市国祯水处理有限公司	子公司
232	300388.SZ	国祯环保	东莞市万江区天地信达水务有限公司	子公司
232	300388.SZ	国祯环保	湖南国祯环保科技有限责任公司	子公司
232	300388.SZ	国祯环保	故城国祯污水处理有限公司	子公司
232	300388.SZ	国祯环保	徐州国祯水务运营有限公司	子公司
232	300388.SZ	国祯环保	阳春市水质净化有限公司	子公司
232	300388.SZ	国祯环保	云南国祯环保科技有限责任公司	子公司
233	300433.SZ	蓝思科技	蓝思科技（湘潭）有限公司	子公司
233	300433.SZ	蓝思科技	蓝思科技（昆山）有限公司	子公司
233	300433.SZ	蓝思科技	蓝思科技（长沙）有限公司	子公司
233	300433.SZ	蓝思科技	蓝思科技股份有限公司	母公司
233	300433.SZ	蓝思科技	深圳市蓝思科技有限公司	子公司
234	600006.SH	东风汽车	东风汽车集团股份有限公司	母公司
235	600008.SH	首创股份	广元首创水务有限公司	子公司
235	600008.SH	首创股份	定州市中诚水务有限公司	子公司
235	600008.SH	首创股份	铁岭泓源大禹城市污水处理有限公司	子公司
235	600008.SH	首创股份	临沂首创水务有限公司	子公司
235	600008.SH	首创股份	恩施首创水务有限公司	子公司
235	600008.SH	首创股份	太原首创污水处理有限责任公司	子公司
235	600008.SH	首创股份	临沂首创博瑞水务有限公司	子公司
235	600008.SH	首创股份	绍兴市嵊新首创污水处理有限公司	子公司
235	600008.SH	首创股份	铜陵首创排水有限责任公司	子公司
235	600008.SH	首创股份	安阳首创水务有限公司	子公司
235	600008.SH	首创股份	淮南首创水务有限责任公司	子公司
235	600008.SH	首创股份	呼和浩特首创春华水务有限责任公司	子公司
235	600008.SH	首创股份	菏泽首创水务有限公司	子公司
235	600008.SH	首创股份	凡和（葫芦岛）水务投资有限公司	子公司
235	600008.SH	首创股份	安庆首创水务有限责任公司	子公司
236	600010.SH	包钢股份	包钢集团固阳矿山有限公司	子公司
236	600010.SH	包钢股份	内蒙古包钢还原铁有限责任公司	子公司
236	600010.SH	包钢股份	包钢钢联股份有限公司	母公司
237	600011.SH	华能国际	华能湖南岳阳发电有限责任公司	子公司
237	600011.SH	华能国际	华能苏州热电有限责任公司	子公司

序号	代码	名称简称	被参控公司/母公司	子/母公司
237	600011.SH	华能国际	华能重庆两江燃机发电有限责任公司	子公司
237	600011.SH	华能国际	华能渑池热电有限责任公司	子公司
237	600011.SH	华能国际	华能武汉发电有限责任公司	子公司
237	600011.SH	华能国际	华能沾化热电有限公司	子公司
237	600011.SH	华能国际	洛阳阳光热电有限公司	子公司
237	600011.SH	华能国际	华能巢湖发电有限责任公司	子公司
237	600011.SH	华能国际	华能营口热电有限责任公司	子公司
237	600011.SH	华能国际	华能安源发电有限责任公司	子公司
237	600011.SH	华能国际	华能云南滇东能源有限责任公司	子公司
237	600011.SH	华能国际	华能平凉发电有限责任公司	子公司
237	600011.SH	华能国际	华能瑞金发电有限责任公司	子公司
237	600011.SH	华能国际	华能榆社发电有限责任公司	子公司
237	600011.SH	华能国际	天津华能杨柳青热电有限责任公司	子公司
237	600011.SH	华能国际	华能海南发电股份有限公司	子公司
237	600011.SH	华能国际	华能辛店发电有限公司	子公司
237	600011.SH	华能国际	华能（苏州工业园区）发电有限责任公司	子公司
237	600011.SH	华能国际	华能左权煤电有限责任公司	子公司
237	600011.SH	华能国际	云南滇东雨汪能源有限公司	子公司
237	600011.SH	华能国际	华能太原东山燃机热电有限责任公司	子公司
237	600011.SH	华能国际	华能太仓发电有限责任公司	子公司
237	600011.SH	华能国际	华能南京金陵发电有限公司	子公司
237	600011.SH	华能国际	华能威海发电有限责任公司	子公司
237	600011.SH	华能国际	华能洛阳热电有限责任公司	子公司
237	600011.SH	华能国际	华能北京热电有限责任公司	子公司
237	600011.SH	华能国际	华能重庆珞璜发电有限责任公司	子公司
237	600011.SH	华能国际	华能沁北发电有限责任公司	子公司
237	600011.SH	华能国际	华能临港（天津）燃气热电有限公司	子公司
238	600019.SH	宝钢股份	宝钢湛江钢铁有限公司	子公司
238	600019.SH	宝钢股份	上海宝钢化工有限公司	子公司
238	600019.SH	宝钢股份	上海梅山钢铁股份有限公司	子公司
238	600019.SH	宝钢股份	宝山钢铁股份有限公司	母公司
239	600021.SH	上海电力	上海外高桥第三发电有限责任公司	子公司
239	600021.SH	上海电力	上海外高桥发电有限责任公司	子公司
239	600021.SH	上海电力	上海上电漕泾发电有限公司	子公司
239	600021.SH	上海电力	上海电力股份有限公司	母公司
239	600021.SH	上海电力	江苏阚山发电有限公司	子公司
239	600021.SH	上海电力	上海外高桥第二发电有限责任公司	子公司
239	600021.SH	上海电力	上海漕泾热电有限责任公司	子公司
239	600021.SH	上海电力	上海吴泾发电有限责任公司	子公司
239	600021.SH	上海电力	淮沪煤电有限公司	子公司
239	600021.SH	上海电力	上海吴泾第二发电有限责任公司	子公司

序号	代码	名称简称	被参控公司/母公司	子/母公司
240	600022.SH	山东钢铁	山东钢铁集团有限公司	母公司
241	600023.SH	浙能电力	浙江浙能温州发电有限公司	子公司
241	600023.SH	浙能电力	浙江浙能镇海发电有限责任公司	子公司
241	600023.SH	浙能电力	浙江浙能台州第二发电有限责任公司	子公司
241	600023.SH	浙能电力	淮浙煤电有限责任公司	子公司
241	600023.SH	浙能电力	浙江国华浙能发电有限公司	子公司
241	600023.SH	浙能电力	浙江浙能电力股份有限公司	母公司
241	600023.SH	浙能电力	浙江浙能长兴发电有限公司	子公司
241	600023.SH	浙能电力	浙江浙能北仑发电有限公司	子公司
241	600023.SH	浙能电力	浙江浙能兰溪发电有限责任公司	子公司
241	600023.SH	浙能电力	浙江浙能嘉兴发电有限公司	子公司
241	600023.SH	浙能电力	浙江浙能中煤舟山煤电有限责任公司	子公司
241	600023.SH	浙能电力	浙江浙能绍兴滨海热电有限责任公司	子公司
241	600023.SH	浙能电力	浙江浙能嘉华发电有限公司	子公司
241	600023.SH	浙能电力	浙江浙能乐清发电有限责任公司	子公司
241	600023.SH	浙能电力	浙能阿克苏热电有限公司	子公司
242	600027.SH	华电国际	华电滕州新源热电有限公司	子公司
242	600027.SH	华电国际	华电潍坊发电有限公司	子公司
242	600027.SH	华电国际	韶关市坪石发电厂有限公司（B厂）	子公司
242	600027.SH	华电国际	石家庄华电供热集团有限公司	子公司
242	600027.SH	华电国际	华电淄博热电有限公司	子公司
242	600027.SH	华电国际	华电漯河发电有限公司	子公司
242	600027.SH	华电国际	杭州华电半山发电有限公司	子公司
242	600027.SH	华电国际	河北华电石家庄热电有限公司	子公司
242	600027.SH	华电国际	安徽华电宿州发电有限公司	子公司
242	600027.SH	华电国际	河北华电石家庄裕华热电有限公司	子公司
242	600027.SH	华电国际	华电宁夏灵武发电有限公司	子公司
242	600027.SH	华电国际	天津华电福源热电有限公司	子公司
242	600027.SH	华电国际	安徽华电芜湖发电有限公司	子公司
242	600027.SH	华电国际	华电湖北发电有限公司	子公司
242	600027.SH	华电国际	华电青岛发电有限公司	子公司
242	600027.SH	华电国际	华电新乡发电有限公司	子公司
242	600027.SH	华电国际	华电龙口发电股份有限公司	子公司
242	600027.SH	华电国际	河北华电石家庄鹿华热电有限公司	子公司
242	600027.SH	华电国际	华电国际电力股份有限公司	母公司
242	600027.SH	华电国际	华电莱州发电有限公司	子公司
242	600027.SH	华电国际	宁夏中宁发电有限责任公司	子公司
242	600027.SH	华电国际	华电章丘发电有限公司	子公司
242	600027.SH	华电国际	安徽华电六安电厂有限公司	子公司
242	600027.SH	华电国际	华电渠东发电有限公司	子公司
243	600028.SH	中国石化	扬子石化-巴斯夫有限责任公司	子公司

序号	代码	名称简称	被参控公司/母公司	子/母公司
243	600028.SH	中国石化	中国石化上海石油化工股份有限公司	子公司
243	600028.SH	中国石化	中国石化湛江东兴石油化工有限公司	子公司
243	600028.SH	中国石化	中国石化上海高桥石油化工有限公司	子公司
243	600028.SH	中国石化	中国石化催化剂有限公司	子公司
243	600028.SH	中国石化	中国石化青岛炼油化工有限责任公司	子公司
243	600028.SH	中国石化	中国石化长城能源化工有限公司	子公司
243	600028.SH	中国石化	福建联合石油化工有限公司	子公司
243	600028.SH	中国石化	中国石油化工集团公司	母公司
243	600028.SH	中国石化	中国石化北海炼化有限责任公司	子公司
243	600028.SH	中国石化	中韩（武汉）石油化工有限公司	子公司
243	600028.SH	中国石化	中国石化扬子石油化工股份有限公司	子公司
243	600028.SH	中国石化	中国石化海南炼油化工有限公司	子公司
244	600029.SH	南方航空	中国南方航空股份有限公司	母公司
245	600031.SH	三一重工	三一汽车制造有限公司	子公司
245	600031.SH	三一重工	三一重工股份有限公司	母公司
246	600051.SH	宁波联合	宁波经济技术开发区热电有限责任公司	子公司
247	600062.SH	华润双鹤	双鹤药业（商丘）有限责任公司	子公司
248	600063.SH	皖维高新	安徽皖维高新材料股份有限公司	母公司
248	600063.SH	皖维高新	广西广维化工有限责任公司	子公司
249	600064.SH	南京高科	南京高科股份有限公司	母公司
249	600064.SH	南京高科	南京高科水务有限公司	子公司
250	600066.SH	宇通客车	郑州宇通客车股份有限公司	母公司
251	600069.SH	银鸽投资	四川银鸽竹浆纸业有限公司	子公司
252	600070.SH	浙江富润	浙江富润股份有限公司	母公司
252	600070.SH	浙江富润	浙江富润印染有限公司	子公司
253	600075.SH	新疆天业	天伟化工有限公司	子公司
254	600078.SH	澄星股份	云南宣威磷电有限责任公司	子公司
255	600079.SH	人福医药	湖北竹溪人福药业有限责任公司	子公司
255	600079.SH	人福医药	宜昌三峡制药有限公司	子公司
256	600089.SH	特变电工	特变电工股份有限公司	母公司
256	600089.SH	特变电工	特变电工衡阳变压器有限公司	子公司
256	600089.SH	特变电工	新特能源股份有限公司	子公司
257	600096.SH	云天化	呼伦贝尔金新化工有限公司	子公司
257	600096.SH	云天化	云南云天化股份有限公司	母公司
257	600096.SH	云天化	云南天安化工有限公司	子公司
257	600096.SH	云天化	云南水富云天化有限公司	子公司
258	600098.SH	广州发展	佛山恒益发电有限公司	子公司
258	600098.SH	广州发展	广州珠江天然气发电有限公司	子公司
258	600098.SH	广州发展	广州中电荔新电力实业有限公司	子公司
259	600100.SH	同方股份	惠州市同方水务有限公司	子公司
260	600103.SH	青山纸业	福建省青山纸业股份有限公司	母公司

序号	代码	名称简称	被参控公司/母公司	子/母公司
261	600104.SH	上汽集团	上海上汽大众汽车销售有限公司	子公司
261	600104.SH	上汽集团	上汽大众汽车有限公司	子公司
262	600110.SH	诺德股份	青海电子材料产业发展有限公司	子公司
263	600117.SH	西宁特钢	西宁特殊钢股份有限公司	母公司
263	600117.SH	西宁特钢	青海江仓能源发展有限责任公司	子公司
264	600121.SH	*ST 郑煤	河南省新郑煤电有限责任公司	子公司
264	600121.SH	*ST 郑煤	郑州煤电股份有限公司	母公司
265	600123.SH	兰花科创	山西兰花煤化工有限责任公司	子公司
265	600123.SH	兰花科创	山西兰花丹峰化工股份有限公司	子公司
265	600123.SH	兰花科创	山西兰花工业污水处理有限公司	子公司
265	600123.SH	兰花科创	山西兰花清洁能源有限责任公司	子公司
266	600126.SH	杭钢股份	宿迁富春紫光污水处理有限公司	子公司
266	600126.SH	杭钢股份	宣城富春紫光污水处理有限公司	子公司
266	600126.SH	杭钢股份	盱眙富春紫光污水处理有限公司	子公司
266	600126.SH	杭钢股份	象山富春紫光污水处理有限公司	子公司
266	600126.SH	杭钢股份	襄阳富春紫光污水处理有限公司	子公司
266	600126.SH	杭钢股份	开化富春紫光水务有限公司	子公司
266	600126.SH	杭钢股份	凤阳县富春紫光污水处理有限公司	子公司
266	600126.SH	杭钢股份	孟州市城市污水处理有限公司	子公司
266	600126.SH	杭钢股份	三门富春紫光污水处理有限公司	子公司
266	600126.SH	杭钢股份	宁波钢铁有限公司	子公司
266	600126.SH	杭钢股份	临海市富春紫光污水处理有限公司	子公司
266	600126.SH	杭钢股份	常山富春紫光污水处理有限公司	子公司
267	600132.SH	重庆啤酒	重庆啤酒（集团）有限责任公司	母公司
267	600132.SH	重庆啤酒	重庆嘉酿啤酒有限公司	子公司
268	600133.SH	东湖高新	钟祥东海水务有限公司	子公司
269	600141.SH	兴发集团	湖北泰盛化工有限公司	子公司
269	600141.SH	兴发集团	宜都兴发化工有限公司	子公司
269	600141.SH	兴发集团	重庆兴发金冠化工有限公司	子公司
269	600141.SH	兴发集团	湖北兴发化工集团股份有限公司	母公司
270	600152.SH	维科精华	九江维科针织有限公司	子公司
271	600153.SH	建发股份	四川永丰浆纸股份有限公司	子公司
272	600156.SH	华升股份	湖南华升洞庭麻业有限公司	子公司
273	600157.SH	永泰能源	张家港沙洲电力有限公司	子公司
273	600157.SH	永泰能源	郑州裕中能源有限责任公司	子公司
274	600160.SH	巨化股份	浙江巨化股份有限公司	母公司
274	600160.SH	巨化股份	浙江衢化氟化学有限公司	子公司
274	600160.SH	巨化股份	浙江晋巨化工有限公司	子公司
275	600167.SH	联美控股	沈阳浑南热力有限责任公司	子公司
275	600167.SH	联美控股	沈阳新北热电有限责任公司	子公司
276	600168.SH	武汉控股	武汉市城市排水发展有限公司	子公司

序号	代码	名称简称	被参控公司/母公司	子/母公司
277	600170.SH	上海建工	亚同环保水处理江阴有限公司	子公司
278	600182.SH	S 佳通	佳通轮胎股份有限公司	母公司
278	600182.SH	S 佳通	福建佳通轮胎有限公司	子公司
279	600186.SH	莲花健康	河南省项城佳能热电有限责任公司	子公司
280	600187.SH	国中水务	国水（马鞍山）污水处理有限公司	子公司
280	600187.SH	国中水务	国水（昌黎）污水处理有限公司	子公司
280	600187.SH	国中水务	国中（秦皇岛）污水处理有限公司	子公司
280	600187.SH	国中水务	涿州中科国益水务有限公司	子公司
281	600188.SH	兖州煤业	内蒙古伊泽矿业投资有限公司	子公司
281	600188.SH	兖州煤业	兖州煤业股份有限公司	母公司
281	600188.SH	兖州煤业	山东华聚能源股份有限公司	子公司
281	600188.SH	兖州煤业	兖州煤业榆林能化有限公司	子公司
281	600188.SH	兖州煤业	兖州煤业鄂尔多斯能化有限公司	子公司
281	600188.SH	兖州煤业	兖煤菏泽能化有限公司	子公司
282	600192.SH	长城电工	秦安长城果汁饮料有限公司	子公司
283	600195.SH	中牧股份	内蒙古中牧生物药业有限公司	子公司
284	600196.SH	复星医药	湖北新生源生物工程股份有限公司	子公司
285	600197.SH	伊力特	新疆伊力特经销公司	子公司
285	600197.SH	伊力特	新疆伊力特实业股份有限公司	母公司
285	600197.SH	伊力特	伊犁伊力特有限公司	子公司
286	600207.SH	安彩高科	河南安彩高科股份有限公司	母公司
286	600207.SH	安彩高科	河南省海川电子玻璃有限公司	子公司
287	600216.SH	浙江医药	浙江医药股份有限公司	母公司
288	600220.SH	江苏阳光	江苏阳光新桥热电有限公司	子公司
288	600220.SH	江苏阳光	江苏阳光股份有限公司	母公司
288	600220.SH	江苏阳光	江苏阳光璜塘热电有限公司	子公司
289	600226.SH	升华拜克	河北圣雪大成制药有限责任公司	子公司
289	600226.SH	升华拜克	内蒙古拜克生物有限公司	子公司
290	600227.SH	赤天化	贵州赤天化股份有限公司	母公司
290	600227.SH	赤天化	贵州赤天化桐梓化工有限公司	子公司
291	600230.SH	沧州大化	沧州大化 TDI 有限责任公司	子公司
292	600231.SH	凌钢股份	凌源钢铁股份有限公司	母公司
293	600235.SH	民丰特纸	民丰特种纸股份有限公司	母公司
294	600236.SH	桂冠电力	大唐桂冠合山发电有限公司	子公司
295	600249.SH	两面针	柳州两面针纸业有限公司	子公司
295	600249.SH	两面针	柳州两面针股份有限公司	母公司
295	600249.SH	两面针	柳州两面针纸品有限公司	子公司
296	600251.SH	冠农股份	国投新疆罗布泊钾盐有限责任公司	子公司
297	600252.SH	中恒集团	广西梧州制药（集团）股份有限公司	子公司
298	600256.SH	广汇能源	新疆广汇新能源有限公司	子公司
299	600267.SH	海正药业	浙江海正药业股份有限公司	母公司

序号	代码	名称简称	被参控公司/母公司	子/母公司
300	600273.SH	嘉化能源	浙江嘉化能源化工股份有限公司	母公司
301	600277.SH	亿利洁能	内蒙古亿利化学工业有限公司	子公司
301	600277.SH	亿利洁能	亿利洁能股份有限公司	母公司
301	600277.SH	亿利洁能	亿利洁能科技（乐陵）有限公司	子公司
301	600277.SH	亿利洁能	亿利洁能科技（金乡）有限公司	子公司
301	600277.SH	亿利洁能	亿利洁能科技有限公司	子公司
301	600277.SH	亿利洁能	内蒙古亿利冀东水泥有限责任公司	子公司
301	600277.SH	亿利洁能	神华亿利能源有限责任公司	子公司
302	600281.SH	太化股份	太原化工股份有限公司	母公司
303	600282.SH	南钢股份	南京钢铁有限公司	子公司
303	600282.SH	南钢股份	南京钢铁股份有限公司	母公司
304	600283.SH	钱江水利	永康市钱江水务有限公司	子公司
304	600283.SH	钱江水利	丽水市供排水有限责任公司	子公司
305	600292.SH	远达环保	朝阳远达环保水务有限公司	子公司
305	600292.SH	远达环保	凌源远达水务有限公司	子公司
306	600293.SH	三峡新材	湖北三峡新型建材股份有限公司	母公司
307	600295.SH	鄂尔多斯	内蒙古鄂尔多斯热电有限责任公司	子公司
308	600298.SH	安琪酵母	安琪酵母（德宏）有限公司	子公司
308	600298.SH	安琪酵母	安琪酵母（睢县）有限公司	子公司
308	600298.SH	安琪酵母	安琪酵母（伊犁）有限公司	子公司
308	600298.SH	安琪酵母	安琪酵母（崇左）有限公司	子公司
309	600307.SH	酒钢宏兴	酒钢集团榆中钢铁有限责任公司	子公司
309	600307.SH	酒钢宏兴	甘肃酒钢集团宏兴钢铁股份有限公司	母公司
310	600308.SH	华泰股份	新疆昕昊达矿业有限责任公司	子公司
310	600308.SH	华泰股份	山东华泰纸业股份有限公司	母公司
311	600309.SH	万华化学	万华化学（宁波）有限公司	子公司
311	600309.SH	万华化学	万华化学（宁波）热电有限公司	子公司
311	600309.SH	万华化学	万华化学集团股份有限公司	母公司
312	600319.SH	亚星化学	潍坊亚星化学股份有限公司	母公司
313	600320.SH	振华重工	上海振华重工（集团）股份有限公司	母公司
314	600323.SH	瀚蓝环境	创冠环保（建阳）有限公司	子公司
314	600323.SH	瀚蓝环境	佛山市南海区丹灶水务有限公司	子公司
314	600323.SH	瀚蓝环境	创冠环保（黄石）有限公司	子公司
314	600323.SH	瀚蓝环境	创冠环保（晋江）有限公司	子公司
314	600323.SH	瀚蓝环境	佛山市南海罗村污水处理有限公司	子公司
314	600323.SH	瀚蓝环境	创冠环保（安溪）有限公司	子公司
314	600323.SH	瀚蓝环境	佛山市南海区九江镇净蓝污水处理有限公司	子公司
314	600323.SH	瀚蓝环境	佛山市南海区里水污水处理有限公司	子公司
314	600323.SH	瀚蓝环境	佛山市南海里水水务有限公司	子公司
314	600323.SH	瀚蓝环境	佛山市南海区狮山镇松岗污水处理有限公司	子公司
314	600323.SH	瀚蓝环境	创冠环保（惠安）有限公司	子公司

序号	代码	名称简称	被参控公司/母公司	子/母公司
314	600323.SH	瀚蓝环境	创冠环保（廊坊）有限公司	子公司
314	600323.SH	瀚蓝环境	佛山市南海区丹灶镇污水处理有限公司	子公司
315	600328.SH	兰太实业	中盐青海昆仑碱业有限公司	子公司
315	600328.SH	兰太实业	阿拉善经济开发区污水处理有限责任公司	子公司
316	600331.SH	宏达股份	四川宏达股份有限公司	母公司
316	600331.SH	宏达股份	云南金鼎锌业有限公司	子公司
316	600331.SH	宏达股份	剑川益云有色金属有限公司	子公司
317	600340.SH	华夏幸福	固安九通基业公用事业有限公司	子公司
317	600340.SH	华夏幸福	大厂回族自治县鼎鸿投资开发有限公司	子公司
318	600346.SH	恒力股份	恒力石化股份有限公司	母公司
318	600346.SH	恒力股份	恒力石化（大连）化工有限公司	子公司
318	600346.SH	恒力股份	苏州苏盛热电有限公司	子公司
319	600348.SH	阳泉煤业	阳泉煤业（集团）股份有限公司	母公司
320	600350.SH	山东高速	山东高速股份有限公司	母公司
320	600350.SH	山东高速	山东高速环保科技有限公司	子公司
321	600356.SH	恒丰纸业	牡丹江恒丰纸业股份有限公司	母公司
322	600362.SH	江西铜业	江西铜业（德兴）化工有限公司	子公司
322	600362.SH	江西铜业	江西铜业股份有限公司	母公司
322	600362.SH	江西铜业	江西铜业集团银山矿业有限责任公司	子公司
323	600367.SH	红星发展	贵州红星发展股份有限公司	母公司
323	600367.SH	红星发展	贵州红星发展进出口有限责任公司	子公司
323	600367.SH	红星发展	贵州红星发展大龙锰业有限责任公司	子公司
324	600370.SH	三房巷	江阴新源热电有限公司	子公司
325	600380.SH	健康元	焦作健康元生物制品有限公司	子公司
325	600380.SH	健康元	焦作金冠嘉华电力有限公司	子公司
326	600390.SH	五矿资本	贵州铜仁金瑞锰业有限责任公司	子公司
327	600395.SH	盘江股份	国投盘江发电有限公司	子公司
328	600396.SH	金山股份	沈阳金山能源股份有限公司	母公司
328	600396.SH	金山股份	阜新金山煤矸石热电有限公司	子公司
328	600396.SH	金山股份	辽宁华电铁岭发电有限公司	子公司
328	600396.SH	金山股份	沈阳华润热电有限公司	子公司
328	600396.SH	金山股份	丹东金山热电有限公司	子公司
328	600396.SH	金山股份	白音华金山发电有限公司	子公司
329	600399.SH	抚顺特钢	抚顺特殊钢股份有限公司	母公司
330	600400.SH	红豆股份	无锡后墅污水处理有限公司	子公司
331	600408.SH	安泰集团	山西安泰集团股份有限公司	母公司
331	600408.SH	安泰集团	山西安泰集团能源投资有限公司	子公司
332	600409.SH	三友化工	唐山三友集团兴达化纤有限公司	子公司
332	600409.SH	三友化工	唐山三友硅业有限责任公司	子公司
332	600409.SH	三友化工	青海五彩碱业有限公司	子公司
332	600409.SH	三友化工	唐山三友远达纤维有限公司	子公司

序号	代码	名称简称	被参控公司/母公司	子/母公司
333	600419.SH	天润乳业	沙湾盖瑞乳业有限责任公司	子公司
333	600419.SH	天润乳业	新疆天润生物科技股份有限公司	子公司
334	600420.SH	现代制药	国药集团威奇达药业有限公司	子公司
335	600425.SH	*ST 青松	塔城南岗建材有限责任公司	子公司
335	600425.SH	*ST 青松	克州青松水泥有限责任公司	子公司
335	600425.SH	*ST 青松	巴州青松绿原建材有限责任公司	子公司
335	600425.SH	*ST 青松	库车青松水泥有限责任公司	子公司
335	600425.SH	*ST 青松	新疆青松水泥有限责任公司	子公司
335	600425.SH	*ST 青松	和田青松建材有限责任公司	子公司
335	600425.SH	*ST 青松	伊犁青松南岗建材有限公司	子公司
335	600425.SH	*ST 青松	新疆青松建材化工（集团）股份有限公司	母公司
335	600425.SH	*ST 青松	新疆青松建材有限责任公司	子公司
336	600426.SH	华鲁恒升	山东华鲁恒升化工股份有限公司	母公司
337	600432.SH	*ST 吉恩	吉林吉恩镍业股份有限公司	母公司
338	600433.SH	冠豪高新	广东冠豪高新技术股份有限公司	母公司
338	600433.SH	冠豪高新	湛江冠豪纸业有限公司	子公司
339	600438.SH	通威股份	四川永祥股份有限公司	子公司
340	600449.SH	宁夏建材	宁夏赛马水泥有限公司	子公司
340	600449.SH	宁夏建材	固原市六盘山水泥有限责任公司	子公司
340	600449.SH	宁夏建材	天水中材水泥有限责任公司	子公司
340	600449.SH	宁夏建材	宁夏中宁赛马水泥有限公司	子公司
340	600449.SH	宁夏建材	宁夏青铜峡水泥股份有限公司	子公司
340	600449.SH	宁夏建材	中材甘肃水泥有限责任公司	子公司
341	600452.SH	涪陵电力	重庆市新嘉南建材有限责任公司	子公司
341	600452.SH	涪陵电力	重庆市蓬威石化有限责任公司	子公司
342	600461.SH	洪城水业	九江市蓝天碧水环保有限公司	子公司
342	600461.SH	洪城水业	萍乡市洪城水业环保有限责任公司	子公司
342	600461.SH	洪城水业	江西洪城水业股份有限公司	母公司
342	600461.SH	洪城水业	温州洪城水业环保有限公司	子公司
342	600461.SH	洪城水业	南昌市朝阳污水处理环保有限公司	子公司
342	600461.SH	洪城水业	江西洪城水业环保有限公司	子公司
343	600469.SH	风神股份	风神轮胎股份有限公司	母公司
343	600469.SH	风神股份	中车双喜轮胎有限公司	子公司
344	600470.SH	六国化工	江西六国化工有限责任公司	子公司
344	600470.SH	六国化工	安徽六国化工股份有限公司	母公司
345	600475.SH	华光股份	无锡友联热电股份有限公司	子公司
346	600483.SH	福能股份	福建南纺有限责任公司	子公司
346	600483.SH	福能股份	福建省鸿山热电有限责任公司	子公司
347	600486.SH	扬农化工	江苏扬农化工股份有限公司	母公司
347	600486.SH	扬农化工	江苏优士化学有限公司	子公司
348	600488.SH	天药股份	天津天药药业（亚洲）有限公司	子公司

序号	代码	名称简称	被参控公司/母公司	子/母公司
348	600488.SH	天药股份	天津天药药业股份有限公司	母公司
349	600489.SH	中金黄金	中金嵩县嵩原黄金冶炼有限责任公司	子公司
349	600489.SH	中金黄金	河南中原黄金冶炼厂有限责任公司	子公司
350	600493.SH	凤竹纺织	福建凤竹纺织科技股份有限公司	母公司
351	600497.SH	驰宏锌锗	彝良驰宏矿业有限公司	子公司
351	600497.SH	驰宏锌锗	云南驰宏资源综合利用有限公司	子公司
351	600497.SH	驰宏锌锗	呼伦贝尔驰宏矿业有限公司	子公司
352	600500.SH	中化国际	圣奥化学科技有限公司	子公司
352	600500.SH	中化国际	南通江山农药化工股份有限公司	子公司
352	600500.SH	中化国际	江苏扬农化工集团有限公司	子公司
352	600500.SH	中化国际	山西亚鑫煤焦化有限公司	子公司
353	600507.SH	方大特钢	方大特钢科技股份有限公司	母公司
354	600508.SH	上海能源	上海大屯能源股份有限公司	母公司
355	600509.SH	天富能源	新疆天富能源股份有限公司	母公司
355	600509.SH	天富能源	石河子天富南热电有限公司	子公司
356	600513.SH	联环药业	江苏联环药业股份有限公司	母公司
357	600519.SH	贵州茅台	贵州茅台酒股份有限公司	母公司
358	600526.SH	菲达环保	衢州市清泰环境工程有限公司	子公司
359	600529.SH	山东药玻	山东省药用玻璃股份有限公司	母公司
360	600531.SH	豫光金铅	河南豫光金铅股份有限公司	母公司
361	600538.SH	国发股份	湖南国发精细化工科技有限公司	子公司
362	600540.SH	*ST 新赛	新疆普耀新型建材有限公司	子公司
363	600546.SH	山煤国际	山西霍尔辛赫煤业有限责任公司	子公司
363	600546.SH	山煤国际	山西省长治经坊煤业有限公司	子公司
364	600549.SH	厦门钨业	福建省长汀金龙稀土有限公司	子公司
364	600549.SH	厦门钨业	长汀金龙稀土有限公司	子公司
365	600559.SH	老白干酒	河北衡水老白干酒业股份有限公司	母公司
366	600567.SH	山鹰纸业	安徽山鹰纸业股份有限公司	母公司
367	600569.SH	安阳钢铁	安钢集团永通球墨铸铁管有限责任公司	子公司
367	600569.SH	安阳钢铁	安阳豫河永通球团有限责任公司	子公司
367	600569.SH	安阳钢铁	安阳钢铁股份有限公司	母公司
368	600572.SH	康恩贝	江西珍视明药业有限公司	子公司
369	600578.SH	京能电力	山西京玉发电有限责任公司	子公司
369	600578.SH	京能电力	内蒙古京能康巴什热电有限公司	子公司
369	600578.SH	京能电力	山西漳山发电有限责任公司	子公司
369	600578.SH	京能电力	内蒙古华宁热电有限公司	子公司
369	600578.SH	京能电力	内蒙古岱海发电有限责任公司	子公司
369	600578.SH	京能电力	三河发电有限责任公司	子公司
369	600578.SH	京能电力	宁夏京能宁东发电有限责任公司	子公司
369	600578.SH	京能电力	内蒙古京能盛乐热电有限公司	子公司
369	600578.SH	京能电力	内蒙古京泰发电有限责任公司	子公司

序号	代码	名称简称	被参控公司/母公司	子/母公司
369	600578.SH	京能电力	内蒙古上都发电有限责任公司	子公司
369	600578.SH	京能电力	京能（赤峰）能源发展有限公司	子公司
369	600578.SH	京能电力	河北涿州利源热电有限责任公司	子公司
370	600581.SH	八一钢铁	新疆八一钢铁股份有限公司	母公司
370	600581.SH	八一钢铁	新疆八钢南疆钢铁拜城有限公司	子公司
371	600585.SH	海螺水泥	重庆海螺水泥有限责任公司	子公司
371	600585.SH	海螺水泥	扶绥新宁海螺水泥有限责任公司	子公司
371	600585.SH	海螺水泥	安徽海螺水泥股份有限公司	母公司
371	600585.SH	海螺水泥	铜仁海螺盘江水泥有限责任公司	子公司
371	600585.SH	海螺水泥	兴业葵阳海螺水泥有限责任公司	子公司
371	600585.SH	海螺水泥	乾县海螺水泥有限责任公司	子公司
371	600585.SH	海螺水泥	礼泉海螺水泥有限责任公司	子公司
371	600585.SH	海螺水泥	全椒海螺水泥有限责任公司	子公司
371	600585.SH	海螺水泥	分宜海螺水泥有限责任公司	子公司
371	600585.SH	海螺水泥	邵阳市云峰新能源科技有限公司	子公司
371	600585.SH	海螺水泥	兴安海螺水泥有限责任公司	子公司
371	600585.SH	海螺水泥	建德海螺水泥有限责任公司	子公司
371	600585.SH	海螺水泥	广东清新水泥有限公司	子公司
371	600585.SH	海螺水泥	济宁海螺水泥有限责任公司	子公司
371	600585.SH	海螺水泥	祁阳海螺水泥有限责任公司	子公司
371	600585.SH	海螺水泥	新疆青松建材化工（集团）股份有限公司	子公司
371	600585.SH	海螺水泥	国产实业（湖南）水泥有限公司	子公司
371	600585.SH	海螺水泥	梁平海螺水泥有限责任公司	子公司
371	600585.SH	海螺水泥	石门海螺水泥有限责任公司	子公司
371	600585.SH	海螺水泥	平凉海螺水泥有限责任公司	子公司
371	600585.SH	海螺水泥	安徽枞阳海螺水泥股份有限公司	子公司
371	600585.SH	海螺水泥	英德海螺水泥有限责任公司	子公司
371	600585.SH	海螺水泥	达州海螺水泥有限责任公司	子公司
371	600585.SH	海螺水泥	临夏海螺水泥有限责任公司	子公司
371	600585.SH	海螺水泥	贵阳海螺盘江水泥有限责任公司	子公司
371	600585.SH	海螺水泥	益阳海螺水泥有限公司	子公司
371	600585.SH	海螺水泥	宝鸡众喜凤凰山水泥有限公司	子公司
371	600585.SH	海螺水泥	千阳海螺水泥有限责任公司	子公司
371	600585.SH	海螺水泥	江华海螺水泥有限责任公司	子公司
371	600585.SH	海螺水泥	哈密弘毅建材有限责任公司	子公司
371	600585.SH	海螺水泥	龙陵海螺水泥有限责任公司	子公司
371	600585.SH	海螺水泥	赣州海螺水泥有限责任公司	子公司
371	600585.SH	海螺水泥	广元海螺水泥有限责任公司	子公司
371	600585.SH	海螺水泥	临湘海螺水泥有限责任公司	子公司
371	600585.SH	海螺水泥	芜湖海螺水泥有限公司	子公司
371	600585.SH	海螺水泥	中国水泥厂有限公司	子公司

序号	代码	名称简称	被参控公司/母公司	子/母公司
371	600585.SH	海螺水泥	双峰海螺水泥有限公司	子公司
371	600585.SH	海螺水泥	北流海螺水泥有限责任公司	子公司
371	600585.SH	海螺水泥	淮北矿业相山水泥有限责任公司	子公司
371	600585.SH	海螺水泥	阳春海螺水泥有限责任公司	子公司
371	600585.SH	海螺水泥	安徽怀宁海螺水泥有限公司	子公司
371	600585.SH	海螺水泥	宿州海螺水泥有限责任公司	子公司
371	600585.SH	海螺水泥	贵州六矿瑞安水泥有限公司	子公司
371	600585.SH	海螺水泥	安徽荻港海螺水泥股份有限公司	子公司
371	600585.SH	海螺水泥	贵定海螺盘江水泥有限责任公司	子公司
371	600585.SH	海螺水泥	安徽宣城海螺水泥有限公司	子公司
371	600585.SH	海螺水泥	湖南海螺水泥有限公司	子公司
371	600585.SH	海螺水泥	遵义海螺盘江水泥有限责任公司	子公司
371	600585.SH	海螺水泥	巢湖海螺水泥有限责任公司	子公司
372	600586.SH	金晶科技	山东海天生物化工有限公司	子公司
372	600586.SH	金晶科技	廊坊金彪玻璃有限公司	子公司
372	600586.SH	金晶科技	滕州金晶玻璃有限公司	子公司
372	600586.SH	金晶科技	山东金晶科技股份有限公司	母公司
373	600595.SH	中孚实业	大唐林州热电有限责任公司	子公司
373	600595.SH	中孚实业	林州市林丰铝电有限责任公司	子公司
373	600595.SH	中孚实业	河南中孚铝业有限公司	子公司
373	600595.SH	中孚实业	河南中孚电力有限公司	子公司
373	600595.SH	中孚实业	河南中孚炭素有限公司	子公司
374	600596.SH	新安股份	浙江开化合成材料有限公司	子公司
374	600596.SH	新安股份	宁夏新安科技有限公司	子公司
375	600597.SH	光明乳业	光明乳业股份有限公司	母公司
376	600600.SH	青岛啤酒	山东新银麦啤酒有限公司	子公司
376	600600.SH	青岛啤酒	青岛啤酒（郴州）有限公司	子公司
376	600600.SH	青岛啤酒	青岛啤酒（菏泽）有限公司	子公司
376	600600.SH	青岛啤酒	青岛啤酒榆林有限责任公司	子公司
376	600600.SH	青岛啤酒	青岛啤酒武威有限责任公司	子公司
376	600600.SH	青岛啤酒	青岛啤酒（廊坊）有限公司	子公司
376	600600.SH	青岛啤酒	青岛啤酒（三水）有限公司	子公司
376	600600.SH	青岛啤酒	青岛啤酒渭南有限责任公司	子公司
376	600600.SH	青岛啤酒	青岛啤酒股份有限公司	母公司
376	600600.SH	青岛啤酒	青岛啤酒（珠海）有限公司	子公司
376	600600.SH	青岛啤酒	深圳青岛啤酒朝日有限公司	子公司
376	600600.SH	青岛啤酒	青岛啤酒（杭州）有限公司	子公司
376	600600.SH	青岛啤酒	青岛啤酒（石家庄）有限公司	子公司
376	600600.SH	青岛啤酒	青岛啤酒（长沙）有限公司	子公司
376	600600.SH	青岛啤酒	青岛啤酒西安汉斯集团有限公司	子公司
377	600601.SH	方正科技	珠海方正科技高密电子有限公司	子公司

序号	代码	名称简称	被参控公司/母公司	子/母公司
378	600614.SH	鹏起科技	郴州丰越环保科技有限公司	子公司
379	600618.SH	氯碱化工	上海氯碱化工股份有限公司	母公司
380	600623.SH	华谊集团	安徽华谊化工有限公司	子公司
380	600623.SH	华谊集团	双钱集团（重庆）轮胎有限公司	子公司
380	600623.SH	华谊集团	双钱集团（江苏）轮胎有限公司	子公司
380	600623.SH	华谊集团	上海华谊能源化工有限公司	子公司
380	600623.SH	华谊集团	上海华谊集团股份有限公司	母公司
381	600635.SH	大众公用	连云港西湖污水处理有限公司	子公司
381	600635.SH	大众公用	徐州大众水务运营有限公司	子公司
381	600635.SH	大众公用	上海大众嘉定污水处理有限公司	子公司
381	600635.SH	大众公用	徐州源泉污水处理有限公司	子公司
381	600635.SH	大众公用	邳州源泉水务运营有限公司	子公司
382	600642.SH	申能股份	上海申能星火热电有限责任公司	子公司
382	600642.SH	申能股份	华能上海石洞口发电有限责任公司	子公司
382	600642.SH	申能股份	申能吴忠热电有限责任公司	子公司
383	600649.SH	城投控股	上海环城再生能源有限公司	子公司
383	600649.SH	城投控股	洛阳环洛再生能源有限公司	子公司
383	600649.SH	城投控股	成都温江区阳晨水质净化有限公司	子公司
383	600649.SH	城投控股	上海友联竹园第一污水处理投资发展有限公司	子公司
383	600649.SH	城投控股	上海阳晨排水运营有限公司	子公司
383	600649.SH	城投控股	漳州环境再生能源有限公司	子公司
384	600660.SH	福耀玻璃	柳州福耀玻璃有限公司	子公司
384	600660.SH	福耀玻璃	福耀玻璃美国有限公司	子公司
384	600660.SH	福耀玻璃	郑州福耀玻璃有限公司	子公司
384	600660.SH	福耀玻璃	福耀玻璃（重庆）有限公司	子公司
384	600660.SH	福耀玻璃	重庆万盛浮法玻璃有限公司	子公司
384	600660.SH	福耀玻璃	烟台福耀玻璃有限公司	子公司
384	600660.SH	福耀玻璃	福耀玻璃工业集团股份有限公司	母公司
384	600660.SH	福耀玻璃	广州福耀玻璃有限公司	子公司
384	600660.SH	福耀玻璃	武汉福耀玻璃有限公司	子公司
384	600660.SH	福耀玻璃	福耀玻璃俄罗斯有限公司	子公司
384	600660.SH	福耀玻璃	福耀玻璃（湖北）有限公司	子公司
384	600660.SH	福耀玻璃	佛山福耀玻璃有限公司	子公司
385	600664.SH	哈药股份	哈药集团中药有限公司	子公司
385	600664.SH	哈药股份	哈药集团股份有限公司	母公司
386	600668.SH	尖峰集团	大冶尖峰水泥有限公司	子公司
386	600668.SH	尖峰集团	云南尖峰水泥有限公司	子公司
387	600673.SH	东阳光科	乳源瑶族自治县东阳光化成箔有限公司	子公司
388	600688.SH	上海石化	上海赛科石油化工有限责任公司	子公司
389	600691.SH	阳煤化工	阳煤集团淄博齐鲁第一化肥有限公司	子公司
389	600691.SH	阳煤化工	沧州正元化肥有限公司	子公司

序号	代码	名称简称	被参控公司/母公司	子/母公司
389	600691.SH	阳煤化工	山西阳煤丰喜肥业（集团）有限公司	子公司
389	600691.SH	阳煤化工	阳煤平原化工有限公司	子公司
389	600691.SH	阳煤化工	石家庄正元化肥有限公司	子公司
389	600691.SH	阳煤化工	石家庄柏坡正元化肥有限公司	子公司
389	600691.SH	阳煤化工	临猗县城市污水处理有限公司	子公司
389	600691.SH	阳煤化工	阳煤化工股份有限公司	母公司
390	600692.SH	亚通股份	上海华润大东船务有限公司	子公司
391	600711.SH	盛屯矿业	福嘉综环科技股份有限公司	子公司
392	600717.SH	天津港	天津港股份有限公司	母公司
393	600719.SH	大连热电	大连热电股份有限公司	母公司
394	600720.SH	祁连山	甘谷祁连山水泥有限公司	子公司
394	600720.SH	祁连山	成县祁连山水泥有限公司	子公司
394	600720.SH	祁连山	青海祁连山水泥有限公司	子公司
394	600720.SH	祁连山	夏河祁连山安多水泥有限公司	子公司
394	600720.SH	祁连山	漳县祁连山水泥有限公司	子公司
394	600720.SH	祁连山	酒钢（集团）宏达建材有限责任公司	子公司
394	600720.SH	祁连山	平凉祁连山水泥有限公司	子公司
394	600720.SH	祁连山	甘肃张掖巨龙建材有限责任公司	子公司
394	600720.SH	祁连山	民和祁连山水泥有限公司	子公司
394	600720.SH	祁连山	永登祁连山水泥有限公司	子公司
394	600720.SH	祁连山	古浪祁连山水泥有限公司	子公司
394	600720.SH	祁连山	陇南祁连山水泥有限公司	子公司
394	600720.SH	祁连山	文县祁连山水泥有限公司	子公司
395	600722.SH	金牛化工	河北金牛旭阳化工有限公司	子公司
396	600724.SH	宁波富达	蒙自瀛洲水泥有限责任公司	子公司
397	600725.SH	ST 云维	云南大为制焦有限公司	子公司
397	600725.SH	ST 云维	曲靖大为焦化制供气有限公司	子公司
398	600726.SH	华电能源	哈尔滨热电有限责任公司	子公司
398	600726.SH	华电能源	黑龙江华电齐齐哈尔热电有限公司	子公司
398	600726.SH	华电能源	中国华电集团哈尔滨发电有限公司	子公司
398	600726.SH	华电能源	华电能源股份有限公司	母公司
399	600727.SH	鲁北化工	山东鲁北化工股份有限公司	母公司
400	600736.SH	苏州高新	苏州高新污水处理有限公司	子公司
401	600737.SH	中粮糖业	中粮屯河伊犁新宁糖业有限公司	子公司
401	600737.SH	中粮糖业	中粮屯河新源糖业有限公司	子公司
401	600737.SH	中粮糖业	中粮屯河北海糖业有限公司	子公司
401	600737.SH	中粮糖业	中粮屯河崇左糖业有限公司	子公司
401	600737.SH	中粮糖业	中粮（唐山）糖业有限公司	子公司
401	600737.SH	中粮糖业	新疆四方实业股份有限公司	子公司
402	600744.SH	华银电力	大唐华银株洲发电有限公司	子公司
402	600744.SH	华银电力	大唐华银攸县能源有限公司	子公司

序号	代码	名称简称	被参控公司/母公司	子/母公司
402	600744.SH	华银电力	大唐湘潭发电有限责任公司	子公司
403	600746.SH	江苏索普	江苏索普化工股份有限公司	母公司
404	600758.SH	红阳能源	辽宁沈煤红阳热电有限公司	子公司
404	600758.SH	红阳能源	灯塔市红阳热电有限公司	子公司
404	600758.SH	红阳能源	沈阳焦煤股份有限公司	子公司
405	600780.SH	通宝能源	山西阳光发电有限责任公司	子公司
406	600782.SH	新钢股份	新余钢铁股份有限公司	母公司
407	600783.SH	鲁信创投	山东东岳氟硅材料有限公司	子公司
408	600789.SH	鲁抗医药	山东鲁抗医药股份有限公司	母公司
409	600792.SH	云煤能源	师宗煤焦化工有限公司	子公司
410	600793.SH	宜宾纸业	宜宾纸业股份有限公司	母公司
411	600795.SH	国电电力	国电内蒙古晶阳能源有限公司	子公司
411	600795.SH	国电电力	国电电力发展股份有限公司	母公司
411	600795.SH	国电电力	国电库车发电有限公司	子公司
411	600795.SH	国电电力	河北邯郸热电股份有限公司	子公司
411	600795.SH	国电电力	青铜峡铝业发电有限责任公司	子公司
411	600795.SH	国电电力	国电电力大连庄河发电有限责任公司	子公司
411	600795.SH	国电电力	国电泰州发电有限公司	子公司
411	600795.SH	国电电力	北京太阳宫燃气热电有限公司	子公司
411	600795.SH	国电电力	国电电力朝阳水务环保有限公司	子公司
411	600795.SH	国电电力	国电常州发电有限公司	子公司
411	600795.SH	国电电力	国电宁夏石嘴山发电有限责任公司	子公司
411	600795.SH	国电电力	国电哈密煤电开发有限公司	子公司
411	600795.SH	国电电力	国电大武口热电有限公司	子公司
411	600795.SH	国电电力	国电铜陵发电有限公司	子公司
411	600795.SH	国电电力	国电电力大同发电有限责任公司	子公司
411	600795.SH	国电电力	国电宿州第二热电有限公司	子公司
411	600795.SH	国电电力	国电浙江北仑第一发电有限公司	子公司
411	600795.SH	国电电力	国电蚌埠发电有限公司	子公司
411	600795.SH	国电电力	甘肃大唐国际连城发电有限责任公司	子公司
411	600795.SH	国电电力	国电电力酒泉发电有限公司	子公司
411	600795.SH	国电电力	国电内蒙古东胜热电有限公司	子公司
411	600795.SH	国电电力	国电宣威发电有限责任公司	子公司
411	600795.SH	国电电力	国电浙江北仑第三发电有限公司	子公司
411	600795.SH	国电电力	国电宿迁热电有限公司	子公司
411	600795.SH	国电电力	国电江苏谏壁发电有限公司	子公司
411	600795.SH	国电电力	国电石嘴山第一发电有限公司	子公司
411	600795.SH	国电电力	国电克拉玛依发电有限公司	子公司
411	600795.SH	国电电力	安徽华电六安发电有限公司	子公司
412	600801.SH	华新水泥	华新水泥（桑植）有限公司	子公司
412	600801.SH	华新水泥	华新水泥（宜昌）有限公司	子公司

序号	代码	名称简称	被参控公司/母公司	子/母公司
412	600801.SH	华新水泥	华新金龙水泥（郧县）有限公司	子公司
412	600801.SH	华新水泥	华新水泥重庆涪陵有限公司	子公司
412	600801.SH	华新水泥	华新水泥（株洲）有限公司	子公司
412	600801.SH	华新水泥	华新水泥（赤壁）有限公司	子公司
412	600801.SH	华新水泥	华新水泥（河南信阳）有限公司	子公司
412	600801.SH	华新水泥	华新水泥（秭归）有限公司	子公司
412	600801.SH	华新水泥	华新水泥（渠县）有限公司	子公司
412	600801.SH	华新水泥	华新水泥（冷水江）有限公司	子公司
412	600801.SH	华新水泥	华新水泥（襄阳）有限公司	子公司
412	600801.SH	华新水泥	华新水泥股份有限公司	母公司
412	600801.SH	华新水泥	华新水泥（郴州）有限公司	子公司
412	600801.SH	华新水泥	华新水泥（长阳）有限公司	子公司
412	600801.SH	华新水泥	华新水泥（房县）有限公司	子公司
412	600801.SH	华新水泥	华新水泥（武穴）有限公司	子公司
412	600801.SH	华新水泥	华新水泥（道县）有限公司	子公司
412	600801.SH	华新水泥	华新水泥（昭通）有限公司	子公司
412	600801.SH	华新水泥	华新水泥（大冶）有限公司	子公司
412	600801.SH	华新水泥	华新水泥（阳新）有限公司	子公司
412	600801.SH	华新水泥	华新水泥（万源）有限公司	子公司
412	600801.SH	华新水泥	华新水泥（鹤峰）民族建材有限公司	子公司
412	600801.SH	华新水泥	华新水泥（恩施）有限公司	子公司
413	600802.SH	福建水泥	福建安砂建福水泥有限公司	子公司
413	600802.SH	福建水泥	福建省海峡水泥股份有限公司	子公司
413	600802.SH	福建水泥	福建水泥股份有限公司	母公司
414	600803.SH	新奥股份	新能凤凰（滕州）能源有限公司	子公司
414	600803.SH	新奥股份	新能能源有限公司	子公司
415	600805.SH	悦达投资	江苏国华陈家港发电有限公司	子公司
416	600808.SH	马钢股份	马鞍山钢铁股份有限公司	母公司
416	600808.SH	马钢股份	马鞍山钢铁无锡销售有限公司	子公司
416	600808.SH	马钢股份	马鞍山钢铁（澳大利亚）有限公司	子公司
416	600808.SH	马钢股份	安徽长江钢铁股份有限公司	子公司
417	600809.SH	山西汾酒	山西杏花村汾酒科技开发有限责任公司	子公司
417	600809.SH	山西汾酒	山西杏花村汾酒商贸有限责任公司	子公司
417	600809.SH	山西汾酒	山西杏花村汾酒原粮基地管理有限责任公司	子公司
417	600809.SH	山西汾酒	山西杏花村汾酒销售有限责任公司	子公司
417	600809.SH	山西汾酒	山西杏花村汾酒厂股份有限公司	母公司
418	600810.SH	神马股份	神马实业股份有限公司	母公司
418	600810.SH	神马股份	河南神马尼龙化工有限责任公司	子公司
419	600812.SH	华北制药	华北制药华胜有限公司	子公司
419	600812.SH	华北制药	河北银发华鼎环保科技有限公司	子公司
419	600812.SH	华北制药	华北制药河北华民药业有限责任公司	子公司

序号	代码	名称简称	被参控公司/母公司	子/母公司
420	600819.SH	耀皮玻璃	天津耀皮玻璃有限公司	子公司
421	600839.SH	四川长虹	四川长虹技佳精工有限公司	子公司
422	600844.SH	*ST 丹科	通辽金煤化工有限公司	子公司
423	600846.SH	同济科技	枣庄市同安水务有限公司	子公司
423	600846.SH	同济科技	肇庆市同济水务有限公司	子公司
424	600863.SH	内蒙华电	内蒙古京隆发电有限责任公司	子公司
424	600863.SH	内蒙华电	北方魏家峁煤电有限责任公司	子公司
424	600863.SH	内蒙华电	内蒙古蒙华海勃湾发电有限责任公司	子公司
424	600863.SH	内蒙华电	包头东华热电有限公司	子公司
424	600863.SH	内蒙华电	内蒙古丰泰发电有限公司	子公司
424	600863.SH	内蒙华电	内蒙古国华准格尔发电有限责任公司	子公司
424	600863.SH	内蒙华电	内蒙古大唐国际托克托发电有限责任公司	子公司
424	600863.SH	内蒙华电	内蒙古蒙电华能热电股份有限公司	母公司
425	600864.SH	哈投股份	哈尔滨哈投投资股份有限公司	母公司
425	600864.SH	哈投股份	黑龙江岁宝热电有限公司	子公司
426	600866.SH	星湖科技	广东肇庆星湖生物科技股份有限公司	母公司
427	600867.SH	通化东宝	通化东宝药业股份有限公司	母公司
428	600873.SH	梅花生物	新疆梅花氨基酸有限责任公司	子公司
428	600873.SH	梅花生物	梅花生物科技集团股份有限公司	母公司
428	600873.SH	梅花生物	通辽梅花生物科技有限公司	子公司
429	600874.SH	创业环保	宝应创业水务有限责任公司	子公司
429	600874.SH	创业环保	曲靖创业水务有限公司	子公司
429	600874.SH	创业环保	阜阳创业水务有限公司	子公司
429	600874.SH	创业环保	天津创业环保（香港）有限公司	子公司
429	600874.SH	创业环保	杭州天创水务有限公司	子公司
429	600874.SH	创业环保	安国创业水务有限公司	子公司
429	600874.SH	创业环保	天津创业环保集团股份有限公司	母公司
429	600874.SH	创业环保	文登创业水务有限公司	子公司
429	600874.SH	创业环保	西安创业水务有限公司	子公司
429	600874.SH	创业环保	洪湖市创业水务有限公司	子公司
429	600874.SH	创业环保	武汉天创环保有限公司	子公司
429	600874.SH	创业环保	天津静海创业水务有限公司	子公司
430	600875.SH	东方电气	东方电气集团东方电机有限公司	子公司
430	600875.SH	东方电气	东方电气股份有限公司	母公司
431	600876.SH	洛阳玻璃	洛玻集团龙门玻璃有限责任公司	子公司
432	600881.SH	亚泰集团	吉林亚泰明城水泥有限公司	子公司
432	600881.SH	亚泰集团	辽宁富山水泥有限公司	子公司
432	600881.SH	亚泰集团	亚泰集团哈尔滨水泥有限公司	子公司
432	600881.SH	亚泰集团	亚泰集团通化水泥股份有限公司	子公司
432	600881.SH	亚泰集团	吉林亚泰水泥有限公司	子公司
432	600881.SH	亚泰集团	亚泰集团哈尔滨水泥（阿城）有限公司	子公司

序号	代码	名称简称	被参控公司/母公司	子/母公司
432	600881.SH	亚泰集团	亚泰集团伊通水泥有限公司	子公司
432	600881.SH	亚泰集团	亚泰集团铁岭水泥有限公司	子公司
433	600886.SH	国投电力	淮北国安电力有限公司	子公司
433	600886.SH	国投电力	天津国投津能发电有限公司	子公司
433	600886.SH	国投电力	福建太平洋电力有限公司	子公司
433	600886.SH	国投电力	江苏利港电力有限公司	子公司
433	600886.SH	国投电力	靖远第二发电有限公司	子公司
433	600886.SH	国投电力	国投钦州发电有限公司	子公司
433	600886.SH	国投电力	国投云顶湄洲湾电力有限公司	子公司
433	600886.SH	国投电力	厦门华夏国际电力发展有限公司	子公司
433	600886.SH	国投电力	铜山华润电力有限公司	子公司
433	600886.SH	国投电力	徐州华润电力有限公司	子公司
433	600886.SH	国投电力	国投北部湾发电有限公司	子公司
434	600887.SH	伊利股份	内蒙古金海伊利乳业有限责任公司	子公司
434	600887.SH	伊利股份	湖北黄冈伊利乳业有限责任公司	子公司
434	600887.SH	伊利股份	定州伊利乳业有限责任公司	子公司
434	600887.SH	伊利股份	内蒙古伊利实业集团股份有限公司	母公司
434	600887.SH	伊利股份	内蒙古伊利企业发展有限责任公司	子公司
434	600887.SH	伊利股份	成都伊利乳业有限责任公司	子公司
434	600887.SH	伊利股份	内蒙古金山乳业有限责任公司	子公司
434	600887.SH	伊利股份	宁夏伊利乳业有限责任公司	子公司
434	600887.SH	伊利股份	合肥伊利乳业有限责任公司	子公司
435	600888.SH	新疆众和	新疆众和进出口有限公司	子公司
436	600889.SH	南京化纤	兰精（南京）纤维有限公司	子公司
436	600889.SH	南京化纤	南京法伯耳纺织有限公司	子公司
437	600917.SH	重庆燃气	华能重庆两江燃机有限公司	子公司
438	600961.SH	株冶集团	株洲冶炼集团股份有限公司	母公司
439	600962.SH	国投中鲁	万荣中鲁果汁有限公司	子公司
439	600962.SH	国投中鲁	河北国投中鲁果蔬汁有限公司	子公司
440	600966.SH	博汇纸业	山东博汇纸业股份有限公司	母公司
441	600971.SH	恒源煤电	安徽恒力电业有限责任公司	子公司
442	600982.SH	宁波热电	宁波光耀热电有限公司	子公司
442	600982.SH	宁波热电	宁波热电股份有限公司	母公司
443	600987.SH	航民股份	杭州航民热电有限公司	子公司
443	600987.SH	航民股份	浙江航民股份有限公司	母公司
443	600987.SH	航民股份	杭州澳美印染有限公司	子公司
443	600987.SH	航民股份	杭州航民达美染整有限公司	子公司
443	600987.SH	航民股份	杭州钱江印染化工有限公司	子公司
443	600987.SH	航民股份	杭州航民小城热电有限公司	子公司
443	600987.SH	航民股份	杭州航民美时达印染有限公司	子公司
444	600997.SH	开滦股份	唐山中润煤化工有限公司	子公司

序号	代码	名称简称	被参控公司/母公司	子/母公司
444	600997.SH	开滦股份	迁安中化煤化工有限责任公司	子公司
444	600997.SH	开滦股份	开滦能源化工股份有限公司	母公司
444	600997.SH	开滦股份	唐山中浩化工有限公司	子公司
445	601003.SH	柳钢股份	柳州钢铁股份有限公司	母公司
446	601005.SH	*ST 重钢	重庆钢铁股份有限公司	母公司
447	601011.SH	宝泰隆	宝泰隆新材料股份有限公司	母公司
448	601012.SH	隆基股份	河南隆基绿能科技有限公司	子公司
448	601012.SH	隆基股份	隆基绿能科技股份有限公司	母公司
449	601015.SH	陕西黑猫	陕西龙门煤化工有限责任公司	子公司
449	601015.SH	陕西黑猫	陕西黑猫焦化股份有限公司	母公司
450	601038.SH	一拖股份	一拖（洛阳）铸造有限公司	子公司
451	601088.SH	中国神华	神华北电胜利能源有限公司	子公司
451	601088.SH	中国神华	神华准格尔能源有限责任公司	子公司
451	601088.SH	中国神华	广东国华粤电台山发电有限公司	子公司
451	601088.SH	中国神华	国华太仓发电有限公司	子公司
451	601088.SH	中国神华	陕西国华锦界能源有限责任公司	子公司
451	601088.SH	中国神华	神华神东电力有限责任公司	子公司
451	601088.SH	中国神华	绥中发电有限责任公司	子公司
451	601088.SH	中国神华	河北国华定州发电有限责任公司	子公司
451	601088.SH	中国神华	四川广安发电有限责任公司	子公司
451	601088.SH	中国神华	国华徐州发电有限公司	子公司
451	601088.SH	中国神华	河北国华沧东发电有限责任公司	子公司
451	601088.SH	中国神华	神华国华（舟山）发电有限责任公司	子公司
452	601101.SH	昊华能源	鄂尔多斯市昊华国泰化工有限公司	子公司
453	601106.SH	*ST 一重	中国第一重型机械股份公司	母公司
454	601118.SH	海南橡胶	江城嘉禾橡胶有限责任公司	子公司
455	601158.SH	重庆水务	重庆市排水有限公司	子公司
455	601158.SH	重庆水务	重庆市大足区清溪水务有限公司	子公司
455	601158.SH	重庆水务	重庆市渝东水务有限公司	子公司
455	601158.SH	重庆水务	重庆市渝西水务有限公司	子公司
455	601158.SH	重庆水务	重庆市三峡水务有限责任公司	子公司
456	601168.SH	西部矿业	青海西豫有色金属有限公司	子公司
456	601168.SH	西部矿业	巴彦淖尔紫金有色金属有限公司	子公司
456	601168.SH	西部矿业	内蒙古双利矿业有限公司	子公司
456	601168.SH	西部矿业	西宁特殊钢集团有限责任公司	子公司
457	601179.SH	中国西电	西安西电开关电气有限公司	子公司
458	601199.SH	江南水务	光大水务（江阴）有限公司	子公司
458	601199.SH	江南水务	江阴市恒通排水设施管理有限公司	子公司
458	601199.SH	江南水务	江苏江南水务股份有限公司	母公司
459	601212.SH	白银有色	白银有色集团股份有限公司	母公司
460	601216.SH	君正集团	内蒙古君正化工有限责任公司	子公司

序号	代码	名称简称	被参控公司/母公司	子/母公司
460	601216.SH	君正集团	鄂尔多斯市君正能源化工有限公司	子公司
461	601225.SH	陕西煤业	陕煤集团神木红柳林矿业有限公司	子公司
461	601225.SH	陕西煤业	陕煤集团神木张家峁矿业有限公司	子公司
461	601225.SH	陕西煤业	陕西煤业股份有限公司	母公司
462	601233.SH	桐昆股份	桐昆集团股份有限公司	母公司
462	601233.SH	桐昆股份	嘉兴石化有限公司	子公司
462	601233.SH	桐昆股份	桐昆集团浙江恒盛化纤有限公司	子公司
463	601339.SH	百隆东方	宁波海德针织漂染有限公司	子公司
464	601368.SH	绿城水务	广西绿城水务股份有限公司	母公司
465	601600.SH	中国铝业	遵义铝业股份有限公司	子公司
465	601600.SH	中国铝业	中国铝业遵义氧化铝有限公司	子公司
465	601600.SH	中国铝业	山西华泽铝电有限公司	子公司
465	601600.SH	中国铝业	包头铝业股份有限公司	子公司
465	601600.SH	中国铝业	中国铝业股份有限公司	母公司
465	601600.SH	中国铝业	中铝宁夏能源集团有限公司	子公司
465	601600.SH	中国铝业	中铝中州铝业有限公司	子公司
465	601600.SH	中国铝业	中铝集团山西交口兴华科技股份有限公司	子公司
466	601608.SH	中信重工	中信重工洛阳重铸铁业有限责任公司	子公司
466	601608.SH	中信重工	洛阳中重铸锻有限责任公司	子公司
467	601618.SH	中国中冶	石钢京诚装备技术有限公司	子公司
468	601636.SH	旗滨集团	长兴旗滨玻璃有限公司	子公司
468	601636.SH	旗滨集团	平湖旗滨玻璃有限公司	子公司
468	601636.SH	旗滨集团	漳州旗滨玻璃有限公司	子公司
468	601636.SH	旗滨集团	株洲醴陵旗滨玻璃有限公司	子公司
469	601666.SH	平煤股份	平顶山天安煤业股份有限公司	母公司
470	601669.SH	中国电建	郑州燃气发电有限公司	子公司
471	601677.SH	明泰铝业	河南明泰铝业股份有限公司	母公司
471	601677.SH	明泰铝业	河南巩电热力股份有限公司	子公司
472	601678.SH	滨化股份	中海沥青股份有限公司	子公司
472	601678.SH	滨化股份	山东滨化热力有限责任公司	子公司
472	601678.SH	滨化股份	滨化集团股份有限公司	母公司
473	601699.SH	潞安环能	山西潞安环保能源开发股份有限公司	母公司
473	601699.SH	潞安环能	山西天脊潞安化工有限公司	子公司
473	601699.SH	潞安环能	山西潞安焦化有限责任公司	子公司
474	601718.SH	际华集团	青海际华江源实业有限公司	子公司
474	601718.SH	际华集团	际华三五零九纺织有限公司	子公司
474	601718.SH	际华集团	际华三五零二职业装有限公司	子公司
474	601718.SH	际华集团	咸阳际华新三零印染有限公司	子公司
474	601718.SH	际华集团	湖北际华新四五印染有限公司	子公司
475	601727.SH	上海电气	上海电气集团上海电机厂有限公司	子公司
475	601727.SH	上海电气	上海电气集团股份有限公司	母公司

序号	代码	名称简称	被参控公司/母公司	子/母公司
476	601766.SH	中国中车	中车长春轨道客车股份有限公司	子公司
476	601766.SH	中国中车	中车西安车辆有限公司	子公司
477	601800.SH	中国交建	上海振华重工（集团）股份有限公司	子公司
478	601857.SH	中国石油	中国石油天然气股份有限公司	母公司
478	601857.SH	中国石油	大庆油田有限责任公司	子公司
478	601857.SH	中国石油	大连西太平洋石油化工有限公司	子公司
479	601898.SH	中煤能源	中煤鄂尔多斯能源化工有限公司	子公司
479	601898.SH	中煤能源	山西中煤华晋能源有限责任公司	子公司
479	601898.SH	中煤能源	山西平朔煤矸石发电有限责任公司	子公司
479	601898.SH	中煤能源	中煤陕西榆林能源化工有限公司	子公司
479	601898.SH	中煤能源	陕西延长中煤榆林能源化工有限公司	子公司
479	601898.SH	中煤能源	河北中煤旭阳焦化有限公司	子公司
480	601899.SH	紫金矿业	瓮福紫金化工股份有限公司	子公司
480	601899.SH	紫金矿业	紫金矿业集团股份有限公司	母公司
480	601899.SH	紫金矿业	新疆天龙矿业股份有限公司	子公司
480	601899.SH	紫金矿业	紫金铜业有限公司	子公司
481	601918.SH	新集能源	中煤新集能源股份有限公司	母公司
481	601918.SH	新集能源	国投宣城发电有限责任公司	子公司
482	601966.SH	玲珑轮胎	德州玲珑轮胎有限公司	子公司
483	601989.SH	中国重工	山海关船舶重工有限责任公司	子公司
483	601989.SH	中国重工	大连船舶重工集团钢结构制作有限公司	子公司
483	601989.SH	中国重工	大连船舶重工集团运输有限公司	子公司
483	601989.SH	中国重工	大连船舶重工集团钢业有限公司	子公司
483	601989.SH	中国重工	大连船舶重工集团船务工程有限公司	子公司
483	601989.SH	中国重工	大连船舶重工集团装备制造有限公司	子公司
483	601989.SH	中国重工	大连船舶重工集团建筑工程有限公司	子公司
483	601989.SH	中国重工	大连船舶重工集团舾装有限公司	子公司
483	601989.SH	中国重工	大连船舶重工集团有限公司	子公司
483	601989.SH	中国重工	武汉重工铸锻有限责任公司	子公司
483	601989.SH	中国重工	大连船舶重工集团工程服务有限公司	子公司
483	601989.SH	中国重工	大连船舶重工集团海洋工程有限公司	子公司
483	601989.SH	中国重工	大连船舶重工集团设计研究院有限公司	子公司
484	601991.SH	大唐发电	宁夏大唐国际大坝发电有限责任公司	子公司
484	601991.SH	大唐发电	江西大唐国际新余发电有限责任公司	子公司
484	601991.SH	大唐发电	河北大唐国际张家口热电有限责任公司	子公司
484	601991.SH	大唐发电	大唐国际发电股份有限公司	母公司
484	601991.SH	大唐发电	浙江大唐乌沙山发电有限责任公司	子公司
484	601991.SH	大唐发电	广东大唐国际潮州发电有限责任公司	子公司
484	601991.SH	大唐发电	福建大唐国际宁德发电有限责任公司	子公司
484	601991.SH	大唐发电	内蒙古大唐国际再生资源开发有限公司	子公司
484	601991.SH	大唐发电	河北大唐国际唐山热电有限责任公司	子公司

序号	代码	名称简称	被参控公司/母公司	子/母公司
484	601991.SH	大唐发电	山西大唐国际运城发电有限责任公司	子公司
484	601991.SH	大唐发电	天津大唐国际盘山发电有限责任公司	子公司
484	601991.SH	大唐发电	云南大唐国际电力有限公司	子公司
484	601991.SH	大唐发电	河北大唐国际丰润热电有限责任公司	子公司
484	601991.SH	大唐发电	同煤大唐塔山第二发电有限责任公司	子公司
484	601991.SH	大唐发电	山西大唐国际云冈热电有限责任公司	子公司
484	601991.SH	大唐发电	辽宁调兵山煤矸石发电有限责任公司	子公司
484	601991.SH	大唐发电	内蒙古大唐国际托克托发电有限责任公司	子公司
484	601991.SH	大唐发电	云南大唐国际红河发电有限责任公司	子公司
484	601991.SH	大唐发电	河北大唐国际王滩发电有限责任公司	子公司
484	601991.SH	大唐发电	辽宁大唐国际锦州热电有限责任公司	子公司
484	601991.SH	大唐发电	山西大唐国际临汾热电有限责任公司	子公司
484	601991.SH	大唐发电	江西大唐国际抚州发电有限责任公司	子公司
484	601991.SH	大唐发电	重庆大唐国际石柱发电有限责任公司	子公司
484	601991.SH	大唐发电	江苏大唐国际吕四港发电有限责任公司	子公司
484	601991.SH	大唐发电	山西大唐国际神头发电有限责任公司	子公司
485	601992.SH	金隅股份	曲阳金隅水泥有限公司	子公司
485	601992.SH	金隅股份	四平金隅水泥有限公司	子公司
485	601992.SH	金隅股份	鞍山冀东水泥有限责任公司	子公司
485	601992.SH	金隅股份	沁阳市金隅水泥有限公司	子公司
485	601992.SH	金隅股份	邯郸涉县金隅水泥有限公司	子公司
485	601992.SH	金隅股份	涿鹿金隅水泥有限公司	子公司
485	601992.SH	金隅股份	保定太行和益水泥有限公司	子公司
485	601992.SH	金隅股份	邢台金隅咏宁水泥有限公司	子公司
485	601992.SH	金隅股份	北京金隅北水环保科技有限公司	子公司
485	601992.SH	金隅股份	岚县金隅水泥有限公司	子公司
485	601992.SH	金隅股份	邯郸金隅太行水泥有限责任公司	子公司
485	601992.SH	金隅股份	北京金隅股份有限公司	母公司
485	601992.SH	金隅股份	天津振兴水泥有限公司	子公司
485	601992.SH	金隅股份	大厂金隅金海燕玻璃棉有限公司	子公司
485	601992.SH	金隅股份	冀东海德堡（泾阳）水泥有限公司	子公司
485	601992.SH	金隅股份	博爱金隅水泥有限公司	子公司
485	601992.SH	金隅股份	赞皇金隅水泥有限公司	子公司
485	601992.SH	金隅股份	陵川金隅水泥有限公司	子公司
486	603026.SH	石大胜华	山东石大胜华化工集团股份有限公司	母公司
487	603077.SH	和邦生物	四川武骏特种玻璃制品有限公司	子公司
488	603165.SH	荣晟环保	浙江荣晟环保纸业股份有限公司	母公司
489	603198.SH	迎驾贡酒	安徽迎驾贡酒股份有限公司	母公司
490	603288.SH	海天味业	佛山市海天（高明）调味食品有限公司	子公司
491	603299.SH	井神股份	江苏瑞洪盐业有限公司	子公司
492	603369.SH	今世缘	江苏今世缘酒业股份有限公司	母公司

序号	代码	名称简称	被参控公司/母公司	子/母公司
492	603369.SH	今世缘	江苏今世缘酒业销售有限公司	子公司
493	603568.SH	伟明环保	玉环伟明环保能源有限公司	子公司
493	603568.SH	伟明环保	临海市伟明环保能源有限公司	子公司
494	603599.SH	广信股份	安徽东至广信农化有限公司	子公司
495	603609.SH	禾丰牧业	北票市宏发食品有限公司	子公司
496	603628.SH	清源股份	清源科技（厦门）股份有限公司	子公司
497	603817.SH	海峡环保	福建海峡环保集团股份有限公司	母公司
498	603823.SH	百合花	百合花集团股份有限公司	母公司
499	603903.SH	中持股份	中持水务股份有限公司	母公司
500	603968.SH	醋化股份	南通醋酸化工股份有限公司	母公司
501	603993.SH	洛阳钼业	洛阳钼业集团金属材料有限公司	子公司
501	603993.SH	洛阳钼业	洛阳栾川钼业集团股份有限公司	母公司
501	603993.SH	洛阳钼业	洛阳栾川钼业集团冶炼有限责任公司	子公司
501	603993.SH	洛阳钼业	洛阳钼业控股有限公司	子公司
501	603993.SH	洛阳钼业	洛阳栾川钼业集团销售有限公司	子公司
501	603993.SH	洛阳钼业	洛阳栾川钼业集团钨业有限公司	子公司
501	603993.SH	洛阳钼业	洛阳钼业（香港）有限公司	子公司

附录 B

表 B1 在线监测系统得分情况统计表

被参控公司/母公司	年度超标率	最大超标倍数	平均超标倍数	最大连续超标时长	年度超标率	最大超标倍数	平均超标倍数	最大连续超标时长	年度超标率	最大超标倍数	平均超标倍数	最大连续超标时长	在线监测系统得分
	污染物	超标率	得分	污染物	倍数	得分	污染物	倍数	得分	污染物	时长	得分	
桐昆集团股份有限公司	烟（粉）尘	0.00	10	烟（粉）尘	0.00	10	烟（粉）尘	0.00	10	烟（粉）尘	0	10	40
大唐国际发电股份有限公司	烟（粉）尘	0.00	10	烟（粉）尘	0.00	10	烟（粉）尘	0.00	10	烟（粉）尘	0	10	40
林州重机集团股份有限公司	烟（粉）尘	0.00	10	烟（粉）尘	0.09	10	烟（粉）尘	0.09	10	烟（粉）尘	0	10	40
山东聊城鲁西化工第六化肥有限公司	烟（粉）尘	0.00	10	烟（粉）尘	0.00	10	烟（粉）尘	0.00	10	烟（粉）尘	0	10	40
叶城天山水泥有限责任公司	烟（粉）尘	0.00	10	烟（粉）尘	0.09	10	烟（粉）尘	0.09	10	烟（粉）尘	0	10	40
杭州华电半山发电有限公司	烟（粉）尘	0.00	10	烟（粉）尘	0.03	10	烟（粉）尘	0.03	10	烟（粉）尘	0	10	40
河南科伦药业有限公司	烟（粉）尘	0.00	10	烟（粉）尘	0.00	10	烟（粉）尘	0.00	10	烟（粉）尘	0	10	40
漳州环境再生能源有限公司	烟（粉）尘	0.00	10	烟（粉）尘	0.00	10	烟（粉）尘	0.00	10	烟（粉）尘	0	10	40
重庆华歌生物化学有限公司	烟（粉）尘	0.00	10	烟（粉）尘	0.00	10	烟（粉）尘	0.00	10	烟（粉）尘	0	10	40
新疆阜康天山水泥有限公司	烟（粉）尘	0.00	10	烟（粉）尘	0.00	10	烟（粉）尘	0.00	10	烟（粉）尘	0	10	40
吐鲁番天山水泥有限责任公司	烟（粉）尘	0.00	10	烟（粉）尘	0.00	10	烟（粉）尘	0.00	10	烟（粉）尘	0	10	40
桐昆集团浙江恒盛化纤有限公司	烟（粉）尘	0.00	10	烟（粉）尘	0.00	10	烟（粉）尘	0.00	10	烟（粉）尘	0	10	40
洛阳中重铸锻有限责任公司	烟（粉）尘	0.00	10	烟（粉）尘	0.00	10	烟（粉）尘	0.00	10	烟（粉）尘	0	10	40
丽珠集团宁夏新北江制药有限公司	烟（粉）尘	0.00	10	烟（粉）尘	0.00	10	烟（粉）尘	0.00	10	烟（粉）尘	0	10	40
双钱集团（江苏）轮胎有限公司	烟（粉）尘	0.00	10	烟（粉）尘	0.00	10	烟（粉）尘	0.00	10	烟（粉）尘	0	10	40
崇义章源钨业股份有限公司	烟（粉）尘	0.00	10	烟（粉）尘	0.00	10	烟（粉）尘	0.00	10	烟（粉）尘	0	10	40

被参控公司/母公司	年度超标率	最大超标倍数	平均超标倍数	最大连续超标时长	年度超标率	最大超标倍数	平均超标倍数	最大连续超标时长	年度超标率	最大超标倍数	平均超标倍数	最大连续超标时长	在线监测系统得分
	污染物	超标率	得分	污染物	倍数	得分	污染物	倍数	得分	污染物	时长	得分	
嘉施利（平原）化肥有限公司	烟（粉）尘	0.00	10	烟（粉）尘	−1.98	10	烟（粉）尘	−1.98	10	烟（粉）尘	0	10	40
中信重工洛阳重铸铁业有限责任公司	烟（粉）尘	0.00	10	烟（粉）尘	0.00	10	烟（粉）尘	0.00	10	烟（粉）尘	0	10	40
衢州东港环保热电有限公司	烟（粉）尘	0.00	10	烟（粉）尘	0.13	10	氮氧化物	0.13	8	烟（粉）尘	0	10	38
浙江凯丰新材料股份有限公司	烟（粉）尘	0.00	10	烟（粉）尘	0.17	10	COD	0.17	8	烟（粉）尘	0	10	38
三一汽车制造有限公司	烟（粉）尘	0.00	10	烟（粉）尘	0.14	10	COD	0.14	8	烟（粉）尘	0	10	38
一拖（洛阳）铸造有限公司	烟（粉）尘	0.00	10	烟（粉）尘	0.15	10	烟（粉）尘	0.15	8	烟（粉）尘	0	10	38
鲁丰织染有限公司	烟（粉）尘	0.00	10	烟（粉）尘	0.20	10	COD	0.20	8	烟（粉）尘	0	10	38
河南巩电热力股份有限公司	烟（粉）尘	0.00	10	烟（粉）尘	0.17	10	氮氧化物	0.17	8	烟（粉）尘	0	10	38
深圳市广前电力有限公司	烟（粉）尘	0.00	10	烟（粉）尘	0.16	10	氮氧化物	0.16	8	烟（粉）尘	0	10	38
河北珠江啤酒有限公司	烟（粉）尘	0.00	10	烟（粉）尘	0.10	10	COD	0.10	8	烟（粉）尘	0	10	38
河北威利邦木业有限公司	烟（粉）尘	0.00	10	烟（粉）尘	0.12	10	烟（粉）尘	0.12	8	烟（粉）尘	0	10	38
三一重工股份有限公司	烟（粉）尘	0.00	10	烟（粉）尘	0.14	10	COD	0.14	8	烟（粉）尘	0	10	38
青岛啤酒（三水）有限公司	烟（粉）尘	0.00	10	烟（粉）尘	0.16	10	COD	0.16	8	烟（粉）尘	0	10	38
深圳市中金岭南有色金属股份有限公司	烟（粉）尘	0.00	10	烟（粉）尘	0.18	10	COD	0.18	8	烟（粉）尘	0	10	38
上海华谊能源化工有限公司	烟（粉）尘	0.00	10	烟（粉）尘	0.12	10	氮氧化物	0.12	8	烟（粉）尘	0	10	38
创冠环保（晋江）有限公司	烟（粉）尘	0.00	10	烟（粉）尘	0.13	10	烟（粉）尘	0.13	8	烟（粉）尘	0	10	38
宁夏伊利乳业有限责任公司	烟（粉）尘	0.00	10	烟（粉）尘	0.17	10	COD	0.17	8	烟（粉）尘	0	10	38
南昌市朝阳污水处理环保有限公司	烟（粉）尘	0.00	10	烟（粉）尘	0.13	10	COD	0.13	8	烟（粉）尘	0	10	38
蓝思科技（长沙）有限公司	烟（粉）尘	0.00	10	烟（粉）尘	0.14	10	COD	0.14	8	烟（粉）尘	0	10	38
南昌双汇食品有限公司	烟（粉）尘	0.00	10	烟（粉）尘	0.16	10	COD	0.16	8	烟（粉）尘	0	10	38
乳源瑶族自治县东阳光化成箔有	烟（粉）尘	0.00	10	烟（粉）尘	0.16	10	COD	0.16	8	烟（粉）尘	0	10	38

被参控公司/母公司	年度超标率	最大超标倍数	平均超标倍数	最大连续超标时长	年度超标率	最大超标倍数	平均超标倍数	最大连续超标时长	年度超标率	最大超标倍数	平均超标倍数	最大连续超标时长	在线监测系统得分
	污染物	超标率	得分	污染物	倍数	得分	污染物	倍数	得分	污染物	时长	得分	
限公司													
浙江清园生态热电有限公司	烟（粉）尘	0.00	10	烟（粉）尘	0.14	10	氮氧化物	0.14	8	烟（粉）尘	0	10	38
深南电（中山）电力有限公司	烟（粉）尘	0.00	10	烟（粉）尘	0.13	10	烟（粉）尘	0.13	8	烟（粉）尘	0	10	38
成都市兴蓉污泥处置有限责任公司	烟（粉）尘	0.00	10	烟（粉）尘	0.15	10	烟（粉）尘	0.15	8	烟（粉）尘	0	10	38
本钢板材股份有限公司	烟（粉）尘	0.00	10	烟（粉）尘	0.15	10	烟（粉）尘	0.15	8	烟（粉）尘	0	10	38
深圳青岛啤酒朝日有限公司	烟（粉）尘	0.00	10	烟（粉）尘	0.10	10	COD	0.10	8	烟（粉）尘	0	10	38
杭州航民小城热电有限公司	烟（粉）尘	0.00	10	烟（粉）尘	0.11	10	烟（粉）尘	0.11	8	烟（粉）尘	0	10	38
合肥京东方光电科技有限公司	烟（粉）尘	0.00	10	烟（粉）尘	0.12	10	COD	0.12	8	烟（粉）尘	0	10	38
洛阳栾川钼业集团销售有限公司	烟（粉）尘	0.00	10	烟（粉）尘	0.23	10	二氧化硫	0.23	6	烟（粉）尘	0	10	36
绿康生化股份有限公司	烟（粉）尘	0.00	10	烟（粉）尘	0.44	10	COD	0.44	6	烟（粉）尘	0	10	36
衡水国祯污水处理有限公司	烟（粉）尘	0.00	10	烟（粉）尘	0.37	10	COD	0.37	6	烟（粉）尘	0	10	36
河南省新郑煤电有限责任公司	烟（粉）尘	0.00	10	烟（粉）尘	0.41	10	COD	0.41	6	烟（粉）尘	0	10	36
云南云天化股份有限公司	烟（粉）尘	0.00	10	烟（粉）尘	0.21	10	氮氧化物	0.21	6	烟（粉）尘	0	10	36
梅州市塔牌集团蕉岭鑫达旋窑水泥有限公司	烟（粉）尘	0.00	10	烟（粉）尘	0.39	10	氮氧化物	0.39	6	烟（粉）尘	0	10	36
陕煤集团神木红柳林矿业有限公司	烟（粉）尘	0.00	10	烟（粉）尘	0.43	10	氮氧化物	0.43	6	烟（粉）尘	0	10	36
华能营口热电有限责任公司	烟（粉）尘	0.00	10	烟（粉）尘	0.39	10	氮氧化物	0.39	6	烟（粉）尘	0	10	36
惠州深能源丰达电力有限公司	烟（粉）尘	0.00	10	烟（粉）尘	0.20	10	氮氧化物	0.20	6	烟（粉）尘	0	10	36
九江市蓝天碧水环保有限公司	烟（粉）尘	0.00	10	烟（粉）尘	0.24	10	COD	0.24	6	烟（粉）尘	0	10	36
驻马店中集华骏铸造有限公司	烟（粉）尘	0.00	10	烟（粉）尘	0.42	10	烟（粉）尘	0.42	6	烟（粉）尘	0	10	36
山西燕京啤酒有限公司	烟（粉）尘	0.00	10	烟（粉）尘	0.46	10	氮氧化物	0.46	6	烟（粉）尘	0	10	36
青岛啤酒（菏泽）有限公司	烟（粉）尘	0.00	10	烟（粉）尘	0.21	10	COD	0.21	6	烟（粉）尘	0	10	36

被参控公司/母公司	年度超标率	最大超标倍数	平均超标倍数	最大连续超标时长	年度超标率	最大超标倍数	平均超标倍数	最大连续超标时长	年度超标率	最大超标倍数	平均超标倍数	最大连续超标时长	在线监测系统得分
	污染物	超标率	得分	污染物	倍数	得分	污染物	倍数	得分	污染物	时长	得分	
象山富春紫光污水处理有限公司	烟（粉）尘	0.00	10	烟（粉）尘	0.46	10	COD	0.46	6	烟（粉）尘	0	10	36
济宁中山公用水务有限公司	烟（粉）尘	0.00	10	烟（粉）尘	0.38	10	COD	0.38	6	烟（粉）尘	0	10	36
四川北方硝化棉股份有限公司	烟（粉）尘	0.00	10	烟（粉）尘	0.42	10	COD	0.42	6	烟（粉）尘	0	10	36
北京京东方显示技术有限公司	烟（粉）尘	0.00	10	烟（粉）尘	0.26	10	COD	0.26	6	烟（粉）尘	0	10	36
临湘海螺水泥有限责任公司	烟（粉）尘	0.00	10	烟（粉）尘	0.33	10	二氧化硫	0.33	6	烟（粉）尘	0	10	36
福建青松股份有限公司	烟（粉）尘	0.00	10	烟（粉）尘	0.33	10	COD	0.33	6	烟（粉）尘	0	10	36
大唐林州热电有限责任公司	烟（粉）尘	0.00	10	烟（粉）尘	0.43	10	二氧化硫	0.43	6	烟（粉）尘	0	10	36
南京法伯耳纺织有限公司	烟（粉）尘	0.00	10	烟（粉）尘	0.20	10	氮氧化物	0.20	6	烟（粉）尘	0	10	36
徐州兴宁皮业有限公司	烟（粉）尘	0.00	10	烟（粉）尘	0.49	10	COD	0.49	6	烟（粉）尘	0	10	36
安徽恒力电业有限责任公司	烟（粉）尘	0.00	10	烟（粉）尘	0.27	10	二氧化硫	0.27	6	烟（粉）尘	0	10	36
中工水务有限公司	烟（粉）尘	0.00	10	烟（粉）尘	0.25	10	COD	0.25	6	烟（粉）尘	0	10	36
深圳市能源环保有限公司	烟（粉）尘	0.00	10	烟（粉）尘	0.21	10	氮氧化物	0.21	6	烟（粉）尘	0	10	36
洛阳栾川钼业集团冶炼有限责任公司	烟（粉）尘	0.00	10	烟（粉）尘	0.23	10	二氧化硫	0.23	6	烟（粉）尘	0	10	36
天津华电福源热电有限公司	烟（粉）尘	0.00	10	烟（粉）尘	0.20	10	烟（粉）尘	0.20	6	烟（粉）尘	0	10	36
铜山华润电力有限公司	烟（粉）尘	0.00	10	烟（粉）尘	0.35	10	氮氧化物	0.35	6	烟（粉）尘	0	10	36
江苏国泰盐城污水处理有限公司	烟（粉）尘	0.00	10	烟（粉）尘	0.50	10	COD	0.50	6	烟（粉）尘	0	10	36
江苏长青农化股份有限公司	烟（粉）尘	0.00	10	烟（粉）尘	0.38	10	COD	0.38	6	烟（粉）尘	0	10	36
永清环保股份有限公司	烟（粉）尘	0.00	10	烟（粉）尘	0.48	10	氮氧化物	0.48	6	烟（粉）尘	0	10	36
陕西煤业股份有限公司	烟（粉）尘	0.00	10	烟（粉）尘	0.27	10	氮氧化物	0.27	6	烟（粉）尘	0	10	36
梅州金塔水泥有限公司	烟（粉）尘	0.00	10	烟（粉）尘	0.28	10	烟（粉）尘	0.28	6	烟（粉）尘	0	10	36
遵化国祯污水处理有限公司	烟（粉）尘	0.00	10	烟（粉）尘	0.33	10	COD	0.33	6	烟（粉）尘	0	10	36
江苏双沟酒业股份有限公司	烟（粉）尘	0.00	10	烟（粉）尘	0.21	10	COD	0.21	6	烟（粉）尘	0	10	36

被参控公司/母公司	年度超标率	最大超标倍数	平均超标倍数	最大连续超标时长	年度超标率	最大超标倍数	平均超标倍数	最大连续超标时长	年度超标率	最大超标倍数	平均超标倍数	最大连续超标时长	在线监测系统得分
	污染物	超标率	得分	污染物	倍数	得分	污染物	倍数	得分	污染物	时长	得分	
洛阳栾川钼业集团钨业有限公司	烟（粉）尘	0.00	10	烟（粉）尘	0.23	10	二氧化硫	0.23	6	烟（粉）尘	0	10	36
天津天药药业股份有限公司	烟（粉）尘	0.00	10	烟（粉）尘	0.31	10	COD	0.31	6	烟（粉）尘	0	10	36
洛阳栾川钼业集团股份有限公司	烟（粉）尘	0.00	10	烟（粉）尘	0.23	10	二氧化硫	0.23	6	烟（粉）尘	0	10	36
清源科技（厦门）股份有限公司	烟（粉）尘	0.00	10	烟（粉）尘	0.23	10	烟（粉）尘	0.23	6	烟（粉）尘	0	10	36
安徽华电宿州发电有限公司	烟（粉）尘	0.00	10	烟（粉）尘	0.40	10	氮氧化物	0.40	6	烟（粉）尘	0	10	36
深圳市华星光电技术有限公司	烟（粉）尘	0.00	10	烟（粉）尘	0.25	10	COD	0.25	6	烟（粉）尘	0	10	36
成都伊利乳业有限责任公司	烟（粉）尘	0.00	10	烟（粉）尘	0.28	10	氨氮	0.28	6	烟（粉）尘	0	10	36
安徽迎驾贡酒股份有限公司	烟（粉）尘	0.00	10	烟（粉）尘	0.31	10	COD	0.31	6	烟（粉）尘	0	10	36
华电龙口发电股份有限公司	烟（粉）尘	0.00	10	烟（粉）尘	0.33	10	烟（粉）尘	0.33	6	烟（粉）尘	0	10	36
广州珠江天然气发电有限公司	烟（粉）尘	0.00	10	烟（粉）尘	0.22	10	氮氧化物	0.22	6	烟（粉）尘	0	10	36
华能临港（天津）燃气热电有限公司	烟（粉）尘	0.00	10	烟（粉）尘	0.37	10	氮氧化物	0.37	6	烟（粉）尘	0	10	36
华新水泥（冷水江）有限公司	烟（粉）尘	0.00	10	烟（粉）尘	0.44	10	氮氧化物	0.44	6	烟（粉）尘	0	10	36
故城国祯污水处理有限公司	烟（粉）尘	0.00	10	烟（粉）尘	0.37	10	COD	0.37	6	烟（粉）尘	0	10	36
睢县豫粮海鼎饲料有限公司	烟（粉）尘	0.00	10	烟（粉）尘	0.30	10	烟（粉）尘	0.30	6	烟（粉）尘	0	10	36
福州天楹环保能源有限公司	烟（粉）尘	0.00	10	烟（粉）尘	0.27	10	烟（粉）尘	0.27	6	烟（粉）尘	0	10	36
青岛啤酒（珠海）有限公司	烟（粉）尘	0.00	10	烟（粉）尘	0.35	10	COD	0.35	6	烟（粉）尘	0	10	36
内蒙古京能盛乐热电有限公司	烟（粉）尘	0.00	10	烟（粉）尘	0.21	10	氮氧化物	0.21	6	烟（粉）尘	0	10	36
繁昌县城市污水处理有限责任公司	烟（粉）尘	0.00	10	烟（粉）尘	0.26	10	COD	0.26	6	烟（粉）尘	0	10	36
华电国际电力股份有限公司	烟（粉）尘	0.00	10	烟（粉）尘	0.28	10	氮氧化物	0.28	6	烟（粉）尘	0	10	36
定州伊利乳业有限责任公司	烟（粉）尘	0.00	10	烟（粉）尘	0.21	10	烟（粉）尘	0.21	6	烟（粉）尘	0	10	36
泰山石膏有限公司	烟（粉）尘	0.00	10	烟（粉）尘	0.44	10	氮氧化物	0.44	6	烟（粉）尘	0	10	36

被参控公司/母公司	年度超标率	最大超标倍数	平均超标倍数	最大连续超标时长	年度超标率	最大超标倍数	平均超标倍数	最大连续超标时长	年度超标率	最大超标倍数	平均超标倍数	最大连续超标时长	在线监测系统得分
	污染物	超标率	得分	污染物	倍数	得分	污染物	倍数	得分	污染物	时长	得分	
兰精（南京）纤维有限公司	烟（粉）尘	0.00	10	烟（粉）尘	0.25	10	COD	0.25	6	烟（粉）尘	0	10	36
佛山市顺德区华清源环保有限公司	烟（粉）尘	0.00	10	烟（粉）尘	0.47	10	COD	0.47	6	烟（粉）尘	0	10	36
阜新泰山石膏建材有限公司	烟（粉）尘	0.00	10	烟（粉）尘	0.44	10	氮氧化物	0.44	6	烟（粉）尘	0	10	36
华能辛店发电有限公司	烟（粉）尘	0.00	10	烟（粉）尘	0.38	10	氮氧化物	0.38	6	烟（粉）尘	0	10	36
阜阳创业水务有限公司	烟（粉）尘	0.00	10	烟（粉）尘	0.29	10	COD	0.29	6	烟（粉）尘	0	10	36
江苏双沟酒类运营有限公司	烟（粉）尘	0.00	10	烟（粉）尘	0.21	10	COD	0.21	6	烟（粉）尘	0	10	36
天津天药药业（亚洲）有限公司	烟（粉）尘	0.00	10	烟（粉）尘	0.30	10	COD	0.30	6	烟（粉）尘	0	10	36
安庆首创水务有限责任公司	烟（粉）尘	0.00	10	烟（粉）尘	0.38	10	COD	0.38	6	烟（粉）尘	0	10	36
淮沪煤电有限公司	烟（粉）尘	0.00	10	烟（粉）尘	0.28	10	氮氧化物	0.28	6	烟（粉）尘	0	10	36
杭州航民热电有限公司	烟（粉）尘	0.00	10	烟（粉）尘	0.22	10	氮氧化物	0.22	6	烟（粉）尘	0	10	36
国华徐州发电有限公司	烟（粉）尘	0.00	10	烟（粉）尘	0.21	10	氮氧化物	0.21	6	烟（粉）尘	0	10	36
华润三九（郴州）制药有限公司	烟（粉）尘	0.00	10	烟（粉）尘	0.36	10	COD	0.36	6	烟（粉）尘	0	10	36
佛山市顺德区华盈环保水务有限公司	烟（粉）尘	0.00	10	烟（粉）尘	0.34	10	COD	0.34	6	烟（粉）尘	0	10	36
四川省惠通食业有限责任公司	烟（粉）尘	0.00	10	烟（粉）尘	0.21	10	COD	0.21	6	烟（粉）尘	0	10	36
上海环城再生能源有限公司	烟（粉）尘	0.00	10	烟（粉）尘	0.34	10	氮氧化物	0.34	6	烟（粉）尘	0	10	36
泗阳县华海水处理有限公司	烟（粉）尘	0.00	10	烟（粉）尘	0.30	10	COD	0.30	6	烟（粉）尘	0	10	36
合肥朱砖井污水处理有限公司	烟（粉）尘	0.00	10	烟（粉）尘	0.30	10	COD	0.30	6	烟（粉）尘	0	10	36
邳州中工水务有限责任公司	烟（粉）尘	0.00	10	烟（粉）尘	0.25	10	COD	0.25	6	烟（粉）尘	0	10	36
天津大唐国际盘山发电有限责任公司	烟（粉）尘	0.00	10	烟（粉）尘	0.33	10	二氧化硫	0.33	6	烟（粉）尘	0	10	36
衡阳永清环保能源有限公司	烟（粉）尘	0.00	10	烟（粉）尘	0.48	10	氮氧化物	0.48	6	烟（粉）尘	0	10	36
四川美丰化工科技有限责任公司	烟（粉）尘	0.00	10	烟（粉）尘	0.23	10	COD	0.23	6	烟（粉）尘	0	10	36

被参控公司/母公司	年度超标率	最大超标倍数	平均超标倍数	最大连续超标时长	年度超标率	最大超标倍数	平均超标倍数	最大连续超标时长	年度超标率	最大超标倍数	平均超标倍数	最大连续超标时长	在线监测系统得分
	污染物	超标率	得分	污染物	倍数	得分	污染物	倍数	得分	污染物	时长	得分	
国电浙江北仑第三发电有限公司	烟（粉）尘	0.00	10	烟（粉）尘	0.40	10	氮氧化物	0.40	6	烟（粉）尘	0	10	36
邳州源泉水务运营有限公司	烟（粉）尘	0.00	10	烟（粉）尘	0.27	10	COD	0.27	6	烟（粉）尘	0	10	36
濮阳同力建材有限公司	烟（粉）尘	0.20	8	烟（粉）尘	0.03	8	烟（粉）尘	0.03	10	烟（粉）尘	2	8	34
河南中孚铝业有限公司	烟（粉）尘	0.00	10	烟（粉）尘	0.51	10	烟（粉）尘	0.51	4	烟（粉）尘	0	10	34
合肥伊利乳业有限责任公司	COD	0.01	8	COD	0.00	8	烟（粉）尘	0.00	10	COD	1	8	34
大连船舶重工集团有限公司	烟（粉）尘	0.00	10	烟（粉）尘	0.56	10	COD	0.56	4	烟（粉）尘	0	10	34
蓝思科技（昆山）有限公司	氨氮	0.01	8	氨氮	0.00	8	烟（粉）尘	0.00	10	氨氮	1	8	34
创冠环保（安溪）有限公司	烟（粉）尘	0.00	10	烟（粉）尘	0.53	10	氮氧化物	0.53	4	烟（粉）尘	0	10	34
林州市林丰铝电有限责任公司	烟（粉）尘	0.00	10	烟（粉）尘	0.51	10	二氧化硫	0.51	4	烟（粉）尘	0	10	34
南陵县凯迪绿色能源开发有限公司	烟（粉）尘	0.00	10	烟（粉）尘	0.77	10	烟（粉）尘	0.77	4	烟（粉）尘	0	10	34
大连船舶重工集团工程服务有限公司	烟（粉）尘	0.00	10	烟（粉）尘	0.56	10	COD	0.56	4	烟（粉）尘	0	10	34
淄博市临淄区朱台热力有限公司	烟（粉）尘	0.00	8	烟（粉）尘	0.06	8	烟（粉）尘	0.06	10	烟（粉）尘	3	8	34
大连船舶重工集团运输有限公司	烟（粉）尘	0.00	10	烟（粉）尘	0.56	10	COD	0.56	4	烟（粉）尘	0	10	34
蓝思科技（湘潭）有限公司	氨氮	0.01	8	氨氮	0.00	8	烟（粉）尘	0.00	10	氨氮	1	8	34
山东聊城鲁西化工第五化肥有限公司	烟（粉）尘	0.07	8	烟（粉）尘	0.01	8	烟（粉）尘	0.01	10	烟（粉）尘	1	8	34
大连船舶重工集团舾装有限公司	烟（粉）尘	0.00	10	烟（粉）尘	0.56	10	COD	0.56	4	烟（粉）尘	0	10	34
大连船舶重工集团船务工程有限公司	烟（粉）尘	0.00	10	烟（粉）尘	0.56	10	COD	0.56	4	烟（粉）尘	0	10	34
大连船舶重工集团装备制造有限公司	烟（粉）尘	0.00	10	烟（粉）尘	0.56	10	COD	0.56	4	烟（粉）尘	0	10	34
深圳市蓝思科技有限公司	氨氮	0.01	8	氨氮	0.00	8	烟（粉）尘	0.00	10	氨氮	1	8	34

被参控公司/母公司	年度超标率	最大超标倍数	平均超标倍数	最大连续超标时长	年度超标率	最大超标倍数	平均超标倍数	最大连续超标时长	年度超标率	最大超标倍数	平均超标倍数	最大连续超标时长	在线监测系统得分
	污染物	超标率	得分	污染物	倍数	得分	污染物	倍数	得分	污染物	时长	得分	
大连船舶重工集团钢业有限公司	烟（粉）尘	0.00	10	烟（粉）尘	0.56	10	COD	0.56	4	烟（粉）尘	0	10	34
紫金矿业集团股份有限公司	氮氧化物	0.01	8	氮氧化物	0.06	8	烟（粉）尘	0.06	10	氮氧化物	1	8	34
芜湖国祯环保科技有限公司	烟（粉）尘	0.00	10	烟（粉）尘	0.66	10	COD	0.66	4	烟（粉）尘	0	10	34
大连船舶重工集团海洋工程有限公司	烟（粉）尘	0.00	10	烟（粉）尘	0.56	10	COD	0.56	4	烟（粉）尘	0	10	34
大连船舶重工集团建筑工程有限公司	烟（粉）尘	0.00	10	烟（粉）尘	0.56	10	COD	0.56	4	烟（粉）尘	0	10	34
大连船舶重工集团钢结构制作有限公司	烟（粉）尘	0.00	10	烟（粉）尘	0.56	10	COD	0.56	4	烟（粉）尘	0	10	34
濮阳同力水泥有限公司	烟（粉）尘	0.20	8	烟（粉）尘	0.03	8	烟（粉）尘	0.03	10	烟（粉）尘	2	8	34
蕉岭鑫盛能源发展有限公司	烟（粉）尘	0.00	10	烟（粉）尘	0.61	10	烟（粉）尘	0.61	4	烟（粉）尘	0	10	34
佛山市海天（高明）调味食品有限公司	烟（粉）尘	0.00	10	烟（粉）尘	0.61	10	COD	0.61	4	烟（粉）尘	0	10	34
中原特钢股份有限公司	烟（粉）尘	0.00	10	烟（粉）尘	0.93	10	烟（粉）尘	0.93	4	烟（粉）尘	0	10	34
浙江普洛康裕生物制药有限公司	烟（粉）尘	0.00	10	烟（粉）尘	0.64	10	COD	0.64	4	烟（粉）尘	0	10	34
深南电（东莞）唯美电力有限公司	氮氧化物	0.00	8	氮氧化物	0.00	8	烟（粉）尘	0.00	10	氮氧化物	2	8	34
秦安长城果汁饮料有限公司	烟（粉）尘	0.00	10	烟（粉）尘	0.70	10	COD	0.70	4	烟（粉）尘	0	10	34
河南中孚电力有限公司	烟（粉）尘	0.00	10	烟（粉）尘	0.70	10	氮氧化物	0.70	4	烟（粉）尘	0	10	34
南通醋酸化工股份有限公司	烟（粉）尘	0.00	10	烟（粉）尘	0.55	10	COD	0.55	4	烟（粉）尘	0	10	34
内蒙古鄂尔多斯热电有限责任公司	烟（粉）尘	0.00	10	烟（粉）尘	0.66	10	二氧化硫	0.66	4	烟（粉）尘	0	10	34
浙江上峰建材有限公司	烟（粉）尘	0.00	10	烟（粉）尘	0.50	10	氮氧化物	0.50	4	烟（粉）尘	0	10	34
华能沾化热电有限公司	烟（粉）尘	0.00	10	烟（粉）尘	0.51	10	二氧化硫	0.51	4	烟（粉）尘	0	10	34

被参控公司/母公司	年度超标率	最大超标倍数	平均超标倍数	最大连续超标时长	年度超标率	最大超标倍数	平均超标倍数	最大连续超标时长	年度超标率	最大超标倍数	平均超标倍数	最大连续超标时长	在线监测系统得分
	污染物	超标率	得分	污染物	倍数	得分	污染物	倍数	得分	污染物	时长	得分	
焦作龙星化工有限责任公司	烟（粉）尘	0.00	10	烟（粉）尘	0.51	10	氮氧化物	0.51	4	烟（粉）尘	0	10	34
华新水泥（万源）有限公司	烟（粉）尘	0.00	10	烟（粉）尘	0.76	10	氮氧化物	0.76	4	烟（粉）尘	0	10	34
大连船舶重工集团设计研究院有限公司	烟（粉）尘	0.00	10	烟（粉）尘	0.56	10	COD	0.56	4	烟（粉）尘	0	10	34
蓝思科技股份有限公司	氨氮	0.01	8	氨氮	0.00	8	烟（粉）尘	0.00	10	氨氮	1	8	34
安徽楚江科技新材料股份有限公司	氮氧化物	0.02	8	氮氧化物	0.10	8	氮氧化物	0.10	8	氮氧化物	1	8	32
洛阳钼业集团金属材料有限公司	烟（粉）尘	0.06	8	烟（粉）尘	0.15	8	烟（粉）尘	0.15	8	烟（粉）尘	1	8	32
新疆石河子花园乳业有限公司	COD	0.05	8	COD	0.13	8	COD	0.13	8	COD	2	8	32
青岛啤酒（杭州）有限公司	COD	0.14	8	COD	0.15	8	COD	0.15	8	COD	3	8	32
重庆绿能新能源有限公司	二氧化硫	0.07	8	二氧化硫	0.13	8	二氧化硫	0.13	8	二氧化硫	1	8	32
剑川益云有色金属有限公司	二氧化硫	0.15	8	二氧化硫	0.09	6	烟（粉）尘	0.09	10	二氧化硫	9	8	32
四川宏达股份有限公司	烟（粉）尘	0.05	8	烟（粉）尘	0.17	8	烟（粉）尘	0.17	8	烟（粉）尘	2	8	32
湖北黄冈伊利乳业有限责任公司	COD	0.01	8	COD	0.18	8	氨氮	0.18	8	COD	1	8	32
重庆嘉酿啤酒有限公司	COD	0.10	8	COD	0.19	8	COD	0.19	8	COD	6	8	32
山东恒邦冶炼股份有限公司	二氧化硫	0.02	8	二氧化硫	0.15	8	烟（粉）尘	0.15	8	二氧化硫	2	8	32
新乡化纤股份有限公司	烟（粉）尘	0.00	8	烟（粉）尘	0.14	8	烟（粉）尘	0.14	8	烟（粉）尘	1	8	32
深圳能源集团股份有限公司	氮氧化物	0.11	8	氮氧化物	0.14	8	氮氧化物	0.14	8	氮氧化物	1	8	32
广元首创水务有限公司	COD	0.01	8	COD	0.18	8	COD	0.18	8	COD	1	8	32
洛阳钼业控股有限公司	烟（粉）尘	0.06	8	烟（粉）尘	0.15	8	烟（粉）尘	0.15	8	烟（粉）尘	1	8	32
酒鬼酒股份有限公司	烟（粉）尘	0.03	8	烟（粉）尘	0.11	8	二氧化硫	0.11	8	烟（粉）尘	2	8	32
青岛啤酒（长沙）有限公司	氨氮	0.02	8	氨氮	0.19	8	COD	0.19	8	氨氮	1	8	32
神华北电胜利能源有限公司	COD	0.03	8	COD	0.19	8	COD	0.19	8	COD	3	8	32

被参控公司/母公司	年度超标率	最大超标倍数	平均超标倍数	最大连续超标时长	年度超标率	最大超标倍数	平均超标倍数	最大连续超标时长	年度超标率	最大超标倍数	平均超标倍数	最大连续超标时长	在线监测系统得分
	污染物	超标率	得分	污染物	倍数	得分	污染物	倍数	得分	污染物	时长	得分	
酒鬼酒河南有限责任公司	烟（粉）尘	0.03	8	烟（粉）尘	0.11	8	二氧化硫	0.11	8	烟（粉）尘	2	8	32
洛阳钼业（香港）有限公司	烟（粉）尘	0.06	8	烟（粉）尘	0.15	8	烟（粉）尘	0.15	8	烟（粉）尘	1	8	32
白银有色集团股份有限公司	二氧化硫	0.00	8	二氧化硫	0.19	8	烟（粉）尘	0.19	8	二氧化硫	1	8	32
酒鬼酒供销有限责任公司	烟（粉）尘	0.03	8	烟（粉）尘	0.11	8	二氧化硫	0.11	8	烟（粉）尘	2	8	32
青岛啤酒榆林有限责任公司	COD	0.03	8	COD	0.16	8	COD	0.16	8	COD	1	8	32
桐庐横村镇污水处理有限公司	COD	0.06	8	COD	0.28	8	COD	0.28	6	COD	1	8	30
郴州云湘矿冶有限责任公司	烟（粉）尘	0.14	8	烟（粉）尘	0.43	8	烟（粉）尘	0.43	6	烟（粉）尘	2	8	30
东方电气股份有限公司	COD	0.03	8	COD	0.12	6	COD	0.12	8	COD	2	8	30
锦西天然气化工有限责任公司	COD	0.00	8	COD	0.35	8	COD	0.35	6	COD	2	8	30
浙江医药股份有限公司	COD	0.17	8	COD	0.39	8	COD	0.39	6	COD	3	8	30
枝江桑德枝清水务有限公司	COD	0.18	8	COD	0.40	8	COD	0.40	6	COD	2	8	30
紫金铜业有限公司	二氧化硫	0.01	8	二氧化硫	0.25	8	二氧化硫	0.25	6	二氧化硫	1	8	30
重庆京东方光电科技有限公司	COD	0.06	8	COD	0.21	8	COD	0.21	6	COD	2	8	30
阜阳华润电力有限公司	烟（粉）尘	0.00	8	烟（粉）尘	0.25	8	氮氧化物	0.25	6	烟（粉）尘	1	8	30
广西绿城水务股份有限公司	COD	0.07	8	COD	0.32	8	COD	0.32	6	COD	2	8	30
云南云铜锌业股份有限公司	烟（粉）尘	0.01	8	烟（粉）尘	0.23	8	烟（粉）尘	0.23	6	烟（粉）尘	1	8	30
新疆天润生物科技股份有限公司	COD	0.09	8	COD	0.25	8	COD	0.25	6	COD	4	8	30
创冠环保（建阳）有限公司	二氧化硫	0.01	8	二氧化硫	0.29	8	二氧化硫	0.29	6	二氧化硫	1	8	30
国电民权发电有限公司	二氧化硫	0.00	8	二氧化硫	0.48	8	二氧化硫	0.48	6	二氧化硫	6	8	30
通化东宝药业股份有限公司	COD	0.01	8	COD	0.33	8	COD	0.33	6	COD	1	8	30
青岛啤酒西安汉斯集团有限公司	COD	0.06	8	COD	0.21	8	COD	0.21	6	COD	1	8	30
苏州高新污水处理有限公司	COD	0.12	8	COD	0.34	8	COD	0.34	6	COD	4	8	30
浙江景兴板纸有限公司	COD	0.00	8	COD	0.36	8	COD	0.36	6	COD	2	8	30

被参控公司/母公司	年度超标率	最大超标倍数	平均超标倍数	最大连续超标时长	年度超标率	最大超标倍数	平均超标倍数	最大连续超标时长	年度超标率	最大超标倍数	平均超标倍数	最大连续超标时长	在线监测系统得分
	污染物	超标率	得分	污染物	倍数	得分	污染物	倍数	得分	污染物	时长	得分	
光大水务（江阴）有限公司	COD	0.01	8	COD	0.43	8	COD	0.43	6	COD	1	8	30
吉林晨鸣纸业有限责任公司	烟（粉）尘	0.00	8	烟（粉）尘	0.30	8	烟（粉）尘	0.30	6	烟（粉）尘	1	8	30
湘潭市污水处理有限责任公司	COD	0.02	8	COD	0.16	6	COD	0.16	8	COD	1	8	30
芜湖双汇食品有限公司	COD	0.01	8	COD	0.40	8	氨氮	0.40	6	COD	1	8	30
东方电气集团东方电机有限公司	COD	0.03	8	COD	0.12	6	COD	0.12	8	COD	2	8	30
江苏国华陈家港发电有限公司	氮氧化物	0.00	8	氮氧化物	0.30	8	氮氧化物	0.30	6	氮氧化物	1	8	30
安徽国星生物化学有限公司	氮氧化物	0.00	8	氮氧化物	0.38	8	氮氧化物	0.38	6	氮氧化物	1	8	30
浙江大唐乌沙山发电有限责任公司	烟（粉）尘	0.00	8	烟（粉）尘	0.28	8	氮氧化物	0.28	6	烟（粉）尘	1	8	30
四川银鸽竹浆纸业有限公司	烟（粉）尘	0.00	8	烟（粉）尘	0.21	8	二氧化硫	0.21	6	烟（粉）尘	1	8	30
大庆油田有限责任公司	氨氮	0.12	8	氨氮	0.48	8	COD	0.48	6	氨氮	3	8	30
上海友联竹园第一污水处理投资发展有限公司	COD	0.16	8	COD	0.36	8	COD	0.36	6	COD	2	8	30
北京京东方光电科技有限公司	COD	0.01	8	COD	0.28	8	COD	0.28	6	COD	1	8	30
徐州源泉污水处理有限公司	COD	0.17	8	COD	0.33	8	COD	0.33	6	COD	9	8	30
河南省海川电子玻璃有限公司	氮氧化物	0.04	8	氮氧化物	0.33	8	氮氧化物	0.33	6	氮氧化物	1	8	30
桐庐沙湾畈维尔利污水处理有限公司	COD	0.07	8	COD	0.23	8	COD	0.23	6	COD	2	8	30
江苏优士化学有限公司	COD	0.00	8	COD	0.32	8	COD	0.32	6	COD	2	8	30
安徽国祯环保节能科技股份有限公司	COD	0.01	8	COD	0.33	8	COD	0.33	6	COD	1	8	30
浙江浙能台州第二发电有限责任公司	氮氧化物	0.00	8	氮氧化物	0.41	8	氮氧化物	0.41	6	氮氧化物	1	8	30
成都中工水务有限责任公司	COD	0.15	8	COD	0.30	8	COD	0.30	6	COD	3	8	30

被参控公司/母公司	年度超标率	最大超标倍数	平均超标倍数	最大连续超标时长	年度超标率	最大超标倍数	平均超标倍数	最大连续超标时长	年度超标率	最大超标倍数	平均超标倍数	最大连续超标时长	在线监测系统得分
	污染物	超标率	得分	污染物	倍数	得分	污染物	倍数	得分	污染物	时长	得分	
无锡友联热电股份有限公司	烟（粉）尘	0.00	8	烟（粉）尘	0.25	8	二氧化硫	0.25	6	烟（粉）尘	1	8	30
国电宿迁热电有限公司	二氧化硫	0.00	8	二氧化硫	0.34	8	氮氧化物	0.34	6	二氧化硫	1	8	30
华电新乡发电有限公司	二氧化硫	0.01	8	二氧化硫	0.26	8	二氧化硫	0.26	6	二氧化硫	1	8	30
亿利洁能科技有限公司	烟（粉）尘	0.03	8	烟（粉）尘	0.43	8	氮氧化物	0.43	6	烟（粉）尘	1	8	30
江阴市恒通排水设施管理有限公司	COD	0.02	8	COD	0.49	8	COD	0.49	6	COD	2	8	30
桐庐维尔利水务有限公司	COD	0.08	8	COD	0.24	8	COD	0.24	6	COD	3	8	30
天津华能杨柳青热电有限责任公司	二氧化硫	0.00	8	二氧化硫	0.27	8	二氧化硫	0.27	6	二氧化硫	1	8	30
国电江苏谏壁发电有限公司	氮氧化物	0.00	8	氮氧化物	0.32	8	氮氧化物	0.32	6	氮氧化物	1	8	30
大冶尖峰水泥有限公司	二氧化硫	0.00	8	二氧化硫	0.31	8	烟（粉）尘	0.31	6	二氧化硫	2	8	30
甘肃和诚钛业有限公司	COD	0.07	8	COD	0.30	8	COD	0.30	6	COD	1	8	30
江阴新源热电有限公司	烟（粉）尘	0.00	8	烟（粉）尘	0.32	8	烟（粉）尘	0.32	6	烟（粉）尘	1	8	30
横店集团东磁股份香港有限公司	COD	0.09	8	COD	0.28	8	COD	0.28	6	COD	2	8	30
国电浙江北仑第一发电有限公司	氮氧化物	0.00	8	氮氧化物	0.42	8	氮氧化物	0.42	6	氮氧化物	1	8	30
浙江浙能嘉兴发电有限公司	氮氧化物	0.00	8	氮氧化物	0.31	8	氮氧化物	0.31	6	氮氧化物	1	8	30
河北万全宏宇化工有限责任公司	COD	0.00	8	COD	0.42	8	COD	0.42	6	COD	1	8	30
江西瑞金万年青水泥有限责任公司	二氧化硫	0.00	8	二氧化硫	0.23	8	烟（粉）尘	0.23	6	二氧化硫	2	8	30
伊春中科环保电力有限公司	烟（粉）尘	0.40	8	烟（粉）尘	0.36	8	烟（粉）尘	0.36	6	烟（粉）尘	7	8	30
淮浙煤电有限责任公司	氮氧化物	0.00	8	氮氧化物	0.31	8	氮氧化物	0.31	6	氮氧化物	1	8	30
万华化学集团股份有限公司	COD	0.13	8	COD	0.30	8	COD	0.30	6	COD	4	8	30
宣城富春紫光污水处理有限公司	COD	0.02	8	COD	0.26	8	COD	0.26	6	COD	1	8	30
临朐邑清环保能源有限公司	烟（粉）尘	0.14	8	烟（粉）尘	0.21	8	烟（粉）尘	0.21	6	烟（粉）尘	1	8	30

被参控公司/母公司	年度超标率	最大超标倍数	平均超标倍数	最大连续超标时长	年度超标率	最大超标倍数	平均超标倍数	最大连续超标时长	年度超标率	最大超标倍数	平均超标倍数	最大连续超标时长	在线监测系统得分
	污染物	超标率	得分	污染物	倍数	得分	污染物	倍数	得分	污染物	时长	得分	
楚雄滇中有色金属有限责任公司	二氧化硫	0.00	8	二氧化硫	0.46	8	二氧化硫	0.46	6	二氧化硫	1	8	30
开化富春紫光水务有限公司	COD	0.01	8	COD	0.25	8	COD	0.25	6	COD	1	8	30
成都温江区阳晨水质净化有限公司	COD	0.12	8	COD	0.26	8	COD	0.26	6	COD	2	8	30
亿利洁能科技（金乡）有限公司	烟（粉）尘	0.03	8	烟（粉）尘	0.43	8	氮氧化物	0.43	6	烟（粉）尘	1	8	30
沾化绿威生物能源有限公司	烟（粉）尘	0.16	8	烟（粉）尘	0.46	8	氮氧化物	0.46	6	烟（粉）尘	2	8	30
国投北部湾发电有限公司	烟（粉）尘	0.00	8	烟（粉）尘	0.14	6	氮氧化物	0.14	8	烟（粉）尘	3	8	30
南陵国祯环保科技有限公司	COD	0.03	8	COD	0.33	8	COD	0.33	6	COD	2	8	30
新疆燕京啤酒有限公司	COD	0.17	8	COD	0.13	6	COD	0.13	8	COD	5	8	30
创冠环保（黄石）有限公司	二氧化硫	0.35	8	二氧化硫	0.47	8	氮氧化物	0.47	6	二氧化硫	6	8	30
香港逸盛大化有限公司	COD	0.05	8	COD	0.27	8	COD	0.27	6	COD	2	8	30
山东新和成药业有限公司	氮氧化物	0.00	8	氮氧化物	0.36	8	烟（粉）尘	0.36	6	氮氧化物	2	8	30
青岛啤酒（郴州）有限公司	COD	0.01	8	COD	0.28	8	COD	0.28	6	COD	1	8	30
中海沥青股份有限公司	二氧化硫	0.02	8	二氧化硫	0.45	8	烟（粉）尘	0.45	6	二氧化硫	1	8	30
广西广维化工有限责任公司	烟（粉）尘	0.03	8	烟（粉）尘	0.47	8	二氧化硫	0.47	6	烟（粉）尘	1	8	30
太原首创污水处理有限责任公司	COD	0.13	8	COD	0.29	8	COD	0.29	6	COD	3	8	30
河南隆基绿能科技有限公司	COD	0.07	8	COD	0.34	8	COD	0.34	6	COD	3	8	30
宁夏英力特化工股份有限公司	COD	0.02	8	COD	0.22	8	COD	0.22	6	COD	2	8	30
天水华天科技股份有限公司	COD	0.05	8	COD	0.30	8	COD	0.30	6	COD	3	8	30
广东韶能集团股份有限公司公司	COD	0.06	8	COD	0.46	8	COD	0.46	6	COD	3	8	30
攀枝花东方钛业有限公司	COD	0.19	8	COD	0.49	8	COD	0.49	6	COD	3	8	30
滨州天楹环保能源有限公司	二氧化硫	0.03	8	二氧化硫	0.38	8	烟（粉）尘	0.38	6	二氧化硫	1	8	30
天津国投津能发电有限公司	二氧化硫	0.00	8	二氧化硫	0.38	8	二氧化硫	0.38	6	二氧化硫	1	8	30

被参控公司/母公司	年度超标率	最大超标倍数	平均超标倍数	最大连续超标时长	年度超标率	最大超标倍数	平均超标倍数	最大连续超标时长	年度超标率	最大超标倍数	平均超标倍数	最大连续超标时长	在线监测系统得分
	污染物	超标率	得分	污染物	倍数	得分	污染物	倍数	得分	污染物	时长	得分	
山西阳光发电有限责任公司	氮氧化物	0.00	8	氮氧化物	0.24	8	氮氧化物	0.24	6	氮氧化物	1	8	30
南京中电熊猫晶体科技有限公司	COD	0.01	8	COD	0.26	8	COD	0.26	6	COD	1	8	30
定州市中诚水务有限公司	COD	0.06	8	COD	0.28	8	COD	0.28	6	COD	2	8	30
深圳南山热电股份有限公司	氮氧化物	0.55	6	氮氧化物	0.01	6	烟（粉）尘	0.01	10	氮氧化物	3	8	30
成都天马微电子有限公司	COD	0.20	8	COD	0.39	8	COD	0.39	6	COD	7	8	30
新材料科技有限公司	COD	0.07	8	COD	0.46	8	COD	0.46	6	COD	2	8	30
宝应创业水务有限责任公司	COD	0.11	8	COD	0.42	8	COD	0.42	6	COD	5	8	30
海南逸盛石化有限公司	烟（粉）尘	0.00	8	烟（粉）尘	0.23	8	烟（粉）尘	0.23	6	烟（粉）尘	1	8	30
临海市富春紫光污水处理有限公司	COD	0.03	8	COD	0.22	8	COD	0.22	6	COD	2	8	30
横店集团东磁股份有限公司	COD	0.09	8	COD	0.28	8	COD	0.28	6	COD	2	8	30
中原环保股份有限公司	COD	0.11	8	COD	0.33	8	COD	0.33	6	COD	2	8	30
吉林紫鑫药业股份有限公司	COD	0.06	8	COD	0.28	8	COD	0.28	6	COD	2	8	30
华能洛阳热电有限责任公司	氮氧化物	0.00	8	氮氧化物	0.42	8	二氧化硫	0.42	6	氮氧化物	1	8	30
丽水市供排水有限责任公司	COD	0.05	8	COD	0.42	8	COD	0.42	6	COD	2	8	30
黄石新兴管业有限公司	烟（粉）尘	0.01	8	烟（粉）尘	0.28	8	氮氧化物	0.28	6	烟（粉）尘	1	8	30
成都市排水有限责任公司	COD	0.05	8	COD	0.11	6	COD	0.11	8	COD	4	8	30
合肥王小郢污水处理有限公司	COD	0.02	8	COD	0.41	8	COD	0.41	6	COD	2	8	30
成都京东方光电科技有限公司	COD	0.05	8	COD	0.46	8	COD	0.46	6	COD	2	8	30
保龄宝生物股份有限公司	COD	0.12	8	COD	0.34	8	COD	0.34	6	COD	4	8	30
青岛啤酒渭南有限责任公司	COD	0.03	8	COD	0.24	8	COD	0.24	6	COD	2	8	30
杭州天创水务有限公司	COD	0.14	8	COD	0.22	8	COD	0.22	6	COD	8	8	30
重庆兴发金冠化工有限公司	COD	0.05	8	COD	0.32	8	COD	0.32	6	COD	2	8	30

被参控公司/母公司	年度超标率	最大超标倍数	平均超标倍数	最大连续超标时长	年度超标率	最大超标倍数	平均超标倍数	最大连续超标时长	年度超标率	最大超标倍数	平均超标倍数	最大连续超标时长	在线监测系统得分
	污染物	超标率	得分	污染物	倍数	得分	污染物	倍数	得分	污染物	时长	得分	
肇庆市同济水务有限公司	COD	0.13	8	COD	0.46	8	COD	0.46	6	COD	2	8	30
宜昌桑德三峡水务有限公司	COD	0.09	8	COD	0.39	8	COD	0.39	6	COD	2	8	30
中原环保伊川水务有限公司	COD	0.11	8	COD	0.33	8	COD	0.33	6	COD	2	8	30
逸盛大化石化有限公司	COD	0.05	8	COD	0.27	8	COD	0.27	6	COD	2	8	30
宿迁富春紫光污水处理有限公司	COD	0.05	8	COD	0.50	8	COD	0.50	6	COD	1	8	30
徐州华润电力有限公司	氮氧化物	0.00	8	氮氧化物	0.12	6	烟（粉）尘	0.12	8	氮氧化物	3	8	30
天津市碧水源环境科技有限公司	氨氮	0.01	8	氨氮	0.37	8	COD	0.37	6	氨氮	1	8	30
东莞深能源樟洋电力有限公司	二氧化硫	0.00	8	二氧化硫	0.00	4	烟（粉）尘	0.00	10	二氧化硫	2	8	30
上海华谊集团股份有限公司	氨氮	0.13	8	氨氮	0.12	6	氮氧化物	0.12	8	氨氮	4	8	30
临海市伟明环保能源有限公司	二氧化硫	0.14	8	二氧化硫	0.39	8	氮氧化物	0.39	6	二氧化硫	1	8	30
呼和浩特首创春华水务有限责任公司	COD	0.18	8	COD	0.44	8	COD	0.44	6	COD	4	8	30
隆基绿能科技股份有限公司	COD	0.07	8	COD	0.34	8	COD	0.34	6	COD	3	8	30
洛阳环洛再生能源有限公司	烟（粉）尘	0.77	6	二氧化硫	0.08	6	烟（粉）尘	0.08	10	烟（粉）尘	1	8	30
重庆啤酒（集团）有限责任公司	COD	0.05	8	COD	0.22	8	COD	0.22	6	COD	2	8	30
南昌桑德象湖水务有限公司	COD	0.14	8	COD	0.42	8	COD	0.42	6	COD	1	8	30
山西兰花工业污水处理有限公司	COD	0.06	8	COD	0.18	6	COD	0.18	8	COD	1	8	30
宜昌宜化太平洋热电有限公司	二氧化硫	0.00	8	二氧化硫	0.39	8	烟（粉）尘	0.39	6	二氧化硫	1	8	30
宁夏东方钽业股份有限公司	氨氮	0.06	8	氨氮	0.32	8	氨氮	0.32	6	氨氮	2	8	30
浙江浙能北仑发电有限公司	烟（粉）尘	0.00	8	烟（粉）尘	0.28	8	氮氧化物	0.28	6	烟（粉）尘	1	8	30
华能武汉发电有限责任公司	烟（粉）尘	0.00	8	烟（粉）尘	0.12	6	氮氧化物	0.12	8	烟（粉）尘	1	8	30
青岛啤酒股份有限公司	COD	0.43	6	COD	0.13	8	COD	0.13	8	COD	13	6	28
山东新银麦啤酒有限公司	COD	0.24	6	COD	0.30	8	COD	0.30	6	COD	6	8	28

被参控公司/母公司	年度超标率	最大超标倍数	平均超标倍数	最大连续超标时长	年度超标率	最大超标倍数	平均超标倍数	最大连续超标时长	年度超标率	最大超标倍数	平均超标倍数	最大连续超标时长	在线监测系统得分
	污染物	超标率	得分	污染物	倍数	得分	污染物	倍数	得分	污染物	时长	得分	
山西杏花村汾酒销售有限责任公司	COD	0.38	6	COD	0.14	6	COD	0.14	8	COD	11	8	28
四川同庆南风有限责任公司	烟（粉）尘	0.29	8	烟（粉）尘	0.61	8	氮氧化物	0.61	4	烟（粉）尘	2	8	28
杭州航民美时达印染有限公司	COD	0.00	8	COD	0.47	6	COD	0.47	6	COD	3	8	28
邯郸金隅太行水泥有限责任公司	氮氧化物	0.02	8	氮氧化物	0.44	6	氮氧化物	0.44	6	氮氧化物	2	8	28
青海互助青稞酒股份有限公司	COD	0.24	6	COD	0.26	8	COD	0.26	6	COD	8	8	28
江西大唐国际抚州发电有限责任公司	烟（粉）尘	0.00	8	烟（粉）尘	0.24	6	二氧化硫	0.24	6	烟（粉）尘	1	8	28
合肥鑫晟光电科技有限公司	COD	0.01	8	COD	0.40	6	氨氮	0.40	6	COD	1	8	28
鱼台长青环保能源有限公司	烟（粉）尘	0.00	8	烟（粉）尘	0.55	8	氮氧化物	0.55	4	烟（粉）尘	2	8	28
河南省项城佳能热电有限责任公司	烟（粉）尘	0.05	8	烟（粉）尘	0.55	8	氮氧化物	0.55	4	烟（粉）尘	1	8	28
浙江浙能长兴发电有限公司	氮氧化物	0.00	8	氮氧化物	0.33	6	氮氧化物	0.33	6	氮氧化物	6	8	28
安徽长江钢铁股份有限公司	烟（粉）尘	0.03	8	烟（粉）尘	0.27	6	烟（粉）尘	0.27	6	烟（粉）尘	3	8	28
安徽金正大生态工程有限公司	烟（粉）尘	0.68	6	烟（粉）尘	0.09	4	烟（粉）尘	0.09	10	烟（粉）尘	8	8	28
徐州国祯水务运营有限公司	COD	0.23	6	COD	0.40	8	COD	0.40	6	COD	11	8	28
上海阳晨排水运营有限公司	COD	0.15	8	COD	0.37	6	COD	0.37	6	COD	3	8	28
青海明胶有限责任公司	COD	0.11	8	COD	0.23	6	COD	0.23	6	COD	2	8	28
郑州宇通客车股份有限公司	COD	0.03	8	氨氮	0.24	6	COD	0.24	6	COD	2	8	28
德州金正大生态工程有限公司	烟（粉）尘	0.68	6	烟（粉）尘	0.09	4	烟（粉）尘	0.09	10	烟（粉）尘	8	8	28
山西西山晋兴能源有限责任公司	烟（粉）尘	0.24	8	烟（粉）尘	0.63	8	二氧化硫	0.63	4	烟（粉）尘	2	8	28
武汉天马微电子有限公司	氨氮	0.21	6	COD	0.20	8	COD	0.20	6	COD	4	8	28
通辽梅花生物科技有限公司	烟（粉）尘	0.00	8	二氧化硫	0.29	6	烟（粉）尘	0.29	6	烟（粉）尘	2	8	28
浙江迪邦化工有限公司	COD	0.05	8	COD	0.56	8	COD	0.56	4	COD	2	8	28

被参控公司/母公司	年度超标率	最大超标倍数	平均超标倍数	最大连续超标时长	年度超标率	最大超标倍数	平均超标倍数	最大连续超标时长	年度超标率	最大超标倍数	平均超标倍数	最大连续超标时长	在线监测系统得分
	污染物	超标率	得分	污染物	倍数	得分	污染物	倍数	得分	污染物	时长	得分	
江苏索普化工股份有限公司	COD	0.07	8	COD	0.38	6	COD	0.38	6	COD	3	8	28
西安创业水务有限公司	COD	0.17	8	COD	0.44	6	COD	0.44	6	COD	3	8	28
宁夏青铜峡水泥股份有限公司	烟（粉）尘	0.05	8	烟（粉）尘	0.53	8	烟（粉）尘	0.53	4	烟（粉）尘	3	8	28
南京钛白化工有限责任公司	COD	0.18	8	COD	0.37	6	COD	0.37	6	COD	2	8	28
河南省许昌新龙矿业有限责任公司	COD	0.24	6	COD	0.50	8	COD	0.50	6	COD	2	8	28
青铜峡铝业发电有限责任公司	烟（粉）尘	0.00	8	烟（粉）尘	0.61	8	二氧化硫	0.61	4	烟（粉）尘	1	8	28
云南临沧鑫圆锗业股份有限公司	氮氧化物	0.01	8	氮氧化物	0.54	8	氮氧化物	0.54	4	氮氧化物	1	8	28
国电承德热电有限公司	烟（粉）尘	0.00	8	氮氧化物	0.23	6	烟（粉）尘	0.23	6	烟（粉）尘	1	8	28
中国南方航空股份有限公司	二氧化硫	0.88	6	烟（粉）尘	0.42	8	氮氧化物	0.42	6	烟（粉）尘	1	8	28
山西杏花村汾酒厂股份有限公司	COD	0.38	6	COD	0.14	6	COD	0.14	8	COD	11	8	28
中山公用黄圃污水处理有限公司	COD	0.16	8	COD	0.31	6	COD	0.31	6	COD	7	8	28
北京金隅北水环保科技有限公司	烟（粉）尘	0.00	8	烟（粉）尘	0.52	8	氮氧化物	0.52	4	烟（粉）尘	1	8	28
山东东岳氟硅材料有限公司	烟（粉）尘	0.42	8	烟（粉）尘	0.19	4	氮氧化物	0.19	8	烟（粉）尘	12	8	28
青岛啤酒（廊坊）有限公司	COD	0.43	6	COD	0.13	8	COD	0.13	8	COD	13	6	28
浙江浙能兰溪发电有限责任公司	氮氧化物	0.00	8	氮氧化物	0.38	6	氮氧化物	0.38	6	氮氧化物	2	8	28
郑州燃气发电有限公司	氮氧化物	0.10	8	氮氧化物	0.59	8	氮氧化物	0.59	4	氮氧化物	1	8	28
祁阳海螺水泥有限责任公司	烟（粉）尘	0.00	8	烟（粉）尘	0.76	8	氮氧化物	0.76	4	烟（粉）尘	1	8	28
浙江富春江环保热电股份有限公司	二氧化硫	0.00	6	二氧化硫	0.30	8	氮氧化物	0.30	6	二氧化硫	1	8	28
岚县金隅水泥有限公司	烟（粉）尘	0.00	8	烟（粉）尘	0.67	8	氮氧化物	0.67	4	烟（粉）尘	1	8	28
中金嵩县嵩原黄金冶炼有限责任公司	烟（粉）尘	0.43	8	二氧化硫	0.37	6	烟（粉）尘	0.37	6	烟（粉）尘	3	8	28
石钢京诚装备技术有限公司	烟（粉）尘	0.36	8	烟（粉）尘	0.45	6	烟（粉）尘	0.45	6	烟（粉）尘	3	8	28

被参控公司/母公司	年度超标率	最大超标倍数	平均超标倍数	最大连续超标时长	年度超标率	最大超标倍数	平均超标倍数	最大连续超标时长	年度超标率	最大超标倍数	平均超标倍数	最大连续超标时长	在线监测系统得分
	污染物	超标率	得分	污染物	倍数	得分	污染物	倍数	得分	污染物	时长	得分	
云南铜业股份有限公司	烟（粉）尘	0.09	8	烟（粉）尘	0.53	8	二氧化硫	0.53	4	烟（粉）尘	1	8	28
金正大生态工程集团股份有限公司	烟（粉）尘	0.68	6	烟（粉）尘	0.09	4	烟（粉）尘	0.09	10	烟（粉）尘	8	8	28
江苏利港电力有限公司	烟（粉）尘	0.00	8	氮氧化物	0.36	6	二氧化硫	0.36	6	烟（粉）尘	1	8	28
湖北宜化肥业有限公司	二氧化硫	0.12	8	二氧化硫	0.41	6	二氧化硫	0.41	6	二氧化硫	3	8	28
重庆建峰化工股份有限公司	COD	0.31	6	COD	0.25	8	COD	0.25	6	COD	3	8	28
云南云铝润鑫铝业有限公司	二氧化硫	0.02	8	二氧化硫	0.63	8	二氧化硫	0.63	4	二氧化硫	2	8	28
湘潭电化科技股份有限公司	烟（粉）尘	0.08	8	烟（粉）尘	0.21	6	二氧化硫	0.21	6	烟（粉）尘	4	8	28
唐钢美锦（唐山）煤化工有限公司	烟（粉）尘	0.00	8	烟（粉）尘	0.27	6	烟（粉）尘	0.27	6	烟（粉）尘	2	8	28
上海电气集团上海电机厂有限公司	COD	0.22	6	COD	0.15	8	COD	0.15	8	COD	19	6	28
江铃汽车销售有限公司	COD	0.19	8	COD	0.23	6	COD	0.23	6	COD	9	8	28
张家港沙洲电力有限公司	氮氧化物	0.00	8	氮氧化物	0.33	6	二氧化硫	0.33	6	氮氧化物	9	8	28
华能左权煤电有限责任公司	烟（粉）尘	0.00	8	氮氧化物	0.21	6	氮氧化物	0.21	6	烟（粉）尘	1	8	28
铁岭泓源大禹城市污水处理有限公司	COD	0.13	8	COD	0.62	8	COD	0.62	4	COD	11	8	28
国投盘江发电有限公司	烟（粉）尘	0.00	8	烟（粉）尘	0.30	6	烟（粉）尘	0.30	6	烟（粉）尘	4	8	28
江苏射阳港发电有限责任公司	氮氧化物	0.00	8	氮氧化物	0.40	6	氮氧化物	0.40	6	氮氧化物	7	8	28
江苏国信股份有限公司	氮氧化物	0.01	6	氮氧化物	0.40	8	烟（粉）尘	0.40	6	氮氧化物	3	8	28
都江堰拉法基水泥有限公司	氮氧化物	0.00	8	氮氧化物	0.64	8	氮氧化物	0.64	4	氮氧化物	2	8	28
西宁特殊钢集团有限责任公司	烟（粉）尘	0.06	8	二氧化硫	0.24	6	二氧化硫	0.24	6	烟（粉）尘	12	8	28
江铃汽车股份有限公司	COD	0.19	8	COD	0.23	6	COD	0.23	6	COD	9	8	28
江华海螺水泥有限责任公司	烟（粉）尘	0.00	8	烟（粉）尘	0.83	8	氮氧化物	0.83	4	烟（粉）尘	2	8	28

被参控公司/母公司	年度超标率	最大超标倍数	平均超标倍数	最大连续超标时长	年度超标率	最大超标倍数	平均超标倍数	最大连续超标时长	年度超标率	最大超标倍数	平均超标倍数	最大连续超标时长	在线监测系统得分
	污染物	超标率	得分	污染物	倍数	得分	污染物	倍数	得分	污染物	时长	得分	
广东肇庆星湖生物科技股份有限公司	COD	0.45	6	COD	0.13	6	COD	0.13	8	COD	3	8	28
国电长源荆门发电有限公司	烟（粉）尘	0.00	8	氮氧化物	0.29	6	烟（粉）尘	0.29	6	烟（粉）尘	2	8	28
中煤新集能源股份有限公司	烟（粉）尘	0.13	8	二氧化硫	0.48	6	烟（粉）尘	0.48	6	烟（粉）尘	2	8	28
安阳豫河永通球团有限责任公司	二氧化硫	0.03	8	二氧化硫	0.54	8	二氧化硫	0.54	4	二氧化硫	1	8	28
北京金隅股份有限公司	烟（粉）尘	0.03	8	烟（粉）尘	0.52	8	氮氧化物	0.52	4	烟（粉）尘	1	8	28
湖南合源水务环境科技股份有限公司	COD	0.09	8	COD	0.22	6	COD	0.22	6	COD	4	8	28
文登创业水务有限公司	COD	0.02	8	COD	0.56	8	COD	0.56	4	COD	2	8	28
江西铜业（德兴）化工有限公司	COD	0.09	8	COD	0.23	6	COD	0.23	6	COD	2	8	28
鄂州桑德鄂清水务有限公司	COD	0.46	6	COD	0.26	8	COD	0.26	6	COD	8	8	28
燕京啤酒（玉林）有限公司	COD	0.06	8	COD	0.35	6	COD	0.35	6	COD	5	8	28
鲁泰纺织股份有限公司	COD	0.00	8	COD	0.27	8	COD	0.27	6	COD	18	6	28
浙江巨化股份有限公司	烟（粉）尘	0.11	8	烟（粉）尘	0.22	6	烟（粉）尘	0.22	6	烟（粉）尘	2	8	28
兰州黄河嘉酿啤酒有限公司	COD	0.10	8	COD	0.32	6	COD	0.32	6	COD	3	8	28
长汀金龙稀土有限公司	氮氧化物	0.39	8	氮氧化物	0.64	8	氮氧化物	0.64	4	氮氧化物	1	8	28
珠海碧辟化工有限公司	COD	0.03	8	COD	0.52	8	COD	0.52	4	COD	1	8	28
山西西山煤电股份有限公司	COD	0.23	6	COD	0.25	8	COD	0.25	6	COD	3	8	28
辽宁金正大生态工程有限公司	烟（粉）尘	0.68	6	烟（粉）尘	0.09	4	烟（粉）尘	0.09	10	烟（粉）尘	8	8	28
深圳妈湾电力有限公司	氮氧化物	0.00	8	氮氧化物	0.24	6	氮氧化物	0.24	6	氮氧化物	5	8	28
宁波钢铁有限公司	烟（粉）尘	0.00	8	烟（粉）尘	0.62	8	氮氧化物	0.62	4	烟（粉）尘	1	8	28
杭州鑫富科技有限公司	COD	0.39	6	COD	0.26	8	氨氮	0.26	6	COD	4	8	28
宁夏中银绒业股份有限公司	COD	0.13	8	COD	0.38	6	COD	0.38	6	COD	3	8	28

被参控公司/母公司	年度超标率	最大超标倍数	平均超标倍数	最大连续超标时长	年度超标率	最大超标倍数	平均超标倍数	最大连续超标时长	年度超标率	最大超标倍数	平均超标倍数	最大连续超标时长	在线监测系统得分
	污染物	超标率	得分	污染物	倍数	得分	污染物	倍数	得分	污染物	时长	得分	
华能巢湖发电有限责任公司	烟（粉）尘	0.00	8	氮氧化物	0.36	6	氮氧化物	0.36	6	烟（粉）尘	1	8	28
云南云铝涌鑫铝业有限公司	烟（粉）尘	0.01	8	烟（粉）尘	0.80	8	二氧化硫	0.80	4	烟（粉）尘	1	8	28
包头鹿城水务有限公司	COD	0.18	8	COD	0.52	8	COD	0.52	4	COD	9	8	28
内蒙古京泰发电有限责任公司	烟（粉）尘	0.00	8	烟（粉）尘	0.50	8	烟（粉）尘	0.50	4	烟（粉）尘	1	8	28
四川同庆南风洗涤用品有限责任公司	烟（粉）尘	0.29	8	烟（粉）尘	0.61	8	氮氧化物	0.61	4	烟（粉）尘	2	8	28
西宁特殊钢股份有限公司	烟（粉）尘	0.06	8	二氧化硫	0.24	6	二氧化硫	0.24	6	烟（粉）尘	12	8	28
上海电气集团股份有限公司	COD	0.22	6	COD	0.15	8	COD	0.15	8	COD	19	6	28
冀东水泥磐石有限责任公司	烟（粉）尘	0.00	8	烟（粉）尘	0.58	8	氮氧化物	0.58	4	烟（粉）尘	1	8	28
通化金马药业集团股份有限公司	COD	0.47	6	COD	0.38	8	COD	0.38	6	COD	5	8	28
玉环伟明环保能源有限公司	氮氧化物	0.08	8	氮氧化物	0.50	8	氮氧化物	0.50	4	氮氧化物	1	8	28
华能（苏州工业园区）发电有限责任公司	二氧化硫	0.01	8	二氧化硫	0.56	8	氮氧化物	0.56	4	二氧化硫	1	8	28
常山富春紫光污水处理有限公司	COD	0.14	8	COD	0.32	6	COD	0.32	6	COD	4	8	28
华新水泥（大冶）有限公司	烟（粉）尘	0.01	8	二氧化硫	0.28	6	氮氧化物	0.28	6	烟（粉）尘	1	8	28
甘肃张掖巨龙建材有限责任公司	二氧化硫	0.14	8	二氧化硫	0.56	8	烟（粉）尘	0.56	4	二氧化硫	2	8	28
云南尖峰水泥有限公司	烟（粉）尘	0.00	8	烟（粉）尘	0.23	6	烟（粉）尘	0.23	6	烟（粉）尘	1	8	28
安徽华电六安电厂有限公司	氮氧化物	0.00	8	氮氧化物	0.39	6	氮氧化物	0.39	6	氮氧化物	3	8	28
金牛天铁煤焦化有限公司	烟（粉）尘	0.00	8	烟（粉）尘	0.46	6	烟（粉）尘	0.46	6	烟（粉）尘	2	8	28
扬子石化-巴斯夫有限责任公司	二氧化硫	0.00	8	氮氧化物	0.23	6	烟（粉）尘	0.23	6	二氧化硫	1	8	28
江苏阚山发电有限公司	烟（粉）尘	0.00	8	氮氧化物	0.39	6	氮氧化物	0.39	6	烟（粉）尘	1	8	28
固安九通基业公用事业有限公司	烟（粉）尘	0.04	8	烟（粉）尘	0.32	6	氮氧化物	0.32	6	烟（粉）尘	1	8	28
靖西湘潭电化科技有限公司	烟（粉）尘	0.08	8	烟（粉）尘	0.21	6	二氧化硫	0.21	6	烟（粉）尘	4	8	28

被参控公司/母公司	年度超标率	最大超标倍数	平均超标倍数	最大连续超标时长	年度超标率	最大超标倍数	平均超标倍数	最大连续超标时长	年度超标率	最大超标倍数	平均超标倍数	最大连续超标时长	在线监测系统得分
	污染物	超标率	得分	污染物	倍数	得分	污染物	倍数	得分	污染物	时长	得分	
国电石嘴山第一发电有限公司	烟（粉）尘	0.00	8	烟（粉）尘	0.73	8	二氧化硫	0.73	4	烟（粉）尘	1	8	28
华孚色纺股份有限公司	COD	0.13	8	COD	0.53	8	COD	0.53	4	COD	2	8	28
华能榆社发电有限责任公司	氮氧化物	0.00	8	氮氧化物	0.23	6	氮氧化物	0.23	6	氮氧化物	5	8	28
安徽华电六安发电有限公司	氮氧化物	0.11	8	氮氧化物	0.39	6	氮氧化物	0.39	6	氮氧化物	3	8	28
吉林松花江热电有限公司	烟（粉）尘	0.00	8	烟（粉）尘	0.60	8	氮氧化物	0.60	4	烟（粉）尘	1	8	28
新乡中益发电有限公司	烟（粉）尘	0.00	8	烟（粉）尘	0.20	6	烟（粉）尘	0.20	6	烟（粉）尘	1	8	28
上海华润大东船务有限公司	COD	0.03	8	COD	0.26	6	COD	0.26	6	COD	2	8	28
沈阳金山能源股份有限公司	氮氧化物	0.16	8	氮氧化物	0.24	6	烟（粉）尘	0.24	6	氮氧化物	5	8	28
云南金正大生态工程有限公司	烟（粉）尘	0.68	6	烟（粉）尘	0.09	4	烟（粉）尘	0.09	10	烟（粉）尘	8	8	28
彬县国祯水处理有限公司	COD	0.14	8	COD	0.43	6	COD	0.43	6	COD	3	8	28
云南国祯环保科技有限责任公司	COD	0.16	8	COD	0.51	8	COD	0.51	4	COD	3	8	28
山西杏花村汾酒科技开发有限责任公司	COD	0.38	6	COD	0.14	6	COD	0.14	8	COD	11	8	28
四川泸天化股份有限公司	烟（粉）尘	0.00	8	烟（粉）尘	0.29	6	烟（粉）尘	0.29	6	烟（粉）尘	5	8	28
西安兴蓉环境发展有限责任公司	COD	0.06	8	COD	0.34	6	COD	0.34	6	COD	2	8	28
山西杏花村汾酒原粮基地管理有限责任公司	COD	0.38	6	COD	0.14	6	COD	0.14	8	COD	11	8	28
山西漳电大唐热电有限公司	烟（粉）尘	0.00	8	氮氧化物	0.21	6	二氧化硫	0.21	6	烟（粉）尘	1	8	28
广东金正大生态工程有限公司	烟（粉）尘	0.68	6	烟（粉）尘	0.09	4	烟（粉）尘	0.09	10	烟（粉）尘	8	8	28
山西杏花村汾酒商贸有限责任公司	COD	0.38	6	COD	0.14	6	COD	0.14	8	COD	11	8	28
中粮屯河伊犁新宁糖业有限公司	二氧化硫	0.00	8	二氧化硫	0.55	8	氮氧化物	0.55	4	二氧化硫	1	8	28
同煤大唐塔山第二发电有限责任公司	氮氧化物	0.00	8	氮氧化物	0.27	6	氮氧化物	0.27	6	氮氧化物	2	8	28

被参控公司/母公司	年度超标率	最大超标倍数	平均超标倍数	最大连续超标时长	年度超标率	最大超标倍数	平均超标倍数	最大连续超标时长	年度超标率	最大超标倍数	平均超标倍数	最大连续超标时长	在线监测系统得分
	污染物	超标率	得分	污染物	倍数	得分	污染物	倍数	得分	污染物	时长	得分	
万荣中鲁果汁有限公司	COD	0.11	8	COD	0.19	4	COD	0.19	8	COD	2	8	28
武汉天创环保有限公司	COD	0.18	8	COD	0.23	6	COD	0.23	6	COD	4	8	28
洛阳阳光热电有限公司	烟（粉）尘	0.00	8	烟（粉）尘	0.36	6	烟（粉）尘	0.36	6	烟（粉）尘	3	8	28
国电长源电力股份有限公司	烟（粉）尘	0.06	8	氮氧化物	0.29	6	烟（粉）尘	0.29	6	烟（粉）尘	2	8	28
皖能马鞍山发电有限公司	氮氧化物	0.00	8	氮氧化物	0.23	6	氮氧化物	0.23	6	氮氧化物	1	8	28
平凉祁连山水泥有限公司	烟（粉）尘	0.00	8	烟（粉）尘	0.63	8	氮氧化物	0.63	4	烟（粉）尘	1	8	28
四川美丰化工股份有限公司	COD	0.30	6	COD	0.26	8	COD	0.26	6	COD	4	8	28
山东蓝星东大化工有限责任公司	COD	0.24	6	COD	0.17	6	COD	0.17	8	COD	4	8	28
临清德运环保能源有限公司	二氧化硫	0.42	8	二氧化硫	0.24	6	烟（粉）尘	0.24	6	二氧化硫	1	8	28
唐山三友硅业有限责任公司	烟（粉）尘	0.01	8	烟（粉）尘	0.30	6	烟（粉）尘	0.30	6	烟（粉）尘	1	8	28
福建省长汀金龙稀土有限公司	氮氧化物	0.39	8	氮氧化物	0.64	8	氮氧化物	0.64	4	氮氧化物	1	8	28
国华太仓发电有限公司	二氧化硫	0.00	8	二氧化硫	0.22	6	氮氧化物	0.22	6	二氧化硫	1	8	28
鹤壁鹤淇发电有限责任公司	氮氧化物	0.00	8	氮氧化物	0.48	6	二氧化硫	0.48	6	氮氧化物	1	8	28
江苏沙钢股份有限公司	烟（粉）尘	0.11	8	烟（粉）尘	0.63	8	氮氧化物	0.63	4	烟（粉）尘	4	8	28
常州市新港热电有限公司	烟（粉）尘	0.00	6	烟（粉）尘	0.48	8	烟（粉）尘	0.48	6	烟（粉）尘	2	8	28
光明乳业股份有限公司	COD	0.25	6	COD	0.26	8	氨氮	0.26	6	COD	2	8	28
河南豫光金铅股份有限公司	二氧化硫	0.00	8	二氧化硫	0.75	8	烟（粉）尘	0.75	4	二氧化硫	1	8	28
江苏江南水务股份有限公司	COD	0.05	8	COD	0.57	8	COD	0.57	4	COD	2	8	28
辽宁大唐国际锦州热电有限责任公司	氮氧化物	0.00	8	氮氧化物	0.23	6	氮氧化物	0.23	6	氮氧化物	2	8	28
河南金正大生态工程有限公司	烟（粉）尘	0.68	6	烟（粉）尘	0.09	4	烟（粉）尘	0.09	10	烟（粉）尘	8	8	28
鑫富科技有限公司	COD	0.39	6	COD	0.26	8	氨氮	0.26	6	COD	4	8	28
广东新会美达锦纶股份有限公司	COD	0.16	8	COD	0.36	6	COD	0.36	6	COD	5	8	28

被参控公司/母公司	年度超标率	最大超标倍数	平均超标倍数	最大连续超标时长	年度超标率	最大超标倍数	平均超标倍数	最大连续超标时长	年度超标率	最大超标倍数	平均超标倍数	最大连续超标时长	在线监测系统得分
	污染物	超标率	得分	污染物	倍数	得分	污染物	倍数	得分	污染物	时长	得分	
石家庄华电供热集团有限公司	烟（粉）尘	0.45	8	烟（粉）尘	0.20	4	烟（粉）尘	0.20	8	烟（粉）尘	3	8	28
蒙自瀛洲水泥有限责任公司	烟（粉）尘	0.00	8	烟（粉）尘	0.65	8	氮氧化物	0.65	4	烟（粉）尘	3	8	28
华电渠东发电有限公司	烟（粉）尘	0.00	8	氮氧化物	0.24	6	二氧化硫	0.24	6	烟（粉）尘	1	8	28
广元海螺水泥有限责任公司	烟（粉）尘	0.00	8	烟（粉）尘	0.89	8	氮氧化物	0.89	4	烟（粉）尘	2	8	28
国电常州发电有限公司	烟（粉）尘	0.00	8	烟（粉）尘	0.43	6	氮氧化物	0.43	6	烟（粉）尘	1	8	28
华电漯河发电有限公司	二氧化硫	0.00	8	二氧化硫	0.48	6	二氧化硫	0.48	6	二氧化硫	9	8	28
林州重机林钢钢铁有限公司	烟（粉）尘	0.00	8	烟（粉）尘	0.51	8	烟（粉）尘	0.51	4	烟（粉）尘	3	8	28
唐山黑猫炭黑有限责任公司	烟（粉）尘	0.13	8	烟（粉）尘	0.63	8	烟（粉）尘	0.63	4	烟（粉）尘	2	8	28
华润电力唐山丰润有限公司	二氧化硫	0.01	8	二氧化硫	0.61	8	二氧化硫	0.61	4	二氧化硫	1	8	28
华能瑞金发电有限责任公司	烟（粉）尘	0.00	8	氮氧化物	0.40	6	氮氧化物	0.40	6	烟（粉）尘	1	8	28
云南金鼎锌业有限公司	二氧化硫	0.17	8	二氧化硫	0.58	8	氮氧化物	0.58	4	二氧化硫	3	8	28
蓝帆医疗股份有限公司	烟（粉）尘	0.11	8	烟（粉）尘	0.26	6	氮氧化物	0.26	6	烟（粉）尘	1	8	28
新疆鲁泰纺织有限公司	COD	0.14	8	COD	0.27	8	COD	0.27	6	COD	18	6	28
临澧冀东水泥有限公司	二氧化硫	0.00	8	二氧化硫	0.79	8	氮氧化物	0.79	4	二氧化硫	1	8	28
宁夏中宁发电有限责任公司	烟（粉）尘	0.00	8	烟（粉）尘	0.53	8	烟（粉）尘	0.53	4	烟（粉）尘	2	8	28
焦作健康元生物制品有限公司	COD	0.00	8	COD	0.43	6	COD	0.43	6	COD	10	8	28
国电铜陵发电有限公司	烟（粉）尘	0.00	8	氮氧化物	0.38	6	氮氧化物	0.38	6	烟（粉）尘	1	8	28
江门市新会区龙泉污水处理有限公司	COD	0.04	8	COD	0.45	6	COD	0.45	6	COD	3	8	28
哈尔滨热电有限责任公司	烟（粉）尘	0.00	6	氮氧化物	0.35	6	氮氧化物	0.35	6	烟（粉）尘	1	8	26
浙江江山化工股份有限公司	COD	0.01	8	氨氮	0.51	6	氨氮	0.51	4	COD	1	8	26
新疆伊力特实业股份有限公司	COD	0.25	6	COD	0.60	8	COD	0.60	4	COD	4	8	26
汕头超声印制板（二厂）有限公司	COD	0.16	8	COD	0.45	4	COD	0.45	6	COD	3	8	26

被参控公司/母公司	年度超标率	最大超标倍数	平均超标倍数	最大连续超标时长	年度超标率	最大超标倍数	平均超标倍数	最大连续超标时长	年度超标率	最大超标倍数	平均超标倍数	最大连续超标时长	在线监测系统得分
	污染物	超标率	得分	污染物	倍数	得分	污染物	倍数	得分	污染物	时长	得分	
山东鲁抗医药股份有限公司	COD	0.03	8	氨氮	0.23	4	COD	0.23	6	COD	3	8	26
玉溪矿业有限公司	COD	0.48	6	COD	0.17	4	COD	0.17	8	COD	9	8	26
淮北中联环水环境有限公司	COD	0.06	8	COD	0.33	4	COD	0.33	6	COD	2	8	26
盘锦北方沥青股份有限公司	COD	0.06	8	COD	0.73	6	COD	0.73	4	COD	2	8	26
宁夏中宁赛马水泥有限公司	烟（粉）尘	0.00	8	烟（粉）尘	0.39	4	烟（粉）尘	0.39	6	烟（粉）尘	1	8	26
淮北申皖发电有限公司	烟（粉）尘	0.00	8	烟（粉）尘	0.23	6	氮氧化物	0.23	6	烟（粉）尘	22	6	26
湖北宜化化工股份有限公司	COD	0.06	8	COD	0.35	4	COD	0.35	6	COD	3	8	26
华能苏州热电有限责任公司	烟（粉）尘	0.00	8	氮氧化物	0.14	2	氮氧化物	0.14	8	烟（粉）尘	1	8	26
新疆四方实业股份有限公司	烟（粉）尘	0.01	6	烟（粉）尘	0.38	6	烟（粉）尘	0.38	6	烟（粉）尘	3	8	26
特变电工衡阳变压器有限公司	二氧化硫	1.52	4	二氧化硫	0.21	8	烟（粉）尘	0.21	6	二氧化硫	8	8	26
巴彦淖尔紫金有色金属有限公司	烟（粉）尘	0.00	8	烟（粉）尘	0.50	6	烟（粉）尘	0.50	4	烟（粉）尘	5	8	26
安国创业水务有限公司	COD	0.14	8	COD	0.25	4	COD	0.25	6	COD	4	8	26
河北华电石家庄热电有限公司	氮氧化物	0.00	8	氮氧化物	0.63	6	氮氧化物	0.63	4	氮氧化物	9	8	26
皖能合肥发电有限公司	烟（粉）尘	0.01	8	氮氧化物	0.30	4	氮氧化物	0.30	6	烟（粉）尘	1	8	26
新疆伊力特经销公司	COD	0.25	6	COD	0.60	8	COD	0.60	4	COD	4	8	26
华新水泥（渠县）有限公司	烟（粉）尘	0.00	8	二氧化硫	0.41	4	氮氧化物	0.41	6	烟（粉）尘	1	8	26
国投宣城发电有限责任公司	烟（粉）尘	0.00	8	氮氧化物	0.25	4	氮氧化物	0.25	6	烟（粉）尘	2	8	26
吉林省集安益盛药业股份有限公司	COD	0.27	6	氨氮	0.39	6	COD	0.39	6	COD	10	8	26
青岛啤酒（石家庄）有限公司	COD	0.13	8	氨氮	0.27	4	COD	0.27	6	COD	4	8	26
济宁中科环保电力有限公司	氮氧化物	0.61	6	烟（粉）尘	0.29	6	烟（粉）尘	0.29	6	烟（粉）尘	3	8	26
湖北泰盛化工有限公司	COD	0.00	6	COD	0.12	6	COD	0.12	8	氨氮	14	6	26

被参控公司/母公司	年度超标率	最大超标倍数	平均超标倍数	最大连续超标时长	年度超标率	最大超标倍数	平均超标倍数	最大连续超标时长	年度超标率	最大超标倍数	平均超标倍数	最大连续超标时长	在线监测系统得分
	污染物	超标率	得分	污染物	倍数	得分	污染物	倍数	得分	污染物	时长	得分	
陕西延长中煤榆林能源化工有限公司	烟（粉）尘	0.00	8	烟（粉）尘	0.63	6	烟（粉）尘	0.63	4	烟（粉）尘	9	8	26
江西禾益化工股份有限公司	COD	0.29	6	COD	0.27	8	COD	0.27	6	氨氮	17	6	26
重庆宜化化工有限公司	氨氮	0.25	6	COD	0.24	8	COD	0.24	6	氨氮	16	6	26
华新水泥（秭归）有限公司	烟（粉）尘	0.39	8	烟（粉）尘	0.44	6	氮氧化物	0.44	6	烟（粉）尘	14	6	26
上海漕泾热电有限责任公司	氮氧化物	0.00	8	氮氧化物	0.43	6	氮氧化物	0.43	6	氮氧化物	14	6	26
华新水泥（宜昌）有限公司	烟（粉）尘	0.00	8	烟（粉）尘	0.23	4	烟（粉）尘	0.23	6	烟（粉）尘	1	8	26
内蒙古伊利实业集团股份有限公司	烟（粉）尘	0.32	8	烟（粉）尘	0.59	6	二氧化硫	0.59	4	烟（粉）尘	2	8	26
江苏大唐国际吕四港发电有限责任公司	烟（粉）尘	0.00	8	氮氧化物	0.20	4	二氧化硫	0.20	6	烟（粉）尘	8	8	26
特变电工股份有限公司	二氧化硫	1.52	4	二氧化硫	0.21	8	烟（粉）尘	0.21	6	二氧化硫	8	8	26
青岛啤酒武威有限责任公司	烟（粉）尘	0.29	8	烟（粉）尘	0.26	4	氮氧化物	0.26	6	烟（粉）尘	4	8	26
邢台国泰发电有限责任公司	二氧化硫	0.00	8	氮氧化物	0.84	6	二氧化硫	0.84	4	二氧化硫	1	8	26
张家界市桑梓综合利用发电厂有限责任公司	烟（粉）尘	0.42	8	烟（粉）尘	0.67	6	二氧化硫	0.67	4	烟（粉）尘	4	8	26
浙江国华浙能发电有限公司	烟（粉）尘	0.00	8	烟（粉）尘	0.51	6	氮氧化物	0.51	4	烟（粉）尘	3	8	26
山西漳泽电力股份有限公司	烟（粉）尘	0.01	8	氮氧化物	0.22	4	氮氧化物	0.22	6	烟（粉）尘	1	8	26
青海电子材料产业发展有限公司	COD	0.63	4	COD	0.25	8	COD	0.25	6	COD	8	8	26
德州玲珑轮胎有限公司	烟（粉）尘	0.31	8	二氧化硫	0.67	6	氮氧化物	0.67	4	烟（粉）尘	6	8	26
铜陵首创排水有限责任公司	COD	0.13	8	COD	0.31	4	COD	0.31	6	COD	2	8	26
江西大唐国际新余发电有限责任公司	烟（粉）尘	0.00	8	烟（粉）尘	0.61	6	二氧化硫	0.61	4	烟（粉）尘	1	8	26
中国水泥厂有限公司	氮氧化物	0.81	6	烟（粉）尘	0.68	8	氮氧化物	0.68	4	烟（粉）尘	1	8	26

被参控公司/母公司	年度超标率	最大超标倍数	平均超标倍数	最大连续超标时长	年度超标率	最大超标倍数	平均超标倍数	最大连续超标时长	年度超标率	最大超标倍数	平均超标倍数	最大连续超标时长	在线监测系统得分
	污染物	超标率	得分	污染物	倍数	得分	污染物	倍数	得分	污染物	时长	得分	
陕西国华锦界能源有限责任公司	烟（粉）尘	0.00	8	二氧化硫	0.23	4	烟（粉）尘	0.23	6	烟（粉）尘	1	8	26
上海宝钢化工有限公司	COD	0.09	8	COD	0.55	6	COD	0.55	4	COD	1	8	26
河北衡丰发电有限责任公司	烟（粉）尘	0.00	8	二氧化硫	0.65	6	氮氧化物	0.65	4	烟（粉）尘	1	8	26
华能安源发电有限责任公司	烟（粉）尘	0.00	8	烟（粉）尘	0.33	4	氮氧化物	0.33	6	烟（粉）尘	3	8	26
江门市国祯污水处理有限公司	COD	0.14	8	COD	0.50	6	COD	0.50	4	COD	3	8	26
河北华电石家庄裕华热电有限公司	烟（粉）尘	0.00	8	烟（粉）尘	0.55	6	二氧化硫	0.55	4	烟（粉）尘	1	8	26
辽宁调兵山煤矸石发电有限责任公司	烟（粉）尘	0.00	8	烟（粉）尘	0.70	6	二氧化硫	0.70	4	烟（粉）尘	3	8	26
大唐华银株洲发电有限公司	烟（粉）尘	0.00	8	二氧化硫	0.13	2	烟（粉）尘	0.13	8	烟（粉）尘	1	8	26
山西大唐国际运城发电有限责任公司	氮氧化物	0.68	6	烟（粉）尘	0.17	4	氮氧化物	0.17	8	烟（粉）尘	3	8	26
云南铝业股份有限公司	烟（粉）尘	0.01	8	烟（粉）尘	0.52	6	烟（粉）尘	0.52	4	烟（粉）尘	2	8	26
华电莱州发电有限公司	氮氧化物	0.00	8	氮氧化物	0.34	4	氮氧化物	0.34	6	氮氧化物	8	8	26
永康市钱江水务有限公司	COD	0.16	8	COD	0.53	6	COD	0.53	4	COD	7	8	26
淮北涣城发电有限公司	烟（粉）尘	0.00	8	烟（粉）尘	0.55	6	烟（粉）尘	0.55	4	烟（粉）尘	2	8	26
江苏国信扬州发电有限责任公司	烟（粉）尘	0.00	8	烟（粉）尘	0.29	4	二氧化硫	0.29	6	烟（粉）尘	5	8	26
淄博鑫胜热电有限公司	二氧化硫	0.00	8	二氧化硫	0.54	6	氮氧化物	0.54	4	二氧化硫	1	8	26
国电内蒙古东胜热电有限公司	氮氧化物	0.00	8	氮氧化物	0.38	4	氮氧化物	0.38	6	氮氧化物	2	8	26
杭州钱江印染化工有限公司	COD	0.00	8	COD	0.65	6	COD	0.65	4	COD	3	8	26
中原环保同生漯河水务有限公司	COD	0.01	8	氨氮	0.36	4	COD	0.36	6	COD	1	8	26
汕头超声印制板公司	COD	0.16	8	COD	0.45	4	COD	0.45	6	COD	3	8	26
华电淄博热电有限公司	烟（粉）尘	0.00	8	烟（粉）尘	0.34	4	氮氧化物	0.34	6	烟（粉）尘	6	8	26
淮南首创水务有限责任公司	COD	0.30	6	COD	0.39	6	COD	0.39	6	COD	7	8	26

被参控公司/母公司	年度超标率	最大超标倍数	平均超标倍数	最大连续超标时长	年度超标率	最大超标倍数	平均超标倍数	最大连续超标时长	年度超标率	最大超标倍数	平均超标倍数	最大连续超标时长	在线监测系统得分
	污染物	超标率	得分	污染物	倍数	得分	污染物	倍数	得分	污染物	时长	得分	
北京太阳宫燃气热电有限公司	氮氧化物	0.00	8	氮氧化物	0.15	2	氮氧化物	0.15	8	氮氧化物	2	8	26
大同冀东水泥有限责任公司	烟（粉）尘	0.00	8	氮氧化物	0.86	6	氮氧化物	0.86	4	烟（粉）尘	1	8	26
湖北福星新材料科技有限公司	COD	0.38	6	COD	0.21	8	COD	0.21	6	COD	13	6	26
铜仁海螺盘江水泥有限责任公司	烟（粉）尘	0.00	8	烟（粉）尘	0.85	6	氮氧化物	0.85	4	烟（粉）尘	2	8	26
华新水泥（长阳）有限公司	烟（粉）尘	0.00	8	氮氧化物	0.66	6	氮氧化物	0.66	4	烟（粉）尘	11	8	26
无锡后墅污水处理有限公司	COD	0.65	4	COD	0.44	8	COD	0.44	6	COD	6	8	26
东莞市松山湖天地环科水务有限公司	氨氮	0.23	6	COD	0.45	6	COD	0.45	6	COD	4	8	26
安徽华电芜湖发电有限公司	烟（粉）尘	0.00	8	烟（粉）尘	0.16	2	氮氧化物	0.16	8	烟（粉）尘	1	8	26
浙江浙能中煤舟山煤电有限责任公司	氮氧化物	0.00	8	氮氧化物	0.22	4	二氧化硫	0.22	6	氮氧化物	8	8	26
福建海峡环保集团股份有限公司	COD	0.15	8	COD	0.35	4	COD	0.35	6	COD	11	8	26
玛纳斯澳洋科技有限责任公司	COD	0.00	6	COD	0.29	6	烟（粉）尘	0.29	6	COD	6	8	26
四川广安发电有限责任公司	烟（粉）尘	0.00	8	二氧化硫	0.53	6	二氧化硫	0.53	4	烟（粉）尘	2	8	26
云南滇东雨汪能源有限公司	烟（粉）尘	0.64	6	烟（粉）尘	0.53	8	烟（粉）尘	0.53	4	烟（粉）尘	1	8	26
哈药集团中药有限公司	COD	0.23	6	COD	0.17	4	COD	0.17	8	COD	2	8	26
华能南京金陵发电有限公司	烟（粉）尘	0.00	8	氮氧化物	0.34	4	氮氧化物	0.34	6	烟（粉）尘	1	8	26
青海盐湖工业股份有限公司	烟（粉）尘	0.22	8	烟（粉）尘	0.56	6	烟（粉）尘	0.56	4	烟（粉）尘	9	8	26
江苏联环药业股份有限公司	氨氮	0.40	6	COD	0.29	8	COD	0.29	6	氨氮	16	6	26
华电湖北发电有限公司	烟（粉）尘	0.11	8	氮氧化物	0.60	6	烟（粉）尘	0.60	4	烟（粉）尘	4	8	26
河北视窗玻璃有限公司	烟（粉）尘	0.00	6	烟（粉）尘	0.38	6	烟（粉）尘	0.38	6	烟（粉）尘	12	8	26
山西亚鑫煤焦化有限公司	烟（粉）尘	0.00	8	二氧化硫	0.54	6	氮氧化物	0.54	4	烟（粉）尘	6	8	26
大唐华银攸县能源有限公司	烟（粉）尘	0.00	8	氮氧化物	0.21	4	二氧化硫	0.21	6	烟（粉）尘	2	8	26

被参控公司/母公司	年度超标率	最大超标倍数	平均超标倍数	最大连续超标时长	年度超标率	最大超标倍数	平均超标倍数	最大连续超标时长	年度超标率	最大超标倍数	平均超标倍数	最大连续超标时长	在线监测系统得分
	污染物	超标率	得分	污染物	倍数	得分	污染物	倍数	得分	污染物	时长	得分	
国家电投集团石家庄东方能源股份有限公司	烟（粉）尘	0.25	8	烟（粉）尘	0.49	4	烟（粉）尘	0.49	6	烟（粉）尘	6	8	26
江西铜业股份有限公司	COD	0.22	6	COD	0.44	6	COD	0.44	6	COD	8	8	26
云南大唐国际红河发电有限责任公司	烟（粉）尘	0.00	8	烟（粉）尘	0.51	6	烟（粉）尘	0.51	4	烟（粉）尘	4	8	26
安徽安纳达钛业股份有限公司	COD	0.21	6	COD	0.23	6	COD	0.23	6	COD	2	8	26
大冶桑德清波水务有限公司	COD	0.26	6	COD	0.22	6	COD	0.22	6	COD	8	8	26
江西洪城水业环保有限公司	COD	0.57	4	COD	0.32	8	COD	0.32	6	COD	9	8	26
内蒙古大唐国际再生资源开发有限公司	烟（粉）尘	0.01	8	烟（粉）尘	0.51	6	烟（粉）尘	0.51	4	烟（粉）尘	2	8	26
凌源钢铁股份有限公司	烟（粉）尘	0.00	8	二氧化硫	0.65	6	氮氧化物	0.65	4	烟（粉）尘	2	8	26
宜昌三峡制药有限公司	COD	0.37	6	COD	0.35	6	COD	0.35	6	COD	5	8	26
云南大唐国际电力有限公司	烟（粉）尘	0.41	8	烟（粉）尘	0.51	6	烟（粉）尘	0.51	4	烟（粉）尘	4	8	26
洛玻集团龙门玻璃有限责任公司	烟（粉）尘	0.31	8	烟（粉）尘	0.54	6	烟（粉）尘	0.54	4	烟（粉）尘	5	8	26
山东合力泰化工有限公司	烟（粉）尘	0.19	8	氮氧化物	0.29	4	氮氧化物	0.29	6	烟（粉）尘	7	8	26
广济药业（孟州）有限公司	烟（粉）尘	0.13	8	烟（粉）尘	0.61	6	氮氧化物	0.61	4	烟（粉）尘	3	8	26
华能太仓发电有限责任公司	烟（粉）尘	0.00	8	二氧化硫	0.38	4	二氧化硫	0.38	6	烟（粉）尘	1	8	26
石门海螺水泥有限责任公司	烟（粉）尘	0.26	8	烟（粉）尘	0.80	8	氮氧化物	0.80	4	烟（粉）尘	19	6	26
汨罗市国祯水处理有限公司	COD	0.36	6	COD	0.19	4	COD	0.19	8	COD	5	8	26
国电宁夏石嘴山发电有限责任公司	二氧化硫	0.00	8	氮氧化物	0.67	6	二氧化硫	0.67	4	二氧化硫	1	8	26
福建南纺有限责任公司	COD	0.44	6	COD	0.59	8	COD	0.59	4	COD	7	8	26
唐山中润煤化工有限公司	烟（粉）尘	0.00	8	烟（粉）尘	0.24	6	烟（粉）尘	0.24	6	二氧化硫	20	6	26
鄂尔多斯市君正能源化工有限公司	二氧化硫	0.05	8	二氧化硫	0.73	6	氮氧化物	0.73	4	二氧化硫	1	8	26

被参控公司/母公司	年度超标率	最大超标倍数	平均超标倍数	最大连续超标时长	年度超标率	最大超标倍数	平均超标倍数	最大连续超标时长	年度超标率	最大超标倍数	平均超标倍数	最大连续超标时长	在线监测系统得分
	污染物	超标率	得分	污染物	倍数	得分	污染物	倍数	得分	污染物	时长	得分	
中山市污水处理有限公司	COD	0.21	6	COD	0.30	6	COD	0.30	6	COD	5	8	26
山西安泰集团股份有限公司	二氧化硫	0.08	8	二氧化硫	0.77	6	氮氧化物	0.77	4	二氧化硫	2	8	26
新疆天龙矿业股份有限公司	二氧化硫	0.77	6	二氧化硫	0.67	8	二氧化硫	0.67	4	二氧化硫	1	8	26
国电长源荆州热电有限公司	烟（粉）尘	0.29	8	氮氧化物	0.30	4	氮氧化物	0.30	6	烟（粉）尘	12	8	26
浙江浙能乐清发电有限责任公司	氮氧化物	0.00	8	氮氧化物	0.28	4	氮氧化物	0.28	6	氮氧化物	3	8	26
开滦能源化工股份有限公司	烟（粉）尘	0.89	6	烟（粉）尘	0.33	6	烟（粉）尘	0.33	6	烟（粉）尘	5	8	26
广东冠豪高新技术股份有限公司	烟（粉）尘	0.00	8	烟（粉）尘	0.20	2	烟（粉）尘	0.20	8	烟（粉）尘	4	8	26
大唐湘潭发电有限责任公司	烟（粉）尘	0.00	8	氮氧化物	0.36	4	氮氧化物	0.36	6	烟（粉）尘	5	8	26
唐山三友集团兴达化纤有限公司	COD	0.12	8	COD	0.59	6	COD	0.59	4	COD	4	8	26
北京碧水源环境科技有限公司	COD	0.15	8	COD	0.50	4	COD	0.50	6	COD	4	8	26
上海大众嘉定污水处理有限公司	COD	0.30	6	COD	0.17	4	COD	0.17	8	COD	10	8	26
龙星化工股份有限公司	烟（粉）尘	0.04	8	烟（粉）尘	0.35	4	烟（粉）尘	0.35	6	烟（粉）尘	5	8	26
福建天尊新材料制造有限公司	烟（粉）尘	0.40	8	烟（粉）尘	0.67	8	烟（粉）尘	0.67	4	烟（粉）尘	16	6	26
杭州澳美印染有限公司	COD	0.00	6	COD	0.72	8	COD	0.72	4	COD	10	8	26
中粮屯河北海糖业有限公司	烟（粉）尘	0.00	8	烟（粉）尘	0.42	4	烟（粉）尘	0.42	6	烟（粉）尘	1	8	26
北方魏家峁煤电有限责任公司	氮氧化物	0.51	6	氮氧化物	0.37	6	氮氧化物	0.37	6	烟（粉）尘	1	8	26
内蒙古伊利企业发展有限责任公司	烟（粉）尘	0.32	8	烟（粉）尘	0.59	6	二氧化硫	0.59	4	烟（粉）尘	2	8	26
华新水泥（桑植）有限公司	烟（粉）尘	0.00	8	烟（粉）尘	0.83	6	氮氧化物	0.83	4	烟（粉）尘	1	8	26
江西珍视明药业有限公司	COD	0.48	6	COD	0.17	6	COD	0.17	8	COD	13	6	26
浙江海正药业股份有限公司	COD	0.17	8	COD	0.28	4	COD	0.28	6	COD	2	8	26
郑州市郑东新区水务有限公司	COD	0.02	8	氨氮	0.47	4	COD	0.47	6	COD	2	8	26
山西安泰集团能源投资有限公司	二氧化硫	0.08	8	二氧化硫	0.77	6	氮氧化物	0.77	4	二氧化硫	2	8	26

被参控公司/母公司	年度超标率	最大超标倍数	平均超标倍数	最大连续超标时长	年度超标率	最大超标倍数	平均超标倍数	最大连续超标时长	年度超标率	最大超标倍数	平均超标倍数	最大连续超标时长	在线监测系统得分
	污染物	超标率	得分	污染物	倍数	得分	污染物	倍数	得分	污染物	时长	得分	
伊犁伊力特有限公司	COD	0.25	6	COD	0.60	8	COD	0.60	4	COD	4	8	26
徐州大众水务运营有限公司	氨氮	0.25	6	氨氮	0.40	6	COD	0.40	6	COD	1	8	26
国电电力大连庄河发电有限责任公司	烟（粉）尘	0.00	8	烟（粉）尘	0.73	6	氮氧化物	0.73	4	烟（粉）尘	2	8	26
山东华鲁恒升化工股份有限公司	烟（粉）尘	0.00	8	二氧化硫	0.34	4	二氧化硫	0.34	6	烟（粉）尘	5	8	26
上海梅山钢铁股份有限公司	烟（粉）尘	0.00	8	COD	0.28	4	烟（粉）尘	0.28	6	烟（粉）尘	1	8	26
山东凯盛新材料股份有限公司	烟（粉）尘	0.22	8	烟（粉）尘	0.67	6	氮氧化物	0.67	4	烟（粉）尘	2	8	26
河北圣雪大成制药有限责任公司	氨氮	0.31	6	COD	0.33	6	COD	0.33	6	COD	4	8	26
江西洪城水业股份有限公司	COD	0.57	4	COD	0.32	8	COD	0.32	6	COD	9	8	26
盱眙富春紫光污水处理有限公司	COD	0.07	8	COD	0.31	4	COD	0.31	6	COD	3	8	26
咸阳际华新三零印染有限公司	COD	0.32	6	COD	0.74	8	COD	0.74	4	COD	6	8	26
杭州航民达美染整有限公司	COD	0.00	6	COD	0.72	8	COD	0.72	4	COD	10	8	26
浙江荣晟环保纸业股份有限公司	烟（粉）尘	0.01	6	烟（粉）尘	0.33	6	烟（粉）尘	0.33	6	烟（粉）尘	3	8	26
内蒙古国华准格尔发电有限责任公司	氮氧化物	0.00	8	氮氧化物	0.28	4	氮氧化物	0.28	6	氮氧化物	4	8	26
浙江浙能绍兴滨海热电有限责任公司	烟（粉）尘	0.00	8	氮氧化物	0.32	4	二氧化硫	0.32	6	烟（粉）尘	1	8	26
安徽海螺水泥股份有限公司	烟（粉）尘	0.08	8	烟（粉）尘	0.73	6	氮氧化物	0.73	4	烟（粉）尘	8	8	26
广东塔牌集团股份有限公司	烟（粉）尘	0.08	8	烟（粉）尘	0.51	6	二氧化硫	0.51	4	烟（粉）尘	3	8	26
临夏海螺水泥有限责任公司	烟（粉）尘	0.09	8	烟（粉）尘	0.69	6	氮氧化物	0.69	4	烟（粉）尘	2	8	26
北方华锦化学工业股份有限公司	COD	0.11	8	COD	0.56	6	COD	0.56	4	COD	3	8	26
冀东水泥滦县有限责任公司	烟（粉）尘	0.00	8	烟（粉）尘	0.78	6	氮氧化物	0.78	4	烟（粉）尘	1	8	26
大唐桂冠合山发电有限公司	氮氧化物	0.00	8	氮氧化物	0.50	6	二氧化硫	0.50	4	氮氧化物	4	8	26
朝阳远达环保水务有限公司	COD	0.10	8	COD	0.41	4	COD	0.41	6	COD	2	8	26

被参控公司/母公司	年度超标率	最大超标倍数	平均超标倍数	最大连续超标时长	年度超标率	最大超标倍数	平均超标倍数	最大连续超标时长	年度超标率	最大超标倍数	平均超标倍数	最大连续超标时长	在线监测系统得分
	污染物	超标率	得分	污染物	倍数	得分	污染物	倍数	得分	污染物	时长	得分	
江苏沙钢集团淮钢特钢股份有限公司	烟（粉）尘	0.10	8	烟（粉）尘	0.23	6	烟（粉）尘	0.23	6	烟（粉）尘	14	6	26
中车西安车辆有限公司	COD	0.32	6	COD	0.38	6	COD	0.38	6	COD	7	8	26
江苏新海发电有限公司	烟（粉）尘	0.00	8	烟（粉）尘	0.28	4	氮氧化物	0.28	6	烟（粉）尘	6	8	26
重庆市渝西水务有限公司	COD	0.16	8	COD	0.41	4	COD	0.41	6	COD	2	8	26
中冶美利云产业投资股份有限公司	烟（粉）尘	0.00	8	烟（粉）尘	0.71	6	烟（粉）尘	0.71	4	烟（粉）尘	2	8	26
鞍山冀东水泥有限责任公司	烟（粉）尘	0.00	8	二氧化硫	0.66	6	氮氧化物	0.66	4	烟（粉）尘	1	8	26
高密万仁热电有限公司	二氧化硫	0.29	8	二氧化硫	0.24	2	烟（粉）尘	0.24	6	二氧化硫	3	8	24
新乡平原同力水泥有限责任公司	烟（粉）尘	0.26	8	二氧化硫	0.54	4	烟（粉）尘	0.54	4	烟（粉）尘	9	8	24
邵阳市云峰新能源科技有限公司	二氧化硫	0.00	6	二氧化硫	0.67	6	氮氧化物	0.67	4	二氧化硫	2	8	24
安阳首创水务有限公司	COD	0.40	6	COD	0.69	6	COD	0.69	4	COD	4	8	24
中国铝业股份有限公司	烟（粉）尘	0.01	8	二氧化硫	0.26	2	烟（粉）尘	0.26	6	烟（粉）尘	1	8	24
萍乡市洪城水业环保有限责任公司	COD	0.43	6	氨氮	0.29	4	COD	0.29	6	COD	6	8	24
河北西柏坡发电有限责任公司	烟（粉）尘	0.06	8	氮氧化物	0.33	2	烟（粉）尘	0.33	6	烟（粉）尘	10	8	24
宜兴天山水泥有限责任公司	烟（粉）尘	0.00	6	二氧化硫	0.77	6	氮氧化物	0.77	4	烟（粉）尘	5	8	24
达州海螺水泥有限责任公司	烟（粉）尘	0.00	8	烟（粉）尘	0.92	4	氮氧化物	0.92	4	烟（粉）尘	2	8	24
韶关市坪石发电厂有限公司（B厂）	烟（粉）尘	0.05	8	烟（粉）尘	0.27	2	二氧化硫	0.27	6	烟（粉）尘	2	8	24
陕西龙门煤化工有限责任公司	烟（粉）尘	0.00	8	烟（粉）尘	0.51	6	烟（粉）尘	0.51	4	烟（粉）尘	14	6	24
福建凤竹纺织科技股份有限公司	烟（粉）尘	0.02	4	烟（粉）尘	0.56	8	二氧化硫	0.56	4	烟（粉）尘	6	8	24
华电滕州新源热电有限公司	烟（粉）尘	0.00	8	氮氧化物	0.31	2	氮氧化物	0.31	6	烟（粉）尘	5	8	24
包头东宝生物技术股份有限公司	COD	0.02	8	氨氮	0.49	2	COD	0.49	6	COD	1	8	24

被参控公司/母公司	年度超标率	最大超标倍数	平均超标倍数	最大连续超标时长	年度超标率	最大超标倍数	平均超标倍数	最大连续超标时长	年度超标率	最大超标倍数	平均超标倍数	最大连续超标时长	在线监测系统得分
	污染物	超标率	得分	污染物	倍数	得分	污染物	倍数	得分	污染物	时长	得分	
新疆青松建材化工（集团）股份有限公司	烟（粉）尘	0.00	8	烟（粉）尘	0.29	2	烟（粉）尘	0.29	6	烟（粉）尘	3	8	24
吉林吉恩镍业股份有限公司	二氧化硫	1.17	4	烟（粉）尘	0.46	6	烟（粉）尘	0.46	6	烟（粉）尘	4	8	24
唐山中浩化工有限公司	烟（粉）尘	0.00	8	烟（粉）尘	0.33	2	烟（粉）尘	0.33	6	烟（粉）尘	2	8	24
益阳海螺水泥有限公司	烟（粉）尘	0.08	8	烟（粉）尘	0.91	4	氮氧化物	0.91	4	烟（粉）尘	3	8	24
郑州煤电股份有限公司	烟（粉）尘	0.05	8	二氧化硫	0.38	4	二氧化硫	0.38	6	烟（粉）尘	20	6	24
内蒙古冀东水泥有限责任公司	烟（粉）尘	0.10	8	烟（粉）尘	0.57	4	烟（粉）尘	0.57	4	烟（粉）尘	2	8	24
昆明市东川区国祯污水处理有限公司	COD	0.31	6	COD	0.37	4	COD	0.37	6	COD	4	8	24
郎溪国祯水务运营有限公司	COD	0.20	6	氨氮	0.28	4	COD	0.28	6	COD	4	8	24
重庆市排水有限公司	COD	0.35	6	COD	0.29	4	COD	0.29	6	COD	3	8	24
四川长虹技佳精工有限公司	COD	0.39	6	COD	0.32	4	COD	0.32	6	COD	8	8	24
温州洪城水业环保有限公司	氨氮	0.32	6	COD	0.45	4	COD	0.45	6	COD	7	8	24
邯钢集团邯宝钢铁有限公司	烟（粉）尘	0.00	8	二氧化硫	0.25	4	烟（粉）尘	0.25	6	烟（粉）尘	13	6	24
苏州苏盛热电有限公司	二氧化硫	0.00	8	氮氧化物	0.76	4	氮氧化物	0.76	4	二氧化硫	1	8	24
湖北广济药业股份有限公司	氨氮	0.83	4	COD	0.26	8	氨氮	0.26	6	氨氮	16	6	24
中原环保郑州上街水务有限公司	COD	0.06	8	氨氮	0.53	4	COD	0.53	4	COD	2	8	24
南京钢铁股份有限公司	烟（粉）尘	0.01	8	烟（粉）尘	0.21	2	烟（粉）尘	0.21	6	烟（粉）尘	3	8	24
中粮（唐山）糖业有限公司	烟（粉）尘	0.00	8	烟（粉）尘	0.72	4	氮氧化物	0.72	4	烟（粉）尘	3	8	24
亚泰集团铁岭水泥有限公司	烟（粉）尘	0.00	8	烟（粉）尘	0.71	4	氮氧化物	0.71	4	烟（粉）尘	3	8	24
安徽金星钛白（集团）有限公司	COD	0.18	8	COD	0.58	4	氨氮	0.58	4	COD	3	8	24
山东博汇纸业股份有限公司	COD	0.00	6	COD	0.61	6	COD	0.61	4	COD	3	8	24
广州恒运热电（D）厂有限责任公司	氮氧化物	0.09	8	氮氧化物	0.37	4	氮氧化物	0.37	6	氮氧化物	13	6	24

被参控公司/母公司	年度超标率	最大超标倍数	平均超标倍数	最大连续超标时长	年度超标率	最大超标倍数	平均超标倍数	最大连续超标时长	年度超标率	最大超标倍数	平均超标倍数	最大连续超标时长	在线监测系统得分
	污染物	超标率	得分	污染物	倍数	得分	污染物	倍数	得分	污染物	时长	得分	
福嘉综环科技股份有限公司	二氧化硫	0.01	4	二氧化硫	0.41	6	氮氧化物	0.41	6	二氧化硫	3	8	24
四川双马宜宾水泥制造有限公司	氮氧化物	0.00	8	氮氧化物	0.32	2	氮氧化物	0.32	6	氮氧化物	1	8	24
龙岩新东阳环保净化有限公司	烟（粉）尘	0.06	8	烟（粉）尘	0.37	2	烟（粉）尘	0.37	6	烟（粉）尘	2	8	24
国电大武口热电有限公司	烟（粉）尘	0.00	8	烟（粉）尘	0.52	4	烟（粉）尘	0.52	4	烟（粉）尘	4	8	24
内蒙古亿利化学工业有限公司	烟（粉）尘	0.58	6	烟（粉）尘	0.50	6	烟（粉）尘	0.50	4	烟（粉）尘	12	8	24
山西西山煤气化有限责任公司	COD	0.00	6	COD	0.31	4	COD	0.31	6	COD	4	8	24
广州恒运企业集团股份有限公司	烟（粉）尘	0.00	8	烟（粉）尘	0.27	4	烟（粉）尘	0.27	6	氮氧化物	17	6	24
华电章丘发电有限公司	烟（粉）尘	0.00	8	二氧化硫	0.75	6	氮氧化物	0.75	4	氮氧化物	13	6	24
西安西电开关电气有限公司	COD	0.68	4	COD	0.18	8	COD	0.18	8	COD	43	4	24
浙江景兴纸业股份有限公司	COD	0.00	8	氨氮	0.40	2	COD	0.40	6	COD	2	8	24
瓮福紫金化工股份有限公司	烟（粉）尘	0.00	8	烟（粉）尘	0.61	4	氮氧化物	0.61	4	烟（粉）尘	1	8	24
沙湾盖瑞乳业有限责任公司	COD	0.80	4	COD	0.20	6	COD	0.20	8	COD	21	6	24
天津太钢天管不锈钢有限公司	COD	0.90	4	COD	0.22	8	COD	0.22	6	COD	14	6	24
贵州信邦药业有限公司	烟（粉）尘	2.83	4	烟（粉）尘	0.35	8	烟（粉）尘	0.35	6	烟（粉）尘	18	6	24
曲靖创业水务有限公司	COD	0.26	6	氨氮	0.42	4	COD	0.42	6	COD	4	8	24
株洲冶炼集团股份有限公司	烟（粉）尘	0.00	8	二氧化硫	0.23	2	烟（粉）尘	0.23	6	烟（粉）尘	3	8	24
淄博齐翔腾达化工股份有限公司	二氧化硫	0.00	6	COD	0.31	4	氮氧化物	0.31	6	二氧化硫	1	8	24
宽城碧水源环保有限公司	COD	0.33	6	COD	0.41	4	COD	0.41	6	COD	4	8	24
灵寿冀东水泥有限责任公司	烟（粉）尘	0.00	8	烟（粉）尘	0.71	4	氮氧化物	0.71	4	烟（粉）尘	9	8	24
武安顶峰热电有限公司	二氧化硫	0.76	6	二氧化硫	0.22	6	烟（粉）尘	0.22	6	二氧化硫	17	6	24
上海振华重工（集团）股份有限公司	氨氮	0.39	6	氨氮	0.28	4	COD	0.28	6	氨氮	5	8	24
国产实业（湖南）水泥有限公司	烟（粉）尘	0.07	8	烟（粉）尘	0.29	2	氮氧化物	0.29	6	烟（粉）尘	4	8	24

被参控公司/母公司	年度超标率	最大超标倍数	平均超标倍数	最大连续超标时长	年度超标率	最大超标倍数	平均超标倍数	最大连续超标时长	年度超标率	最大超标倍数	平均超标倍数	最大连续超标时长	在线监测系统得分
	污染物	超标率	得分	污染物	倍数	得分	污染物	倍数	得分	污染物	时长	得分	
山西漳电同华发电有限公司	烟（粉）尘	0.00	8	烟（粉）尘	0.37	4	氮氧化物	0.37	6	氮氧化物	17	6	24
贵州宜化化工有限责任公司	烟（粉）尘	3.11	4	烟（粉）尘	0.26	6	烟（粉）尘	0.26	6	烟（粉）尘	7	8	24
兴业皮革科技股份有限公司	COD	0.64	4	COD	0.57	8	COD	0.57	4	COD	4	8	24
神华亿利能源有限责任公司	烟（粉）尘	0.06	8	二氧化硫	0.89	4	氮氧化物	0.89	4	烟（粉）尘	3	8	24
浙江逸盛石化有限公司	COD	0.26	6	COD	0.47	6	COD	0.47	6	COD	18	6	24
连云港西湖污水处理有限公司	COD	0.22	6	COD	0.27	4	COD	0.27	6	COD	8	8	24
华能云南滇东能源有限责任公司	烟（粉）尘	0.05	8	烟（粉）尘	0.56	4	烟（粉）尘	0.56	4	烟（粉）尘	2	8	24
江苏淮阴发电有限责任公司	烟（粉）尘	0.00	8	烟（粉）尘	0.34	2	氮氧化物	0.34	6	烟（粉）尘	5	8	24
四川省金路树脂有限公司	烟（粉）尘	0.01	6	烟（粉）尘	0.36	6	烟（粉）尘	0.36	6	氮氧化物	15	6	24
安琪酵母（伊犁）有限公司	COD	0.01	4	氨氮	0.19	6	COD	0.19	8	COD	15	6	24
成县祁连山水泥有限公司	烟（粉）尘	0.00	8	烟（粉）尘	0.78	4	氮氧化物	0.78	4	烟（粉）尘	11	8	24
青海江仓能源发展有限责任公司	烟（粉）尘	0.00	6	二氧化硫	0.42	4	烟（粉）尘	0.42	6	烟（粉）尘	2	8	24
文县祁连山水泥有限公司	烟（粉）尘	0.00	6	烟（粉）尘	0.70	6	氮氧化物	0.70	4	烟（粉）尘	4	8	24
洪湖市创业水务有限公司	COD	0.32	6	COD	0.49	6	COD	0.49	6	COD	14	6	24
内蒙古丰泰发电有限公司	烟（粉）尘	0.00	8	烟（粉）尘	0.40	2	烟（粉）尘	0.40	6	烟（粉）尘	2	8	24
内蒙古拜克生物有限公司	烟（粉）尘	0.00	8	烟（粉）尘	0.36	2	烟（粉）尘	0.36	6	烟（粉）尘	2	8	24
宝鸡众喜凤凰山水泥有限公司	烟（粉）尘	0.00	2	烟（粉）尘	0.49	8	氮氧化物	0.49	6	烟（粉）尘	1	8	24
沈阳华润热电有限公司	烟（粉）尘	0.00	8	氮氧化物	0.61	4	烟（粉）尘	0.61	4	烟（粉）尘	3	8	24
师宗煤焦化工有限公司	烟（粉）尘	0.00	4	烟（粉）尘	0.52	8	二氧化硫	0.52	4	烟（粉）尘	1	8	24
沧州正元化肥有限公司	烟（粉）尘	0.00	8	烟（粉）尘	0.57	4	氮氧化物	0.57	4	烟（粉）尘	3	8	24
新疆八一钢铁股份有限公司	烟（粉）尘	0.00	6	氮氧化物	0.12	2	氮氧化物	0.12	8	二氧化硫	4	8	24
双钱集团（重庆）轮胎有限公司	烟（粉）尘	0.00	8	烟（粉）尘	0.43	2	烟（粉）尘	0.43	6	烟（粉）尘	2	8	24
河北邯峰发电有限责任公司	烟（粉）尘	0.00	8	烟（粉）尘	0.35	2	二氧化硫	0.35	6	烟（粉）尘	2	8	24

被参控公司/母公司	年度超标率	最大超标倍数	平均超标倍数	最大连续超标时长	年度超标率	最大超标倍数	平均超标倍数	最大连续超标时长	年度超标率	最大超标倍数	平均超标倍数	最大连续超标时长	在线监测系统得分
	污染物	超标率	得分	污染物	倍数	得分	污染物	倍数	得分	污染物	时长	得分	
佛山市南海里水水务有限公司	COD	0.21	6	COD	0.41	4	COD	0.41	6	COD	4	8	24
民丰特种纸股份有限公司	烟（粉）尘	0.00	6	烟（粉）尘	0.59	8	二氧化硫	0.59	4	烟（粉）尘	19	6	24
唐山中厚板材有限公司	烟（粉）尘	0.00	8	烟（粉）尘	0.45	2	烟（粉）尘	0.45	6	烟（粉）尘	8	8	24
佛山市南海区里水污水处理有限公司	COD	0.17	8	COD	0.21	2	COD	0.21	6	COD	3	8	24
亿利洁能科技（乐陵）有限公司	烟（粉）尘	5.88	2	烟（粉）尘	0.36	8	烟（粉）尘	0.36	6	烟（粉）尘	2	8	24
衡水恒兴发电有限责任公司	氮氧化物	0.00	8	氮氧化物	0.55	4	氮氧化物	0.55	4	氮氧化物	2	8	24
唐山冀东水泥股份有限公司	烟（粉）尘	0.12	8	烟（粉）尘	0.66	4	氮氧化物	0.66	4	烟（粉）尘	7	8	24
宁波光耀热电有限公司	烟（粉）尘	0.00	6	烟（粉）尘	0.38	6	烟（粉）尘	0.38	6	二氧化硫	16	6	24
抚顺特殊钢股份有限公司	烟（粉）尘	0.46	8	烟（粉）尘	0.30	6	烟（粉）尘	0.30	6	烟（粉）尘	27	4	24
风神轮胎股份有限公司	烟（粉）尘	0.00	8	烟（粉）尘	0.27	2	烟（粉）尘	0.27	6	烟（粉）尘	6	8	24
江西铜业集团银山矿业有限责任公司	COD	0.81	4	COD	0.33	6	COD	0.33	6	COD	7	8	24
河北涿州利源热电有限公司	氮氧化物	1.39	4	二氧化硫	0.87	8	氮氧化物	0.87	4	二氧化硫	1	8	24
安徽中粮生化燃料酒精有限公司	COD	0.57	4	COD	0.23	6	COD	0.23	6	COD	4	8	24
宝山钢铁股份有限公司	烟（粉）尘	0.10	8	烟（粉）尘	0.31	2	烟（粉）尘	0.31	6	烟（粉）尘	3	8	24
宝钢湛江钢铁有限公司	烟（粉）尘	0.00	8	氮氧化物	0.29	2	氮氧化物	0.29	6	烟（粉）尘	1	8	24
郑州裕中能源有限责任公司	氮氧化物	0.00	8	氮氧化物	0.38	2	二氧化硫	0.38	6	氮氧化物	3	8	24
四川新迪医药化工有限公司	烟（粉）尘	0.04	4	烟（粉）尘	0.31	6	烟（粉）尘	0.31	6	烟（粉）尘	12	8	24
国电泰州发电有限公司	烟（粉）尘	0.00	8	烟（粉）尘	0.42	2	氮氧化物	0.42	6	烟（粉）尘	1	8	24
湖北兴发化工集团股份有限公司	烟（粉）尘	0.81	6	烟（粉）尘	0.53	6	氮氧化物	0.53	4	烟（粉）尘	11	8	24
黑龙江华电齐齐哈尔热电有限公司	烟（粉）尘	0.00	8	烟（粉）尘	0.35	2	氮氧化物	0.35	6	烟（粉）尘	5	8	24
中煤陕西榆林能源化工有限公司	烟（粉）尘	0.04	8	烟（粉）尘	0.75	4	氮氧化物	0.75	4	烟（粉）尘	1	8	24

被参控公司/母公司	年度超标率	最大超标倍数	平均超标倍数	最大连续超标时长	年度超标率	最大超标倍数	平均超标倍数	最大连续超标时长	年度超标率	最大超标倍数	平均超标倍数	最大连续超标时长	在线监测系统得分
	污染物	超标率	得分	污染物	倍数	得分	污染物	倍数	得分	污染物	时长	得分	
神华神东电力有限责任公司	烟（粉）尘	0.00	8	烟（粉）尘	0.60	6	烟（粉）尘	0.60	4	烟（粉）尘	15	6	24
宜都兴发化工有限公司	二氧化硫	0.21	8	二氧化硫	0.43	2	二氧化硫	0.43	6	二氧化硫	7	8	24
山西美锦煤焦化有限公司	烟（粉）尘	0.00	8	烟（粉）尘	0.54	6	氮氧化物	0.54	4	氮氧化物	17	6	24
云南天安化工有限公司	二氧化硫	0.00	8	二氧化硫	0.32	2	二氧化硫	0.32	6	二氧化硫	4	8	24
广东惠州平海发电厂有限公司	烟（粉）尘	0.00	8	烟（粉）尘	0.37	2	烟（粉）尘	0.37	6	烟（粉）尘	7	8	24
哈药集团股份有限公司	COD	0.12	8	COD	0.28	2	COD	0.28	6	COD	3	8	24
江苏今世缘酒业销售有限公司	COD	0.22	6	COD	0.17	2	COD	0.17	8	COD	3	8	24
山东省药用玻璃股份有限公司	氮氧化物	0.78	6	烟（粉）尘	0.62	6	氮氧化物	0.62	4	烟（粉）尘	7	8	24
鲁西化工集团股份有限公司	烟（粉）尘	0.01	8	烟（粉）尘	0.17	2	氮氧化物	0.17	8	氮氧化物	17	6	24
浙江浙能温州发电有限公司	烟（粉）尘	0.02	8	氮氧化物	0.28	4	氮氧化物	0.28	6	氮氧化物	20	6	24
山西京玉发电有限责任公司	烟（粉）尘	0.00	8	烟（粉）尘	0.26	2	烟（粉）尘	0.26	6	烟（粉）尘	3	8	24
上海振华重工（集团）股份有限公司	氨氮	0.39	6	氨氮	0.28	4	COD	0.28	6	氨氮	5	8	24
内蒙古亿利冀东水泥有限责任公司	氮氧化物	0.01	4	氮氧化物	0.84	8	氮氧化物	0.84	4	氮氧化物	3	8	24
国电电力大同发电有限责任公司	烟（粉）尘	0.00	8	烟（粉）尘	0.29	2	氮氧化物	0.29	6	烟（粉）尘	1	8	24
江苏今世缘酒业股份有限公司	COD	0.22	6	COD	0.17	2	COD	0.17	8	COD	3	8	24
秦皇岛秦热发电有限责任公司	烟（粉）尘	0.00	8	烟（粉）尘	0.62	4	氮氧化物	0.62	4	烟（粉）尘	1	8	24
华新水泥（阳新）有限公司	烟（粉）尘	0.10	8	烟（粉）尘	0.29	2	烟（粉）尘	0.29	6	烟（粉）尘	5	8	24
安徽古井贡酒股份有限公司	烟（粉）尘	2.47	4	烟（粉）尘	0.61	8	烟（粉）尘	0.61	4	烟（粉）尘	8	8	24
陇南祁连山水泥有限公司	烟（粉）尘	0.00	6	烟（粉）尘	0.73	6	氮氧化物	0.73	4	烟（粉）尘	5	8	24
白音华金山发电有限公司	烟（粉）尘	0.00	8	烟（粉）尘	0.33	2	二氧化硫	0.33	6	烟（粉）尘	3	8	24
南阳鸭河口发电有限责任公司	烟（粉）尘	0.00	8	氮氧化物	0.50	4	二氧化硫	0.50	4	烟（粉）尘	3	8	24

被参控公司/母公司	年度超标率	最大超标倍数	平均超标倍数	最大连续超标时长	年度超标率	最大超标倍数	平均超标倍数	最大连续超标时长	年度超标率	最大超标倍数	平均超标倍数	最大连续超标时长	在线监测系统得分
	污染物	超标率	得分	污染物	倍数	得分	污染物	倍数	得分	污染物	时长	得分	
扬州第二发电有限责任公司	烟（粉）尘	0.00	8	烟（粉）尘	0.23	2	二氧化硫	0.23	6	烟（粉）尘	2	8	24
唐山三友远达纤维有限公司	COD	0.15	8	COD	0.57	4	COD	0.57	4	COD	3	8	24
内蒙古中牧生物药业有限公司	烟（粉）尘	0.01	6	烟（粉）尘	0.53	6	烟（粉）尘	0.53	4	烟（粉）尘	3	8	24
南阳天益发电有限责任公司	烟（粉）尘	0.07	8	氮氧化物	0.47	2	二氧化硫	0.47	6	烟（粉）尘	10	8	24
唐县冀东水泥有限责任公司	烟（粉）尘	0.00	8	烟（粉）尘	0.62	4	烟（粉）尘	0.62	4	烟（粉）尘	9	8	24
河北建投沙河发电有限责任公司	二氧化硫	0.00	8	氮氧化物	0.78	4	二氧化硫	0.78	4	二氧化硫	1	8	24
神马实业股份有限公司	COD	5.11	2	COD	0.33	8	COD	0.33	6	COD	12	8	24
赤峰中色锌业有限公司	烟（粉）尘	0.26	8	烟（粉）尘	0.38	2	烟（粉）尘	0.38	6	烟（粉）尘	6	8	24
河南华英农业发展股份有限公司	COD	0.15	8	COD	0.44	2	COD	0.44	6	COD	2	8	24
伊犁川宁生物技术有限公司	烟（粉）尘	0.00	8	烟（粉）尘	0.41	2	烟（粉）尘	0.41	6	烟（粉）尘	2	8	24
广州中电荔新电力实业有限公司	烟（粉）尘	0.00	8	氮氧化物	0.40	2	氮氧化物	0.40	6	烟（粉）尘	1	8	24
新疆青松建材有限责任公司	烟（粉）尘	0.22	8	烟（粉）尘	0.29	2	烟（粉）尘	0.29	6	烟（粉）尘	3	8	24
东风汽车集团股份有限公司	COD	0.32	6	COD	0.44	4	COD	0.44	6	COD	5	8	24
巨鹿县聚力环保有限公司	二氧化硫	10.34	2	烟（粉）尘	0.38	8	二氧化硫	0.38	6	烟（粉）尘	1	8	24
攀钢集团重庆钛业股份有限公司	烟（粉）尘	0.03	4	二氧化硫	0.29	6	二氧化硫	0.29	6	烟（粉）尘	10	8	24
山西平朔煤矸石发电有限责任公司	烟（粉）尘	0.00	8	烟（粉）尘	0.28	2	烟（粉）尘	0.28	6	烟（粉）尘	2	8	24
湖南华升洞庭麻业有限公司	COD	0.48	6	COD	0.37	4	COD	0.37	6	COD	8	8	24
邢台东庞通达煤电有限公司	氮氧化物	0.68	6	二氧化硫	0.58	6	烟（粉）尘	0.58	4	二氧化硫	3	8	24
南京钢铁有限公司	烟（粉）尘	0.00	8	烟（粉）尘	0.21	2	烟（粉）尘	0.21	6	烟（粉）尘	3	8	24
张家港市清源水处理有限公司	COD	0.02	8	COD	0.63	4	COD	0.63	4	COD	1	8	24
中国石化湛江东兴石油化工有限公司	烟（粉）尘	0.05	8	烟（粉）尘	0.21	2	烟（粉）尘	0.21	6	烟（粉）尘	2	8	24

被参控公司/母公司	年度超标率	最大超标倍数	平均超标倍数	最大连续超标时长	年度超标率	最大超标倍数	平均超标倍数	最大连续超标时长	年度超标率	最大超标倍数	平均超标倍数	最大连续超标时长	在线监测系统得分
	污染物	超标率	得分	污染物	倍数	得分	污染物	倍数	得分	污染物	时长	得分	
陕西黑猫焦化股份有限公司	烟（粉）尘	0.00	6	烟（粉）尘	0.65	6	氮氧化物	0.65	4	烟（粉）尘	6	8	24
阳煤化工股份有限公司	烟（粉）尘	0.46	8	烟（粉）尘	0.23	2	氮氧化物	0.23	6	烟（粉）尘	10	8	24
安徽华谊化工有限公司	烟（粉）尘	0.05	8	烟（粉）尘	0.37	2	烟（粉）尘	0.37	6	烟（粉）尘	4	8	24
华电能源股份有限公司	烟（粉）尘	0.16	8	烟（粉）尘	0.30	2	氮氧化物	0.30	6	烟（粉）尘	4	8	24
天津泰达环保有限公司	烟（粉）尘	0.30	8	烟（粉）尘	0.61	6	氮氧化物	0.61	4	烟（粉）尘	18	6	24
全椒海螺水泥有限责任公司	烟（粉）尘	0.00	8	烟（粉）尘	0.57	6	烟（粉）尘	0.57	4	烟（粉）尘	14	6	24
贵州信邦制药股份有限公司	烟（粉）尘	2.83	4	烟（粉）尘	0.35	8	烟（粉）尘	0.35	6	烟（粉）尘	18	6	24
丹东金山热电有限公司	二氧化硫	0.00	8	氮氧化物	0.36	4	氮氧化物	0.36	6	二氧化硫	15	6	24
山西大唐国际云冈热电有限责任公司	氮氧化物	0.00	8	氮氧化物	0.22	2	氮氧化物	0.22	6	氮氧化物	10	8	24
成都南玻玻璃有限公司	烟（粉）尘	0.01	6	烟（粉）尘	0.68	6	烟（粉）尘	0.68	4	烟（粉）尘	3	8	24
河北大唐国际唐山热电有限责任公司	烟（粉）尘	0.00	8	氮氧化物	0.48	2	二氧化硫	0.48	6	烟（粉）尘	1	8	24
惠州市同方水务有限公司	COD	0.22	6	COD	0.55	6	COD	0.55	4	COD	5	8	24
新疆青松建材化工（集团）股份有限公司	烟（粉）尘	0.22	8	烟（粉）尘	0.29	2	烟（粉）尘	0.29	6	烟（粉）尘	3	8	24
焦作金冠嘉华电力有限公司	烟（粉）尘	0.00	8	氮氧化物	0.40	4	二氧化硫	0.40	6	烟（粉）尘	15	6	24
枣庄中科环保电力有限公司	氮氧化物	2.58	4	氮氧化物	0.53	6	氮氧化物	0.53	4	烟（粉）尘	1	8	22
中粮屯河崇左糖业有限公司	COD	1.20	2	COD	0.52	8	COD	0.52	4	COD	12	8	22
满洲里达赉湖热电有限公司	烟（粉）尘	0.00	8	烟（粉）尘	0.43	2	烟（粉）尘	0.43	6	烟（粉）尘	15	6	22
石家庄良村热电有限公司	烟（粉）尘	0.00	8	烟（粉）尘	0.59	2	二氧化硫	0.59	4	烟（粉）尘	1	8	22
山西华泽铝电有限责任公司	烟（粉）尘	0.02	8	烟（粉）尘	0.24	2	烟（粉）尘	0.24	6	氮氧化物	20	6	22
湖南海螺水泥有限公司	烟（粉）尘	0.00	8	烟（粉）尘	0.63	2	氮氧化物	0.63	4	烟（粉）尘	1	8	22
青海际华江源实业有限公司	二氧化硫	2.95	4	烟（粉）尘	0.32	8	烟（粉）尘	0.32	6	二氧化硫	40	4	22

被参控公司/母公司	年度超标率	最大超标倍数	平均超标倍数	最大连续超标时长	年度超标率	最大超标倍数	平均超标倍数	最大连续超标时长	年度超标率	最大超标倍数	平均超标倍数	最大连续超标时长	在线监测系统得分
	污染物	超标率	得分	污染物	倍数	得分	污染物	倍数	得分	污染物	时长	得分	
瑞泰科技股份有限公司	烟（粉）尘	0.00	6	烟（粉）尘	0.72	4	二氧化硫	0.72	4	烟（粉）尘	1	8	22
阳春市水质净化有限公司	COD	0.01	8	COD	0.54	2	COD	0.54	4	COD	1	8	22
河北华电石家庄鹿华热电有限公司	烟（粉）尘	0.00	8	烟（粉）尘	0.51	2	二氧化硫	0.51	4	烟（粉）尘	2	8	22
焦作万方铝业股份有限公司	烟（粉）尘	0.13	8	烟（粉）尘	0.59	4	烟（粉）尘	0.59	4	烟（粉）尘	14	6	22
恒力石化股份有限公司	烟（粉）尘	0.02	8	二氧化硫	0.55	6	烟（粉）尘	0.55	4	氮氧化物	30	4	22
阜新金山煤矸石热电有限公司	烟（粉）尘	0.00	6	烟（粉）尘	0.12	4	氮氧化物	0.12	6	氮氧化物	18	6	22
安阳钢铁股份有限公司	烟（粉）尘	0.46	8	二氧化硫	0.40	6	烟（粉）尘	0.40	6	烟（粉）尘	267	2	22
佛山市南海罗村污水处理有限公司	COD	0.38	6	COD	0.38	2	COD	0.38	6	COD	3	8	22
云南驰宏资源综合利用有限公司	二氧化硫	0.00	6	COD	0.49	4	二氧化硫	0.49	6	氮氧化物	13	6	22
建投邢台热电有限责任公司	烟（粉）尘	0.00	8	烟（粉）尘	0.66	2	氮氧化物	0.66	4	烟（粉）尘	7	8	22
襄阳桑德汉水水务有限公司	COD	0.89	4	COD	0.47	4	COD	0.47	6	COD	9	8	22
江西玉山万年青水泥有限公司	烟（粉）尘	0.01	6	烟（粉）尘	0.43	2	烟（粉）尘	0.43	6	烟（粉）尘	11	8	22
易门铜业有限公司	二氧化硫	0.00	4	二氧化硫	0.60	8	烟（粉）尘	0.60	4	氮氧化物	15	6	22
国投钦州发电有限公司	烟（粉）尘	0.00	8	烟（粉）尘	0.46	2	氮氧化物	0.46	6	氮氧化物	13	6	22
双峰海螺水泥有限公司	烟（粉）尘	0.00	8	烟（粉）尘	0.41	2	烟（粉）尘	0.41	6	烟（粉）尘	15	6	22
山西兴能发电有限责任公司	烟（粉）尘	0.00	8	二氧化硫	0.31	2	二氧化硫	0.31	6	氮氧化物	14	6	22
平凉海螺水泥有限责任公司	烟（粉）尘	0.17	8	烟（粉）尘	0.72	2	氮氧化物	0.72	4	烟（粉）尘	2	8	22
冀东海天水泥闻喜有限责任公司	烟（粉）尘	0.00	6	二氧化硫	0.65	6	氮氧化物	0.65	4	二氧化硫	13	6	22
宏达高科控股股份有限公司	COD	0.01	4	COD	0.51	6	COD	0.51	4	COD	12	8	22
四川永祥股份有限公司	烟（粉）尘	1.10	4	烟（粉）尘	0.66	6	二氧化硫	0.66	4	烟（粉）尘	3	8	22
山西省长治经坊煤业有限公司	COD	0.92	4	COD	0.23	4	COD	0.23	6	COD	4	8	22

被参控公司/母公司	年度超标率	最大超标倍数	平均超标倍数	最大连续超标时长	年度超标率	最大超标倍数	平均超标倍数	最大连续超标时长	年度超标率	最大超标倍数	平均超标倍数	最大连续超标时长	在线监测系统得分
	污染物	超标率	得分	污染物	倍数	得分	污染物	倍数	得分	污染物	时长	得分	
砚山县国祯污水处理有限公司	COD	0.41	6	COD	0.28	2	COD	0.28	6	COD	3	8	22
武乡西山发电有限责任公司	烟（粉）尘	0.00	8	氮氧化物	0.70	2	烟（粉）尘	0.70	4	烟（粉）尘	8	8	22
滨化集团股份有限公司	COD	0.44	6	COD	0.51	4	COD	0.51	4	COD	10	8	22
华能沁北发电有限责任公司	烟（粉）尘	0.00	8	二氧化硫	0.44	2	二氧化硫	0.44	6	氮氧化物	15	6	22
河北建投宣化热电有限责任公司	烟（粉）尘	0.00	8	烟（粉）尘	0.60	2	氮氧化物	0.60	4	烟（粉）尘	2	8	22
嘉兴石化有限公司	COD	0.75	4	COD	0.17	4	COD	0.17	8	COD	16	6	22
河南神火发电有限公司	烟（粉）尘	0.00	8	烟（粉）尘	0.52	2	二氧化硫	0.52	4	烟（粉）尘	2	8	22
重庆市三峡水务有限责任公司	COD	0.44	6	COD	0.35	4	COD	0.35	6	COD	19	6	22
济宁海螺水泥有限责任公司	烟（粉）尘	0.00	8	二氧化硫	0.64	2	氮氧化物	0.64	4	烟（粉）尘	1	8	22
中粮屯河新源糖业有限公司	烟（粉）尘	0.01	6	烟（粉）尘	0.56	4	氮氧化物	0.56	4	烟（粉）尘	6	8	22
浙江开化合成材料有限公司	烟（粉）尘	2.19	4	烟（粉）尘	0.34	4	烟（粉）尘	0.34	6	烟（粉）尘	10	8	22
际华三五零九纺织有限公司	COD	0.58	4	COD	0.32	4	COD	0.32	6	COD	10	8	22
江西赣州南方万年青水泥有限公司	烟（粉）尘	0.00	8	烟（粉）尘	0.37	2	氮氧化物	0.37	6	烟（粉）尘	19	6	22
国电电力朝阳水务环保有限公司	COD	0.62	4	氨氮	0.46	4	COD	0.46	6	COD	10	8	22
张家港市清泉水处理有限公司	COD	0.26	6	COD	0.65	4	COD	0.65	4	COD	4	8	22
江西赣能股份有限公司	烟（粉）尘	0.03	8	氮氧化物	0.69	4	氮氧化物	0.69	4	氮氧化物	18	6	22
新疆中泰化学托克逊能化有限公司	氮氧化物	0.80	6	氮氧化物	0.31	4	烟（粉）尘	0.31	6	氮氧化物	13	6	22
福建大唐国际宁德发电有限责任公司	烟（粉）尘	0.00	8	烟（粉）尘	0.21	2	烟（粉）尘	0.21	6	氮氧化物	19	6	22
石家庄正元化肥有限公司	烟（粉）尘	0.00	8	烟（粉）尘	0.52	2	氮氧化物	0.52	4	烟（粉）尘	3	8	22

被参控公司/母公司	年度超标率	最大超标倍数	平均超标倍数	最大连续超标时长	年度超标率	最大超标倍数	平均超标倍数	最大连续超标时长	年度超标率	最大超标倍数	平均超标倍数	最大连续超标时长	在线监测系统得分
	污染物	超标率	得分	污染物	倍数	得分	污染物	倍数	得分	污染物	时长	得分	
淮北国安电力有限公司	烟（粉）尘	0.00	8	烟（粉）尘	0.22	2	烟（粉）尘	0.22	6	烟（粉）尘	13	6	22
神华国华（舟山）发电有限责任公司	烟（粉）尘	0.00	6	氮氧化物	0.34	4	氮氧化物	0.34	6	氮氧化物	19	6	22
江西富祥药业股份有限公司	COD	0.00	4	COD	0.54	8	COD	0.54	4	氨氮	13	6	22
凤阳县富春紫光污水处理有限公司	COD	1.24	2	COD	0.48	6	COD	0.48	6	COD	8	8	22
古浪祁连山水泥有限公司	烟（粉）尘	0.26	8	烟（粉）尘	0.74	2	氮氧化物	0.74	4	烟（粉）尘	6	8	22
内蒙古金海伊利乳业有限责任公司	烟（粉）尘	0.24	8	二氧化硫	0.61	2	氮氧化物	0.61	4	烟（粉）尘	2	8	22
韩城黑猫炭黑有限责任公司	二氧化硫	1.60	4	二氧化硫	0.55	8	二氧化硫	0.55	4	二氧化硫	14	6	22
河北国华沧东发电有限责任公司	氮氧化物	0.00	8	氮氧化物	0.51	2	氮氧化物	0.51	4	氮氧化物	5	8	22
吉林凯莱英医药化学有限公司	烟（粉）尘	1.76	4	烟（粉）尘	0.17	4	烟（粉）尘	0.17	8	烟（粉）尘	19	6	22
兖州煤业股份有限公司	烟（粉）尘	0.07	8	烟（粉）尘	0.62	2	氮氧化物	0.62	4	烟（粉）尘	2	8	22
河南明泰铝业股份有限公司	烟（粉）尘	1.61	4	烟（粉）尘	0.24	8	烟（粉）尘	0.24	6	烟（粉）尘	38	4	22
河北燕京玻璃制品有限公司	烟（粉）尘	0.30	8	烟（粉）尘	0.51	2	氮氧化物	0.51	4	烟（粉）尘	5	8	22
铜陵上峰水泥股份有限公司	烟（粉）尘	0.00	8	氮氧化物	0.62	4	氮氧化物	0.62	4	烟（粉）尘	16	6	22
华能渑池热电有限责任公司	烟（粉）尘	0.00	8	烟（粉）尘	0.27	2	二氧化硫	0.27	6	烟（粉）尘	22	6	22
江苏国信靖江发电有限公司	烟（粉）尘	0.00	8	氮氧化物	0.81	2	氮氧化物	0.81	4	烟（粉）尘	10	8	22
江苏瑞洪盐业有限公司	烟（粉）尘	0.00	8	二氧化硫	0.57	2	氮氧化物	0.57	4	烟（粉）尘	4	8	22
河北南玻玻璃有限公司	烟（粉）尘	0.01	6	烟（粉）尘	0.54	4	烟（粉）尘	0.54	4	烟（粉）尘	12	8	22
恒力石化（大连）化工有限公司	烟（粉）尘	0.02	8	二氧化硫	0.55	6	烟（粉）尘	0.55	4	氮氧化物	30	4	22
漳县祁连山水泥有限公司	烟（粉）尘	0.00	8	烟（粉）尘	0.66	2	氮氧化物	0.66	4	烟（粉）尘	2	8	22
上海赛科石油化工有限责任公司	烟（粉）尘	0.00	6	COD	0.51	4	COD	0.51	4	烟（粉）尘	3	8	22

被参控公司/母公司	年度超标率	最大超标倍数	平均超标倍数	最大连续超标时长	年度超标率	最大超标倍数	平均超标倍数	最大连续超标时长	年度超标率	最大超标倍数	平均超标倍数	最大连续超标时长	在线监测系统得分
	污染物	超标率	得分	污染物	倍数	得分	污染物	倍数	得分	污染物	时长	得分	
唐山冀东水泥三友有限公司	烟（粉）尘	0.01	6	烟（粉）尘	0.68	4	氮氧化物	0.68	4	烟（粉）尘	12	8	22
华新水泥（郴州）有限公司	烟（粉）尘	0.00	4	二氧化硫	0.90	6	氮氧化物	0.90	4	烟（粉）尘	2	8	22
内蒙古博大实地化学有限公司	烟（粉）尘	0.00	8	烟（粉）尘	0.51	2	烟（粉）尘	0.51	4	烟（粉）尘	5	8	22
宜昌新洋丰肥业有限公司	二氧化硫	0.40	8	二氧化硫	0.39	4	二氧化硫	0.39	6	二氧化硫	42	4	22
兖州煤业鄂尔多斯能化有限公司	烟（粉）尘	0.07	8	烟（粉）尘	0.62	2	氮氧化物	0.62	4	烟（粉）尘	2	8	22
新疆华泰重化工有限责任公司	烟（粉）尘	0.00	8	烟（粉）尘	0.53	2	氨氮	0.53	4	烟（粉）尘	6	8	22
郑州煤炭工业（集团）杨河煤业有限公司	COD	0.89	4	COD	0.57	6	COD	0.57	4	COD	6	8	22
京能（赤峰）能源发展有限公司	烟（粉）尘	0.00	8	烟（粉）尘	0.69	2	二氧化硫	0.69	4	烟（粉）尘	1	8	22
内蒙古华宁热电有限公司	烟（粉）尘	0.00	8	烟（粉）尘	0.55	2	二氧化硫	0.55	4	烟（粉）尘	9	8	22
菏泽首创水务有限公司	COD	0.25	6	COD	0.42	2	COD	0.42	6	COD	5	8	22
浙江浙能镇海发电有限责任公司	烟（粉）尘	0.00	8	烟（粉）尘	0.53	4	烟（粉）尘	0.53	4	烟（粉）尘	15	6	22
三河发电有限责任公司	二氧化硫	0.00	8	氮氧化物	0.50	2	二氧化硫	0.50	4	二氧化硫	1	8	22
沪士电子股份有限公司	COD	0.49	6	COD	0.38	2	COD	0.38	6	COD	12	8	22
青海水泥股份有限公司	烟（粉）尘	0.00	6	烟（粉）尘	0.76	4	氮氧化物	0.76	4	烟（粉）尘	3	8	22
燕京啤酒（山东无名）股份有限公司	烟（粉）尘	2.38	4	烟（粉）尘	0.46	6	烟（粉）尘	0.46	6	烟（粉）尘	23	6	22
石家庄柏坡正元化肥有限公司	烟（粉）尘	0.01	6	烟（粉）尘	0.24	2	烟（粉）尘	0.24	6	烟（粉）尘	8	8	22
沈阳焦煤股份有限公司	氮氧化物	0.61	6	烟（粉）尘	0.51	6	烟（粉）尘	0.51	4	氮氧化物	14	6	22
中持水务股份有限公司	COD	0.44	6	COD	0.52	6	COD	0.52	4	COD	15	6	22
河北大唐国际张家口热电有限责任公司	烟（粉）尘	0.00	8	烟（粉）尘	0.51	2	氮氧化物	0.51	4	烟（粉）尘	2	8	22
河南中源化学股份有限公司	烟（粉）尘	0.00	8	烟（粉）尘	0.54	2	烟（粉）尘	0.54	4	烟（粉）尘	8	8	22
宿州海螺水泥有限责任公司	烟（粉）尘	0.01	6	烟（粉）尘	0.83	4	氮氧化物	0.83	4	烟（粉）尘	5	8	22

被参控公司/母公司	年度超标率	最大超标倍数	平均超标倍数	最大连续超标时长	年度超标率	最大超标倍数	平均超标倍数	最大连续超标时长	年度超标率	最大超标倍数	平均超标倍数	最大连续超标时长	在线监测系统得分
	污染物	超标率	得分	污染物	倍数	得分	污染物	倍数	得分	污染物	时长	得分	
国水（马鞍山）污水处理有限公司	COD	0.44	6	COD	0.43	2	COD	0.43	6	COD	6	8	22
华能海南发电股份有限公司	烟（粉）尘	0.30	8	烟（粉）尘	0.66	2	氮氧化物	0.66	4	烟（粉）尘	11	8	22
内蒙古伊泽矿业投资有限公司	烟（粉）尘	0.07	8	烟（粉）尘	0.62	2	氮氧化物	0.62	4	烟（粉）尘	2	8	22
山东鲁北化工股份有限公司	烟（粉）尘	2.17	4	烟（粉）尘	0.49	6	烟（粉）尘	0.49	6	烟（粉）尘	15	6	22
安徽东至广信农化有限公司	二氧化硫	0.00	8	二氧化硫	0.54	2	二氧化硫	0.54	4	二氧化硫	2	8	22
中航飞机股份有限公司	COD	0.57	4	氨氮	0.25	6	COD	0.25	6	COD	16	6	22
甘谷祁连山水泥有限公司	烟（粉）尘	0.00	8	烟（粉）尘	0.62	2	氮氧化物	0.62	4	烟（粉）尘	3	8	22
应城市新都化工有限责任公司	烟（粉）尘	0.92	6	烟（粉）尘	0.26	6	烟（粉）尘	0.26	6	烟（粉）尘	61	4	22
贵阳海螺盘江水泥有限责任公司	烟（粉）尘	0.00	8	二氧化硫	0.69	2	氮氧化物	0.69	4	烟（粉）尘	2	8	22
临澧县凯迪绿色能源开发有限公司	烟（粉）尘	0.04	4	烟（粉）尘	0.62	6	烟（粉）尘	0.62	4	烟（粉）尘	10	8	22
河北大唐国际丰润热电有限责任公司	烟（粉）尘	0.00	8	烟（粉）尘	0.51	2	二氧化硫	0.51	4	烟（粉）尘	5	8	22
国电蚌埠发电有限公司	烟（粉）尘	0.00	8	烟（粉）尘	0.57	2	氮氧化物	0.57	4	烟（粉）尘	7	8	22
山西西山热电有限责任公司	烟（粉）尘	0.00	8	烟（粉）尘	0.59	2	二氧化硫	0.59	4	烟（粉）尘	3	8	22
山西华泽铝电有限公司	烟（粉）尘	0.00	8	烟（粉）尘	0.24	2	烟（粉）尘	0.24	6	氮氧化物	20	6	22
涞水冀东水泥有限责任公司	烟（粉）尘	0.00	6	二氧化硫	0.79	4	氮氧化物	0.79	4	烟（粉）尘	3	8	22
国电宣威发电有限责任公司	烟（粉）尘	0.00	6	烟（粉）尘	0.61	4	烟（粉）尘	0.61	4	烟（粉）尘	2	8	22
燕京啤酒（衡阳）有限公司	COD	0.63	4	COD	0.27	4	烟（粉）尘	0.27	6	二氧化硫	1	8	22
中铝宁夏能源集团有限公司	烟（粉）尘	0.11	8	烟（粉）尘	0.54	2	氮氧化物	0.54	4	烟（粉）尘	7	8	22
礼泉海螺水泥有限责任公司	烟（粉）尘	0.00	8	烟（粉）尘	0.78	2	氮氧化物	0.78	4	烟（粉）尘	8	8	22
东北制药集团股份有限公司	COD	0.57	4	COD	0.30	6	烟（粉）尘	0.30	6	COD	21	6	22
湖北沙隆达股份有限公司	COD	0.01	4	COD	0.20	6	COD	0.20	6	COD	15	6	22

被参控公司/母公司	年度超标率	最大超标倍数	平均超标倍数	最大连续超标时长	年度超标率	最大超标倍数	平均超标倍数	最大连续超标时长	年度超标率	最大超标倍数	平均超标倍数	最大连续超标时长	在线监测系统得分
	污染物	超标率	得分	污染物	倍数	得分	污染物	倍数	得分	污染物	时长	得分	
内蒙古双利矿业有限公司	烟（粉）尘	3.10	4	二氧化硫	0.67	6	烟（粉）尘	0.67	4	烟（粉）尘	6	8	22
广东韶关粤江发电有限责任公司	二氧化硫	0.00	6	氮氧化物	0.23	4	烟（粉）尘	0.23	6	氮氧化物	19	6	22
山西大唐国际临汾热电有限责任公司	烟（粉）尘	0.00	8	烟（粉）尘	0.31	2	烟（粉）尘	0.31	6	烟（粉）尘	14	6	22
东华能源股份有限公司	烟（粉）尘	0.48	8	烟（粉）尘	0.73	2	烟（粉）尘	0.73	4	烟（粉）尘	12	8	22
迁安中化煤化工有限责任公司	烟（粉）尘	0.00	8	二氧化硫	0.50	2	二氧化硫	0.50	4	烟（粉）尘	1	8	22
安琪酵母（睢县）有限公司	氮氧化物	13.00	2	氮氧化物	0.72	8	二氧化硫	0.72	4	氮氧化物	9	8	22
浙江美欣达印染集团股份有限公司	COD	0.31	6	COD	0.48	4	COD	0.48	6	COD	14	6	22
广东红海湾发电有限公司	烟（粉）尘	0.00	8	烟（粉）尘	0.21	2	烟（粉）尘	0.21	6	氮氧化物	23	6	22
哈密弘毅建材有限责任公司	烟（粉）尘	0.14	8	烟（粉）尘	0.74	2	氮氧化物	0.74	4	烟（粉）尘	4	8	22
国电织金发电有限公司	烟（粉）尘	0.00	4	二氧化硫	0.68	6	氮氧化物	0.68	4	烟（粉）尘	6	8	22
北票市宏发食品有限公司	COD	0.49	6	COD	0.64	6	COD	0.64	4	氨氮	22	6	22
阜宁澳洋科技有限责任公司	COD	0.00	6	COD	0.45	2	COD	0.45	6	COD	9	8	22
秦皇岛碧水源环境科技有限公司	COD	0.44	6	COD	0.25	2	COD	0.25	6	COD	5	8	22
白银中天化工有限责任公司	烟（粉）尘	2.41	4	烟（粉）尘	0.59	6	烟（粉）尘	0.59	4	烟（粉）尘	3	8	22
克州青松水泥有限责任公司	烟（粉）尘	0.00	6	氮氧化物	0.36	2	烟（粉）尘	0.36	6	烟（粉）尘	7	8	22
安徽山鹰纸业股份有限公司	烟（粉）尘	0.07	8	氨氮	0.58	2	COD	0.58	4	烟（粉）尘	10	8	22
哈尔滨哈投投资股份有限公司	烟（粉）尘	0.21	8	烟（粉）尘	0.68	4	氮氧化物	0.68	4	氮氧化物	14	6	22
辽阳冀东水泥有限公司	烟（粉）尘	0.00	8	烟（粉）尘	0.66	2	烟（粉）尘	0.66	4	烟（粉）尘	3	8	22
重庆市大足区清溪水务有限公司	氨氮	0.25	6	COD	0.36	4	COD	0.36	6	氨氮	20	6	22
内蒙古蒙华海勃湾发电有限责任公司	烟（粉）尘	0.00	6	氮氧化物	0.20	4	烟（粉）尘	0.20	6	氮氧化物	15	6	22
皖能铜陵发电有限公司	烟（粉）尘	0.00	8	烟（粉）尘	0.28	2	氮氧化物	0.28	6	氮氧化物	14	6	22

被参控公司/母公司	年度超标率	最大超标倍数	平均超标倍数	最大连续超标时长	年度超标率	最大超标倍数	平均超标倍数	最大连续超标时长	年度超标率	最大超标倍数	平均超标倍数	最大连续超标时长	在线监测系统得分
	污染物	超标率	得分	污染物	倍数	得分	污染物	倍数	得分	污染物	时长	得分	
凡和（葫芦岛）水务投资有限公司	氨氮	1.25	2	COD	0.49	6	COD	0.49	6	COD	7	8	22
冀东水泥永吉有限责任公司	烟（粉）尘	0.00	6	二氧化硫	0.72	6	氮氧化物	0.72	4	烟（粉）尘	17	6	22
新疆中泰化学股份有限公司	氮氧化物	0.80	6	氮氧化物	0.31	4	烟（粉）尘	0.31	6	氮氧化物	13	6	22
中材甘肃水泥有限责任公司	烟（粉）尘	0.00	8	烟（粉）尘	0.83	2	氮氧化物	0.83	4	烟（粉）尘	1	8	22
冀东水泥（烟台）有限责任公司	氮氧化物	0.68	6	二氧化硫	0.59	4	氮氧化物	0.59	4	烟（粉）尘	3	8	22
怀远县国祯污水处理有限公司	COD	0.23	6	氨氮	0.31	2	COD	0.31	6	COD	2	8	22
云南陆良县国祯污水处理有限公司	COD	0.40	6	COD	0.37	2	COD	0.37	6	COD	9	8	22
上海吴泾第二发电有限责任公司	烟（粉）尘	0.00	6	氮氧化物	0.30	2	烟（粉）尘	0.30	6	烟（粉）尘	5	8	22
河北金牛旭阳化工有限公司	烟（粉）尘	0.54	6	烟（粉）尘	0.25	2	烟（粉）尘	0.25	6	烟（粉）尘	9	8	22
富宁县国祯污水处理有限公司	COD	0.23	6	COD	0.24	2	COD	0.24	6	COD	4	8	22
本钢板材辽阳球团有限责任公司	烟（粉）尘	10.77	2	烟（粉）尘	0.57	8	氮氧化物	0.57	4	烟（粉）尘	9	8	22
福建太平洋电力有限公司	烟（粉）尘	0.01	6	烟（粉）尘	0.16	2	烟（粉）尘	0.16	8	烟（粉）尘	53	4	20
江西晨鸣纸业有限责任公司	烟（粉）尘	0.00	6	二氧化硫	0.36	2	烟（粉）尘	0.36	6	COD	18	6	20
厦门华夏国际电力发展有限公司	烟（粉）尘	0.00	8	烟（粉）尘	0.23	2	氮氧化物	0.23	6	烟（粉）尘	30	4	20
内蒙古君正化工有限责任公司	烟（粉）尘	2.13	4	二氧化硫	0.70	4	烟（粉）尘	0.70	4	烟（粉）尘	6	8	20
梅花生物科技集团股份有限公司	烟（粉）尘	0.03	8	氨氮	0.00	2	氨氮	0.00	2	烟（粉）尘	2	8	20
兴业葵阳海螺水泥有限责任公司	烟（粉）尘	0.30	8	烟（粉）尘	0.54	2	烟（粉）尘	0.54	4	烟（粉）尘	15	6	20
陇西县博华污水处理有限公司	COD	0.76	4	COD	0.52	4	COD	0.52	4	COD	4	8	20
佛山市南海区丹灶镇污水处理有限公司	COD	0.56	4	COD	0.23	4	COD	0.23	6	COD	13	6	20
四川龙蟒钛业股份有限公司	烟（粉）尘	2.63	4	烟（粉）尘	0.45	4	烟（粉）尘	0.45	6	烟（粉）尘	19	6	20
山海关船舶重工有限责任公司	COD	0.79	4	COD	0.10	2	氨氮	0.10	8	COD	19	6	20

被参控公司/母公司	年度超标率	最大超标倍数	平均超标倍数	最大连续超标时长	年度超标率	最大超标倍数	平均超标倍数	最大连续超标时长	年度超标率	最大超标倍数	平均超标倍数	最大连续超标时长	在线监测系统得分
	污染物	超标率	得分	污染物	倍数	得分	污染物	倍数	得分	污染物	时长	得分	
南京红太阳农村云商有限公司	氨氮	0.37	6	氨氮	0.45	2	COD	0.45	6	氨氮	13	6	20
新能能源有限公司	二氧化硫	1.29	4	烟（粉）尘	0.69	6	二氧化硫	0.69	4	氮氧化物	18	6	20
湛江冠豪纸业有限公司	COD	0.28	6	COD	0.48	2	COD	0.48	6	COD	13	6	20
四川永丰浆纸股份有限公司	烟（粉）尘	0.01	6	烟（粉）尘	0.61	4	COD	0.61	4	烟（粉）尘	20	6	20
中车双喜轮胎有限公司	烟（粉）尘	1.01	4	烟（粉）尘	0.52	4	氮氧化物	0.52	4	烟（粉）尘	10	8	20
亚泰集团通化水泥股份有限公司	氮氧化物	1.58	4	烟（粉）尘	0.85	4	氮氧化物	0.85	4	烟（粉）尘	3	8	20
泰山石膏（济源）有限公司	烟（粉）尘	0.84	6	烟（粉）尘	0.68	2	烟（粉）尘	0.68	4	烟（粉）尘	3	8	20
贵州芭田生态工程有限公司	二氧化硫	2.22	4	二氧化硫	0.51	4	烟（粉）尘	0.51	4	烟（粉）尘	2	8	20
石河子天富南热电有限公司	烟（粉）尘	0.00	6	氮氧化物	0.50	2	烟（粉）尘	0.50	4	烟（粉）尘	6	8	20
南宁糖业股份有限公司	COD	1.33	2	COD	0.37	6	COD	0.37	6	COD	22	6	20
中国第一重型机械股份公司	COD	0.91	4	COD	0.20	4	COD	0.20	6	COD	22	6	20
中铝集团山西交口兴华科技股份有限公司	烟（粉）尘	0.00	6	二氧化硫	0.44	2	烟（粉）尘	0.44	6	二氧化硫	15	6	20
太阳纸业（香港）有限公司	COD	0.47	6	COD	0.23	2	COD	0.23	6	COD	24	6	20
国投新疆罗布泊钾盐有限责任公司	烟（粉）尘	0.00	6	烟（粉）尘	0.59	6	烟（粉）尘	0.59	4	二氧化硫	58	4	20
燕京啤酒（通辽）有限责任公司	COD	0.07	8	氨氮	0.00	2	氨氮	0.00	2	COD	6	8	20
宜宾海丰和锐有限公司	烟（粉）尘	0.01	6	烟（粉）尘	0.44	2	烟（粉）尘	0.44	6	烟（粉）尘	13	6	20
云南水务投资股份有限公司	COD	0.65	4	氨氮	0.37	2	COD	0.37	6	COD	8	8	20
南京红太阳国际贸易有限公司	氨氮	0.37	6	氨氮	0.45	2	COD	0.45	6	氨氮	13	6	20
酒钢集团榆中钢铁有限责任公司	烟（粉）尘	0.00	4	烟（粉）尘	0.38	2	烟（粉）尘	0.38	6	烟（粉）尘	3	8	20
重庆市渝东水务有限公司	COD	0.80	4	COD	0.41	4	COD	0.41	6	COD	22	6	20
浙江富润印染有限公司	COD	0.01	4	COD	0.57	4	COD	0.57	4	COD	5	8	20

被参控公司/母公司	年度超标率	最大超标倍数	平均超标倍数	最大连续超标时长	年度超标率	最大超标倍数	平均超标倍数	最大连续超标时长	年度超标率	最大超标倍数	平均超标倍数	最大连续超标时长	在线监测系统得分
	污染物	超标率	得分	污染物	倍数	得分	污染物	倍数	得分	污染物	时长	得分	
江苏阳光璜塘热电有限公司	烟（粉）尘	0.01	4	氮氧化物	0.61	6	氮氧化物	0.61	4	烟（粉）尘	16	6	20
张家界碧水源水务科技有限公司	COD	1.37	2	COD	0.22	6	COD	0.22	6	COD	20	6	20
佳通轮胎股份有限公司	烟（粉）尘	0.63	6	烟（粉）尘	0.46	2	二氧化硫	0.46	6	烟（粉）尘	13	6	20
牙克石五九煤炭销售有限公司	二氧化硫	0.54	6	烟（粉）尘	0.53	2	二氧化硫	0.53	4	烟（粉）尘	3	8	20
华能湖南岳阳发电有限责任公司	烟（粉）尘	0.00	6	烟（粉）尘	0.23	2	烟（粉）尘	0.23	6	氮氧化物	15	6	20
湖北新生源生物工程股份有限公司	COD	1.66	2	烟（粉）尘	0.40	8	烟（粉）尘	0.40	6	COD	38	4	20
金河生物科技股份有限公司	COD	0.28	6	烟（粉）尘	0.51	2	烟（粉）尘	0.51	4	烟（粉）尘	2	8	20
沈阳新北热电有限责任公司	烟（粉）尘	0.00	6	烟（粉）尘	0.38	4	烟（粉）尘	0.38	6	氮氧化物	31	4	20
新疆普耀新型建材有限公司	烟（粉）尘	0.01	6	烟（粉）尘	0.50	2	烟（粉）尘	0.50	4	烟（粉）尘	2	8	20
浙江富润股份有限公司	COD	0.93	4	COD	0.57	4	COD	0.57	4	COD	5	8	20
武汉市城市排水发展有限公司	COD	0.96	4	COD	0.39	4	COD	0.39	6	氨氮	13	6	20
河南中原黄金冶炼厂有限责任公司	烟（粉）尘	0.01	4	烟（粉）尘	0.42	6	烟（粉）尘	0.42	6	二氧化硫	38	4	20
塔城南岗建材有限责任公司	烟（粉）尘	0.03	2	烟（粉）尘	0.57	6	氮氧化物	0.57	4	烟（粉）尘	2	8	20
绍兴市嵊新首创污水处理有限公司	COD	0.31	6	氨氮	0.70	2	COD	0.70	4	COD	2	8	20
包钢集团固阳矿山有限公司	二氧化硫	1.04	4	氮氧化物	0.56	4	二氧化硫	0.56	4	二氧化硫	6	8	20
绵阳双汇食品有限责任公司	COD	0.07	8	氨氮	0.00	2	氨氮	0.00	2	COD	4	8	20
上海外高桥第三发电有限责任公司	二氧化硫	0.02	4	二氧化硫	0.33	6	二氧化硫	0.33	6	二氧化硫	28	4	20
宁夏银星能源股份有限公司	烟（粉）尘	0.03	8	二氧化硫	0.72	2	氮氧化物	0.72	4	氮氧化物	13	6	20
广西梧州制药（集团）股份有限公司	COD	0.01	8	氨氮	0.00	2	氨氮	0.00	2	COD	1	8	20

被参控公司/母公司	年度超标率	最大超标倍数	平均超标倍数	最大连续超标时长	年度超标率	最大超标倍数	平均超标倍数	最大连续超标时长	年度超标率	最大超标倍数	平均超标倍数	最大连续超标时长	在线监测系统得分
	污染物	超标率	得分	污染物	倍数	得分	污染物	倍数	得分	污染物	时长	得分	
河南全惠食品有限公司	COD	1.01	2	COD	0.30	4	COD	0.30	6	COD	4	8	20
燕京啤酒（河南月山）有限公司	烟（粉）尘	2.00	4	烟（粉）尘	0.24	4	烟（粉）尘	0.24	6	烟（粉）尘	13	6	20
南京高科股份有限公司	COD	0.86	4	氨氮	0.47	4	COD	0.47	6	COD	14	6	20
青海五彩碱业有限公司	烟（粉）尘	0.01	4	烟（粉）尘	0.71	6	烟（粉）尘	0.71	4	氮氧化物	16	6	20
方大特钢科技股份有限公司	烟（粉）尘	0.00	8	烟（粉）尘	0.29	2	烟（粉）尘	0.29	6	烟（粉）尘	67	4	20
大亚木业（江西）有限公司	烟（粉）尘	3.24	4	烟（粉）尘	0.28	6	烟（粉）尘	0.28	6	烟（粉）尘	80	4	20
广东大唐国际潮州发电有限责任公司	烟（粉）尘	0.00	6	烟（粉）尘	0.28	2	烟（粉）尘	0.28	6	烟（粉）尘	16	6	20
三门富春紫光污水处理有限公司	COD	0.52	4	COD	0.30	4	COD	0.30	6	COD	18	6	20
南京高科水务有限公司	COD	0.86	4	氨氮	0.47	4	COD	0.47	6	COD	14	6	20
河南神马尼龙化工有限责任公司	烟（粉）尘	0.00	4	二氧化硫	0.52	4	烟（粉）尘	0.52	4	烟（粉）尘	5	8	20
四平金隅水泥有限公司	烟（粉）尘	0.00	8	烟（粉）尘	0.62	2	氮氧化物	0.62	4	烟（粉）尘	15	6	20
山东太阳宏河纸业有限公司	烟（粉）尘	0.01	2	二氧化硫	0.55	6	氮氧化物	0.55	4	烟（粉）尘	3	8	20
山西大唐国际神头发电有限责任公司	烟（粉）尘	0.01	6	烟（粉）尘	0.24	2	二氧化硫	0.24	6	氮氧化物	13	6	20
浙江浙能嘉华发电有限公司	烟（粉）尘	0.00	6	氮氧化物	0.20	2	氮氧化物	0.20	8	氮氧化物	34	4	20
重庆市涪陵榨菜集团股份有限公司	COD	0.74	4	COD	0.24	2	COD	0.24	6	COD	3	8	20
嘉鱼嘉清水务有限公司	COD	1.63	2	COD	0.37	4	COD	0.37	6	COD	8	8	20
安徽枞阳海螺水泥股份有限公司	烟（粉）尘	0.00	8	烟（粉）尘	0.74	2	氮氧化物	0.74	4	烟（粉）尘	16	6	20
贵州铜仁金瑞锰业有限责任公司	氨氮	0.64	4	氨氮	0.23	4	氨氮	0.23	6	氨氮	16	6	20
湛江电力有限公司	烟（粉）尘	0.00	6	烟（粉）尘	0.26	4	氮氧化物	0.26	6	氮氧化物	52	4	20
山东华能莱芜热电有限公司	烟（粉）尘	0.00	8	烟（粉）尘	0.52	2	烟（粉）尘	0.52	4	烟（粉）尘	22	6	20
深能合和电力（河源）有限公司	烟（粉）尘	0.00	8	烟（粉）尘	0.29	2	氮氧化物	0.29	6	烟（粉）尘	35	4	20

被参控公司/母公司	年度超标率	最大超标倍数	平均超标倍数	最大连续超标时长	年度超标率	最大超标倍数	平均超标倍数	最大连续超标时长	年度超标率	最大超标倍数	平均超标倍数	最大连续超标时长	在线监测系统得分
	污染物	超标率	得分	污染物	倍数	得分	污染物	倍数	得分	污染物	时长	得分	
武汉晨鸣汉阳纸业股份有限公司	氨氮	0.81	4	氨氮	0.38	4	COD	0.38	6	氨氮	13	6	20
华新水泥股份有限公司	氮氧化物	1.44	4	二氧化硫	0.78	6	氮氧化物	0.78	4	二氧化硫	14	6	20
辽宁沈煤红阳热电有限公司	氮氧化物	0.54	6	烟（粉）尘	0.21	2	烟（粉）尘	0.21	6	氮氧化物	19	6	20
安琪酵母（德宏）有限公司	COD	0.38	6	氨氮	0.52	2	COD	0.52	4	COD	11	8	20
广东省惠州天然气发电有限公司	氮氧化物	3.66	4	氮氧化物	0.42	2	氮氧化物	0.42	6	氮氧化物	4	8	20
山东石大胜华化工集团股份有限公司	COD	0.71	4	COD	0.45	2	COD	0.45	6	COD	10	8	20
南京红太阳国际实业有限公司	氨氮	0.37	6	氨氮	0.45	2	COD	0.45	6	氨氮	13	6	20
天津耀皮玻璃有限公司	烟（粉）尘	0.00	8	烟（粉）尘	0.29	2	烟（粉）尘	0.29	6	烟（粉）尘	31	4	20
浙江航民股份有限公司	COD	0.00	6	氨氮	0.73	2	COD	0.73	4	COD	10	8	20
阳煤集团淄博齐鲁第一化肥有限公司	烟（粉）尘	0.01	4	烟（粉）尘	0.20	4	烟（粉）尘	0.20	6	烟（粉）尘	13	6	20
冀东水泥凤翔有限责任公司	烟（粉）尘	0.02	4	烟（粉）尘	0.25	6	烟（粉）尘	0.25	6	烟（粉）尘	41	4	20
恩施首创水务有限公司	COD	0.87	4	COD	0.37	4	COD	0.37	6	COD	14	6	20
广东电力发展股份有限公司	氮氧化物	0.62	6	烟（粉）尘	0.30	2	烟（粉）尘	0.30	6	氮氧化物	21	6	20
新疆楚星能源发展有限公司	烟（粉）尘	0.00	6	氮氧化物	0.55	2	氮氧化物	0.55	4	烟（粉）尘	1	8	20
保定巨力供热有限公司	烟（粉）尘	1.31	4	烟（粉）尘	0.61	6	二氧化硫	0.61	4	烟（粉）尘	19	6	20
湖南国祯环保科技有限责任公司	氨氮	2.72	2	COD	0.36	8	COD	0.36	6	氨氮	87	4	20
中粮生物化学（安徽）股份有限公司	烟（粉）尘	0.63	6	烟（粉）尘	0.61	2	烟（粉）尘	0.61	4	烟（粉）尘	5	8	20
广东惠州天然气发电有限责任公司	氮氧化物	0.04	4	氮氧化物	0.43	2	氮氧化物	0.43	6	氮氧化物	4	8	20

被参控公司/母公司	年度超标率	最大超标倍数	平均超标倍数	最大连续超标时长	年度超标率	最大超标倍数	平均超标倍数	最大连续超标时长	年度超标率	最大超标倍数	平均超标倍数	最大连续超标时长	在线监测系统得分
	污染物	超标率	得分	污染物	倍数	得分	污染物	倍数	得分	污染物	时长	得分	
华电青岛发电有限公司	烟（粉）尘	0.00	8	二氧化硫	0.55	4	烟（粉）尘	0.55	4	二氧化硫	45	4	20
岳阳市凯迪绿色能源开发有限公司	烟（粉）尘	0.04	4	烟（粉）尘	0.61	6	烟（粉）尘	0.61	4	烟（粉）尘	13	6	20
九江维科针织有限公司	烟（粉）尘	3.84	4	烟（粉）尘	0.64	6	氮氧化物	0.64	4	烟（粉）尘	13	6	20
绥中发电有限责任公司	烟（粉）尘	0.00	6	烟（粉）尘	0.29	2	氮氧化物	0.29	6	氮氧化物	24	6	20
南京红太阳股份有限公司	氨氮	0.37	6	氨氮	0.45	2	COD	0.45	6	氨氮	13	6	20
佛山市南海区丹灶水务有限公司	COD	0.56	4	COD	0.23	4	COD	0.23	6	COD	13	6	20
华新水泥（株洲）有限公司	烟（粉）尘	0.00	4	二氧化硫	0.78	6	氮氧化物	0.78	4	二氧化硫	14	6	20
内蒙古京隆发电有限责任公司	烟（粉）尘	0.00	6	烟（粉）尘	0.44	2	氮氧化物	0.44	6	氮氧化物	17	6	20
中韩（武汉）石油化工有限公司	烟（粉）尘	0.00	8	烟（粉）尘	0.53	2	氮氧化物	0.53	4	烟（粉）尘	16	6	20
永登祁连山水泥有限公司	烟（粉）尘	0.00	8	烟（粉）尘	0.58	2	氮氧化物	0.58	4	烟（粉）尘	14	6	20
中国石化长城能源化工有限公司	烟（粉）尘	0.53	6	烟（粉）尘	0.29	2	烟（粉）尘	0.29	6	烟（粉）尘	14	6	20
云南华联锌铟股份有限公司	COD	0.74	4	COD	0.28	4	COD	0.28	6	COD	16	6	20
冀东水泥铜川有限公司	烟（粉）尘	1.43	4	烟（粉）尘	0.75	6	氮氧化物	0.75	4	烟（粉）尘	19	6	20
华北制药河北华民药业有限责任公司	COD	0.78	4	COD	0.18	2	COD	0.18	8	氨氮	19	6	20
深圳市广深沙角B电力有限公司	氮氧化物	0.67	6	烟（粉）尘	0.36	2	烟（粉）尘	0.36	6	氮氧化物	13	6	20
上海外高桥发电有限责任公司	烟（粉）尘	0.00	4	烟（粉）尘	0.25	2	烟（粉）尘	0.25	6	烟（粉）尘	3	8	20
南通江山农药化工股份有限公司	二氧化硫	0.04	4	二氧化硫	0.57	6	COD	0.57	4	COD	14	6	20
华新水泥（鹤峰）民族建材有限公司	烟（粉）尘	0.00	4	氮氧化物	0.71	6	氮氧化物	0.71	4	氮氧化物	18	6	20
山东钢铁集团有限公司	烟（粉）尘	0.63	6	烟（粉）尘	0.29	2	烟（粉）尘	0.29	6	烟（粉）尘	24	6	20
佛山恒益发电有限公司	烟（粉）尘	0.00	6	氮氧化物	0.46	2	烟（粉）尘	0.46	6	烟（粉）尘	15	6	20

被参控公司/母公司	年度超标率	最大超标倍数	平均超标倍数	最大连续超标时长	年度超标率	最大超标倍数	平均超标倍数	最大连续超标时长	年度超标率	最大超标倍数	平均超标倍数	最大连续超标时长	在线监测系统得分
	污染物	超标率	得分	污染物	倍数	得分	污染物	倍数	得分	污染物	时长	得分	
山东太阳纸业股份有限公司	COD	0.47	6	COD	0.23	2	COD	0.23	6	COD	24	6	20
临猗县城市污水处理有限公司	COD	0.94	4	COD	0.37	4	COD	0.37	6	COD	19	6	20
宁夏京能宁东发电有限责任公司	烟（粉）尘	0.00	8	烟（粉）尘	0.85	2	氮氧化物	0.85	4	氮氧化物	15	6	20
吉林亚泰水泥有限公司	氮氧化物	1.19	4	烟（粉）尘	0.63	4	烟（粉）尘	0.63	4	烟（粉）尘	4	8	20
青海宏扬水泥有限责任公司	烟（粉）尘	0.00	4	烟（粉）尘	0.70	6	氮氧化物	0.70	4	二氧化硫	15	6	20
河北建投任丘热电有限责任公司	烟（粉）尘	0.00	8	烟（粉）尘	0.52	2	烟（粉）尘	0.52	4	烟（粉）尘	20	6	20
内蒙古蒙电华能热电股份有限公司	烟（粉）尘	0.23	8	烟（粉）尘	0.51	2	二氧化硫	0.51	4	氮氧化物	15	6	20
郴州丰越环保科技有限公司	烟（粉）尘	2.15	4	二氧化硫	0.49	2	烟（粉）尘	0.49	6	烟（粉）尘	6	8	20
阿拉善经济开发区污水处理有限责任公司	COD	0.69	4	COD	0.21	4	氨氮	0.21	6	COD	19	6	20
临沂首创博瑞水务有限公司	COD	0.71	4	氨氮	0.38	2	COD	0.38	6	COD	9	8	20
北京碧海环境科技有限公司	COD	0.24	6	氨氮	0.62	2	COD	0.62	4	COD	3	8	20
建德海螺水泥有限责任公司	二氧化硫	0.00	4	氮氧化物	0.80	6	氮氧化物	0.80	4	氮氧化物	14	6	20
华电潍坊发电有限公司	烟（粉）尘	0.00	8	氮氧化物	0.36	2	氮氧化物	0.36	6	烟（粉）尘	35	4	20
内蒙古牙克石五九煤炭（集团）有限责任公司	二氧化硫	0.54	6	烟（粉）尘	0.53	2	二氧化硫	0.53	4	烟（粉）尘	3	8	20
上海外高桥第二发电有限责任公司	烟（粉）尘	0.00	8	氮氧化物	0.47	2	二氧化硫	0.47	6	氮氧化物	36	4	20
史丹利化肥宁陵有限公司	烟（粉）尘	100.00	2	烟（粉）尘	1.94	8	烟（粉）尘	1.94	2	烟（粉）尘	1	8	20
国电哈密煤电开发有限公司	烟（粉）尘	0.02	4	烟（粉）尘	0.61	4	氮氧化物	0.61	4	烟（粉）尘	7	8	20
燕京惠泉啤酒（抚州）有限公司	COD	0.81	4	COD	0.43	4	COD	0.43	6	COD	22	6	20
十堰京水环境科技有限公司	COD	0.57	4	COD	0.37	2	COD	0.37	6	COD	10	8	20
内蒙古金山乳业有限责任公司	二氧化硫	1.09	4	烟（粉）尘	0.57	4	氮氧化物	0.57	4	二氧化硫	21	6	18

被参控公司/母公司	年度超标率	最大超标倍数	平均超标倍数	最大连续超标时长	年度超标率	最大超标倍数	平均超标倍数	最大连续超标时长	年度超标率	最大超标倍数	平均超标倍数	最大连续超标时长	在线监测系统得分
	污染物	超标率	得分	污染物	倍数	得分	污染物	倍数	得分	污染物	时长	得分	
福建省青山纸业股份有限公司	烟（粉）尘	0.01	4	二氧化硫	0.39	4	烟（粉）尘	0.39	6	烟（粉）尘	29	4	18
赤峰云铜有色金属有限公司	烟（粉）尘	0.01	6	烟（粉）尘	0.56	2	二氧化硫	0.56	4	烟（粉）尘	15	6	18
亚泰集团哈尔滨水泥（阿城）有限公司	烟（粉）尘	0.01	2	烟（粉）尘	0.53	4	烟（粉）尘	0.53	4	烟（粉）尘	3	8	18
百合花集团股份有限公司	COD	1.87	2	COD	0.57	8	COD	0.57	4	COD	25	4	18
分宜海螺水泥有限责任公司	烟（粉）尘	0.01	6	二氧化硫	0.78	4	氮氧化物	0.78	4	烟（粉）尘	62	4	18
贵州茅台酒股份有限公司	COD	2.21	2	氨氮	0.30	6	COD	0.30	6	COD	44	4	18
大厂回族自治县鼎鸿投资开发有限公司	烟（粉）尘	1.76	4	烟（粉）尘	0.67	2	烟（粉）尘	0.67	4	烟（粉）尘	10	8	18
江西博雅生物制药股份有限公司	COD	1.43	2	COD	0.43	6	COD	0.43	6	COD	32	4	18
福耀玻璃（湖北）有限公司	烟（粉）尘	2.07	4	烟（粉）尘	0.49	2	烟（粉）尘	0.49	6	烟（粉）尘	13	6	18
华新水泥（襄阳）有限公司	氮氧化物	2.72	4	烟（粉）尘	0.73	2	氮氧化物	0.73	4	烟（粉）尘	4	8	18
武汉重工铸锻有限责任公司	COD	0.05	2	COD	0.46	4	COD	0.46	6	COD	16	6	18
佛山市南海区九江镇净蓝污水处理有限公司	COD	0.88	4	COD	0.36	2	COD	0.36	6	COD	24	6	18
株洲醴陵旗滨玻璃有限公司	烟（粉）尘	0.00	6	二氧化硫	0.55	4	氮氧化物	0.55	4	氮氧化物	56	4	18
江西世龙实业股份有限公司	烟（粉）尘	0.00	4	COD	0.52	4	氮氧化物	0.52	4	烟（粉）尘	17	6	18
赞皇金隅水泥有限公司	烟（粉）尘	0.00	6	烟（粉）尘	0.73	2	氮氧化物	0.73	4	烟（粉）尘	17	6	18
国电电力发展股份有限公司	氮氧化物	0.78	6	烟（粉）尘	0.67	2	氮氧化物	0.67	4	烟（粉）尘	15	6	18
贵州赤天化股份有限公司	COD	1.00	2	氨氮	0.24	4	烟（粉）尘	0.24	6	烟（粉）尘	17	6	18
烟台福耀玻璃有限公司	烟（粉）尘	2.07	4	烟（粉）尘	0.49	2	烟（粉）尘	0.49	6	烟（粉）尘	13	6	18
福耀玻璃工业集团股份有限公司	烟（粉）尘	0.02	4	烟（粉）尘	0.49	2	烟（粉）尘	0.49	6	烟（粉）尘	13	6	18
河北钢铁集团滦县司家营铁矿有限公司	烟（粉）尘	1.63	4	烟（粉）尘	0.26	2	烟（粉）尘	0.26	6	烟（粉）尘	21	6	18

被参控公司/母公司	年度超标率	最大超标倍数	平均超标倍数	最大连续超标时长	年度超标率	最大超标倍数	平均超标倍数	最大连续超标时长	年度超标率	最大超标倍数	平均超标倍数	最大连续超标时长	在线监测系统得分
	污染物	超标率	得分	污染物	倍数	得分	污染物	倍数	得分	污染物	时长	得分	
山东龙力生物科技股份有限公司	COD	1.67	2	COD	0.44	6	COD	0.44	6	COD	26	4	18
重庆海螺水泥有限责任公司	烟（粉）尘	0.00	6	烟（粉）尘	0.65	4	氮氧化物	0.65	4	氮氧化物	47	4	18
濮阳濮耐高温材料（集团）股份有限公司	氮氧化物	11.13	2	氮氧化物	0.48	8	氮氧化物	0.48	6	氮氧化物	155	2	18
兖州煤业榆林能化有限公司	烟（粉）尘	0.00	4	烟（粉）尘	0.68	2	二氧化硫	0.68	4	烟（粉）尘	11	8	18
华能威海发电有限责任公司	烟（粉）尘	0.00	8	氮氧化物	0.81	2	氮氧化物	0.81	4	氮氧化物	36	4	18
兖煤菏泽能化有限公司	COD	0.53	4	COD	0.31	2	COD	0.31	6	COD	21	6	18
诸城宝源新能源发电有限公司	烟（粉）尘	1.51	4	烟（粉）尘	0.28	2	烟（粉）尘	0.28	6	烟（粉）尘	14	6	18
亿利洁能股份有限公司	二氧化硫	3.60	4	烟（粉）尘	0.55	2	烟（粉）尘	0.55	4	烟（粉）尘	7	8	18
上海大屯能源股份有限公司	烟（粉）尘	0.55	6	氮氧化物	0.46	2	烟（粉）尘	0.46	6	烟（粉）尘	26	4	18
保定太行和益水泥有限公司	烟（粉）尘	0.01	6	烟（粉）尘	0.30	2	烟（粉）尘	0.30	6	氮氧化物	54	4	18
新疆中泰化学阜康能源有限公司	烟（粉）尘	0.13	8	二氧化硫	8.35	2	二氧化硫	8.35	2	烟（粉）尘	13	6	18
史丹利化肥（平原）有限公司	烟（粉）尘	2.19	4	烟（粉）尘	0.22	2	二氧化硫	0.22	6	烟（粉）尘	18	6	18
双星东风轮胎有限公司	二氧化硫	2.25	4	COD	0.38	4	烟（粉）尘	0.38	6	二氧化硫	32	4	18
内蒙古岱海发电有限责任公司	烟（粉）尘	0.00	4	氮氧化物	0.28	2	二氧化硫	0.28	6	氮氧化物	16	6	18
天津振兴水泥有限公司	烟（粉）尘	0.01	6	二氧化硫	0.61	2	氮氧化物	0.61	4	烟（粉）尘	20	6	18
茂名臻能热电有限公司	烟（粉）尘	0.01	6	烟（粉）尘	0.48	2	烟（粉）尘	0.48	6	烟（粉）尘	58	4	18
新疆神火煤电有限公司	烟（粉）尘	0.00	6	烟（粉）尘	0.64	2	烟（粉）尘	0.64	4	二氧化硫	14	6	18
重庆大唐国际石柱发电有限责任公司	烟（粉）尘	0.00	6	烟（粉）尘	0.57	2	烟（粉）尘	0.57	4	烟（粉）尘	13	6	18
湖南国发精细化工科技有限公司	氨氮	0.01	4	氨氮	0.32	4	氨氮	0.32	6	氨氮	35	4	18
牡丹江恒丰纸业股份有限公司	COD	0.01	4	COD	0.48	2	COD	0.48	6	COD	19	6	18
河南利华制药有限公司	烟（粉）尘	1.59	4	烟（粉）尘	0.82	2	氮氧化物	0.82	4	烟（粉）尘	5	8	18

被参控公司/母公司	年度超标率	最大超标倍数	平均超标倍数	最大连续超标时长	年度超标率	最大超标倍数	平均超标倍数	最大连续超标时长	年度超标率	最大超标倍数	平均超标倍数	最大连续超标时长	在线监测系统得分
	污染物	超标率	得分	污染物	倍数	得分	污染物	倍数	得分	污染物	时长	得分	
广东国华粤电台山发电有限公司	烟（粉）尘	0.00	6	烟（粉）尘	0.37	2	烟（粉）尘	0.37	6	氮氧化物	49	4	18
河北大唐国际王滩发电有限责任公司	烟（粉）尘	0.00	4	烟（粉）尘	0.36	2	烟（粉）尘	0.36	6	氮氧化物	23	6	18
贵州赤天化桐梓化工有限公司	烟（粉）尘	0.01	2	氨氮	0.24	4	烟（粉）尘	0.24	6	烟（粉）尘	17	6	18
浙江春晖环保能源股份有限公司	二氧化硫	0.95	6	氮氧化物	1.04	2	氮氧化物	1.04	2	烟（粉）尘	2	8	18
江苏阳光股份有限公司	烟（粉）尘	0.54	6	烟（粉）尘	0.69	2	氮氧化物	0.69	4	烟（粉）尘	16	6	18
包钢钢联股份有限公司	COD	1.05	2	COD	0.54	4	COD	0.54	4	COD	11	8	18
福耀玻璃（重庆）有限公司	烟（粉）尘	2.07	4	烟（粉）尘	0.49	2	烟（粉）尘	0.49	6	烟（粉）尘	13	6	18
宝泰隆新材料股份有限公司	烟（粉）尘	0.00	6	二氧化硫	0.50	2	烟（粉）尘	0.50	4	烟（粉）尘	17	6	18
武汉晨鸣乾能热电有限责任公司	烟（粉）尘	0.02	2	烟（粉）尘	0.81	6	氮氧化物	0.81	4	烟（粉）尘	13	6	18
天津一汽夏利汽车股份有限公司	氮氧化物	14.44	2	氮氧化物	0.67	8	氮氧化物	0.67	4	氮氧化物	32	4	18
宁波经济技术开发区热电有限责任公司	烟（粉）尘	0.02	4	烟（粉）尘	0.39	6	烟（粉）尘	0.39	6	烟（粉）尘	245	2	18
淮北矿业相山水泥有限责任公司	烟（粉）尘	0.03	4	烟（粉）尘	0.23	2	烟（粉）尘	0.23	6	烟（粉）尘	24	6	18
潍坊亚星化学股份有限公司	COD	1.12	2	氨氮	0.39	2	COD	0.39	6	COD	8	8	18
冀东水泥阿巴嘎旗有限责任公司	烟（粉）尘	0.01	6	二氧化硫	0.57	4	烟（粉）尘	0.57	4	二氧化硫	32	4	18
德安县凯迪绿色能源开发有限公司	烟（粉）尘	0.95	6	烟（粉）尘	0.71	2	氮氧化物	0.71	4	烟（粉）尘	14	6	18
鄂尔多斯市昊华国泰化工有限公司	二氧化硫	6.24	2	二氧化硫	0.88	4	氮氧化物	0.88	4	二氧化硫	5	8	18
福耀玻璃俄罗斯有限公司	烟（粉）尘	2.07	4	烟（粉）尘	0.49	2	烟（粉）尘	0.49	6	烟（粉）尘	13	6	18
华新水泥（房县）有限公司	烟（粉）尘	0.02	4	烟（粉）尘	0.53	2	氮氧化物	0.53	4	烟（粉）尘	10	8	18
郑州福耀玻璃有限公司	烟（粉）尘	2.07	4	烟（粉）尘	0.49	2	烟（粉）尘	0.49	6	烟（粉）尘	13	6	18
马鞍山钢铁无锡销售有限公司	COD	0.84	4	COD	0.30	2	烟（粉）尘	0.30	6	COD	14	6	18

被参控公司/母公司	年度超标率	最大超标倍数	平均超标倍数	最大连续超标时长	年度超标率	最大超标倍数	平均超标倍数	最大连续超标时长	年度超标率	最大超标倍数	平均超标倍数	最大连续超标时长	在线监测系统得分
	污染物	超标率	得分	污染物	倍数	得分	污染物	倍数	得分	污染物	时长	得分	
柳州两面针纸业有限公司	COD	1.08	2	烟（粉）尘	0.55	6	二氧化硫	0.55	4	COD	22	6	18
拜城县峰峰煤焦化有限公司	烟（粉）尘	0.01	2	烟（粉）尘	0.81	6	氮氧化物	0.81	4	氮氧化物	18	6	18
福建塔牌水泥有限公司	烟（粉）尘	0.00	6	烟（粉）尘	0.56	2	氮氧化物	0.56	4	烟（粉）尘	14	6	18
河南神火兴隆矿业有限责任公司	COD	1.10	2	COD	0.62	4	COD	0.62	4	COD	12	8	18
柳州两面针股份有限公司	COD	1.08	2	烟（粉）尘	0.55	6	二氧化硫	0.55	4	COD	22	6	18
凌源远达水务有限公司	COD	0.90	4	COD	0.41	4	COD	0.41	6	COD	51	4	18
江苏阳光新桥热电有限公司	烟（粉）尘	0.01	6	烟（粉）尘	0.69	2	氮氧化物	0.69	4	烟（粉）尘	16	6	18
上海中航光电子有限公司	氨氮	1.44	2	COD	0.41	4	COD	0.41	6	氨氮	14	6	18
钟祥东海水务有限公司	COD	1.51	2	COD	0.49	4	COD	0.49	6	COD	16	6	18
广州福耀玻璃有限公司	烟（粉）尘	2.07	4	烟（粉）尘	0.49	2	烟（粉）尘	0.49	6	烟（粉）尘	13	6	18
云南大为制焦有限公司	烟（粉）尘	0.01	4	二氧化硫	0.30	4	烟（粉）尘	0.30	6	烟（粉）尘	40	4	18
中国石化催化剂有限公司	COD	0.90	4	氨氮	0.17	2	COD	0.17	8	COD	28	4	18
新余钢铁股份有限公司	氨氮	0.94	4	二氧化硫	0.58	4	氮氧化物	0.58	4	烟（粉）尘	18	6	18
国电内蒙古晶阳能源有限公司	烟（粉）尘	0.79	6	烟（粉）尘	0.81	2	烟（粉）尘	0.81	4	烟（粉）尘	15	6	18
湛江晨鸣浆纸有限公司	COD	0.74	4	COD	0.55	4	COD	0.55	4	COD	17	6	18
广东江门生物技术开发中心有限公司	氨氮	0.51	4	氨氮	0.28	4	COD	0.28	6	氨氮	25	4	18
安仁县凯迪绿色能源开发有限公司	氮氧化物	4.08	4	烟（粉）尘	0.64	2	氮氧化物	0.64	4	烟（粉）尘	3	8	18
安钢集团永通球墨铸铁管有限责任公司	烟（粉）尘	0.04	4	烟（粉）尘	0.47	6	烟（粉）尘	0.47	6	烟（粉）尘	195	2	18
华能上海石洞口发电有限责任公司	烟（粉）尘	0.00	8	烟（粉）尘	0.60	2	氮氧化物	0.60	4	烟（粉）尘	46	4	18
灯塔市红阳热电有限公司	烟（粉）尘	0.01	4	二氧化硫	0.51	4	氮氧化物	0.51	4	二氧化硫	13	6	18

被参控公司/母公司	年度超标率	最大超标倍数	平均超标倍数	最大连续超标时长	年度超标率	最大超标倍数	平均超标倍数	最大连续超标时长	年度超标率	最大超标倍数	平均超标倍数	最大连续超标时长	在线监测系统得分
	污染物	超标率	得分	污染物	倍数	得分	污染物	倍数	得分	污染物	时长	得分	
柳州福耀玻璃有限公司	烟（粉）尘	2.07	4	烟（粉）尘	0.49	2	烟（粉）尘	0.49	6	烟（粉）尘	13	6	18
福耀玻璃美国有限公司	烟（粉）尘	2.07	4	烟（粉）尘	0.49	2	烟（粉）尘	0.49	6	烟（粉）尘	13	6	18
武汉福耀玻璃有限公司	烟（粉）尘	2.07	4	烟（粉）尘	0.49	2	烟（粉）尘	0.49	6	烟（粉）尘	13	6	18
佛山福耀玻璃有限公司	烟（粉）尘	2.07	4	烟（粉）尘	0.49	2	烟（粉）尘	0.49	6	烟（粉）尘	13	6	18
珠海力合环保有限公司	COD	0.52	4	COD	0.37	2	COD	0.37	6	COD	16	6	18
安徽华尔泰化工股份有限公司	COD	0.01	2	COD	0.42	4	COD	0.42	6	COD	15	6	18
河北国华定州发电有限责任公司	烟（粉）尘	0.00	8	氮氧化物	0.51	2	氮氧化物	0.51	4	氮氧化物	33	4	18
蓝海实业有限公司	二氧化硫	1.76	4	二氧化硫	0.51	4	烟（粉）尘	0.51	4	烟（粉）尘	20	6	18
申能吴忠热电有限责任公司	烟（粉）尘	0.00	6	烟（粉）尘	0.76	2	氮氧化物	0.76	4	氮氧化物	16	6	18
四川武骏特种玻璃制品有限公司	烟（粉）尘	0.03	4	氮氧化物	0.59	6	二氧化硫	0.59	4	烟（粉）尘	41	4	18
国药集团威奇达药业有限公司	COD	0.01	4	氨氮	0.53	4	COD	0.53	4	COD	17	6	18
山东丰元化学股份有限公司	COD	2.24	2	COD	0.44	4	COD	0.44	6	COD	13	6	18
中原环保新密热力有限公司	氮氧化物	5.04	2	二氧化硫	0.51	6	氮氧化物	0.51	4	氮氧化物	24	6	18
内蒙古中谷矿业有限责任公司	烟（粉）尘	1.89	4	烟（粉）尘	0.88	2	烟（粉）尘	0.88	4	烟（粉）尘	5	8	18
阳春海螺水泥有限责任公司	烟（粉）尘	0.01	4	烟（粉）尘	0.74	2	烟（粉）尘	0.74	4	烟（粉）尘	4	8	18
民和祁连山水泥有限公司	烟（粉）尘	0.54	6	烟（粉）尘	0.66	2	氮氧化物	0.66	4	烟（粉）尘	13	6	18
华电宁夏灵武发电有限公司	烟（粉）尘	0.00	8	烟（粉）尘	0.72	2	氮氧化物	0.72	4	烟（粉）尘	25	4	18
江西万年青水泥股份有限公司	烟（粉）尘	0.55	6	烟（粉）尘	0.65	2	烟（粉）尘	0.65	4	烟（粉）尘	18	6	18
燕京啤酒（桂林漓泉）股份有限公司	COD	1.42	2	COD	0.33	6	COD	0.33	6	COD	72	4	18
中国石化青岛炼油化工有限责任公司	烟（粉）尘	0.00	6	二氧化硫	0.29	2	烟（粉）尘	0.29	6	二氧化硫	50	4	18
华新水泥（恩施）有限公司	二氧化硫	0.82	6	二氧化硫	0.75	2	氮氧化物	0.75	4	烟（粉）尘	16	6	18

被参控公司/母公司	年度超标率	最大超标倍数	平均超标倍数	最大连续超标时长	年度超标率	最大超标倍数	平均超标倍数	最大连续超标时长	年度超标率	最大超标倍数	平均超标倍数	最大连续超标时长	在线监测系统得分
	污染物	超标率	得分	污染物	倍数	得分	污染物	倍数	得分	污染物	时长	得分	
临沂首创水务有限公司	COD	1.59	2	COD	0.38	4	COD	0.38	6	COD	20	6	18
赤峰金剑铜业有限责任公司	烟（粉）尘	0.00	6	烟（粉）尘	0.27	4	烟（粉）尘	0.27	6	二氧化硫	104	2	18
湖北武汉双汇食品有限公司	COD	1.28	2	COD	0.42	4	COD	0.42	6	COD	18	6	18
江苏天山水泥集团有限公司	烟（粉）尘	13.39	2	烟（粉）尘	0.68	8	氮氧化物	0.68	4	烟（粉）尘	85	4	18
辽宁华电铁岭发电有限公司	烟（粉）尘	0.00	6	烟（粉）尘	0.26	2	烟（粉）尘	0.26	6	氮氧化物	45	4	18
内蒙古包钢还原铁有限责任公司	烟（粉）尘	5.23	2	烟（粉）尘	0.65	6	烟（粉）尘	0.65	4	烟（粉）尘	16	6	18
华新水泥重庆涪陵有限公司	二氧化硫	0.00	6	氮氧化物	0.81	4	氮氧化物	0.81	4	氮氧化物	29	4	18
安徽皖维高新材料股份有限公司	烟（粉）尘	0.02	4	烟（粉）尘	0.70	2	烟（粉）尘	0.70	4	烟（粉）尘	8	8	18
冀东海德堡（泾阳）水泥有限公司	烟（粉）尘	0.01	4	烟（粉）尘	0.57	2	氮氧化物	0.57	4	烟（粉）尘	10	8	18
亚泰集团哈尔滨水泥有限公司	氮氧化物	6.41	2	烟（粉）尘	0.56	4	烟（粉）尘	0.56	4	烟（粉）尘	3	8	18
新兴铸管股份有限公司	烟（粉）尘	0.02	4	氮氧化物	0.45	6	烟（粉）尘	0.45	6	烟（粉）尘	440	2	18
福建省鸿山热电有限责任公司	烟（粉）尘	0.00	6	氮氧化物	0.36	2	氮氧化物	0.36	6	烟（粉）尘	30	4	18
江苏国泰盱眙污水处理有限公司	COD	1.18	2	COD	0.62	4	COD	0.62	4	COD	6	8	18
武汉深能环保新沟垃圾发电有限公司	二氧化硫	7.33	2	二氧化硫	0.32	4	二氧化硫	0.32	6	二氧化硫	15	6	18
马鞍山钢铁股份有限公司	COD	0.84	4	COD	0.30	2	烟（粉）尘	0.30	6	COD	14	6	18
平顶山天安煤业股份有限公司	COD	2.03	2	COD	0.57	4	COD	0.57	4	COD	8	8	18
华能重庆珞璜发电有限责任公司	烟（粉）尘	0.01	6	烟（粉）尘	0.55	2	氮氧化物	0.55	4	烟（粉）尘	18	6	18
佛山市南海区狮山镇松岗污水处理有限公司	COD	0.59	4	COD	0.37	2	COD	0.37	6	COD	16	6	18
天伟化工有限公司	烟（粉）尘	0.63	6	烟（粉）尘	0.53	2	烟（粉）尘	0.53	4	烟（粉）尘	18	6	18
马鞍山钢铁（澳大利亚）有限公司	COD	0.84	4	COD	0.30	2	烟（粉）尘	0.30	6	COD	14	6	18

被参控公司/母公司	年度超标率	最大超标倍数	平均超标倍数	最大连续超标时长	年度超标率	最大超标倍数	平均超标倍数	最大连续超标时长	年度超标率	最大超标倍数	平均超标倍数	最大连续超标时长	在线监测系统得分
	污染物	超标率	得分	污染物	倍数	得分	污染物	倍数	得分	污染物	时长	得分	
东莞市万江区天地信达水务有限公司	COD	0.70	4	COD	0.40	2	COD	0.40	6	COD	20	6	18
柳州两面针纸品有限公司	COD	1.08	2	烟（粉）尘	0.55	6	二氧化硫	0.55	4	COD	22	6	18
通辽金煤化工有限公司	烟（粉）尘	0.01	6	烟（粉）尘	0.53	2	烟（粉）尘	0.53	4	烟（粉）尘	38	4	16
广西环江远丰糖业有限责任公司	烟（粉）尘	0.06	2	烟（粉）尘	0.26	2	烟（粉）尘	0.26	6	烟（粉）尘	16	6	16
襄阳富春紫光污水处理有限公司	COD	2.74	2	COD	0.55	4	COD	0.55	4	COD	22	6	16
江苏扬农化工股份有限公司	氮氧化物	4.08	4	烟（粉）尘	0.81	2	氮氧化物	0.81	4	氮氧化物	18	6	16
湖北金环新材料科技有限公司	COD	0.80	4	COD	0.60	4	二氧化硫	0.60	4	COD	45	4	16
湖南华菱湘潭钢铁有限公司	烟（粉）尘	0.00	6	二氧化硫	0.39	2	烟（粉）尘	0.39	6	二氧化硫	144	2	16
沈阳石蜡化工有限公司	烟（粉）尘	0.01	4	烟（粉）尘	0.57	2	烟（粉）尘	0.57	4	烟（粉）尘	24	6	16
新疆圣雄能源股份有限公司	氮氧化物	1.44	4	烟（粉）尘	0.57	2	氮氧化物	0.57	4	氮氧化物	19	6	16
珠海方正科技高密电子有限公司	COD	4.35	2	COD	0.58	4	COD	0.58	4	COD	24	6	16
陕西兴化化学股份有限公司	二氧化硫	1.24	4	烟（粉）尘	0.38	2	烟（粉）尘	0.38	6	氮氧化物	35	4	16
福建安砂建福水泥有限公司	烟（粉）尘	0.01	4	烟（粉）尘	0.52	2	烟（粉）尘	0.52	4	二氧化硫	21	6	16
柳州钢铁股份有限公司	COD	3.79	2	二氧化硫	0.53	2	氮氧化物	0.53	4	烟（粉）尘	5	8	16
创冠环保（惠安）有限公司	烟（粉）尘	2.78	4	烟（粉）尘	0.30	2	氮氧化物	0.30	6	烟（粉）尘	27	4	16
山东高速股份有限公司	COD	0.64	4	COD	0.57	2	COD	0.57	4	COD	23	6	16
辽宁富山水泥有限公司	烟（粉）尘	0.02	4	二氧化硫	0.40	2	烟（粉）尘	0.40	6	烟（粉）尘	46	4	16
湖南安化渣滓溪矿业有限公司	烟（粉）尘	5.70	2	烟（粉）尘	0.47	2	烟（粉）尘	0.47	6	氮氧化物	13	6	16
湖北竹溪人福药业有限责任公司	COD	0.01	2	COD	0.57	4	COD	0.57	4	COD	22	6	16
浙能阿克苏热电有限公司	烟（粉）尘	0.01	4	氮氧化物	0.86	2	氮氧化物	0.86	4	烟（粉）尘	15	6	16
华新水泥（河南信阳）有限公司	烟（粉）尘	0.17	2	烟（粉）尘	0.85	8	烟（粉）尘	0.85	4	烟（粉）尘	133	2	16
大厂金隅金海燕玻璃棉有限公司	氮氧化物	5.09	2	烟（粉）尘	0.47	6	氮氧化物	0.47	6	氮氧化物	141	2	16

被参控公司/母公司	年度超标率	最大超标倍数	平均超标倍数	最大连续超标时长	年度超标率	最大超标倍数	平均超标倍数	最大连续超标时长	年度超标率	最大超标倍数	平均超标倍数	最大连续超标时长	在线监测系统得分
	污染物	超标率	得分	污染物	倍数	得分	污染物	倍数	得分	污染物	时长	得分	
福建水泥股份有限公司	烟（粉）尘	1.46	4	烟（粉）尘	0.74	2	氮氧化物	0.74	4	烟（粉）尘	18	6	16
中煤鄂尔多斯能源化工有限公司	烟（粉）尘	0.01	6	二氧化硫	0.55	2	二氧化硫	0.55	4	烟（粉）尘	31	4	16
河北银发华鼎环保科技有限公司	烟（粉）尘	11.35	2	烟（粉）尘	0.60	4	烟（粉）尘	0.60	4	烟（粉）尘	14	6	16
首钢京唐钢铁联合有限责任公司	烟（粉）尘	0.00	8	烟（粉）尘	1.42	2	烟（粉）尘	1.42	2	烟（粉）尘	45	4	16
华新水泥（昭通）有限公司	烟（粉）尘	0.02	4	烟（粉）尘	0.73	2	氮氧化物	0.73	4	烟（粉）尘	23	6	16
新兴铸管（香港）有限公司	烟（粉）尘	5.18	2	烟（粉）尘	0.49	6	烟（粉）尘	0.49	6	烟（粉）尘	862	2	16
新兴铸管（卢森堡）有限公司	烟（粉）尘	5.18	2	烟（粉）尘	0.49	6	烟（粉）尘	0.49	6	烟（粉）尘	862	2	16
包头冀东水泥有限公司	烟（粉）尘	0.01	4	烟（粉）尘	0.70	2	烟（粉）尘	0.70	4	烟（粉）尘	16	6	16
邯郸涉县金隅水泥有限公司	烟（粉）尘	2.88	4	烟（粉）尘	0.87	2	烟（粉）尘	0.87	4	烟（粉）尘	18	6	16
固原市六盘山水泥有限责任公司	烟（粉）尘	1.21	4	烟（粉）尘	11.66	2	烟（粉）尘	11.66	2	烟（粉）尘	11	8	16
英德海螺水泥有限责任公司	烟（粉）尘	0.01	6	烟（粉）尘	0.68	2	烟（粉）尘	0.68	4	烟（粉）尘	37	4	16
中车长春轨道客车股份有限公司	烟（粉）尘	5.67	2	烟（粉）尘	0.61	4	氮氧化物	0.61	4	烟（粉）尘	23	6	16
呼伦贝尔驰宏矿业有限公司	烟（粉）尘	0.01	4	烟（粉）尘	0.70	2	烟（粉）尘	0.70	4	烟（粉）尘	21	6	16
新兴铸管（加拿大）有限公司	烟（粉）尘	5.18	2	烟（粉）尘	0.49	6	烟（粉）尘	0.49	6	烟（粉）尘	862	2	16
乾县海螺水泥有限责任公司	烟（粉）尘	0.01	4	烟（粉）尘	0.56	2	烟（粉）尘	0.56	4	烟（粉）尘	15	6	16
枣庄市同安水务有限公司	COD	1.48	2	氨氮	0.48	2	COD	0.48	6	COD	20	6	16
廊坊金彪玻璃有限公司	烟（粉）尘	0.00	4	二氧化硫	0.23	2	氮氧化物	0.23	6	二氧化硫	62	4	16
山东海天生物化工有限公司	烟（粉）尘	0.00	4	烟（粉）尘	0.38	2	氮氧化物	0.38	6	二氧化硫	34	4	16
江西锦溪水泥有限公司	烟（粉）尘	0.01	4	二氧化硫	0.68	4	烟（粉）尘	0.68	4	烟（粉）尘	67	4	16
鄱阳县凯迪绿色能源开发有限公司	烟（粉）尘	11.01	2	烟（粉）尘	0.70	4	烟（粉）尘	0.70	4	烟（粉）尘	17	6	16
河北西柏坡第二发电有限责任公司	氮氧化物	0.57	6	烟（粉）尘	0.58	2	氮氧化物	0.58	4	氮氧化物	31	4	16

被参控公司/母公司	年度超标率	最大超标倍数	平均超标倍数	最大连续超标时长	年度超标率	最大超标倍数	平均超标倍数	最大连续超标时长	年度超标率	最大超标倍数	平均超标倍数	最大连续超标时长	在线监测系统得分
	污染物	超标率	得分	污染物	倍数	得分	污染物	倍数	得分	污染物	时长	得分	
库车青松水泥有限责任公司	烟（粉）尘	0.02	4	烟（粉）尘	0.55	4	烟（粉）尘	0.55	4	烟（粉）尘	28	4	16
国电库车发电有限公司	烟（粉）尘	0.01	4	氮氧化物	0.62	2	烟（粉）尘	0.62	4	氮氧化物	14	6	16
江苏扬农化工集团有限公司	烟（粉）尘	0.01	4	烟（粉）尘	0.81	2	氮氧化物	0.81	4	氮氧化物	18	6	16
华新水泥（道县）有限公司	烟（粉）尘	0.00	4	二氧化硫	0.70	4	氮氧化物	0.70	4	二氧化硫	26	4	16
内蒙古大唐国际托克托发电有限责任公司	烟（粉）尘	0.00	2	烟（粉）尘	0.27	6	二氧化硫	0.27	6	氮氧化物	681	2	16
华新金龙水泥（郧县）有限公司	烟（粉）尘	0.01	6	烟（粉）尘	0.69	2	氮氧化物	0.69	4	烟（粉）尘	33	4	16
吴堡冀东特种水泥有限公司	烟（粉）尘	0.04	2	烟（粉）尘	0.57	4	氮氧化物	0.57	4	氮氧化物	18	6	16
丽珠集团福州福兴医药有限公司	COD	0.03	2	COD	0.48	6	COD	0.48	6	COD	117	2	16
中国石化海南炼油化工有限公司	烟（粉）尘	0.00	8	烟（粉）尘	0.51	2	烟（粉）尘	0.51	4	二氧化硫	112	2	16
伊犁青松南岗建材有限公司	烟（粉）尘	4.09	4	烟（粉）尘	0.81	2	烟（粉）尘	0.81	4	烟（粉）尘	15	6	16
广西河池化工股份有限公司	烟（粉）尘	0.00	4	氮氧化物	0.70	2	氮氧化物	0.70	4	COD	14	6	16
新能凤凰（滕州）能源有限公司	COD	2.23	2	COD	0.65	4	氮氧化物	0.65	4	COD	19	6	16
国水（昌黎）污水处理有限公司	氨氮	0.98	4	COD	0.26	2	COD	0.26	6	氨氮	50	4	16
安琪酵母（崇左）有限公司	烟（粉）尘	53.14	2	烟（粉）尘	1.02	8	烟（粉）尘	1.02	2	烟（粉）尘	79	4	16
太阳纸业有限公司	烟（粉）尘	0.00	4	二氧化硫	0.72	2	COD	0.72	4	烟（粉）尘	21	6	16
上汽大众汽车有限公司	COD	1.63	2	COD	0.28	4	COD	0.28	6	COD	68	4	16
国电南宁发电有限责任公司	烟（粉）尘	0.01	4	烟（粉）尘	0.54	2	烟（粉）尘	0.54	4	烟（粉）尘	13	6	16
宁夏新安科技有限公司	COD	0.02	2	氨氮	0.72	6	COD	0.72	4	COD	56	4	16
山西中煤华晋能源有限责任公司	烟（粉）尘	1.17	4	烟（粉）尘	0.66	2	氮氧化物	0.66	4	烟（粉）尘	20	6	16
襄阳金环新材料科技有限公司	COD	0.80	4	COD	0.60	4	二氧化硫	0.60	4	COD	45	4	16
新疆青松水泥有限责任公司	氮氧化物	4.30	4	二氧化硫	0.54	6	氮氧化物	0.54	4	氮氧化物	99	2	16
山东高速环保科技有限公司	COD	0.64	4	COD	0.57	2	COD	0.57	4	COD	23	6	16

被参控公司/母公司	年度超标率	最大超标倍数	平均超标倍数	最大连续超标时长	年度超标率	最大超标倍数	平均超标倍数	最大连续超标时长	年度超标率	最大超标倍数	平均超标倍数	最大连续超标时长	在线监测系统得分
	污染物	超标率	得分	污染物	倍数	得分	污染物	倍数	得分	污染物	时长	得分	
昌黎冀东水泥有限公司	烟（粉）尘	0.01	4	二氧化硫	0.77	2	氮氧化物	0.77	4	烟（粉）尘	20	6	16
广东粤电大埔发电有限公司	烟（粉）尘	0.00	6	烟（粉）尘	6.98	2	烟（粉）尘	6.98	2	氮氧化物	15	6	16
上海上汽大众汽车销售有限公司	COD	1.63	2	COD	0.28	4	COD	0.28	6	COD	68	4	16
上海氯碱化工股份有限公司	COD	1.23	2	COD	0.35	2	COD	0.35	6	COD	20	6	16
华新水泥（赤壁）有限公司	烟（粉）尘	6.17	2	氮氧化物	0.53	6	烟（粉）尘	0.53	4	烟（粉）尘	43	4	16
中原环保水务登封有限公司	COD	1.35	2	氨氮	0.49	4	COD	0.49	6	氨氮	60	4	16
国华能源发展（天津）有限公司	烟（粉）尘	0.00	2	烟（粉）尘	0.74	8	二氧化硫	0.74	4	二氧化硫	557	2	16
青海宜化化工有限责任公司	COD	1.53	2	烟（粉）尘	0.62	2	烟（粉）尘	0.62	4	烟（粉）尘	5	8	16
亚泰集团伊通水泥有限公司	烟（粉）尘	0.01	6	烟（粉）尘	2.68	2	烟（粉）尘	2.68	2	烟（粉）尘	16	6	16
湛江中粤能源有限公司	烟（粉）尘	0.01	4	烟（粉）尘	0.70	4	氮氧化物	0.70	4	烟（粉）尘	27	4	16
沈阳浑南热力有限责任公司	氮氧化物	6.93	2	烟（粉）尘	0.57	6	氮氧化物	0.57	4	氮氧化物	56	4	16
华北制药华胜有限公司	COD	1.89	2	COD	0.56	4	COD	0.56	4	COD	20	6	16
和田青松建材有限责任公司	烟（粉）尘	0.01	4	氮氧化物	0.47	2	烟（粉）尘	0.47	6	烟（粉）尘	91	4	16
铜陵有色金属集团股份有限公司	COD	2.81	2	COD	0.38	4	COD	0.38	6	COD	35	4	16
巢湖海螺水泥有限责任公司	烟（粉）尘	0.01	4	烟（粉）尘	0.58	2	烟（粉）尘	0.58	4	二氧化硫	13	6	16
千阳海螺水泥有限责任公司	烟（粉）尘	0.11	2	烟（粉）尘	0.73	2	烟（粉）尘	0.73	4	烟（粉）尘	5	8	16
安徽金禾实业股份有限公司	烟（粉）尘	0.01	4	烟（粉）尘	0.38	2	烟（粉）尘	0.38	6	烟（粉）尘	48	4	16
广东宝丽华电力有限公司	烟（粉）尘	0.01	4	烟（粉）尘	0.74	2	氮氧化物	0.74	4	烟（粉）尘	17	6	16
河池化工有限责任公司	COD	0.57	4	氮氧化物	0.70	2	氮氧化物	0.70	4	COD	14	6	16
山东金晶科技股份有限公司	烟（粉）尘	0.00	6	烟（粉）尘	0.79	2	氮氧化物	0.79	4	氮氧化物	69	4	16
涿鹿金隅水泥有限公司	二氧化硫	0.17	2	二氧化硫	1.07	4	二氧化硫	1.07	2	二氧化硫	4	8	16
创冠环保（廊坊）有限公司	烟（粉）尘	3.53	4	烟（粉）尘	0.59	4	氮氧化物	0.59	4	烟（粉）尘	69	4	16
山西太钢不锈钢股份有限公司	烟（粉）尘	5.79	2	烟（粉）尘	0.52	6	烟（粉）尘	0.52	4	烟（粉）尘	28	4	16

被参控公司/母公司	年度超标率	最大超标倍数	平均超标倍数	最大连续超标时长	年度超标率	最大超标倍数	平均超标倍数	最大连续超标时长	年度超标率	最大超标倍数	平均超标倍数	最大连续超标时长	在线监测系统得分
	污染物	超标率	得分	污染物	倍数	得分	污染物	倍数	得分	污染物	时长	得分	
山西天脊潞安化工有限公司	烟（粉）尘	0.02	4	烟（粉）尘	0.38	2	烟（粉）尘	0.38	6	氮氧化物	27	4	16
浙江衢化氟化学有限公司	COD	5.27	2	COD	0.81	4	COD	0.81	4	COD	58	4	14
潜江永安药业股份有限公司	氨氮	16.86	2	氨氮	0.62	6	氨氮	0.62	4	氨氮	243	2	14
双鹤药业（商丘）有限责任公司	烟（粉）尘	6.87	2	烟（粉）尘	0.27	2	烟（粉）尘	0.27	6	烟（粉）尘	47	4	14
河南省同力水泥有限公司	烟（粉）尘	23.17	2	烟（粉）尘	0.79	6	烟（粉）尘	0.79	4	烟（粉）尘	1 037	2	14
济宁黑猫炭黑有限责任公司	氮氧化物	18.21	2	氮氧化物	0.64	2	氮氧化物	0.64	4	烟（粉）尘	20	6	14
国电电力酒泉发电有限公司	烟（粉）尘	0.00	4	烟（粉）尘	4.23	2	二氧化硫	4.23	2	二氧化硫	20	6	14
重庆索特盐化股份有限公司	烟（粉）尘	0.01	4	烟（粉）尘	0.63	2	烟（粉）尘	0.63	4	烟（粉）尘	50	4	14
云南宣威磷电有限责任公司	烟（粉）尘	1.97	4	烟（粉）尘	0.63	2	烟（粉）尘	0.63	4	烟（粉）尘	59	4	14
联化科技（德州）有限公司	烟（粉）尘	22.70	2	烟（粉）尘	1.22	6	氮氧化物	1.22	2	烟（粉）尘	31	4	14
浙江巴陵恒逸己内酰胺有限责任公司	烟（粉）尘	1.25	4	氮氧化物	0.50	2	烟（粉）尘	0.50	4	烟（粉）尘	48	4	14
河北国投中鲁果蔬汁有限公司	烟（粉）尘	9.87	2	烟（粉）尘	0.71	4	烟（粉）尘	0.71	4	烟（粉）尘	28	4	14
贵定海螺盘江水泥有限责任公司	烟（粉）尘	2.86	4	烟（粉）尘	0.79	2	氮氧化物	0.79	4	烟（粉）尘	52	4	14
陵川金隅水泥有限公司	烟（粉）尘	0.02	4	烟（粉）尘	0.57	2	烟（粉）尘	0.57	4	烟（粉）尘	27	4	14
酒钢（集团）宏达建材有限责任公司	二氧化硫	2.50	4	烟（粉）尘	0.62	2	氮氧化物	0.62	4	二氧化硫	25	4	14
天津泰达股份有限公司	二氧化硫	61.30	2	二氧化硫	1.04	8	二氧化硫	1.04	2	二氧化硫	1 253	2	14
靖煤集团白银热电有限公司	烟（粉）尘	0.00	2	氮氧化物	0.51	6	氮氧化物	0.51	4	氮氧化物	3 817	2	14
中国石油天然气股份有限公司	烟（粉）尘	3.09	4	烟（粉）尘	0.36	2	烟（粉）尘	0.36	6	烟（粉）尘	131	2	14
联化科技股份有限公司	烟（粉）尘	22.70	2	烟（粉）尘	1.22	6	氮氧化物	1.22	2	烟（粉）尘	31	4	14
中国铝业遵义氧化铝有限公司	二氧化硫	1.25	4	烟（粉）尘	0.62	2	二氧化硫	0.62	4	烟（粉）尘	25	4	14
内蒙古京能康巴什热电有限公司	氮氧化物	0.21	2	氮氧化物	0.61	6	氮氧化物	0.61	4	氮氧化物	913	2	14

被参控公司/母公司	年度超标率	最大超标倍数	平均超标倍数	最大连续超标时长	年度超标率	最大超标倍数	平均超标倍数	最大连续超标时长	年度超标率	最大超标倍数	平均超标倍数	最大连续超标时长	在线监测系统得分
	污染物	超标率	得分	污染物	倍数	得分	污染物	倍数	得分	污染物	时长	得分	
史丹利化肥定西有限公司	烟（粉）尘	16.25	2	烟（粉）尘	0.82	2	烟（粉）尘	0.82	4	烟（粉）尘	20	6	14
江西兄弟医药有限公司	烟（粉）尘	1.24	4	烟（粉）尘	0.58	2	烟（粉）尘	0.58	4	烟（粉）尘	25	4	14
浙江晋巨化工有限公司	COD	0.05	2	COD	0.81	4	COD	0.81	4	COD	47	4	14
山东华泰纸业股份有限公司	COD	1.19	2	COD	0.57	2	COD	0.57	4	COD	18	6	14
山东滨化热力有限责任公司	烟（粉）尘	0.23	2	烟（粉）尘	0.59	6	烟（粉）尘	0.59	4	烟（粉）尘	2 304	2	14
新疆众和进出口有限公司	烟（粉）尘	1.58	4	烟（粉）尘	0.55	2	烟（粉）尘	0.55	4	烟（粉）尘	70	4	14
内蒙古宜化化工有限公司	烟（粉）尘	3.46	4	烟（粉）尘	0.61	2	烟（粉）尘	0.61	4	烟（粉）尘	44	4	14
东莞南玻太阳能玻璃有限公司	二氧化硫	2.63	4	二氧化硫	0.82	2	二氧化硫	0.82	4	氮氧化物	28	4	14
江城嘉禾橡胶有限责任公司	COD	1.46	2	COD	0.34	2	COD	0.34	6	COD	30	4	14
天津滨海能源发展股份有限公司	氮氧化物	54.70	2	氮氧化物	0.96	6	氮氧化物	0.96	4	氮氧化物	1 756	2	14
包头铝业股份有限公司	烟（粉）尘	0.29	2	氮氧化物	0.46	4	烟（粉）尘	0.46	6	烟（粉）尘	3 242	2	14
大同富乔垃圾焚烧发电有限公司	烟（粉）尘	3.57	4	烟（粉）尘	0.59	2	二氧化硫	0.59	4	烟（粉）尘	46	4	14
华能重庆两江燃机发电有限责任公司	烟（粉）尘	0.10	2	氮氧化物	0.44	2	烟（粉）尘	0.44	6	烟（粉）尘	77	4	14
山东新华制药股份有限公司	COD	1.32	2	COD	0.35	2	COD	0.35	6	COD	30	4	14
遵义海螺盘江水泥有限责任公司	烟（粉）尘	0.03	4	烟（粉）尘	0.76	2	烟（粉）尘	0.76	4	烟（粉）尘	64	4	14
衢州市清泰环境工程有限公司	COD	4.94	2	COD	0.72	4	COD	0.72	4	COD	47	4	14
河南有色汇源铝业有限公司	烟（粉）尘	22.74	2	氮氧化物	0.69	6	烟（粉）尘	0.69	4	烟（粉）尘	303	2	14
内蒙古博源水务有限责任公司	氨氮	3.04	2	氨氮	0.27	2	COD	0.27	6	氨氮	46	4	14
江苏洋河酒厂股份有限公司	COD	1.63	2	COD	0.25	2	COD	0.25	6	COD	54	4	14
曲阳金隅水泥有限公司	烟（粉）尘	0.04	4	氮氧化物	0.70	2	氮氧化物	0.70	4	烟（粉）尘	83	4	14
阳煤平原化工有限公司	烟（粉）尘	0.10	2	二氧化硫	0.65	6	烟（粉）尘	0.65	4	氮氧化物	216	2	14
长兴旗滨玻璃有限公司	烟（粉）尘	0.03	4	烟（粉）尘	0.70	2	二氧化硫	0.70	4	烟（粉）尘	81	4	14

被参控公司/母公司	年度超标率	最大超标倍数	平均超标倍数	最大连续超标时长	年度超标率	最大超标倍数	平均超标倍数	最大连续超标时长	年度超标率	最大超标倍数	平均超标倍数	最大连续超标时长	在线监测系统得分
	污染物	超标率	得分	污染物	倍数	得分	污染物	倍数	得分	污染物	时长	得分	
新疆众和股份有限公司	烟（粉）尘	0.02	4	烟（粉）尘	0.55	2	烟（粉）尘	0.55	4	烟（粉）尘	70	4	14
冀东水泥璧山有限责任公司	烟（粉）尘	0.01	4	烟（粉）尘	0.80	2	二氧化硫	0.80	4	烟（粉）尘	47	4	14
冀东水泥重庆合川有限责任公司	烟（粉）尘	0.01	4	烟（粉）尘	0.90	2	氮氧化物	0.90	4	氮氧化物	48	4	14
安徽宣城海螺水泥有限公司	烟（粉）尘	0.01	4	烟（粉）尘	0.54	2	烟（粉）尘	0.54	4	烟（粉）尘	30	4	14
华能重庆两江燃机有限公司	烟（粉）尘	9.70	2	氮氧化物	0.44	2	烟（粉）尘	0.44	6	烟（粉）尘	77	4	14
吉林化纤股份有限公司	COD	1.61	2	烟（粉）尘	0.56	2	烟（粉）尘	0.56	4	烟（粉）尘	16	6	14
山西阳煤丰喜肥业（集团）有限公司	烟（粉）尘	1.56	4	烟（粉）尘	0.83	2	烟（粉）尘	0.83	4	烟（粉）尘	57	4	14
新华制药（高密）有限公司	COD	1.32	2	COD	0.35	2	COD	0.35	6	COD	30	4	14
天水中材水泥有限责任公司	烟（粉）尘	0.01	4	烟（粉）尘	0.79	2	烟（粉）尘	0.79	4	烟（粉）尘	35	4	14
湖南华菱涟源钢铁有限公司	烟（粉）尘	0.00	2	COD	0.25	2	烟（粉）尘	0.25	6	COD	48	4	14
青海祁连山水泥有限公司	烟（粉）尘	0.01	4	烟（粉）尘	0.77	2	氮氧化物	0.77	4	烟（粉）尘	26	4	14
滕州金晶玻璃有限公司	烟（粉）尘	0.01	4	烟（粉）尘	0.57	2	烟（粉）尘	0.57	4	烟（粉）尘	72	4	14
重庆钢铁股份有限公司	烟（粉）尘	0.03	4	烟（粉）尘	0.32	2	烟（粉）尘	0.32	6	烟（粉）尘	192	2	14
广东清新水泥有限公司	烟（粉）尘	0.01	4	烟（粉）尘	0.55	2	烟（粉）尘	0.55	4	烟（粉）尘	84	4	14
赣州海螺水泥有限责任公司	烟（粉）尘	1.24	4	烟（粉）尘	1.27	2	烟（粉）尘	1.27	2	烟（粉）尘	17	6	14
博乐市中博水泥有限公司	烟（粉）尘	0.39	2	烟（粉）尘	7.02	2	烟（粉）尘	7.02	2	烟（粉）尘	5	8	14
河南同力水泥股份有限公司	烟（粉）尘	0.23	2	烟（粉）尘	0.79	6	烟（粉）尘	0.79	4	烟（粉）尘	1 037	2	14
新华制药（寿光）有限公司	COD	1.32	2	COD	0.35	2	COD	0.35	6	COD	30	4	14
福建省海峡水泥股份有限公司	烟（粉）尘	0.07	2	烟（粉）尘	0.83	2	烟（粉）尘	0.83	4	烟（粉）尘	24	6	14
重庆市邱家榨菜食品有限责任公司	COD	1.22	2	COD	0.34	2	COD	0.34	6	COD	49	4	14
夏河祁连山安多水泥有限公司	烟（粉）尘	0.03	4	烟（粉）尘	0.55	2	烟（粉）尘	0.55	4	烟（粉）尘	34	4	14

被参控公司/母公司	年度超标率	最大超标倍数	平均超标倍数	最大连续超标时长	年度超标率	最大超标倍数	平均超标倍数	最大连续超标时长	年度超标率	最大超标倍数	平均超标倍数	最大连续超标时长	在线监测系统得分
	污染物	超标率	得分	污染物	倍数	得分	污染物	倍数	得分	污染物	时长	得分	
焦作万方电力有限公司	二氧化硫	2.00	4	烟（粉）尘	0.36	2	二氧化硫	0.36	6	二氧化硫	155	2	14
中国石化上海石油化工股份有限公司	烟（粉）尘	0.00	2	烟（粉）尘	0.68	4	COD	0.68	4	COD	39	4	14
吉林亚泰明城水泥有限公司	烟（粉）尘	0.02	4	烟（粉）尘	0.86	2	氮氧化物	0.86	4	烟（粉）尘	60	4	14
际华三五零二职业装有限公司	烟（粉）尘	70.73	2	烟（粉）尘	3.79	4	烟（粉）尘	3.79	2	烟（粉）尘	16	6	14
涿州中科国益水务有限公司	COD	0.98	4	COD	0.61	2	COD	0.61	4	COD	31	4	14
荆门市城南污水处理有限公司	COD	2.03	2	COD	0.52	4	COD	0.52	4	氨氮	50	4	14
上海上电漕泾发电有限公司	烟（粉）尘	0.01	4	烟（粉）尘	0.46	2	二氧化硫	0.46	6	烟（粉）尘	100	2	14
浙江浙能电力股份有限公司	烟（粉）尘	18.20	2	烟（粉）尘	3.28	2	烟（粉）尘	3.28	2	烟（粉）尘	11	8	14
天津港股份有限公司	二氧化硫	11.69	2	烟（粉）尘	0.53	2	烟（粉）尘	0.53	4	二氧化硫	13	6	14
河北邯郸热电股份有限公司	烟（粉）尘	0.00	2	二氧化硫	0.57	6	二氧化硫	0.57	4	二氧化硫	1 092	2	14
内蒙古上都发电有限责任公司	烟（粉）尘	0.00	4	烟（粉）尘	0.39	2	氮氧化物	0.39	6	氮氧化物	397	2	14
中铝中州铝业有限公司	烟（粉）尘	0.01	4	烟（粉）尘	0.41	2	烟（粉）尘	0.41	6	烟（粉）尘	231	2	14
河南安彩高科股份有限公司	烟（粉）尘	0.02	4	烟（粉）尘	0.59	4	氮氧化物	0.59	4	烟（粉）尘	216	2	14
神华准格尔能源有限责任公司	烟（粉）尘	1.17	4	烟（粉）尘	0.88	2	烟（粉）尘	0.88	4	烟（粉）尘	26	4	14
宁波海德针织漂染有限公司	COD	0.03	2	COD	0.66	6	COD	0.66	4	COD	105	2	14
山西双良鼎新水泥有限公司	烟（粉）尘	0.06	2	二氧化硫	0.63	4	烟（粉）尘	0.63	4	烟（粉）尘	27	4	14
陕西长青能源化工有限公司	烟（粉）尘	0.01	4	烟（粉）尘	0.41	2	烟（粉）尘	0.41	6	二氧化硫	114	2	14
新疆天富能源股份有限公司	烟（粉）尘	2.14	4	氮氧化物	0.57	2	烟（粉）尘	0.57	4	烟（粉）尘	32	4	14
彝良驰宏矿业有限公司	COD	3.56	2	COD	0.31	2	COD	0.31	6	COD	28	4	14
贵州六矿瑞安水泥有限公司	烟（粉）尘	0.06	2	烟（粉）尘	0.53	2	氮氧化物	0.53	4	烟（粉）尘	55	4	12
新特能源股份有限公司	氮氧化物	0.70	2	烟（粉）尘	0.38	2	烟（粉）尘	0.38	6	氮氧化物	30	2	12
云南水富云天化有限公司	烟（粉）尘	0.30	2	烟（粉）尘	0.82	4	烟（粉）尘	0.82	4	烟（粉）尘	1 535	2	12

被参控公司/母公司	年度超标率	最大超标倍数	平均超标倍数	最大连续超标时长	年度超标率	最大超标倍数	平均超标倍数	最大连续超标时长	年度超标率	最大超标倍数	平均超标倍数	最大连续超标时长	在线监测系统得分
	污染物	超标率	得分	污染物	倍数	得分	污染物	倍数	得分	污染物	时长	得分	
临涣中利发电有限公司	烟（粉）尘	0.03	4	烟（粉）尘	0.58	2	烟（粉）尘	0.58	4	烟（粉）尘	102	2	12
孟州市城市污水处理有限公司	COD	3.51	2	氨氮	0.85	4	COD	0.85	4	COD	106	2	12
亚同环保水处理江阴有限公司	COD	3.43	2	COD	0.66	4	COD	0.66	4	COD	100	2	12
新疆梅花氨基酸有限责任公司	烟（粉）尘	10.61	2	烟（粉）尘	0.59	2	氮氧化物	0.59	4	烟（粉）尘	72	4	12
大连西太平洋石油化工有限公司	烟（粉）尘	0.01	2	二氧化硫	0.52	4	氮氧化物	0.52	4	烟（粉）尘	124	2	12
宁夏大唐国际大坝发电有限责任公司	烟（粉）尘	0.06	2	氮氧化物	0.73	4	二氧化硫	0.73	4	烟（粉）尘	454	2	12
黑龙江岁宝热电有限公司	烟（粉）尘	0.08	2	烟（粉）尘	0.94	2	烟（粉）尘	0.94	4	烟（粉）尘	93	4	12
重庆万盛浮法玻璃有限公司	烟（粉）尘	0.01	4	烟（粉）尘	0.76	2	氮氧化物	0.76	4	氮氧化物	157	2	12
重庆市新嘉南建材有限责任公司	烟（粉）尘	0.00	2	二氧化硫	0.86	2	氮氧化物	0.86	4	氮氧化物	96	4	12
国投云顶湄洲湾电力有限公司	烟（粉）尘	100.00	2	烟（粉）尘	4.73	4	烟（粉）尘	4.73	2	烟（粉）尘	82	4	12
驻马店市豫龙同力水泥有限公司	烟（粉）尘	9.72	2	烟（粉）尘	0.67	4	烟（粉）尘	0.67	4	烟（粉）尘	151	2	12
国电宿州第二热电有限公司	烟（粉）尘	0.00	4	烟（粉）尘	1.10	2	氮氧化物	1.10	2	烟（粉）尘	26	4	12
万华化学（宁波）有限公司	烟（粉）尘	0.04	2	二氧化硫	0.70	4	烟（粉）尘	0.70	4	氮氧化物	122	2	12
平湖旗滨玻璃有限公司	烟（粉）尘	0.00	4	烟（粉）尘	0.73	2	氮氧化物	0.73	4	氮氧化物	138	2	12
山东省禹城市新园热电有限公司	烟（粉）尘	54.48	2	烟（粉）尘	1.39	6	烟（粉）尘	1.39	2	烟（粉）尘	1 486	2	12
万华化学（宁波）热电有限公司	氮氧化物	15.71	2	二氧化硫	0.70	4	烟（粉）尘	0.70	4	氮氧化物	122	2	12
曲靖大为焦化制供气有限公司	烟（粉）尘	0.01	2	二氧化硫	0.85	4	二氧化硫	0.85	4	二氧化硫	98	2	12
新疆米东天山水泥有限责任公司	烟（粉）尘	0.04	4	烟（粉）尘	1.17	2	烟（粉）尘	1.17	2	烟（粉）尘	34	4	12
河南恒星科技股份有限公司	烟（粉）尘	5.21	2	烟（粉）尘	0.51	2	烟（粉）尘	0.51	4	烟（粉）尘	86	4	12
芜湖海螺水泥有限公司	烟（粉）尘	0.00	4	烟（粉）尘	0.53	2	二氧化硫	0.53	4	氮氧化物	432	2	12
山西振东制药股份有限公司	烟（粉）尘	6.93	2	烟（粉）尘	0.66	2	氮氧化物	0.66	4	烟（粉）尘	62	4	12
邢台金隅咏宁水泥有限公司	烟（粉）尘	0.02	4	烟（粉）尘	1.09	2	烟（粉）尘	1.09	2	烟（粉）尘	26	4	12

被参控公司/母公司	年度超标率	最大超标倍数	平均超标倍数	最大连续超标时长	年度超标率	最大超标倍数	平均超标倍数	最大连续超标时长	年度超标率	最大超标倍数	平均超标倍数	最大连续超标时长	在线监测系统得分
	污染物	超标率	得分	污染物	倍数	得分	污染物	倍数	得分	污染物	时长	得分	
安徽怀宁海螺水泥有限公司	烟（粉）尘	0.02	4	烟（粉）尘	0.72	2	烟（粉）尘	0.72	4	烟（粉）尘	110	2	12
东莞市虎门绿源水务有限公司	COD	1.63	2	COD	0.50	2	COD	0.50	4	COD	30	4	12
山西潞安环保能源开发股份有限公司	烟（粉）尘	6.92	2	烟（粉）尘	0.69	2	烟（粉）尘	0.69	4	烟（粉）尘	40	4	12
孚日集团股份有限公司	COD	1.00	2	COD	0.60	2	COD	0.60	4	COD	25	4	12
哈密天山水泥有限责任公司	烟（粉）尘	0.02	4	烟（粉）尘	3.92	2	烟（粉）尘	3.92	2	烟（粉）尘	56	4	12
宁夏蓝丰精细化工有限公司	烟（粉）尘	0.11	2	烟（粉）尘	0.79	2	烟（粉）尘	0.79	4	烟（粉）尘	66	4	12
天津创业环保（香港）有限公司	COD	21.21	2	氨氮	0.85	4	COD	0.85	4	COD	418	2	12
天津蓟源水处理有限公司	COD	1.01	2	COD	0.56	2	COD	0.56	4	氨氮	27	4	12
安徽六国化工股份有限公司	烟（粉）尘	0.01	4	烟（粉）尘	1.52	2	烟（粉）尘	1.52	2	烟（粉）尘	49	4	12
青海西豫有色金属有限公司	烟（粉）尘	0.03	4	烟（粉）尘	1.04	2	烟（粉）尘	1.04	2	烟（粉）尘	31	4	12
恒天海龙股份有限公司	氮氧化物	8.50	2	氮氧化物	0.73	2	氮氧化物	0.73	4	烟（粉）尘	32	4	12
靖远第二发电有限公司	氮氧化物	0.79	2	烟（粉）尘	0.38	2	氮氧化物	0.38	6	烟（粉）尘	2 668	2	12
陕煤集团神木张家峁矿业有限公司	烟（粉）尘	26.02	2	烟（粉）尘	0.85	2	烟（粉）尘	0.85	4	烟（粉）尘	65	4	12
上海电力股份有限公司	二氧化硫	4.18	4	氮氧化物	0.58	2	氮氧化物	0.58	4	二氧化硫	104	2	12
宁夏赛马水泥有限公司	烟（粉）尘	3.42	4	烟（粉）尘	1.16	2	烟（粉）尘	1.16	2	烟（粉）尘	45	4	12
天津创业环保集团股份有限公司	COD	21.21	2	氨氮	0.85	4	COD	0.85	4	COD	418	2	12
通辽霍林河坑口发电有限责任公司	烟（粉）尘	0.00	2	氮氧化物	0.28	2	二氧化硫	0.28	6	氮氧化物	359	2	12
龙陵海螺水泥有限责任公司	烟（粉）尘	0.05	2	烟（粉）尘	0.74	2	烟（粉）尘	0.74	4	烟（粉）尘	69	4	12
咸宁南玻玻璃有限公司	烟（粉）尘	0.04	4	烟（粉）尘	0.61	2	烟（粉）尘	0.61	4	烟（粉）尘	206	2	12
金正大诺泰尔化学有限公司	烟（粉）尘	8.29	2	烟（粉）尘	0.97	2	烟（粉）尘	0.97	4	烟（粉）尘	72	4	12
漳州旗滨玻璃有限公司	烟（粉）尘	0.00	4	烟（粉）尘	0.51	2	二氧化硫	0.51	4	氮氧化物	191	2	12

被参控公司/母公司	年度超标率	最大超标倍数	平均超标倍数	最大连续超标时长	年度超标率	最大超标倍数	平均超标倍数	最大连续超标时长	年度超标率	最大超标倍数	平均超标倍数	最大连续超标时长	在线监测系统得分
	污染物	超标率	得分	污染物	倍数	得分	污染物	倍数	得分	污染物	时长	得分	
河北衡水老白干酒业股份有限公司	烟（粉）尘	46.15	2	烟（粉）尘	9.60	2	烟（粉）尘	9.60	2	烟（粉）尘	19	6	12
华新水泥（武穴）有限公司	烟（粉）尘	0.03	4	烟（粉）尘	0.50	2	氮氧化物	0.50	4	烟（粉）尘	115	2	12
山西霍尔辛赫煤业有限责任公司	烟（粉）尘	22.59	2	烟（粉）尘	0.80	2	烟（粉）尘	0.80	4	烟（粉）尘	54	4	12
河北中煤旭阳焦化有限公司	烟（粉）尘	0.01	2	氮氧化物	1.00	4	氮氧化物	1.00	4	烟（粉）尘	150	2	12
阳泉冀东水泥有限责任公司	烟（粉）尘	0.04	4	烟（粉）尘	1.59	2	烟（粉）尘	1.59	2	烟（粉）尘	45	4	12
洛阳黄河同力水泥有限责任公司	烟（粉）尘	0.02	2	二氧化硫	0.62	4	烟（粉）尘	0.62	4	二氧化硫	101	2	12
濮阳市濮耐功能材料有限公司	烟（粉）尘	11.17	2	烟（粉）尘	0.76	2	烟（粉）尘	0.76	4	烟（粉）尘	58	4	12
博爱金隅水泥有限公司	烟（粉）尘	5.31	2	烟（粉）尘	0.62	2	烟（粉）尘	0.62	4	烟（粉）尘	39	4	12
宁波热电股份有限公司	氮氧化物	15.71	2	二氧化硫	0.70	4	烟（粉）尘	0.70	4	氮氧化物	122	2	12
安徽荻港海螺水泥股份有限公司	烟（粉）尘	0.00	2	烟（粉）尘	0.80	4	氮氧化物	0.80	4	氮氧化物	432	2	12
大连热电股份有限公司	氮氧化物	6.11	2	烟（粉）尘	0.67	2	烟（粉）尘	0.67	4	氮氧化物	270	2	10
中盐青海昆仑碱业有限公司	烟（粉）尘	0.09	2	烟（粉）尘	0.75	2	烟（粉）尘	0.75	4	烟（粉）尘	109	2	10
巴州青松绿原建材有限责任公司	烟（粉）尘	0.39	2	烟（粉）尘	0.99	2	烟（粉）尘	0.99	4	烟（粉）尘	835	2	10
山东海化盛兴热电有限公司	烟（粉）尘	0.11	2	烟（粉）尘	0.70	2	烟（粉）尘	0.70	4	烟（粉）尘	111	2	10
扶绥新宁海螺水泥有限责任公司	烟（粉）尘	0.05	4	烟（粉）尘	8.04	2	烟（粉）尘	8.04	2	烟（粉）尘	275	2	10
山西漳山发电有限责任公司	烟（粉）尘	0.00	2	烟（粉）尘	0.59	2	烟（粉）尘	0.59	4	二氧化硫	589	2	10
甘肃酒钢集团宏兴钢铁股份有限公司	烟（粉）尘	19.04	2	二氧化硫	1.12	4	二氧化硫	1.12	2	烟（粉）尘	936	2	10
国电河北龙山发电有限责任公司	二氧化硫	0.32	2	二氧化硫	0.95	2	二氧化硫	0.95	4	二氧化硫	1 549	2	10
浙江嘉化能源化工股份有限公司	烟（粉）尘	0.00	2	烟（粉）尘	0.69	2	氮氧化物	0.69	4	氮氧化物	376	2	10
海南中航特玻材料有限公司	烟（粉）尘	0.04	2	烟（粉）尘	2.58	2	烟（粉）尘	2.58	2	烟（粉）尘	32	4	10
福建联合石油化工有限公司	烟（粉）尘	0.00	2	二氧化硫	0.90	2	二氧化硫	0.90	4	二氧化硫	944	2	10

被参控公司/母公司	年度超标率	最大超标倍数	平均超标倍数	最大连续超标时长	年度超标率	最大超标倍数	平均超标倍数	最大连续超标时长	年度超标率	最大超标倍数	平均超标倍数	最大连续超标时长	在线监测系统得分
	污染物	超标率	得分	污染物	倍数	得分	污染物	倍数	得分	污染物	时长	得分	
遵义铝业股份有限公司	烟（粉）尘	28.46	2	二氧化硫	0.72	2	烟（粉）尘	0.72	4	烟（粉）尘	3 974	2	10
山西三维集团股份有限公司	二氧化硫	0.02	2	二氧化硫	0.64	2	氮氧化物	0.64	4	二氧化硫	154	2	10
梁平海螺水泥有限责任公司	烟（粉）尘	0.01	2	烟（粉）尘	0.54	2	烟（粉）尘	0.54	4	氮氧化物	125	2	10
新疆富丽达纤维有限公司	烟（粉）尘	0.02	2	烟（粉）尘	0.73	2	二氧化硫	0.73	4	二氧化硫	135	2	10
华能北京热电有限责任公司	烟（粉）尘	0.98	2	氮氧化物	1.37	4	烟（粉）尘	1.37	2	烟（粉）尘	2 341	2	10
青海盐湖海纳化工有限公司	烟（粉）尘	0.01	2	烟（粉）尘	0.57	2	氮氧化物	0.57	4	氮氧化物	234	2	10
广东粤电靖海发电有限公司	烟（粉）尘	0.01	2	氮氧化物	0.50	2	二氧化硫	0.50	4	二氧化硫	1 036	2	10
国电深能四川华蓥山发电有限公司	烟（粉）尘	0.14	2	二氧化硫	1.09	4	二氧化硫	1.09	2	烟（粉）尘	302	2	10
山西兰花丹峰化工股份有限公司	烟（粉）尘	39.89	2	烟（粉）尘	0.94	2	烟（粉）尘	0.94	4	烟（粉）尘	509	2	10
山西焦化股份有限公司	烟（粉）尘	0.01	4	烟（粉）尘	1.72	2	烟（粉）尘	1.72	2	二氧化硫	348	2	10
青海互助金圆水泥有限公司	烟（粉）尘	12.18	2	烟（粉）尘	0.70	2	氮氧化物	0.70	4	烟（粉）尘	534	2	10
新疆中泰矿冶有限公司	烟（粉）尘	0.60	2	烟（粉）尘	0.81	2	烟（粉）尘	0.81	4	烟（粉）尘	3 333	2	10
北流海螺水泥有限责任公司	烟（粉）尘	0.01	4	烟（粉）尘	3.29	2	烟（粉）尘	3.29	2	烟（粉）尘	165	2	10
江西乐浩综合利用电业有限公司	烟（粉）尘	0.11	2	烟（粉）尘	72.61	2	烟（粉）尘	72.61	2	烟（粉）尘	37	4	10
三门峡腾跃同力水泥有限公司	氮氧化物	42.53	2	烟（粉）尘	0.97	2	氮氧化物	0.97	4	氮氧化物	366	2	10
天鼎丰非织造布有限公司	烟（粉）尘	5.20	2	二氧化硫	0.53	2	烟（粉）尘	0.53	4	氮氧化物	201	2	10
山西潞安焦化有限责任公司	COD	1.34	2	烟（粉）尘	93 542.23	2	烟（粉）尘	93 542.23	2	烟（粉）尘	71	4	10
沁阳市金隅水泥有限公司	烟（粉）尘	12.62	2	烟（粉）尘	0.70	2	烟（粉）尘	0.70	4	烟（粉）尘	138	2	10
上海吴泾发电有限责任公司	烟（粉）尘	0.04	2	氮氧化物	0.61	2	烟（粉）尘	0.61	4	二氧化硫	245	2	10
山东华聚能源股份有限公司	二氧化硫	5.63	2	二氧化硫	0.79	2	氮氧化物	0.79	4	氮氧化物	97	2	10
中国石化北海炼化有限责任公司	COD	4.89	2	二氧化硫	0.57	2	COD	0.57	4	氨氮	310	2	10

被参控公司/母公司	年度超标率	最大超标倍数	平均超标倍数	最大连续超标时长	年度超标率	最大超标倍数	平均超标倍数	最大连续超标时长	年度超标率	最大超标倍数	平均超标倍数	最大连续超标时长	在线监测系统得分
	污染物	超标率	得分	污染物	倍数	得分	污染物	倍数	得分	污染物	时长	得分	
国中（秦皇岛）污水处理有限公司	氨氮	8.98	2	COD	0.51	2	COD	0.51	4	氨氮	174	2	10
华能平凉发电有限责任公司	二氧化硫	0.51	2	烟（粉）尘	0.90	2	氮氧化物	0.90	4	二氧化硫	3 457	2	10
山西兰花清洁能源有限责任公司	烟（粉）尘	35.61	2	烟（粉）尘	0.93	2	烟（粉）尘	0.93	4	烟（粉）尘	1 275	2	10
新疆广汇新能源有限公司	烟（粉）尘	0.12	2	烟（粉）尘	0.76	2	烟（粉）尘	0.76	4	烟（粉）尘	379	2	10
中国石化扬子石油化工股份有限公司	烟（粉）尘	0.00	2	二氧化硫	0.54	2	氮氧化物	0.54	4	二氧化硫	1 031	2	10
山东晨鸣纸业集团股份有限公司	烟（粉）尘	0.00	2	COD	0.72	2	COD	0.72	4	氨氮	206	2	10
冀东水泥重庆江津有限责任公司	烟（粉）尘	0.05	2	烟（粉）尘	0.84	2	烟（粉）尘	0.84	4	烟（粉）尘	112	2	10
太原化工股份有限公司	烟（粉）尘	21.29	2	烟（粉）尘	0.81	2	烟（粉）尘	0.81	4	烟（粉）尘	114	2	10
中国石化上海高桥石油化工有限公司	烟（粉）尘	0.00	2	COD	0.53	2	二氧化硫	0.53	4	二氧化硫	1 275	2	10
呼伦贝尔金新化工有限公司	烟（粉）尘	0.02	2	烟（粉）尘	0.70	2	氮氧化物	0.70	4	氮氧化物	174	2	10
上海申能星火热电有限责任公司	烟（粉）尘	0.09	2	烟（粉）尘	0.64	2	烟（粉）尘	0.64	4	烟（粉）尘	398	2	10
中国华电集团哈尔滨发电有限公司	烟（粉）尘	0.00	2	烟（粉）尘	0.98	2	二氧化硫	0.98	4	二氧化硫	1 540	2	10
包头东华热电有限公司	烟（粉）尘	0.00	2	二氧化硫	1.45	2	二氧化硫	1.45	2	二氧化硫	1 206	2	8
阳泉煤业（集团）股份有限公司	烟（粉）尘	51.90	2	烟（粉）尘	1.13	2	二氧化硫	1.13	2	烟（粉）尘	335	2	8
重庆市蓬威石化有限责任公司	烟（粉）尘	0.03	2	烟（粉）尘	2.40	2	二氧化硫	2.40	2	烟（粉）尘	105	2	8
湖北际华新四五印染有限公司	COD	96.29	2	COD	5.43	2	COD	5.43	2	COD	3 325	2	8
贵州红星发展大龙锰业有限责任公司	烟（粉）尘	58.02	2	烟（粉）尘	1.62	2	烟（粉）尘	1.62	2	烟（粉）尘	2 251	2	8
中国石油化工集团公司	二氧化硫	9.71	2	烟（粉）尘	1.04	2	二氧化硫	1.04	2	烟（粉）尘	260	2	8

被参控公司/母公司	年度超标率	最大超标倍数	平均超标倍数	最大连续超标时长	年度超标率	最大超标倍数	平均超标倍数	最大连续超标时长	年度超标率	最大超标倍数	平均超标倍数	最大连续超标时长	在线监测系统得分
	污染物	超标率	得分	污染物	倍数	得分	污染物	倍数	得分	污染物	时长	得分	
祁阳县凯迪绿色能源开发有限公司	烟（粉）尘	0.05	2	烟（粉）尘	3.72	2	烟（粉）尘	3.72	2	烟（粉）尘	134	2	8
江苏联发环保新能源有限公司	氨氮	1.00	2	氨氮	0.00	2	氨氮	0.00	2	氨氮	6 346	2	8
泰山石膏（平山）有限公司	烟（粉）尘	100.00	2	烟（粉）尘	206.34	2	烟（粉）尘	206.34	2	烟（粉）尘	265	2	8
若羌天山水泥有限责任公司	烟（粉）尘	0.21	2	烟（粉）尘	1.81	2	烟（粉）尘	1.81	2	烟（粉）尘	381	2	8
乌海黑猫炭黑有限责任公司	烟（粉）尘	64.78	2	烟（粉）尘	1.52	2	烟（粉）尘	1.52	2	烟（粉）尘	152	2	8
青海盐湖镁业有限公司	烟（粉）尘	0.56	2	烟（粉）尘	2.16	2	二氧化硫	2.16	2	烟（粉）尘	1 259	2	8
圣奥化学科技有限公司	烟（粉）尘	19.16	2	烟（粉）尘	1.02	2	烟（粉）尘	1.02	2	烟（粉）尘	111	2	8
沧州大化 TDI 有限责任公司	烟（粉）尘	44.35	2	烟（粉）尘	1.03	2	烟（粉）尘	1.03	2	烟（粉）尘	764	2	8
江西六国化工有限责任公司	烟（粉）尘	10.51	2	烟（粉）尘	2.17	2	烟（粉）尘	2.17	2	烟（粉）尘	120	2	8
新疆昕昊达矿业有限责任公司	烟（粉）尘	0.00	2	二氧化硫	4.76	2	二氧化硫	4.76	2	二氧化硫	733	2	8
阜南绿色东方环保有限公司	烟（粉）尘	13.71	2	烟（粉）尘	4.18	2	烟（粉）尘	4.18	2	二氧化硫	158	2	8
新疆天山水泥股份有限公司	烟（粉）尘	0.31	2	烟（粉）尘	10.26	2	烟（粉）尘	10.26	2	烟（粉）尘	807	2	8
福建佳通轮胎有限公司	烟（粉）尘	6.54	2	烟（粉）尘	1.07	2	烟（粉）尘	1.07	2	烟（粉）尘	165	2	8
河南中孚炭素有限公司	烟（粉）尘	75.09	2	烟（粉）尘	2.58	2	烟（粉）尘	2.58	2	烟（粉）尘	4 101	2	8
贵州红星发展进出口有限责任公司	烟（粉）尘	58.02	2	烟（粉）尘	1.62	2	烟（粉）尘	1.62	2	烟（粉）尘	2 251	2	8
新疆八钢南疆钢铁拜城有限公司	烟（粉）尘	99.86	2	烟（粉）尘	2.27	2	烟（粉）尘	2.27	2	烟（粉）尘	698	2	8
国电克拉玛依发电有限公司	氮氧化物	0.51	2	烟（粉）尘	1.13	2	氮氧化物	1.13	2	烟（粉）尘	216	2	8
山西兰花煤化工有限责任公司	烟（粉）尘	0.51	2	烟（粉）尘	1.14	2	烟（粉）尘	1.14	2	烟（粉）尘	506	2	8
天津静海创业水务有限公司	COD	67.36	2	COD	1.15	2	COD	1.15	2	COD	392	2	8
郴州市金贵银业股份有限公司	烟（粉）尘	0.27	2	烟（粉）尘	1.02	2	烟（粉）尘	1.02	2	烟（粉）尘	1 322	2	8
贵州红星发展股份有限公司	烟（粉）尘	58.02	2	烟（粉）尘	1.62	2	烟（粉）尘	1.62	2	烟（粉）尘	2 251	2	8

被参控公司/母公司	年度超标率	最大超标倍数	平均超标倍数	最大连续超标时长	年度超标率	最大超标倍数	平均超标倍数	最大连续超标时长	年度超标率	最大超标倍数	平均超标倍数	最大连续超标时长	在线监测系统得分
	污染物	超标率	得分	污染物	倍数	得分	污染物	倍数	得分	污染物	时长	得分	
宜宾纸业股份有限公司	烟（粉）尘	0.32	2	烟（粉）尘	167.91	2	烟（粉）尘	167.91	2	烟（粉）尘	887	2	8
益阳市凯迪绿色能源开发有限公司	烟（粉）尘	0.12	2	烟（粉）尘	4.21	2	烟（粉）尘	4.21	2	烟（粉）尘	239	2	8
怀宁上峰水泥有限公司	烟（粉）尘	0.06	2	烟（粉）尘	1.13	2	氮氧化物	1.13	2	烟（粉）尘	124	2	8
华能太原东山燃机热电有限责任公司	烟（粉）尘	0.24	2	烟（粉）尘	1.99	2	烟（粉）尘	1.99	2	烟（粉）尘	708	2	8
兴安海螺水泥有限责任公司	烟（粉）尘	9.73	2	烟（粉）尘	7.09	2	烟（粉）尘	7.09	2	烟（粉）尘	330	2	8
甘肃大唐国际连城发电有限责任公司	烟（粉）尘	0.07	2	烟（粉）尘	1.62	2	烟（粉）尘	1.62	2	烟（粉）尘	910	2	8
冀东海德堡（扶风）水泥有限公司	氮氧化物	8.43	2	烟（粉）尘	1.12	2	烟（粉）尘	1.12	2	氮氧化物	133	2	8
太原黑猫炭黑有限责任公司	烟（粉）尘	6.10	2	烟（粉）尘	1.69	2	烟（粉）尘	1.69	2	二氧化硫	106	2	8
宁夏和宁化学有限公司	烟（粉）尘	0.61	2	烟（粉）尘	1.45	2	烟（粉）尘	1.45	2	烟（粉）尘	698	2	8
河北燕京啤酒有限公司	烟（粉）尘	11.72	2	烟（粉）尘	1.32	2	烟（粉）尘	1.32	2	烟（粉）尘	102	2	8
湖北三峡新型建材股份有限公司	烟（粉）尘	0.01	2	烟（粉）尘	1.38	2	二氧化硫	1.38	2	氮氧化物	159	2	8
金隆铜业有限公司	烟（粉）尘	0.21	2	烟（粉）尘	1.28	2	烟（粉）尘	1.28	2	烟（粉）尘	1 416	2	8
河南新野纺织股份有限公司	烟（粉）尘	78.80	2	氨氮	1.28	2	烟（粉）尘	1.28	2	烟（粉）尘	224	2	8

表 B2　监督性监测系统得分情况统计表

被参控公司/母公司	超标次数			最大超标倍数			平均超标倍数			监督性监测系统得分
	污染物	次数	得分	污染物	倍数	得分	污染物	倍数	得分	
上海梅山钢铁股份有限公司	SO_2	2	6	SO_2	2.40	4	SO_2	2.30	4	14
中国石化青岛炼油化工有限责任公司	NH_3-N-N	1	8	NH_3-N	1.20	8	NH_3-N	1.20	8	24
中海沥青股份有限公司	NO_x	1	8	NO_x	1.10	8	TSP	1.10	10	26
乳源瑶族自治县东阳光化成箔有限公司	COD	1	8	COD	1.60	6	COD	1.60	8	22
伊犁川宁生物技术有限公司	NH_3-N	1	8	NH_3-N	2.20	4	NH_3-N	2.20	4	16
兖州煤业榆林能化有限公司	COD	1	8	COD	1.40	8	COD	1.40	8	24
南京钢铁有限公司	SO_2	2	6	SO_2	1.20	8	SO_2	1.20	8	22
双钱集团（重庆）轮胎有限公司	TSP	1	8	TSP	1.50	8	TSP	1.50	8	24
国中（秦皇岛）污水处理有限公司	NH_3-N	2	6	NH_3-N	3.60	2	NH_3-N	2.80	4	12
国电南宁发电有限责任公司	SO_2	2	6	SO_2	4.40	2	SO_2	3.25	2	10
宁夏和宁化学有限公司	TSP	6	2	TSP	3.80	2	TSP	3.22	2	6
宁夏新安科技有限公司	COD	1	8	COD	1.10	8	COD	1.10	8	24
安徽六国化工股份有限公司	TSP	1	8	TSP	8.20	2	TSP	8.20	2	12
宿州海螺水泥有限责任公司	NO_x	4	2	NO_x	2.00	6	NO_x	1.75	6	14
张家界碧水源水务科技有限公司	NH_3-N	2	6	NH_3-N	1.40	8	TSP	1.25	10	24
新疆中泰矿冶有限公司	TSP	1	8	TSP	1.08	8	TSP	1.08	8	24

被参控公司/母公司	超标次数			最大超标倍数			平均超标倍数			监督性监测系统得分
	污染物	次数	得分	污染物	倍数	得分	污染物	倍数	得分	
新疆天龙矿业股份有限公司	SO_2	1	8	SO_2	1.24	8	TSP	1.24	10	26
武汉晨鸣乾能热电有限责任公司	NO_x	2	6	TSP	2.60	4	TSP	2.00	6	16
石家庄良村热电有限公司	TSP	1	8	TSP	1.10	8	TSP	1.10	8	24
荆门市城南污水处理有限公司	COD	3	4	COD	2.50	4	NH_3-N	2.03	6	14
贵州宜化化工有限责任公司	TSP	1	8	TSP	2.00	6	TSP	2.00	8	22
贵州红星发展股份有限公司	NH_3-N	1	8	NH_3-N	1.20	8	TSP	1.20	10	26
贵州铜仁金瑞锰业有限责任公司	NH_3-N	1	8	NH_3-N	4.40	2	NH_3-N	4.40	2	12
贵阳海螺盘江水泥有限责任公司	NO_x	1	8	NO_x	1.50	8	TSP	1.50	8	24
重庆万盛浮法玻璃有限公司	NO_x	1	8	NO_x	4.60	2	NO_x	4.60	2	12
重庆市蓬威石化有限责任公司	NO_x	2	6	NO_x	2.40	8	TSP	2.30	8	22
重庆钢铁股份有限公司	SO_2	1	8	SO_2	1.20	8	SO_2	1.20	8	24

表 B3 环境违法处罚系统得分情况统计表

被参控公司/母公司	违法处罚次数		重大违法处罚次数		罚款总金额		环境违法处罚系统得分
	次数	得分	次数	得分	金额	得分	
内蒙古宜化化工有限公司	1	10	0	10	1.00	8	28
湖北宜化肥业有限公司	1	10	0	10	2.00	8	28
漳州环境再生能源有限公司	1	10	0	10	0.50	8	28
唐山黑猫炭黑有限责任公司	1	10	0	10	3.00	8	28
唐山冀东水泥股份有限公司	1	10	0	10	1.00	8	28
新能凤凰（滕州）能源有限公司	1	10	0	10	0.80	8	28
山西兰花工业污水处理有限公司	1	10	0	10	3.00	8	28
天津港股份有限公司	1	10	0	10	4.00	8	28
重庆兴发金冠化工有限公司	1	10	1	8	0.00	10	28
大连船舶重工集团有限公司	1	10	0	10	1.00	8	28
中国石化湛江东兴石油化工有限公司	1	10	0	10	1.05	8	28
陕西煤业股份有限公司	1	10	0	10	3.00	8	28
联化科技（德州）有限公司	1	10	0	10	5.00	8	28
四川省惠通食业有限责任公司	1	10	0	10	0.14	8	28
冀东水泥（烟台）有限责任公司	1	10	0	10	3.00	8	28
张家界市桑梓综合利用发电厂有限责任公司	1	10	0	10	2.00	8	28
新疆石河子花园乳业有限公司	1	10	0	10	0.02	8	28
天鼎丰非织造布有限公司	1	10	0	10	4.00	8	28
新华制药（寿光）有限公司	1	10	0	10	2.00	8	28
南京红太阳股份有限公司	1	10	0	10	2.00	8	28
江铃汽车股份有限公司	1	10	0	10	0.30	8	28
江西禾益化工股份有限公司	1	10	0	10	0.79	8	28

被参控公司/母公司	违法处罚次数		重大违法处罚次数		罚款总金额		环境违法处罚系统得分
	次数	得分	次数	得分	金额	得分	
嘉施利（平原）化肥有限公司	1	10	0	10	5.00	8	28
百合花集团股份有限公司	1	10	0	10	5.00	8	28
河池化工有限责任公司	1	10	0	10	0.76	8	28
安徽国祯环保节能科技股份有限公司	1	10	0	10	1.00	8	28
沪士电子股份有限公司	1	10	0	10	5.68	6	26
山东东岳氟硅材料有限公司	2	8	0	10	2.00	8	26
上海申能星火热电有限责任公司	1	8	0	10	4.00	8	26
新材料科技有限公司	1	10	1	8	4.00	8	26
上海大众嘉定污水处理有限公司	1	10	0	10	7.00	6	26
湖南国发精细化工科技有限公司	1	8	0	10	5.00	8	26
山东华能莱芜热电有限公司	1	8	0	10	1.00	8	26
徐州兴宁皮业有限公司	1	8	0	10	5.00	8	26
鞍山冀东水泥有限责任公司	1	8	0	10	2.00	8	26
国电石嘴山第一发电有限公司	1	8	0	10	5.00	8	26
四川省金路树脂有限公司	1	8	1	8	0.00	10	26
玛纳斯澳洋科技有限责任公司	1	8	0	10	1.00	8	26
北京金隅北水环保科技有限公司	1	8	0	10	2.00	8	26
皖能马鞍山发电有限公司	1	8	0	10	4.00	8	26
江苏国信股份有限公司	1	8	0	10	4.00	8	26
方大特钢科技股份有限公司	1	8	0	10	3.48	8	26
新乡化纤股份有限公司	1	8	0	10	2.00	8	26
宜昌宜化太平洋热电有限公司	1	8	0	10	1.00	8	26
国电宁夏石嘴山发电有限责任公司	1	8	0	10	4.00	8	26
吉林吉恩镍业股份有限公司	1	10	0	10	9.00	6	26
华能渑池热电有限责任公司	1	8	0	10	5.00	8	26

被参控公司/母公司	违法处罚次数		重大违法处罚次数		罚款总金额		环境违法处罚系统得分
	次数	得分	次数	得分	金额	得分	
巴州青松绿原建材有限责任公司	1	8	0	10	1.60	8	26
上海外高桥发电有限责任公司	1	8	0	10	4.50	8	26
重庆索特盐化股份有限公司	1	8	0	10	2.00	8	26
华新水泥（渠县）有限公司	1	8	0	10	1.50	8	26
邵阳市云峰新能源科技有限公司	1	8	1	8	0.00	10	26
杭州鑫富科技有限公司	2	8	0	10	4.00	8	26
吴堡冀东特种水泥有限公司	1	8	1	8	0.00	10	26
华能巢湖发电有限责任公司	1	8	0	10	5.00	8	26
山东华泰纸业股份有限公司	3	8	0	10	3.00	8	26
唐山中浩化工有限公司	1	8	0	10	4.00	8	26
包头冀东水泥有限公司	1	8	0	10	5.00	8	26
山东聊城鲁西化工第五化肥有限公司	1	10	0	10	8.00	6	26
上海外高桥第二发电有限责任公司	1	8	0	10	4.50	8	26
华电滕州新源热电有限公司	1	8	0	10	4.00	8	26
浙江上峰建材有限公司	1	8	1	8	0.00	10	26
神华北电胜利能源有限公司	1	10	0	10	9.00	6	26
内蒙古博大实地化学有限公司	1	8	0	10	5.00	8	26
海南逸盛石化有限公司	1	8	0	10	5.00	8	26
瑞泰科技股份有限公司	1	8	0	10	2.84	8	26
上海外高桥第三发电有限责任公司	1	8	0	10	4.50	8	26
华能北京热电有限责任公司	1	8	0	10	2.00	8	26
博乐市中博水泥有限公司	1	8	0	10	3.00	8	26
牡丹江恒丰纸业股份有限公司	1	8	0	10	3.00	8	26
青海宜化化工有限责任公司	1	10	1	8	10.00	6	24
湖北宜化化工股份有限公司	2	8	0	10	5.57	6	24

被参控公司/母公司	违法处罚次数		重大违法处罚次数		罚款总金额		环境违法处罚系统得分
	次数	得分	次数	得分	金额	得分	
塔城南岗建材有限责任公司	1	8	1	8	2.00	8	24
东北制药集团股份有限公司	2	8	0	10	8.00	6	24
湛江晨鸣浆纸有限公司	1	10	1	8	10.00	6	24
江西乐浩综合利用电业有限公司	1	8	0	10	6.00	6	24
河南省新郑煤电有限责任公司	2	8	0	10	10.00	6	24
贵州红星发展大龙锰业有限责任公司	2	8	1	8	4.00	8	24
青海宏扬水泥有限责任公司	1	8	0	10	8.00	6	24
云南天安化工有限公司	1	8	0	10	9.00	6	24
新疆梅花氨基酸有限责任公司	1	10	1	8	10.00	6	24
恒天海龙股份有限公司	1	10	1	8	10.00	6	24
呼伦贝尔金新化工有限公司	1	8	0	10	6.77	6	24
贵州宜化化工有限责任公司	1	10	1	8	10.00	6	24
江苏沙钢股份有限公司	1	10	1	8	10.00	6	24
河北南玻玻璃有限公司	1	8	0	10	8.00	6	24
新疆中泰化学阜康能源有限公司	1	10	1	8	10.00	6	24
中金嵩县嵩原黄金冶炼有限责任公司	2	8	0	10	8.00	6	24
宁波光耀热电有限公司	1	8	0	10	7.70	6	24
石钢京诚装备技术有限公司	1	10	1	8	10.00	6	24
贵阳海螺盘江水泥有限责任公司	1	8	0	10	6.00	6	24
抚顺特殊钢股份有限公司	2	8	0	10	7.00	6	24
新疆楚星能源发展有限公司	1	8	1	8	10.00	6	22
中国铝业遵义氧化铝有限公司	1	10	1	8	30.00	4	22
贵州芭田生态工程有限公司	1	10	1	8	20.00	4	22
华能榆社发电有限责任公司	1	8	1	8	10.00	6	22
湖南华菱湘潭钢铁有限公司	1	8	1	8	10.00	6	22

被参控公司/母公司	违法处罚次数		重大违法处罚次数		罚款总金额		环境违法处罚系统得分
	次数	得分	次数	得分	金额	得分	
国电深能四川华蓥山发电有限公司	1	8	1	8	10.00	6	22
巴彦淖尔紫金有色金属有限公司	1	8	1	8	10.00	6	22
华北制药华胜有限公司	1	10	1	8	20.00	4	22
河北邯郸热电股份有限公司	2	6	0	10	10.00	6	22
山西西山热电有限责任公司	1	8	1	8	10.00	6	22
金正大诺泰尔化学有限公司	1	10	1	8	30.00	4	22
浙江春晖环保能源股份有限公司	1	10	1	8	25.00	4	22
湖南安化渣滓溪矿业有限公司	1	10	1	8	15.00	4	22
华电潍坊发电有限公司	1	8	1	8	5.95	6	22
林州重机林钢钢铁有限公司	2	6	0	10	8.00	6	22
全椒海螺水泥有限责任公司	1	8	1	8	10.00	6	22
内蒙古中谷矿业有限责任公司	1	10	1	8	15.00	4	22
新疆普耀新型建材有限公司	1	8	1	8	10.00	6	22
洛阳栾川钼业集团冶炼有限责任公司	1	10	1	8	12.00	4	22
中粮屯河新源糖业有限公司	1	8	1	8	10.00	6	22
内蒙古丰泰发电有限公司	1	8	1	8	10.00	6	22
安徽怀宁海螺水泥有限公司	1	8	1	8	10.00	6	22
钟祥东海水务有限公司	1	10	1	8	19.30	4	22
山西阳光发电有限责任公司	1	8	1	8	10.00	6	22
亿利洁能科技（乐陵）有限公司	1	10	1	8	20.00	4	22
中粮屯河北海糖业有限公司	1	8	1	8	10.00	6	22
杭州钱江印染化工有限公司	1	8	1	8	10.00	6	22
山西京玉发电有限责任公司	1	8	1	8	10.00	6	22
通辽金煤化工有限公司	1	8	1	8	10.00	6	22
新疆米东天山水泥有限责任公司	1	8	1	8	10.00	6	22

被参控公司/母公司	违法处罚次数		重大违法处罚次数		罚款总金额		环境违法处罚系统得分
	次数	得分	次数	得分	金额	得分	
湖北泰盛化工有限公司	1	8	1	8	10.00	6	22
山西漳电大唐热电有限公司	1	8	1	8	10.00	6	22
滕州金晶玻璃有限公司	1	8	1	8	10.00	6	22
宜宾纸业股份有限公司	1	8	1	8	12.57	4	20
内蒙古京隆发电有限责任公司	1	8	1	8	20.00	4	20
中煤鄂尔多斯能源化工有限公司	2	6	0	10	12.00	4	20
新疆富丽达纤维有限公司	1	8	1	8	15.00	4	20
衡水恒兴发电有限责任公司	1	8	1	8	30.00	4	20
海南中航特玻材料有限公司	1	8	1	8	20.00	4	20
河北燕京玻璃制品有限公司	1	10	1	8	85.00	2	20
新兴铸管股份有限公司	1	8	1	8	20.00	4	20
攀枝花东方钛业有限公司	2	8	0	8	13.00	4	20
赤峰中色锌业有限公司	1	10	1	8	43.93	2	20
河北衡丰发电有限责任公司	1	8	1	8	30.00	4	20
曲阳金隅水泥有限公司	1	8	1	8	12.00	4	20
重庆华歌生物化学有限公司	2	8	0	8	13.00	4	20
江西大唐国际新余发电有限责任公司	1	8	1	8	23.65	4	20
云南尖峰水泥有限公司	1	8	1	8	20.00	4	20
甘肃酒钢集团宏兴钢铁股份有限公司	1	10	1	8	38.83	2	20
新疆天山水泥股份有限公司	1	8	1	8	30.00	4	20
南京钢铁有限公司	1	8	1	8	16.20	4	20
山西兰花清洁能源有限责任公司	3	8	1	8	15.94	4	20
太原黑猫炭黑有限责任公司	2	8	1	8	25.00	4	20
怀宁上峰水泥有限公司	2	6	0	10	18.00	4	20
沈阳石蜡化工有限公司	1	8	1	8	30.00	4	20

被参控公司/母公司	违法处罚次数		重大违法处罚次数		罚款总金额		环境违法处罚系统得分
	次数	得分	次数	得分	金额	得分	
浙江江山化工股份有限公司	2	8	0	8	14.00	4	20
南京法伯耳纺织有限公司	2	6	0	10	15.90	4	20
内蒙古岱海发电有限责任公司	1	8	1	8	20.00	4	20
华新水泥（株洲）有限公司	1	8	1	8	20.00	4	20
华新水泥（万源）有限公司	1	8	1	8	12.00	4	20
中煤陕西榆林能源化工有限公司	3	8	1	8	18.00	4	20
金隆铜业有限公司	1	8	1	8	20.00	4	20
山西大唐国际云冈热电有限责任公司	1	8	1	8	20.00	4	20
山东省药用玻璃股份有限公司	2	8	0	8	10.50	4	20
淮北国安电力有限公司	1	8	1	8	12.00	4	20
涞水冀东水泥有限责任公司	1	8	1	8	15.00	4	20
贵州赤天化桐梓化工有限公司	3	4	0	10	8.00	6	20
杭州航民达美染整有限公司	1	8	1	8	16.00	4	20
武汉晨鸣乾能热电有限责任公司	1	8	1	8	15.00	4	20
宜宾海丰和锐有限公司	4	4	0	10	6.89	6	20
内蒙古华宁热电有限公司	1	8	1	8	20.00	4	20
山西兰花丹峰化工股份有限公司	5	8	0	8	17.69	4	20
中粮屯河伊犁新宁糖业有限公司	1	8	1	8	12.26	4	20
迁安中化煤化工有限责任公司	1	8	1	8	10.50	4	20
华能上海石洞口发电有限责任公司	1	8	1	8	20.00	4	20
安琪酵母（伊犁）有限公司	1	8	1	8	20.00	4	20
乌海黑猫炭黑有限责任公司	2	8	1	6	20.00	4	18
上海吴泾第二发电有限责任公司	2	6	0	8	24.00	4	18
林州市林丰铝电有限责任公司	2	6	0	8	13.00	4	18
四川广安发电有限责任公司	3	4	0	10	13.50	4	18

被参控公司/母公司	违法处罚次数		重大违法处罚次数		罚款总金额		环境违法处罚系统得分
	次数	得分	次数	得分	金额	得分	
邯钢集团邯宝钢铁有限公司	2	6	0	8	20.00	4	18
河北西柏坡发电有限责任公司	2	8	1	6	20.00	4	18
内蒙古包钢还原铁有限责任公司	2	8	1	6	20.00	4	18
宁夏新安科技有限公司	2	6	0	8	27.45	4	18
黑龙江岁宝热电有限公司	1	8	1	8	61.00	2	18
青海江仓能源发展有限责任公司	2	6	0	8	12.00	4	18
拜城县峰峰煤焦化有限公司	1	8	1	8	80.00	2	18
江西六国化工有限责任公司	2	8	0	8	83.14	2	18
吉林化纤股份有限公司	2	8	0	8	41.00	2	18
兖州煤业榆林能化有限公司	2	6	0	8	15.47	4	18
内蒙古君正化工有限责任公司	2	8	1	6	30.00	4	18
四川武骏特种玻璃制品有限公司	1	8	1	8	65.00	2	18
国电河北龙山发电有限责任公司	3	4	0	10	17.00	4	18
申能吴忠热电有限责任公司	2	6	1	8	23.00	4	18
江西晨鸣纸业有限责任公司	1	8	1	8	50.10	2	18
湖北沙隆达股份有限公司	2	6	1	8	17.17	4	18
重庆市蓬威石化有限责任公司	2	6	1	8	11.00	4	18
宁夏和宁化学有限公司	1	8	1	8	50.00	2	18
伊犁川宁生物技术有限公司	2	6	0	8	24.02	4	18
三一汽车制造有限公司	3	8	1	6	26.20	4	18
河北邯峰发电有限责任公司	4	4	0	10	21.00	4	18
达州海螺水泥有限责任公司	2	6	1	8	12.50	4	18
曲靖大为焦化制供气有限公司	1	8	1	8	50.00	2	18
潍坊亚星化学股份有限公司	5	8	1	6	489.93	2	16
宁夏蓝丰精细化工有限公司	2	6	1	8	42.00	2	16

被参控公司/母公司	违法处罚次数		重大违法处罚次数		罚款总金额		环境违法处罚系统得分
	次数	得分	次数	得分	金额	得分	
师宗煤焦化工有限公司	2	6	1	6	20.00	4	16
包头东华热电有限公司	4	4	0	8	18.90	4	16
中车双喜轮胎有限公司	2	8	1	6	40.00	2	16
黄石新兴管业有限公司	4	8	1	6	233.00	2	16
国电民权发电有限公司	2	6	1	8	33.00	2	16
福嘉综环科技股份有限公司	2	6	1	8	31.39	2	16
淮北矿业相山水泥有限责任公司	2	6	1	6	30.00	4	16
新余钢铁股份有限公司	4	8	1	6	187.53	2	16
中国铝业股份有限公司	2	8	1	6	110.00	2	16
新疆天龙矿业股份有限公司	4	8	1	6	60.00	2	16
上海华谊能源化工有限公司	2	6	1	6	20.00	4	16
亚同环保水处理江阴有限公司	4	8	1	6	58.34	2	16
山西西山煤气化有限责任公司	2	6	1	8	51.00	2	16
孟州市城市污水处理有限公司	2	8	1	6	98.75	2	16
安徽皖维高新材料股份有限公司	2	6	1	6	20.00	4	16
中国石化海南炼油化工有限公司	2	6	1	6	25.00	4	16
湘潭电化科技股份有限公司	2	8	1	6	74.47	2	16
四川银鸽竹浆纸业有限公司	4	4	0	8	13.76	4	16
新疆四方实业股份有限公司	2	6	0	8	57.01	2	16
双星东风轮胎有限公司	2	8	1	6	60.00	2	16
天伟化工有限公司	3	8	1	6	34.00	2	16
大连西太平洋石油化工有限公司	2	6	1	6	20.00	4	16
山东金晶科技股份有限公司	2	6	1	6	20.12	4	16
唐山中厚板材有限公司	4	4	0	8	22.50	4	16
四川龙蟒钛业股份有限公司	4	8	1	6	97.16	2	16

被参控公司/母公司	违法处罚次数		重大违法处罚次数		罚款总金额		环境违法处罚系统得分
	次数	得分	次数	得分	金额	得分	
山西美锦煤焦化有限公司	2	6	1	6	30.00	4	16
石家庄柏坡正元化肥有限公司	2	6	0	8	31.00	2	16
张家界碧水源水务科技有限公司	4	8	0	6	69.77	2	16
宝山钢铁股份有限公司	6	6	1	6	96.00	2	14
安阳钢铁股份有限公司	9	6	0	6	61.00	2	14
河南中原黄金冶炼厂有限责任公司	2	6	1	6	120.00	2	14
安徽六国化工股份有限公司	2	6	1	6	49.00	2	14
上海梅山钢铁股份有限公司	3	4	0	8	66.80	2	14
河南中源化学股份有限公司	2	6	1	6	68.00	2	14
湖南华菱涟源钢铁有限公司	4	4	1	8	55.65	2	14
巢湖海螺水泥有限责任公司	3	4	1	6	30.00	4	14
武乡西山发电有限责任公司	2	6	1	6	40.00	2	14
山东博汇纸业股份有限公司	2	6	1	6	64.57	2	14
神华神东电力有限责任公司	2	6	1	6	60.00	2	14
国电织金发电有限公司	2	6	1	6	32.00	2	14
青海西豫有色金属有限公司	2	6	1	6	45.00	2	14
唐钢美锦（唐山）煤化工有限公司	2	6	1	6	35.00	2	14
新疆神火煤电有限公司	2	6	1	6	50.00	2	14
山西兰花煤化工有限责任公司	3	4	1	8	38.06	2	14
山西大唐国际神头发电有限责任公司	2	6	1	6	45.00	2	14
新疆阜康天山水泥有限公司	2	6	1	6	95.00	2	14
福建联合石油化工有限公司	2	6	1	6	60.00	2	14
山西焦化股份有限公司	2	6	1	6	640.00	2	14
河南新野纺织股份有限公司	7	6	1	4	112.37	2	12
华能左权煤电有限责任公司	3	4	1	6	90.00	2	12

被参控公司/母公司	违法处罚次数		重大违法处罚次数		罚款总金额		环境违法处罚系统得分
	次数	得分	次数	得分	金额	得分	
青海盐湖镁业有限公司	3	4	1	6	90.00	2	12
白银有色集团股份有限公司	3	4	1	6	43.41	2	12
阳煤平原化工有限公司	4	4	1	6	45.00	2	12
新疆广汇新能源有限公司	3	4	0	6	113.00	2	12
山西亚鑫煤焦化有限公司	3	4	0	6	122.00	2	12
阳煤集团淄博齐鲁第一化肥有限公司	4	4	1	6	312.00	2	12
山西太钢不锈钢股份有限公司	6	6	1	4	100.00	2	12
太阳纸业有限公司	3	4	1	6	56.85	2	12
武汉重工铸锻有限责任公司	4	4	0	6	216.79	2	12
山西三维集团股份有限公司	4	4	0	6	213.89	2	12
中铝中州铝业有限公司	5	2	0	6	156.00	2	10
重庆钢铁股份有限公司	8	2	0	6	806.52	2	10
国电电力大同发电有限责任公司	4	4	1	4	131.00	2	10
酒钢集团榆中钢铁有限责任公司	5	2	0	6	95.87	2	10
包头铝业股份有限公司	10	2	0	6	62.00	2	10
中铝集团山西交口兴华科技股份有限公司	7	2	1	4	112.79	2	8
山西兴能发电有限责任公司	5	2	1	4	252.00	2	8
灯塔市红阳热电有限公司	5	2	1	4	94.37	2	8
唐山中润煤化工有限公司	12	2	1	4	205.00	2	8
中国石化上海高桥石油化工有限公司	18	2	0	2	306.25	2	6
湖北三峡新型建材股份有限公司	7	2	1	2	1 120.00	2	6
中国石化上海石油化工股份有限公司	19	2	1	2	334.00	2	6

附录 C

表 C1 企业环境绩效评价得分情况统计表（全部评价重点排污单位企业）

代码	名称（简称）	被参控公司/母公司	在线监测系统得分	监督性监测系统得分	环境违法处罚系统得分	企业环境绩效总得分	评分等级
600027.SH	华电国际	杭州华电半山发电有限公司	40	30	30	100	A^{++}
000877.SZ	天山股份	叶城天山水泥有限责任公司	40	30	30	100	A^{++}
000513.SZ	丽珠集团	丽珠集团宁夏新北江制药有限公司	40	30	30	100	A^{++}
000726.SZ	鲁泰 A	鲁丰织染有限公司	38	30	30	98	A^{++}
000539.SZ	粤电力 A	深圳市广前电力有限公司	38	30	30	98	A^{++}
000037.SZ	深南电 A	深南电（中山）电力有限公司	38	30	30	98	A^{++}
002479.SZ	富春环保	浙江清园生态热电有限公司	38	30	30	98	A^{++}
002012.SZ	凯恩股份	浙江凯丰新材料股份有限公司	38	30	30	98	A^{++}
002004.SZ	华邦健康	江西禾益化工股份有限公司	40	30	26	96	A^{++}
600023.SH	浙能电力	国电浙江北仑第三发电有限公司	36	30	30	96	A^{++}
000401.SZ	冀东水泥	唐山冀东水泥股份有限公司	40	30	26	96	A^{++}
002311.SZ	海大集团	高州市三和牧业有限公司	40	30	26	96	A^{++}
000929.SZ	兰州黄河	青海黄河嘉酿啤酒有限公司	40	30	26	96	A^{++}
601225.SH	陕西煤业	陕西煤业股份有限公司	40	30	26	96	A^{++}
601225.SH	陕西煤业	陕西彬长胡家河矿业有限公司	40	30	26	96	A^{++}
600886.SH	国投电力	铜山华润电力有限公司	36	30	30	96	A^{++}
000546.SZ	金圆股份	金圆水泥股份有限公司	40	30	26	96	A^{++}
600847.SH	*ST 万里	重庆德能再生资源股份有限公司	40	30	26	96	A^{++}

代码	名称（简称）	被参控公司/母公司	在线监测系统得分	监督性监测系统得分	环境违法处罚系统得分	企业环境绩效总得分	评分等级
000566.SZ	海南海药	重庆天地药业有限责任公司	40	30	26	96	A^{++}
600141.SH	兴发集团	重庆兴发金冠化工有限公司	40	30	26	96	A^{++}
600879.SH	航天电子	郑州航天电子技术有限公司	40	30	26	96	A^{++}
002068.SZ	黑猫股份	邯郸黑猫炭黑有限责任公司	40	30	26	96	A^{++}
600438.SH	通威股份	通威（海南）水产食品有限公司	40	30	26	96	A^{++}
601058.SH	赛轮金宇	赛轮金宇集团股份有限有限公司	40	30	26	96	A^{++}
000939.SZ	凯迪生态	蚌埠市凯迪绿色能源开发有限公司	40	30	26	96	A^{++}
600186.SH	莲花健康	莲花健康产业集团股份有限公司	40	30	26	96	A^{++}
000651.SZ	格力电器	芜湖绿色再生资源有限公司	40	30	26	96	A^{++}
300476.SZ	胜宏科技	胜宏科技（惠州）股份有限公司	40	30	26	96	A^{++}
002250.SZ	联化科技	联化科技（德州）有限公司	40	30	26	96	A^{++}
002672.SZ	东江环保	绍兴华鑫环保科技有限公司	40	30	26	96	A^{++}
601006.SH	大秦铁路	秦皇岛港股份有限公司	40	30	26	96	A^{++}
002496.SZ	辉丰股份	盐城新宇辉丰环保科技有限公司	40	30	26	96	A^{++}
603823.SH	百合花	百合花集团股份有限公司	40	30	26	96	A^{++}
600649.SH	城投控股	漳州环境再生能源有限公司	40	30	26	96	A^{++}
600081.SH	东风科技	湛江德利车辆部件有限公司	40	30	26	96	A^{++}
600531.SH	豫光金铅	湖南省圣恒再生资源有限公司	40	30	26	96	A^{++}
603998.SH	方盛制药	湖南方盛制药股份有限公司	40	30	26	96	A^{++}
600975.SH	新五丰	湖南新五丰股份有限公司	40	30	26	96	A^{++}
300267.SZ	尔康制药	湖南尔康明胶有限公司	40	30	26	96	A^{++}
300054.SZ	鼎龙股份	湖北鼎龙控股股份有限公司	40	30	26	96	A^{++}
603067.SH	振华股份	湖北振华化学股份有限公司	40	30	26	96	A^{++}

代码	名称（简称）	被参控公司/母公司	在线监测系统得分	监督性监测系统得分	环境违法处罚系统得分	企业环境绩效总得分	评分等级
000422.SZ	湖北宜化	湖北宜化肥业有限公司	40	30	26	96	A^{++}
002411.SZ	必康股份	湖北九邦新能源科技有限公司	40	30	26	96	A^{++}
600195.SH	中牧股份	湖北中牧安达药业有限公司	40	30	26	96	A^{++}
002138.SZ	顺络电子	深圳顺络电子股份有限公司	40	30	26	96	A^{++}
002617.SZ	露笑科技	浙江露笑电子线材有限公司	40	30	26	96	A^{++}
603222.SH	济民制药	浙江济民制药股份有限公司	40	30	26	96	A^{++}
000100.SZ	TCL 集团	泰和电路科技（惠州）有限公司	40	30	26	96	A^{++}
000953.SZ	*ST 河化	河池化工有限责任公司	40	30	26	96	A^{++}
600489.SH	中金黄金	河南金渠黄金股份有限公司	40	30	26	96	A^{++}
000550.SZ	江铃汽车	江铃汽车股份有限公司	40	30	26	96	A^{++}
600167.SH	联美控股	江苏联美生物能源有限公司	40	30	26	96	A^{++}
000012.SZ	南玻 A	江油南玻矿业发展有限公司	40	30	26	96	A^{++}
603208.SH	江山欧派	江山欧派门业股份有限公司	40	30	26	96	A^{++}
000926.SZ	福星股份	汉川市福星热电有限公司	40	30	26	96	A^{++}
002594.SZ	比亚迪	比亚迪汽车有限公司	40	30	26	96	A^{++}
002233.SZ	塔牌集团	梅州金塔水泥有限公司	36	30	30	96	A^{++}
002233.SZ	塔牌集团	梅州市塔牌集团蕉岭鑫达旋窑水泥有限公司	36	30	30	96	A^{++}
603588.SH	高能环境	桂林高能时代环境服务有限公司	40	30	26	96	A^{++}
603993.SH	洛阳钼业	栾川县大东坡钨钼矿业有限公司	40	30	26	96	A^{++}
603993.SH	洛阳钼业	栾川县九扬矿业有限公司	40	30	26	96	A^{++}
600352.SH	浙江龙盛	杭州龙山化工有限公司	40	30	26	96	A^{++}
600987.SH	航民股份	杭州航民热电有限公司	36	30	30	96	A^{++}
000422.SZ	湖北宜化	普安县宜鑫煤业有限公司	40	30	26	96	A^{++}

代码	名称（简称）	被参控公司/母公司	在线监测系统得分	监督性监测系统得分	环境违法处罚系统得分	企业环境绩效总得分	评分等级
600422.SH	昆药集团	昆药集团血塞通药业股份有限公司	40	30	26	96	A^{++}
600017.SH	日照港	日照港股份公司	40	30	26	96	A^{++}
300385.SZ	雪浪环境	无锡市工业废物安全处置有限公司	40	30	26	96	A^{++}
600803.SH	新奥股份	新能凤凰（滕州）能源有限公司	40	30	26	96	A^{++}
300106.SZ	西部牧业	新疆石河子花园乳业有限公司	40	30	26	96	A^{++}
300370.SZ	安控科技	新疆宇澄热力股份有限公司	40	30	26	96	A^{++}
000877.SZ	天山股份	新疆和静天山水泥有限责任公司	40	30	26	96	A^{++}
600545.SH	新疆城建	新疆凯乐新材料有限公司	40	30	26	96	A^{++}
000972.SZ	*ST 中基	新疆中基天泉蕃茄制品有限责任公司	40	30	26	96	A^{++}
000756.SZ	新华制药	新华制药（寿光）有限公司	40	30	26	96	A^{++}
002340.SZ	格林美	扬州杰嘉工业固废处置有限公司	40	30	26	96	A^{++}
000027.SZ	深圳能源	惠州深能源丰达电力有限公司	36	30	30	96	A^{++}
000601.SZ	韶能股份	张家界市桑梓综合利用发电厂有限责任公司	40	30	26	96	A^{++}
000630.SZ	铜陵有色	张家港联合铜业有限公司	40	30	26	96	A^{++}
601898.SH	中煤能源	延安市禾草沟煤业有限公司	40	30	26	96	A^{++}
002631.SZ	德尔未来	广州百得胜家居有限公司	40	30	26	96	A^{++}
600098.SH	广州发展	广州珠江天然气发电有限公司	36	30	30	96	A^{++}
002648.SZ	卫星石化	平湖石化有限责任公司	40	30	26	96	A^{++}
000693.SZ	*ST 华泽	平安鑫海资源开发有限公司	40	30	26	96	A^{++}
600176.SH	中国巨石	巨石集团成都有限公司	40	30	26	96	A^{++}
601600.SH	中国铝业	山西华圣铝业有限公司	40	30	26	96	A^{++}
600967.SH	内蒙一机	山西北方机械制造有限责任公司	40	30	26	96	A^{++}
600123.SH	兰花科创	山西兰花工业污水处理有限公司	40	30	26	96	A^{++}

代码	名称（简称）	被参控公司/母公司	在线监测系统得分	监督性监测系统得分	环境违法处罚系统得分	企业环境绩效总得分	评分等级
600217.SH	中再资环	山东中绿资源再生有限公司	40	30	26	96	A^{++}
603601.SH	再升科技	宣汉正原微玻纤有限公司	40	30	26	96	A^{++}
000895.SZ	双汇发展	宜昌双汇食品有限责任公司	40	30	26	96	A^{++}
002386.SZ	天原集团	宜宾丰源盐业有限公司	40	30	26	96	A^{++}
600981.SH	汇鸿集团	安徽赛诺制药有限公司	40	30	26	96	A^{++}
000739.SZ	普洛药业	安徽普洛康裕制药有限公司	40	30	26	96	A^{++}
300388.SZ	国祯环保	安徽国祯环保节能科技股份有限公司	40	30	26	96	A^{++}
600027.SH	华电国际	安徽华电宿州发电有限公司	36	30	30	96	A^{++}
603218.SH	日月股份	宁波日星铸业有限公司	40	30	26	96	A^{++}
002085.SZ	万丰奥威	威海万丰奥威汽轮有限公司	40	30	26	96	A^{++}
000401.SZ	冀东水泥	奎山冀东水泥有限公司	40	30	26	96	A^{++}
002271.SZ	东方雨虹	天鼎丰非织造布有限公司	40	30	26	96	A^{++}
600717.SH	天津港	天津港股份有限公司	40	30	26	96	A^{++}
600488.SH	天药股份	天津天药药业股份有限公司	36	30	30	96	A^{++}
601991.SH	大唐发电	天津大唐国际盘山发电有限责任公司	36	30	30	96	A^{++}
600027.SH	华电国际	天津华电福源热电有限公司	36	30	30	96	A^{++}
601989.SH	中国重工	大连船舶重工集团有限公司	40	30	26	96	A^{++}
601880.SH	大连港	大连港股份有限公司	40	30	26	96	A^{++}
002815.SZ	崇达技术	大连崇达电路有限公司	40	30	26	96	A^{++}
600595.SH	中孚实业	大唐林州热电有限责任公司	36	30	30	96	A^{++}
601088.SH	中国神华	国华徐州发电有限公司	36	30	30	96	A^{++}
000731.SZ	四川美丰	四川美丰化工科技有限责任公司	36	30	30	96	A^{++}
002507.SZ	涪陵榨菜	四川省惠通食业有限责任公司	40	30	26	96	A^{++}

代码	名称（简称）	被参控公司/母公司	在线监测系统得分	监督性监测系统得分	环境违法处罚系统得分	企业环境绩效总得分	评分等级
000902.SZ	新洋丰	四川新洋丰肥业有限公司	40	30	26	96	A^{++}
002539.SZ	云图控股	嘉施利（平原）化肥有限公司	40	30	26	96	A^{++}
002068.SZ	黑猫股份	唐山黑猫炭黑有限责任公司	40	30	26	96	A^{++}
600997.SH	开滦股份	唐山开滦炭素化工有限公司	40	30	26	96	A^{++}
002228.SZ	合兴包装	合肥合信包装有限公司	40	30	26	96	A^{++}
600549.SH	厦门钨业	厦门钨业股份有限公司	40	30	26	96	A^{++}
600580.SH	卧龙电气	卧龙电气集团股份有限公司	40	30	26	96	A^{++}
603936.SH	博敏电子	博敏电子股份有限公司	40	30	26	96	A^{++}
000525.SZ	红太阳	南京红太阳股份有限公司	40	30	26	96	A^{++}
600851.SH	海欣股份	南京海欣丽宁长毛绒有限公司	40	30	26	96	A^{++}
600011.SH	华能国际	华能辛店发电有限公司	36	30	30	96	A^{++}
600011.SH	华能国际	华能营口热电有限责任公司	36	30	30	96	A^{++}
600011.SH	华能国际	华能临港（天津）燃气热电有限公司	36	30	30	96	A^{++}
600027.SH	华电国际	华电龙口发电股份有限公司	36	30	30	96	A^{++}
600801.SH	华新水泥	华新水泥（冷水江）有限公司	36	30	30	96	A^{++}
002202.SZ	金风科技	北京金风科创风电设备有限公司	40	30	26	96	A^{++}
002229.SZ	鸿博股份	北京中科彩技术有限公司	40	30	26	96	A^{++}
000422.SZ	湖北宜化	内蒙古宜化化工有限公司	40	30	26	96	A^{++}
600578.SH	京能电力	内蒙古京能盛乐热电有限公司	36	30	30	96	A^{++}
000401.SZ	冀东水泥	冀东水泥（烟台）有限责任公司	40	30	26	96	A^{++}
002562.SZ	兄弟科技	兄弟科技股份有限公司	40	30	26	96	A^{++}
000973.SZ	佛塑科技	佛山市亿达胶粘制品有限公司	40	30	26	96	A^{++}
600449.SH	宁夏建材	乌海市西水水泥有限责任公司	40	30	26	96	A^{++}

代码	名称（简称）	被参控公司/母公司	在线监测系统得分	监督性监测系统得分	环境违法处罚系统得分	企业环境绩效总得分	评分等级
600585.SH	海螺水泥	临湘海螺水泥有限责任公司	36	30	30	96	A^{++}
000957.SZ	中通客车	中通客车控股股份有限公司	40	30	26	96	A^{++}
601766.SH	中国中车	中车沈阳机车车辆有限公司	40	30	26	96	A^{++}
601766.SH	中国中车	中车大连机车车辆有限公司	40	30	26	96	A^{++}
000951.SZ	中国重汽	中国重汽集团济南桥箱有限公司	40	30	26	96	A^{++}
600893.SH	航发动力	中国航发贵州黎阳航空动力有限公司	40	30	26	96	A^{++}
600028.SH	中国石化	中国石化湛江东兴石油化工有限公司	40	30	26	96	A^{++}
000423.SZ	东阿阿胶	东阿阿胶股份有限公司	40	30	26	96	A^{++}
002004.SZ	华邦健康	上虞颖泰精细化工有限公司	40	30	26	96	A^{++}
002185.SZ	华天科技	上海纪元微科电子有限公司	40	30	26	96	A^{++}
600210.SH	紫江企业	上海紫丹印务有限公司	40	30	26	96	A^{++}
600649.SH	城投控股	上海城投瀛洲生活垃圾处置有限公司	40	30	26	96	A^{++}
000800.SZ	一汽轿车	一汽轿车股份有限公司	40	30	26	96	A^{++}
601992.SH	金隅股份	唐山冀东启新水泥有限责任公司	40	30	24	94	A^{+}
600367.SH	红星发展	贵州红星发展股份有限公司	40	24	30	94	A^{+}
600765.SH	中航重机	贵州安大航空锻造有限责任公司	40	30	24	94	A^{+}
600227.SH	赤天化	贵州圣济堂制药有限公司	40	30	24	94	A^{+}
002601.SZ	龙蟒佰利	襄阳龙蟒钛业有限公司	40	30	24	94	A^{+}
002233.SZ	塔牌集团	蕉岭鑫盛能源发展有限公司	34	30	30	94	A^{+}
601088.SH	中国神华	神华北电胜利能源有限公司	40	30	24	94	A^{+}
000338.SZ	潍柴动力	潍柴动力股份有限公司	40	30	24	94	A^{+}
000037.SZ	深南电 A	深南电（东莞）唯美电力有限公司	34	30	30	94	A^{+}
002521.SZ	齐峰新材	淄博市临淄区朱台热力有限公司	34	30	30	94	A^{+}

代码	名称（简称）	被参控公司/母公司	在线监测系统得分	监督性监测系统得分	环境违法处罚系统得分	企业环境绩效总得分	评分等级
002203.SZ	海亮股份	浙江科宇金属材料有限公司	40	30	24	94	A^+
000739.SZ	普洛药业	浙江普洛康裕生物制药有限公司	34	30	30	94	A^+
600062.SH	华润双鹤	浙江新赛科药业有限公司	40	30	24	94	A^+
603010.SH	万盛股份	浙江万盛股份有限公司	40	30	24	94	A^+
002080.SZ	中材科技	泰山玻璃纤维有限公司	40	30	24	94	A^+
600595.SH	中孚实业	河南中孚电力有限公司	34	30	30	94	A^+
002463.SZ	沪电股份	沪士电子股份有限公司	40	30	24	94	A^+
002672.SZ	东江环保	江门市东江环保技术有限公司	40	30	24	94	A^+
002250.SZ	联化科技	江苏联化科技有限公司	40	30	24	94	A^+
002440.SZ	闰土股份	江苏和利瑞科技发展有限公司	40	30	24	94	A^+
002019.SZ	亿帆医药	杭州鑫富科技有限公司	40	30	24	94	A^+
002155.SZ	湖南黄金	新邵辰州锑业有限责任公司	40	30	24	94	A^+
300328.SZ	宜安科技	新材料科技有限公司	40	30	24	94	A^+
600997.SH	开滦股份	承德中滦煤化工有限公司	40	30	24	94	A^+
300498.SZ	温氏股份	平昌温氏畜牧有限公司	40	30	24	94	A^+
600478.SH	科力远	常德力元新材料有限责任公司	40	30	24	94	A^+
600177.SH	雅戈尔	嵊州雅戈尔毛纺织有限公司	40	30	24	94	A^+
000830.SZ	鲁西化工	山东聊城鲁西化工第五化肥有限公司	40	30	24	94	A^+
002004.SZ	华邦健康	山东福尔有限公司	40	30	24	94	A^+
600783.SH	鲁信创投	山东东岳氟硅材料有限公司	40	30	24	94	A^+
000717.SZ	韶钢松山	宝钢特钢长材有限公司	40	30	24	94	A^+
600420.SH	现代制药	国药集团川抗制药有限公司	40	30	24	94	A^+
601168.SH	西部矿业	四川鑫源矿业有限责任公司	40	30	24	94	A^+

代码	名称（简称）	被参控公司/母公司	在线监测系统得分	监督性监测系统得分	环境违法处罚系统得分	企业环境绩效总得分	评分等级
000510.SZ	金路集团	四川岷江电化有限公司	40	30	24	94	A^+
000895.SZ	双汇发展	唐山双汇食品有限公司	40	30	24	94	A^+
600432.SH	*ST 吉恩	吉林吉恩镍业股份有限公司	40	30	24	94	A^+
600585.SH	海螺水泥	台州海螺水泥有限公司	40	30	24	94	A^+
000939.SZ	凯迪生态	南陵县凯迪绿色能源开发有限公司	34	30	30	94	A^+
600011.SH	华能国际	华能沾化热电有限公司	34	30	30	94	A^+
600295.SH	鄂尔多斯	内蒙古鄂尔多斯热电有限责任公司	34	30	30	94	A^+
600636.SH	*ST 爱富	内蒙古三爱富万豪氟化工有限公司	40	30	24	94	A^+
000807.SZ	云铝股份	云南天冶化工有限公司	40	30	24	94	A^+
002709.SZ	天赐材料	九江天赐高新材料有限公司	40	30	24	94	A^+
600685.SH	中船防务	中船海洋与防务装备股份有限公司	40	30	24	94	A^+
601678.SH	滨化股份	中海沥青股份有限公司	40	24	30	94	A^+
300067.SZ	安诺其	东营北港环保科技有限公司	40	30	24	94	A^+
600626.SH	申达股份	上海申阳藤汽车纺织内饰件有限公司	40	30	24	94	A^+
600741.SH	华域汽车	上海汽车制动系统有限公司	40	30	24	94	A^+
600623.SH	华谊集团	上海新光化工有限公司	40	30	24	94	A^+
600635.SH	大众公用	上海大众嘉定污水处理有限公司	40	30	24	94	A^+
600121.SH	*ST 郑煤	河南省新郑煤电有限责任公司	40	30	22	92	A^+
000792.SZ	盐湖股份	青海盐湖佛照蓝科锂业股份有限公司	40	30	22	92	A^+
000422.SZ	湖北宜化	青海宜化化工有限责任公司	40	30	22	92	A^+
600691.SH	阳煤化工	阳煤集团和顺化工有限公司	40	30	22	92	A^+
002398.SZ	建研集团	重庆建研科之杰新材料有限公司	40	30	22	92	A^+
002025.SZ	航天电器	遵义精星航天电器有限责任公司	40	30	22	92	A^+

代码	名称（简称）	被参控公司/母公司	在线监测系统得分	监督性监测系统得分	环境违法处罚系统得分	企业环境绩效总得分	评分等级
002487.SZ	大金重工	辽宁大金重工股份有限公司	40	30	22	92	A^+
002152.SZ	广电运通	赣州中联环保科技开发有限公司	40	30	22	92	A^+
000589.SZ	黔轮胎 A	贵州轮胎股份有限公司	40	30	22	92	A^+
600367.SH	红星发展	贵州红星发展大龙锰业有限责任公司	40	30	22	92	A^+
601600.SH	中国铝业	贵州华锦铝业有限公司	40	30	22	92	A^+
600070.SH	浙江富润	诸暨富润服饰有限公司	40	30	22	92	A^+
600737.SH	中粮糖业	营口长宜热力有限公司	40	30	22	92	A^+
000735.SZ	罗牛山	罗牛山股份有限公司	40	30	22	92	A^+
002110.SZ	三钢闽光	福建三钢闽光股份有限公司	40	22	30	92	A^+
601618.SH	中国中冶	石钢京诚装备技术有限公司	40	30	22	92	A^+
002326.SZ	永太科技	滨海永太科技有限公司	40	30	22	92	A^+
000488.SZ	晨鸣纸业	湛江晨鸣浆纸有限公司	40	30	22	92	A^+
002155.SZ	湖南黄金	湖南隆回金杏矿业有限责任公司	40	30	22	92	A^+
002155.SZ	湖南黄金	湖南东港锑品有限公司	40	30	22	92	A^+
000422.SZ	湖北宜化	湖北宜化化工股份有限公司	40	30	22	92	A^+
300575.SZ	中旗股份	淮安国瑞化工有限公司	40	30	22	92	A^+
600889.SH	南京化纤	江苏金羚纤维素纤维有限公司	40	30	22	92	A^+
002075.SZ	沙钢股份	江苏沙钢股份有限公司	40	30	22	92	A^+
603823.SH	百合花	杭州百合科莱恩颜料有限公司	40	30	22	92	A^+
002745.SZ	木林森	木林森有限公司	40	30	22	92	A^+
600251.SH	冠农股份	新疆绿原糖业有限公司	40	30	22	92	A^+
600873.SH	梅花生物	新疆梅花氨基酸有限责任公司	40	30	22	92	A^+
600509.SH	天富能源	新疆天富阳光生物科技有限公司	40	30	22	92	A^+

代码	名称（简称）	被参控公司/母公司	在线监测系统得分	监督性监测系统得分	环境违法处罚系统得分	企业环境绩效总得分	评分等级
002092.SZ	中泰化学	新疆中泰化学阜康能源有限公司	40	30	22	92	A^+
000629.SZ	*ST钒钛	攀钢集团钒业有限公司	40	30	22	92	A^+
600399.SH	抚顺特钢	抚顺特殊钢股份有限公司	40	30	22	92	A^+
000677.SZ	恒天海龙	恒天海龙股份有限公司	40	30	22	92	A^+
002674.SZ	兴业科技	徐州兴宁皮业有限公司	36	30	26	92	A^+
600963.SH	岳阳林纸	岳阳林纸股份有限公司	40	30	22	92	A^+
000723.SZ	美锦能源	山西美锦焦化有限公司	40	30	22	92	A^+
600691.SH	阳煤化工	山西三维丰海化工有限公司	40	30	22	92	A^+
600691.SH	阳煤化工	山东阳煤恒通化工股份有限公司	40	30	22	92	A^+
002490.SZ	*ST墨龙	山东墨龙石油机械股份有限公司	40	30	22	92	A^+
600308.SH	华泰股份	山东华泰纸业股份有限公司	40	30	22	92	A^+
603609.SH	禾丰牧业	大连中佳食品有限公司	40	30	22	92	A^+
600886.SH	国投电力	国投伊犁能源开发有限公司	40	30	22	92	A^+
600143.SH	金发科技	四川金发科技发展有限公司	40	30	22	92	A^+
600392.SH	盛和资源	四川汉鑫矿业发展有限公司	40	30	22	92	A^+
600540.SH	*ST新赛	博乐市正大钙业有限公司	40	30	22	92	A^+
002734.SZ	利民股份	利民化工股份有限公司	40	30	22	92	A^+
600978.SH	宜华生活	创利皮革（扬州）有限公司	40	30	22	92	A^+
601216.SH	君正集团	内蒙古君正能源化工集团股份有限公司	40	30	22	92	A^+
002458.SZ	益生股份	临沂市太合食品有限公司	40	30	22	92	A^+
600489.SH	中金黄金	中金嵩县嵩原黄金冶炼有限责任公司	40	30	22	92	A^+
002163.SZ	中航三鑫	中航三鑫太阳能光电玻璃有限公司	40	30	22	92	A^+
300172.SZ	中电环保	中电环保股份有限公司	40	30	22	92	A^+

代码	名称（简称）	被参控公司/母公司	在线监测系统得分	监督性监测系统得分	环境违法处罚系统得分	企业环境绩效总得分	评分等级
000597.SZ	东北制药	东北制药集团股份有限公司	40	30	22	92	A^+
600688.SH	上海石化	上海金菲石油化工股份有限公司	40	30	22	92	A^+
600073.SH	上海梅林	上海爱森肉食品有限公司	40	30	22	92	A^+
600210.SH	紫江企业	上海 DIC 油墨有限公司	40	30	22	92	A^+
600864.SH	哈投股份	黑龙江新世纪能源有限公司	40	30	20	90	A
600089.SH	特变电工	特变电工新疆能源有限公司	40	30	20	90	A
600023.SH	浙能电力	浙江浙能北仑发电有限公司	30	30	30	90	A
601991.SH	大唐发电	浙江大唐乌沙山发电有限责任公司	30	30	30	90	A
002386.SZ	天原集团	马边无穷矿业有限公司	40	30	20	90	A
000543.SZ	皖能电力	阜阳华润电力有限公司	30	30	30	90	A
000059.SZ	华锦股份	锦西天然气化工有限责任公司	30	30	30	90	A
600133.SH	东湖高新	钟祥东海水务有限公司	40	30	20	90	A
002470.SZ	金正大	金正大诺泰尔化学有限公司	40	30	20	90	A
002170.SZ	芭田股份	贵州芭田生态工程有限公司	40	30	20	90	A
000778.SZ	新兴铸管	芜湖新兴铸管有限责任公司	40	30	20	90	A
002004.SZ	华邦健康	盐城南方化工有限公司	40	30	20	90	A
002254.SZ	泰和新材	烟台泰和新材料股份有限公司	40	30	20	90	A
600489.SH	中金黄金	潼关中金冶炼有限责任公司	40	30	20	90	A
002452.SZ	长高集团	湖南长高高压开关有限公司	40	30	20	90	A
002155.SZ	湖南黄金	湖南安化渣滓溪矿业有限公司	40	30	20	90	A
000707.SZ	双环科技	湖北双环科技股份有限公司	40	20	30	90	A
002831.SZ	裕同科技	深圳市裕同包装科技股份有限公司	40	30	20	90	A
600232.SH	金鹰股份	浙江金鹰股份有限公司	40	30	20	90	A

代码	名称（简称）	被参控公司/母公司	在线监测系统得分	监督性监测系统得分	环境违法处罚系统得分	企业环境绩效总得分	评分等级
600023.SH	浙能电力	浙江浙能嘉兴发电有限公司	30	30	30	90	A
600023.SH	浙能电力	浙江浙能台州第二发电有限责任公司	30	30	30	90	A
002067.SZ	景兴纸业	浙江景兴板纸有限公司	30	30	30	90	A
002001.SZ	新和成	浙江春晖环保能源股份有限公司	40	30	20	90	A
000672.SZ	上峰水泥	浙江上峰建材有限公司	34	30	26	90	A
603993.SH	洛阳钼业	洛阳栾川钼业集团冶炼有限责任公司	40	30	20	90	A
002004.SZ	华邦健康	河北万全宏宇化工有限责任公司	30	30	30	90	A
600370.SH	三房巷	江阴新源热电有限公司	30	30	30	90	A
002460.SZ	赣锋锂业	江西赣锋锂业股份有限公司	40	30	20	90	A
000789.SZ	万年青	江西瑞金万年青水泥有限责任公司	30	30	30	90	A
600805.SH	悦达投资	江苏国华陈家港发电有限公司	30	30	30	90	A
600486.SH	扬农化工	江苏优士化学有限公司	30	30	30	90	A
000878.SZ	云南铜业	楚雄滇中有色金属有限责任公司	30	30	30	90	A
600475.SH	华光股份	无锡友联热电股份有限公司	30	30	30	90	A
600742.SH	一汽富维	成都一汽富维延锋彼欧汽车外饰有限公司	40	24	26	90	A
600886.SH	国投电力	徐州华润电力有限公司	30	30	30	90	A
603328.SH	依顿电子	广东依顿电子科技股份有限公司	40	30	20	90	A
002618.SZ	丹邦科技	广东丹邦科技有限公司	40	30	20	90	A
600123.SH	兰花科创	山西华润大宁能源有限公司	40	30	20	90	A
600547.SH	山东黄金	山东黄金矿业（鑫汇）有限公司	40	30	20	90	A
600547.SH	山东黄金	山东黄金冶炼有限公司	40	30	20	90	A
002001.SZ	新和成	山东新和成药业有限公司	30	30	30	90	A
603766.SH	隆鑫通用	山东丽驰新能源汽车有限公司	40	30	20	90	A

代码	名称（简称）	被参控公司/母公司	在线监测系统得分	监督性监测系统得分	环境违法处罚系统得分	企业环境绩效总得分	评分等级
600019.SH	宝钢股份	宝钢股份黄石涂镀板有限公司	40	30	20	90	A
000525.SZ	红太阳	安徽国星生物化学有限公司	30	30	30	90	A
600960.SH	渤海活塞	天纳克（北京）汽车减振器有限公司	40	30	20	90	A
600886.SH	国投电力	天津国投津能发电有限公司	30	30	30	90	A
600011.SH	华能国际	天津华能杨柳青热电有限责任公司	30	30	30	90	A
600668.SH	尖峰集团	大冶尖峰水泥有限公司	30	30	30	90	A
600795.SH	国电电力	国电浙江北仑第一发电有限公司	30	30	30	90	A
600795.SH	国电电力	国电江苏谏壁发电有限公司	30	30	30	90	A
600795.SH	国电电力	国电宿迁热电有限公司	30	30	30	90	A
600886.SH	国投电力	国投北部湾发电有限公司	30	30	30	90	A
603077.SH	和邦生物	四川顺城盐品股份有限公司	40	30	20	90	A
300055.SZ	万邦达	吉林省固体废物处理有限责任公司	40	30	20	90	A
000488.SZ	晨鸣纸业	吉林晨鸣纸业有限责任公司	30	30	30	90	A
000525.SZ	红太阳	南京红太阳生物化学有限责任公司	40	30	20	90	A
600104.SH	上汽集团	南京汽车集团有限公司	40	30	20	90	A
600011.SH	华能国际	华能洛阳热电有限责任公司	30	30	30	90	A
600011.SH	华能国际	华能武汉发电有限责任公司	30	30	30	90	A
600801.SH	华新水泥	华新水泥（迪庆）有限公司	40	30	20	90	A
600812.SH	华北制药	华北制药华胜有限公司	40	30	20	90	A
000959.SZ	首钢股份	北京首钢股份有限公司	40	30	20	90	A
600063.SH	皖维高新	内蒙古蒙维科技有限公司	40	30	20	90	A
002002.SZ	鸿达兴业	内蒙古中谷矿业有限责任公司	40	30	20	90	A
000826.SZ	启迪桑德	兰陵兰清环保能源有限公司	40	30	20	90	A

代码	名称（简称）	被参控公司/母公司	在线监测系统得分	监督性监测系统得分	环境违法处罚系统得分	企业环境绩效总得分	评分等级
600277.SH	亿利洁能	亿利洁能科技（广饶）有限公司	40	30	20	90	A
600277.SH	亿利洁能	亿利洁能科技（乐陵）有限公司	40	30	20	90	A
000807.SZ	云铝股份	云南源鑫炭素有限公司	40	30	20	90	A
600673.SH	东阳光科	乳源瑶族自治县东阳光化成箔有限公司	40	20	30	90	A
600737.SH	中粮糖业	中粮糖业有限公司	40	30	20	90	A
601898.SH	中煤能源	中煤平朔集团有限公司	40	30	20	90	A
601600.SH	中国铝业	中国铝业遵义氧化铝有限公司	40	30	20	90	A
000027.SZ	深圳能源	东莞深能源樟洋电力有限公司	30	30	30	90	A
600072.SH	中船科技	上海江南船舶管业有限公司	40	30	20	90	A
600741.SH	华域汽车	上海中国弹簧制造有限公司	40	30	20	90	A
600636.SH	*ST 爱富	上海三爱富新材料股份有限公司	40	30	20	90	A
000027.SZ	深圳能源	深圳妈湾电力有限公司	28	30	30	88	A
600886.SH	国投电力	国投盘江发电有限公司	28	30	30	88	A
001896.SZ	豫能控股	鹤壁鹤淇发电有限责任公司	28	30	30	88	A
000726.SZ	鲁泰 A	鲁泰纺织股份有限公司	28	30	30	88	A
002616.SZ	长青集团	鱼台长青环保能源有限公司	28	30	30	88	A
600795.SH	国电电力	青铜峡铝业发电有限责任公司	28	30	30	88	A
000937.SZ	冀中能源	金牛天铁煤焦化有限公司	28	30	30	88	A
000525.SZ	红太阳	重庆华歌生物化学有限公司	40	30	18	88	A
000935.SZ	四川双马	都江堰拉法基水泥有限公司	28	30	30	88	A
600873.SH	梅花生物	通辽梅花生物科技有限公司	28	30	30	88	A
601991.SH	大唐发电	辽宁大唐国际锦州热电有限责任公司	28	30	30	88	A
000758.SZ	中色股份	赤峰中色锌业有限公司	40	30	18	88	A

代码	名称（简称）	被参控公司/母公司	在线监测系统得分	监督性监测系统得分	环境违法处罚系统得分	企业环境绩效总得分	评分等级
601069.SH	西部黄金	西部黄金伊犁有限责任公司	40	30	18	88	A
600724.SH	宁波富达	蒙自瀛洲水泥有限责任公司	28	30	30	88	A
601899.SH	紫金矿业	福建马坑矿业股份有限公司	40	30	18	88	A
600585.SH	海螺水泥	祁阳海螺水泥有限责任公司	28	30	30	88	A
600249.SH	两面针	盐城捷康三氯蔗糖制造有限公司	40	30	18	88	A
600307.SH	酒钢宏兴	甘肃酒钢集团宏兴钢铁股份有限公司	40	30	18	88	A
000729.SZ	燕京啤酒	燕京啤酒（浙江仙都）有限公司	40	30	18	88	A
600380.SH	健康元	焦作健康元生物制品有限公司	28	30	30	88	A
600023.SH	浙能电力	浙江浙能长兴发电有限公司	28	30	30	88	A
600023.SH	浙能电力	浙江浙能兰溪发电有限责任公司	28	30	30	88	A
002061.SZ	江山化工	浙江江山化工股份有限公司	40	30	18	88	A
002479.SZ	富春环保	浙江富春江环保热电股份有限公司	28	30	30	88	A
002648.SZ	卫星石化	浙江友联化学工业有限公司	40	30	18	88	A
600011.SH	华能国际	洛阳阳光热电有限公司	28	30	30	88	A
600531.SH	豫光金铅	河南豫光金铅股份有限公司	28	30	30	88	A
000729.SZ	燕京啤酒	河北燕京玻璃制品有限公司	40	30	18	88	A
601991.SH	大唐发电	江西大唐国际抚州发电有限责任公司	28	30	30	88	A
600021.SH	上海电力	江苏阚山发电有限公司	28	30	30	88	A
002608.SZ	江苏国信	江苏射阳港发电有限责任公司	28	30	30	88	A
600886.SH	国投电力	江苏利港电力有限公司	28	30	30	88	A
600585.SH	海螺水泥	江华海螺水泥有限责任公司	28	30	30	88	A
600987.SH	航民股份	杭州航民美时达印染有限公司	28	30	30	88	A
601002.SH	晋亿实业	晋亿实业股份有限公司	40	24	24	88	A

代码	名称（简称）	被参控公司/母公司	在线监测系统得分	监督性监测系统得分	环境违法处罚系统得分	企业环境绩效总得分	评分等级
002463.SZ	沪电股份	昆山沪利微电有限公司	40	30	18	88	A
000949.SZ	新乡化纤	新乡化纤股份有限公司	32	30	26	88	A
001896.SZ	豫能控股	新乡中益发电有限公司	28	30	30	88	A
000629.SZ	*ST 钒钛	攀枝花东方钛业有限公司	40	30	18	88	A
600516.SH	方大炭素	抚顺炭素有限责任公司	40	30	18	88	A
600028.SH	中国石化	扬子石化—巴斯夫有限责任公司	28	30	30	88	A
600157.SH	永泰能源	张家港沙洲电力有限公司	28	30	30	88	A
600685.SH	中船防务	广州黄船海洋工程有限公司	40	30	18	88	A
002311.SZ	海大集团	广州市番禺区大川饲料有限公司	40	30	18	88	A
600585.SH	海螺水泥	广元海螺水泥有限责任公司	28	30	30	88	A
600720.SH	祁连山	平凉祁连山水泥有限公司	28	30	30	88	A
002479.SZ	富春环保	常州市新港热电有限公司	28	30	30	88	A
601992.SH	金隅股份	岚县金隅水泥有限公司	28	30	30	88	A
600529.SH	山东药玻	山东省药用玻璃股份有限公司	40	30	18	88	A
002581.SZ	未名医药	山东未名天源生物科技有限公司	40	30	18	88	A
600027.SH	华电国际	安徽华电六安电厂有限公司	28	30	30	88	A
600126.SH	杭钢股份	宁波钢铁有限公司	28	30	30	88	A
000039.SZ	中集集团	宁波中集物流装备有限公司	40	30	18	88	A
600027.SH	华电国际	宁夏中宁发电有限责任公司	28	30	30	88	A
600031.SH	三一重工	娄底市中兴液压件有限公司	40	30	18	88	A
002068.SZ	黑猫股份	太原黑猫炭黑有限责任公司	40	30	18	88	A
000966.SZ	长源电力	国电长源荆门发电有限公司	28	30	30	88	A
600795.SH	国电电力	国电铜陵发电有限公司	28	30	30	88	A

代码	名称（简称）	被参控公司/母公司	在线监测系统得分	监督性监测系统得分	环境违法处罚系统得分	企业环境绩效总得分	评分等级
000600.SZ	建投能源	国电承德热电有限公司	28	30	30	88	A
600795.SH	国电电力	国电常州发电有限公司	28	30	30	88	A
601088.SH	中国神华	国华太仓发电有限公司	28	30	30	88	A
000912.SZ	泸天化	四川泸天化股份有限公司	28	30	30	88	A
600702.SH	沱牌舍得	四川沱牌舍得酒业股份有限公司	40	30	18	88	A
601991.SH	大唐发电	同煤大唐塔山第二发电有限责任公司	28	30	30	88	A
000875.SZ	吉电股份	吉林松花江热电有限公司	28	30	30	88	A
600011.SH	华能国际	华能瑞金发电有限责任公司	28	30	30	88	A
600027.SH	华电国际	华电漯河发电有限公司	28	30	30	88	A
600027.SH	华电国际	华电渠东发电有限公司	28	30	30	88	A
600386.SH	北巴传媒	北京天交报废汽车回收处理有限责任公司	40	30	18	88	A
000876.SZ	新希望	北京千喜鹤食品有限公司	40	30	18	88	A
600578.SH	京能电力	内蒙古京泰发电有限责任公司	28	30	30	88	A
000401.SZ	冀东水泥	冀东水泥磐石有限责任公司	28	30	30	88	A
000807.SZ	云铝股份	云南云铝泽鑫铝业有限公司	40	30	18	88	A
000401.SZ	冀东水泥	临澧冀东水泥有限公司	28	30	30	88	A
601898.SH	中煤能源	中电神头发电有限责任公司	40	30	18	88	A
002672.SZ	东江环保	东江环保股份有限公司	40	30	18	88	A
601866.SH	中远海发	东方国际集装箱（连云港）有限公司	40	30	18	88	A
000543.SZ	皖能电力	淮北申皖发电有限公司	26	30	30	86	A
000703.SZ	恒逸石化	海南逸盛石化有限公司	30	30	26	86	A
600023.SH	浙能电力	浙江浙能乐清发电有限责任公司	26	30	30	86	A
600023.SH	浙能电力	浙江浙能中煤舟山煤电有限责任公司	26	30	30	86	A

代码	名称（简称）	被参控公司/母公司	在线监测系统得分	监督性监测系统得分	环境违法处罚系统得分	企业环境绩效总得分	评分等级
600023.SH	浙能电力	浙江国华浙能发电有限公司	26	30	30	86	A
000600.SZ	建投能源	河北西柏坡发电有限责任公司	40	30	16	86	A
600886.SH	国投电力	国投宣城发电有限责任公司	26	30	30	86	A
600011.SH	华能国际	华能苏州热电有限责任公司	26	30	30	86	A
600021.SH	上海电力	上海漕泾热电有限责任公司	26	30	30	86	A
600187.SH	国中水务	齐齐哈尔国中污水处理有限公司	40	16	30	86	A
600784.SH	鲁银投资	鲁银集团禹城羊绒纺织有限公司	40	30	16	86	A
601898.SH	中煤能源	陕西延长中煤榆林能源化工有限公司	26	30	30	86	A
601088.SH	中国神华	陕西国华锦界能源有限责任公司	26	30	30	86	A
600585.SH	海螺水泥	铜仁海螺盘江水泥有限责任公司	26	30	30	86	A
000600.SZ	建投能源	邢台国泰发电有限责任公司	26	30	30	86	A
601991.SH	大唐发电	辽宁调兵山煤矸石发电有限责任公司	26	30	30	86	A
000543.SZ	皖能电力	淮北涣城发电有限公司	26	30	30	86	A
000726.SZ	鲁泰 A	淄博鑫胜热电有限公司	26	30	30	86	A
603165.SH	荣晟环保	浙江荣晟环保纸业股份有限公司	26	30	30	86	A
600023.SH	浙能电力	浙江浙能绍兴滨海热电有限责任公司	26	30	30	86	A
000012.SZ	南玻 A	河北视窗玻璃有限公司	26	30	30	86	A
600027.SH	华电国际	河北华电石家庄裕华热电有限公司	26	30	30	86	A
600027.SH	华电国际	河北华电石家庄热电有限公司	26	30	30	86	A
600470.SH	六国化工	江西六国化工有限责任公司	40	30	16	86	A
002608.SZ	江苏国信	江苏新海发电有限公司	26	30	30	86	A
002418.SZ	康盛股份	江苏康盛管业有限公司	40	30	16	86	A
601991.SH	大唐发电	江苏大唐国际吕四港发电有限责任公司	26	30	30	86	A

代码	名称（简称）	被参控公司/母公司	在线监测系统得分	监督性监测系统得分	环境违法处罚系统得分	企业环境绩效总得分	评分等级
002608.SZ	江苏国信	江苏国信扬州发电有限责任公司	26	30	30	86	A
600500.SH	中化国际	江苏华元焦化有限公司	40	30	16	86	A
600987.SH	航民股份	杭州澳美印染有限公司	26	30	30	86	A
600433.SH	冠豪高新	广东冠豪高新技术股份有限公司	26	30	30	86	A
600123.SH	兰花科创	山西兰花清洁能源有限责任公司	40	30	16	86	A
601899.SH	紫金矿业	山东国大黄金股份有限公司	40	30	16	86	A
600426.SH	华鲁恒升	山东华鲁恒升化工股份有限公司	26	30	30	86	A
000422.SZ	湖北宜化	宜昌宜化太平洋热电有限公司	30	30	26	86	A
000422.SZ	湖北宜化	宜昌宜化太平洋化工有限公司	40	30	16	86	A
600027.SH	华电国际	安徽华电芜湖发电有限公司	26	30	30	86	A
600449.SH	宁夏建材	宁夏中宁赛马水泥有限公司	26	30	30	86	A
600744.SH	华银电力	大唐湘潭发电有限责任公司	26	30	30	86	A
600236.SH	桂冠电力	大唐桂冠合山发电有限公司	26	30	30	86	A
600744.SH	华银电力	大唐华银株洲发电有限公司	26	30	30	86	A
600744.SH	华银电力	大唐华银攸县能源有限公司	26	30	30	86	A
000401.SZ	冀东水泥	大同冀东水泥有限责任公司	26	30	30	86	A
600795.SH	国电电力	国电电力大连庄河发电有限责任公司	26	30	30	86	A
600795.SH	国电电力	国电内蒙古东胜热电有限公司	26	30	30	86	A
600678.SH	四川金顶	四川金顶（集团）股份有限公司	40	30	16	86	A
600726.SH	华电能源	哈尔滨热电有限责任公司	26	30	30	86	A
000420.SZ	吉林化纤	吉林化纤股份有限公司	40	30	16	86	A
000625.SZ	长安汽车	南京长安汽车有限公司	40	30	16	86	A
600889.SH	南京化纤	南京法伯耳纺织有限公司	36	30	20	86	A

代码	名称（简称）	被参控公司/母公司	在线监测系统得分	监督性监测系统得分	环境违法处罚系统得分	企业环境绩效总得分	评分等级
600011.SH	华能国际	华能安源发电有限责任公司	26	30	30	86	A
600011.SH	华能国际	华能太仓发电有限责任公司	26	30	30	86	A
600011.SH	华能国际	华能南京金陵发电有限公司	26	30	30	86	A
600027.SH	华电国际	华电莱州发电有限公司	26	30	30	86	A
600027.SH	华电国际	华电淄博热电有限公司	26	30	30	86	A
600801.SH	华新水泥	华新水泥（长阳）有限公司	26	30	30	86	A
600801.SH	华新水泥	华新水泥（桑植）有限公司	26	30	30	86	A
600801.SH	华新水泥	华新水泥（宜昌）有限公司	26	30	30	86	A
600795.SH	国电电力	北京太阳宫燃气热电有限公司	26	30	30	86	A
600231.SH	凌钢股份	凌源钢铁股份有限公司	26	30	30	86	A
600863.SH	内蒙华电	内蒙古国华准格尔发电有限责任公司	26	30	30	86	A
601216.SH	君正集团	内蒙古君正化工有限责任公司	40	30	16	86	A
600010.SH	包钢股份	内蒙古包钢还原铁有限责任公司	40	30	16	86	A
000401.SZ	冀东水泥	冀东水泥滦县有限责任公司	26	30	30	86	A
601991.SH	大唐发电	云南大唐国际红河发电有限责任公司	26	30	30	86	A
002068.SZ	黑猫股份	乌海黑猫炭黑有限责任公司	40	30	16	86	A
601766.SH	中国中车	中车北京南口机械有限公司	40	30	16	86	A
601898.SH	中煤能源	中煤陕西榆林能源化工有限公司	40	30	16	86	A
000815.SZ	美利云	中冶美利云产业投资股份有限公司	26	30	30	86	A
600277.SH	亿利洁能	内蒙古亿利冀东水泥有限责任公司	24	30	30	84	B^+
600726.SH	华电能源	黑龙江华电齐齐哈尔热电有限公司	24	30	30	84	B^+
600469.SH	风神股份	风神轮胎股份有限公司	24	30	30	84	B^+
601015.SH	陕西黑猫	陕西龙门煤化工有限责任公司	24	30	30	84	B^+

代码	名称（简称）	被参控公司/母公司	在线监测系统得分	监督性监测系统得分	环境违法处罚系统得分	企业环境绩效总得分	评分等级
601015.SH	陕西黑猫	陕西黑猫焦化股份有限公司	24	30	30	84	B^+
600720.SH	祁连山	陇南祁连山水泥有限公司	24	30	30	84	B^+
600881.SH	亚泰集团	长春亚泰热力有限责任公司	40	30	14	84	B^+
600157.SH	永泰能源	郑州裕中能源有限责任公司	24	30	30	84	B^+
601179.SH	中国西电	西安西开表面精饰有限责任公司	40	30	14	84	B^+
600346.SH	恒力股份	苏州苏盛热电有限公司	24	30	30	84	B^+
000767.SZ	漳泽电力	秦皇岛秦热发电有限责任公司	24	30	30	84	B^+
600493.SH	凤竹纺织	福建凤竹纺织科技股份有限公司	24	30	30	84	B^+
601088.SH	中国神华	神华包头煤化工有限责任公司	40	30	14	84	B^+
600021.SH	上海电力	盐城市热电公司	40	30	14	84	B^+
000543.SZ	皖能电力	皖能马鞍山发电有限公司	28	30	26	84	B^+
600396.SH	金山股份	白音华金山发电有限公司	24	30	30	84	B^+
601899.SH	紫金矿业	瓮福紫金化工股份有限公司	24	30	30	84	B^+
600380.SH	健康元	焦作金冠嘉华电力有限公司	24	30	30	84	B^+
000401.SZ	冀东水泥	灵寿冀东水泥有限责任公司	24	30	30	84	B^+
002125.SZ	湘潭电化	湘潭电化科技股份有限公司	40	30	14	84	B^+
002408.SZ	齐翔腾达	淄博齐翔腾达化工股份有限公司	24	30	30	84	B^+
002067.SZ	景兴纸业	浙江景兴纸业股份有限公司	24	30	30	84	B^+
002010.SZ	传化智联	浙江传化天松新材料有限公司	40	30	14	84	B^+
000600.SZ	建投能源	河北建投沙河发电有限责任公司	24	30	30	84	B^+
601991.SH	大唐发电	河北大唐国际唐山热电有限责任公司	24	30	30	84	B^+
600691.SH	阳煤化工	沧州正元化肥有限公司	24	30	30	84	B^+
600396.SH	金山股份	沈阳华润热电有限公司	24	30	30	84	B^+

代码	名称（简称）	被参控公司/母公司	在线监测系统得分	监督性监测系统得分	环境违法处罚系统得分	企业环境绩效总得分	评分等级
000698.SZ	沈阳化工	沈阳化工股份有限公司	40	30	14	84	B^+
002608.SZ	江苏国信	江苏淮阴发电有限责任公司	24	30	30	84	B^+
002608.SZ	江苏国信	江苏国信股份有限公司	28	30	26	84	B^+
600235.SH	民丰特纸	民丰特种纸股份有限公司	24	30	30	84	B^+
600961.SH	株冶集团	株洲冶炼集团股份有限公司	24	30	30	84	B^+
600425.SH	*ST 青松	新疆青松建材化工（集团）股份有限公司	24	30	30	84	B^+
000877.SZ	天山股份	新疆阜康天山水泥有限公司	40	30	14	84	B^+
600581.SH	八一钢铁	新疆八一钢铁股份有限公司	24	30	30	84	B^+
600720.SH	祁连山	文县祁连山水泥有限公司	24	30	30	84	B^+
000629.SZ	*ST 钒钛	攀钢集团重庆钛业股份有限公司	24	30	30	84	B^+
002608.SZ	江苏国信	扬州第二发电有限责任公司	24	30	30	84	B^+
000012.SZ	南玻 A	成都南玻玻璃有限公司	24	30	30	84	B^+
600720.SH	祁连山	成县祁连山水泥有限公司	24	30	30	84	B^+
000531.SZ	穗恒运 A	广州恒运企业集团股份有限公司	24	30	30	84	B^+
600098.SH	广州发展	广州中电荔新电力实业有限公司	24	30	30	84	B^+
000539.SZ	粤电力 A	广东惠州平海发电厂有限公司	24	30	30	84	B^+
002092.SZ	中泰化学	巴州泰昌浆粕有限公司	40	30	14	84	B^+
601699.SH	潞安环能	山西潞安环能五阳弘峰焦化有限公司	40	30	14	84	B^+
000767.SZ	漳泽电力	山西漳电蒲洲热电有限公司	40	30	14	84	B^+
000767.SZ	漳泽电力	山西漳电同华发电有限公司	24	30	30	84	B^+
601898.SH	中煤能源	山西平朔煤矸石发电有限责任公司	24	30	30	84	B^+
600123.SH	兰花科创	山西兰花丹峰化工股份有限公司	40	30	14	84	B^+
600585.SH	海螺水泥	宝鸡众喜凤凰山水泥有限公司	24	30	30	84	B^+

代码	名称（简称）	被参控公司/母公司	在线监测系统得分	监督性监测系统得分	环境违法处罚系统得分	企业环境绩效总得分	评分等级
600019.SH	宝钢股份	宝钢湛江钢铁有限公司	24	30	30	84	B^+
000877.SZ	天山股份	宜兴天山水泥有限责任公司	24	30	30	84	B^+
600126.SH	杭钢股份	孟州市城市污水处理有限公司	40	30	14	84	B^+
600795.SH	国电电力	国电石嘴山第一发电有限公司	28	30	26	84	B^+
600795.SH	国电电力	国电泰州发电有限公司	24	30	30	84	B^+
600795.SH	国电电力	国电大武口热电有限公司	24	30	30	84	B^+
002422.SZ	科伦药业	四川新迪医药化工有限公司	24	30	30	84	B^+
603077.SH	和邦生物	四川和邦生物科技股份有限公司	40	30	14	84	B^+
000935.SZ	四川双马	四川双马宜宾水泥制造有限公司	24	30	30	84	B^+
000401.SZ	冀东水泥	唐县冀东水泥有限责任公司	24	30	30	84	B^+
000599.SZ	青岛双星	双星东风轮胎有限公司	40	30	14	84	B^+
001896.SZ	豫能控股	南阳鸭河口发电有限责任公司	24	30	30	84	B^+
600011.SH	华能国际	华能巢湖发电有限责任公司	28	30	26	84	B^+
600027.SH	华电国际	华电章丘发电有限公司	24	30	30	84	B^+
600801.SH	华新水泥	华新水泥（万源）有限公司	34	30	20	84	B^+
601992.SH	金隅股份	北京金隅北水环保科技有限公司	28	30	26	84	B^+
600226.SH	升华拜克	内蒙古拜克生物有限公司	24	30	30	84	B^+
600195.SH	中牧股份	内蒙古中牧生物药业有限公司	24	30	30	84	B^+
600881.SH	亚泰集团	亚泰集团铁岭水泥有限公司	24	30	30	84	B^+
600396.SH	金山股份	丹东金山热电有限公司	24	30	30	84	B^+
601766.SH	中国中车	中车山东机车车辆有限公司	40	30	14	84	B^+
600469.SH	风神股份	中车双喜轮胎有限公司	40	30	14	84	B^+
600737.SH	中粮糖业	中粮（唐山）糖业有限公司	24	30	30	84	B^+

代码	名称（简称）	被参控公司/母公司	在线监测系统得分	监督性监测系统得分	环境违法处罚系统得分	企业环境绩效总得分	评分等级
601600.SH	中国铝业	中国铝业股份有限公司	40	30	14	84	B^+
600649.SH	城投控股	上海老港生活垃圾处置有限公司	40	30	14	84	B^+
600623.SH	华谊集团	上海华谊能源化工有限公司	38	30	16	84	B^+
600597.SH	光明乳业	上海光明荷斯坦牧业有限公司	40	30	14	84	B^+
600031.SH	三一重工	三一汽车制造有限公司	40	30	14	84	B^+
000600.SZ	建投能源	河北国华沧东发电有限责任公司	22	30	30	82	B^+
002326.SZ	永太科技	江西富祥药业股份有限公司	22	30	30	82	B^+
000539.SZ	粤电力A	广东红海湾发电有限公司	22	30	30	82	B^+
601992.SH	金隅股份	鞍山冀东水泥有限责任公司	26	30	26	82	B^+
000792.SZ	盐湖股份	青海水泥股份有限公司	22	30	30	82	B^+
600396.SH	金山股份	阜新金山煤矸石热电有限公司	22	30	30	82	B^+
002172.SZ	澳洋科技	阜宁澳洋科技有限责任公司	22	30	30	82	B^+
000672.SZ	上峰水泥	铜陵上峰水泥股份有限公司	22	30	30	82	B^+
000401.SZ	冀东水泥	辽阳冀东水泥有限公司	22	30	30	82	B^+
600390.SH	五矿资本	贵州铜仁金瑞锰业有限责任公司	40	12	30	82	B^+
000422.SZ	湖北宜化	贵州宜化化工有限责任公司	40	20	22	82	B^+
002340.SZ	格林美	荆门市城南污水处理有限公司	40	12	30	82	B^+
601991.SH	大唐发电	福建大唐国际宁德发电有限责任公司	22	30	30	82	B^+
601088.SH	中国神华	神华国华（舟山）发电有限责任公司	22	30	30	82	B^+
600585.SH	海螺水泥	礼泉海螺水泥有限责任公司	22	30	30	82	B^+
600691.SH	阳煤化工	石家庄正元化肥有限公司	22	30	30	82	B^+
000543.SZ	皖能电力	皖能铜陵发电有限公司	22	30	30	82	B^+
600720.SH	祁连山	甘谷祁连山水泥有限公司	22	30	30	82	B^+

代码	名称（简称）	被参控公司/母公司	在线监测系统得分	监督性监测系统得分	环境违法处罚系统得分	企业环境绩效总得分	评分等级
002172.SZ	澳洋科技	玛纳斯澳洋科技有限责任公司	26	30	26	82	B^+
600720.SH	祁连山	漳县祁连山水泥有限公司	22	30	30	82	B^+
000027.SZ	深圳能源	满洲里达赉湖热电有限公司	22	30	30	82	B^+
600585.SH	海螺水泥	湖南海螺水泥有限公司	22	30	30	82	B^+
600023.SH	浙能电力	浙江浙能镇海发电有限责任公司	22	30	30	82	B^+
600585.SH	海螺水泥	济宁海螺水泥有限责任公司	22	30	30	82	B^+
000933.SZ	神火股份	河南神火发电有限公司	22	30	30	82	B^+
000600.SZ	建投能源	河北建投宣化热电有限责任公司	22	30	30	82	B^+
601991.SH	大唐发电	河北大唐国际张家口热电有限责任公司	22	30	30	82	B^+
601991.SH	大唐发电	河北大唐国际丰润热电有限责任公司	22	30	30	82	B^+
600027.SH	华电国际	河北华电石家庄鹿华热电有限公司	22	30	30	82	B^+
000789.SZ	万年青	江西赣州南方万年青水泥有限公司	22	30	30	82	B^+
000789.SZ	万年青	江西玉山万年青水泥有限公司	22	30	30	82	B^+
603299.SH	井神股份	江苏瑞洪盐业有限公司	22	30	30	82	B^+
002608.SZ	江苏国信	江苏国信靖江发电有限公司	22	30	30	82	B^+
600595.SH	中孚实业	林州市林丰铝电有限责任公司	34	30	18	82	B^+
000878.SZ	云南铜业	易门铜业有限公司	22	30	30	82	B^+
000422.SZ	湖北宜化	新疆宜化化工有限公司	40	30	12	82	B^+
600509.SH	天富能源	新疆天富垃圾焚烧发电有限责任公司	40	30	12	82	B^+
002092.SZ	中泰化学	新疆华泰重化工有限责任公司	22	30	30	82	B^+
002182.SZ	云海金属	惠州云海镁业有限公司	40	30	12	82	B^+
000600.SZ	建投能源	建投邢台热电有限责任公司	22	30	30	82	B^+
000539.SZ	粤电力 A	广东韶关粤江发电有限责任公司	22	30	30	82	B^+

代码	名称（简称）	被参控公司/母公司	在线监测系统得分	监督性监测系统得分	环境违法处罚系统得分	企业环境绩效总得分	评分等级
600780.SH	通宝能源	山西阳光发电有限责任公司	30	30	22	82	B^+
601991.SH	大唐发电	山西大唐国际临汾热电有限责任公司	22	30	30	82	B^+
601600.SH	中国铝业	山西华泽铝电有限公司	22	30	30	82	B^+
002144.SZ	宏达高科	宏达高科控股股份有限公司	22	30	30	82	B^+
603599.SH	广信股份	安徽东至广信农化有限公司	22	30	30	82	B^+
600586.SH	金晶科技	宁夏金晶科技有限公司	40	30	12	82	B^+
600075.SH	新疆天业	天伟化工有限公司	40	30	12	82	B^+
600795.SH	国电电力	国电蚌埠发电有限公司	22	30	30	82	B^+
600795.SH	国电电力	国电宣威发电有限责任公司	22	30	30	82	B^+
600795.SH	国电电力	国电宁夏石嘴山发电有限责任公司	26	30	26	82	B^+
600886.SH	国投电力	国投钦州发电有限公司	22	30	30	82	B^+
600187.SH	国中水务	国中（秦皇岛）污水处理有限公司	40	12	30	82	B^+
002601.SZ	龙蟒佰利	四川龙蟒钛业股份有限公司	40	30	12	82	B^+
000401.SZ	冀东水泥	唐山冀东水泥三友有限公司	22	30	30	82	B^+
600585.SH	海螺水泥	双峰海螺水泥有限公司	22	30	30	82	B^+
600011.SH	华能国际	华能沁北发电有限责任公司	22	30	30	82	B^+
600801.SH	华新水泥	华新水泥（郴州）有限公司	22	30	30	82	B^+
600801.SH	华新水泥	华新水泥（渠县）有限公司	26	30	26	82	B^+
600863.SH	内蒙华电	内蒙古蒙华海勃湾发电有限责任公司	22	30	30	82	B^+
002002.SZ	鸿达兴业	内蒙古乌海化工有限公司	40	30	12	82	B^+
000401.SZ	冀东水泥	冀东海天水泥闻喜有限责任公司	22	30	30	82	B^+
000401.SZ	冀东水泥	冀东水泥永吉有限责任公司	22	30	30	82	B^+
600425.SH	*ST 青松	克州青松水泥有限责任公司	22	30	30	82	B^+

代码	名称（简称）	被参控公司/母公司	在线监测系统得分	监督性监测系统得分	环境违法处罚系统得分	企业环境绩效总得分	评分等级
600578.SH	京能电力	京能（赤峰）能源发展有限公司	22	30	30	82	B^+
600497.SH	驰宏锌锗	云南驰宏资源综合利用有限公司	22	30	30	82	B^+
000939.SZ	凯迪生态	临澧县凯迪绿色能源开发有限公司	22	30	30	82	B^+
601600.SH	中国铝业	中铝山东有限公司	40	30	12	82	B^+
600449.SH	宁夏建材	中材甘肃水泥有限责任公司	22	30	30	82	B^+
600688.SH	上海石化	上海赛科石油化工有限责任公司	22	30	30	82	B^+
002098.SZ	浔兴股份	上海浔兴拉链制造有限公司	40	30	12	82	B^+
600578.SH	京能电力	三河发电有限责任公司	22	30	30	82	B^+
600023.SH	浙能电力	浙江浙能嘉华发电有限公司	20	30	30	80	B^+
600500.SH	中化国际	南通江山农药化工股份有限公司	20	30	30	80	B^+
000778.SZ	新兴铸管	黄石新兴管业有限公司	40	30	10	80	B^+
600409.SH	三友化工	青海五彩碱业有限公司	20	30	30	80	B^+
600585.SH	海螺水泥	邵阳市云峰新能源科技有限公司	24	30	26	80	B^+
601088.SH	中国神华	绥中发电有限责任公司	20	30	30	80	B^+
600886.SH	国投电力	福建太平洋电力有限公司	20	30	30	80	B^+
600509.SH	天富能源	石河子天富南热电有限公司	20	30	30	80	B^+
000539.SZ	粤电力 A	湛江电力有限公司	20	30	30	80	B^+
000027.SZ	深圳能源	深能合和电力（河源）有限公司	20	30	30	80	B^+
000039.SZ	中集集团	深圳南方中集东部物流装备制造有限公司	40	30	10	80	B^+
600987.SH	航民股份	浙江航民股份有限公司	20	30	30	80	B^+
600070.SH	浙江富润	浙江富润印染有限公司	20	30	30	80	B^+
600810.SH	神马股份	河南神马尼龙化工有限责任公司	20	30	30	80	B^+
000600.SZ	建投能源	河北建投任丘热电有限责任公司	20	30	30	80	B^+

代码	名称（简称）	被参控公司/母公司	在线监测系统得分	监督性监测系统得分	环境违法处罚系统得分	企业环境绩效总得分	评分等级
600167.SH	联美控股	沈阳新北热电有限责任公司	20	30	30	80	B^+
600220.SH	江苏阳光	江苏阳光璜塘热电有限公司	20	30	30	80	B^+
600720.SH	祁连山	永登祁连山水泥有限公司	20	30	30	80	B^+
002535.SZ	林州重机	林州重机林钢钢铁有限公司	28	30	22	80	B^+
601898.SH	中煤能源	朔州市格瑞特实业有限公司	40	30	10	80	B^+
601899.SH	紫金矿业	新疆五鑫铜业有限责任公司	40	30	10	80	B^+
600782.SH	新钢股份	新余钢铁股份有限公司	40	30	10	80	B^+
600585.SH	海螺水泥	建德海螺水泥有限责任公司	20	30	30	80	B^+
000539.SZ	粤电力 A	广东惠州天然气发电有限责任公司	20	30	30	80	B^+
601991.SH	大唐发电	广东大唐国际潮州发电有限责任公司	20	30	30	80	B^+
000939.SZ	凯迪生态	岳阳市凯迪绿色能源开发有限公司	20	30	30	80	B^+
000767.SZ	漳泽电力	山西漳电大唐热电有限公司	28	30	22	80	B^+
002078.SZ	太阳纸业	山东太阳宏河纸业有限公司	20	30	30	80	B^+
000720.SZ	新能泰山	山东华能聊城热电有限公司	40	10	30	80	B^+
600019.SH	宝钢股份	宝山钢铁股份有限公司	40	30	10	80	B^+
600569.SH	安阳钢铁	安阳钢铁股份有限公司	40	30	10	80	B^+
600585.SH	海螺水泥	安徽枞阳海螺水泥股份有限公司	20	30	30	80	B^+
600578.SH	京能电力	宁夏京能宁东发电有限责任公司	20	30	30	80	B^+
600819.SH	耀皮玻璃	天津耀皮玻璃有限公司	20	30	30	80	B^+
600795.SH	国电电力	国电哈密煤电开发有限公司	20	30	30	80	B^+
600251.SH	冠农股份	国投新疆罗布泊钾盐有限责任公司	20	30	30	80	B^+
601992.SH	金隅股份	四平金隅水泥有限公司	20	30	30	80	B^+
000510.SZ	金路集团	四川省金路树脂有限公司	24	30	26	80	B^+

代码	名称（简称）	被参控公司/母公司	在线监测系统得分	监督性监测系统得分	环境违法处罚系统得分	企业环境绩效总得分	评分等级
600153.SH	建发股份	四川永丰浆纸股份有限公司	20	30	30	80	B^+
600997.SH	开滦股份	唐山中浩化工有限公司	24	30	26	80	B^+
600886.SH	国投电力	厦门华夏国际电力发展有限公司	20	30	30	80	B^+
600011.SH	华能国际	华能湖南岳阳发电有限责任公司	20	30	30	80	B^+
600011.SH	华能国际	华能榆社发电有限责任公司	28	30	22	80	B^+
600027.SH	华电国际	华电青岛发电有限公司	20	30	30	80	B^+
600027.SH	华电国际	华电滕州新源热电有限公司	24	30	26	80	B^+
600801.SH	华新水泥	华新水泥（鹤峰）民族建材有限公司	20	30	30	80	B^+
000401.SZ	冀东水泥	冀东水泥凤翔有限责任公司	20	30	30	80	B^+
600098.SH	广州发展	佛山恒益发电有限公司	20	30	30	80	B^+
600170.SH	上海建工	亚同环保水处理江阴有限公司	40	30	10	80	B^+
600028.SH	中国石化	中韩（武汉）石油化工有限公司	20	30	30	80	B^+
600150.SH	中国船舶	上海江南长兴重工有限责任公司	40	30	10	80	B^+
000600.SZ	建投能源	河北大唐国际王滩发电有限责任公司	18	30	30	78	B
000539.SZ	粤电力 A	广东国华粤电台山发电有限公司	18	30	30	78	B
601168.SH	西部矿业	巴彦淖尔紫金有色金属有限公司	26	30	22	78	B
600027.SH	华电国际	华电宁夏灵武发电有限公司	18	30	30	78	B
601992.SH	金隅股份	冀东海德堡（泾阳）水泥有限公司	18	30	30	78	B
600585.SH	海螺水泥	阳春海螺水泥有限责任公司	18	30	30	78	B
600585.SH	海螺水泥	重庆海螺水泥有限责任公司	18	30	30	78	B
601991.SH	大唐发电	重庆大唐国际石柱发电有限责任公司	18	30	30	78	B
600396.SH	金山股份	辽宁华电铁岭发电有限公司	18	30	30	78	B
000630.SZ	铜陵有色	赤峰金剑铜业有限责任公司	18	30	30	78	B

代码	名称（简称）	被参控公司/母公司	在线监测系统得分	监督性监测系统得分	环境违法处罚系统得分	企业环境绩效总得分	评分等级
000878.SZ	云南铜业	赤峰云铜有色金属有限公司	18	30	30	78	B
601992.SH	金隅股份	赞皇金隅水泥有限公司	18	30	30	78	B
000539.SZ	粤电力A	茂名臻能热电有限公司	18	30	30	78	B
600660.SH	福耀玻璃	福耀玻璃工业集团股份有限公司	18	30	30	78	B
600483.SH	福能股份	福建省鸿山热电有限责任公司	18	30	30	78	B
600103.SH	青山纸业	福建省青山纸业股份有限公司	18	30	30	78	B
002233.SZ	塔牌集团	福建塔牌水泥有限公司	18	30	30	78	B
002066.SZ	瑞泰科技	瑞泰科技股份有限公司	22	30	26	78	B
600319.SH	亚星化学	潍坊亚星化学股份有限公司	40	30	8	78	B
600141.SH	兴发集团	湖北泰盛化工有限公司	26	30	22	78	B
601088.SH	中国神华	河北国华定州发电有限责任公司	18	30	30	78	B
002748.SZ	世龙实业	江西世龙实业股份有限公司	18	30	30	78	B
600220.SH	江苏阳光	江苏阳光新桥热电有限公司	18	30	30	78	B
601636.SH	旗滨集团	株洲醴陵旗滨玻璃有限公司	18	30	30	78	B
600987.SH	航民股份	杭州钱江印染化工有限公司	26	30	22	78	B
601011.SH	宝泰隆	宝泰隆新材料股份有限公司	18	30	30	78	B
600569.SH	安阳钢铁	安钢集团永通球墨铸铁管有限责任公司	18	30	30	78	B
002597.SZ	金禾实业	安徽华尔泰化工股份有限公司	18	30	30	78	B
600051.SH	宁波联合	宁波经济技术开发区热电有限责任公司	18	30	30	78	B
600982.SH	宁波热电	宁波光耀热电有限公司	24	30	24	78	B
601992.SH	金隅股份	天津振兴水泥有限公司	18	30	30	78	B
600420.SH	现代制药	国药集团威奇达药业有限公司	18	30	30	78	B
600623.SH	华谊集团	双钱集团（重庆）轮胎有限公司	24	24	30	78	B

代码	名称（简称）	被参控公司/母公司	在线监测系统得分	监督性监测系统得分	环境违法处罚系统得分	企业环境绩效总得分	评分等级
600011.SH	华能国际	华能重庆珞璜发电有限责任公司	18	30	30	78	B
600011.SH	华能国际	华能滇池热电有限责任公司	22	30	26	78	B
600011.SH	华能国际	华能威海发电有限责任公司	18	30	30	78	B
600801.SH	华新水泥	华新水泥（房县）有限公司	18	30	30	78	B
600801.SH	华新水泥	华新水泥重庆涪陵有限公司	18	30	30	78	B
600585.SH	海螺水泥	分宜海螺水泥有限责任公司	18	30	30	78	B
000683.SZ	远兴能源	内蒙古博大实地化学有限公司	22	30	26	78	B
000401.SZ	冀东水泥	冀东水泥阿巴嘎旗有限责任公司	18	30	30	78	B
601992.SH	金隅股份	保定太行和益水泥有限公司	18	30	30	78	B
600881.SH	亚泰集团	亚泰集团哈尔滨水泥（阿城）有限公司	18	30	30	78	B
600668.SH	尖峰集团	云南尖峰水泥有限公司	28	30	20	78	B
600096.SH	云天化	云南天安化工有限公司	24	30	24	78	B
600725.SH	*ST 云维	云南大为制焦有限公司	18	30	30	78	B
600737.SH	中粮糖业	中粮屯河北海糖业有限公司	26	30	22	78	B
600737.SH	中粮糖业	中粮屯河伊犁新宁糖业有限公司	28	30	20	78	B
600578.SH	京能电力	内蒙古大唐国际托克托发电有限责任公司	16	30	30	76	B
600642.SH	申能股份	上海外高桥第二发电有限责任公司	20	30	26	76	B
600795.SH	国电电力	上海外高桥第三发电有限责任公司	20	30	26	76	B
601898.SH	中煤能源	中天合创能源有限责任公司	40	30	6	76	B
600021.SH	上海电力	上海外高桥发电有限责任公司	20	30	26	76	B
000959.SZ	首钢股份	首钢京唐钢铁联合有限责任公司	16	30	30	76	B
600881.SH	亚泰集团	辽宁富山水泥有限公司	16	30	30	76	B
600585.SH	海螺水泥	英德海螺水泥有限责任公司	16	30	30	76	B

代码	名称（简称）	被参控公司/母公司	在线监测系统得分	监督性监测系统得分	环境违法处罚系统得分	企业环境绩效总得分	评分等级
600802.SH	福建水泥	福建安砂建福水泥有限公司	16	30	30	76	B
000958.SZ	东方能源	石家庄良村热电有限公司	22	24	30	76	B
000539.SZ	粤电力 A	湛江中粤能源有限公司	16	30	30	76	B
600079.SH	人福医药	湖北竹溪人福药业有限责任公司	16	30	30	76	B
601992.SH	金隅股份	涿鹿金隅水泥有限公司	16	30	30	76	B
600023.SH	浙能电力	浙能阿克苏热电有限公司	16	30	30	76	B
002087.SZ	新野纺织	河南新野纺织股份有限公司	40	30	6	76	B
000600.SZ	建投能源	河北衡丰发电有限责任公司	26	30	20	76	B
000012.SZ	南玻 A	河北南玻玻璃有限公司	22	30	24	76	B
000692.SZ	惠天热电	沈阳市第二热力供暖公司	40	30	6	76	B
000789.SZ	万年青	江西锦溪水泥有限公司	16	30	30	76	B
601991.SH	大唐发电	江西大唐国际新余发电有限责任公司	26	30	20	76	B
600500.SH	中化国际	江苏扬农化工集团有限公司	16	30	30	76	B
600987.SH	航民股份	杭州航民达美染整有限公司	26	30	20	76	B
000401.SZ	冀东水泥	昌黎冀东水泥有限公司	16	30	30	76	B
600507.SH	方大特钢	方大特钢科技股份有限公司	20	30	26	76	B
600586.SH	金晶科技	廊坊金彪玻璃有限公司	16	30	30	76	B
600425.SH	*ST 青松	库车青松水泥有限责任公司	16	30	30	76	B
000911.SZ	南宁糖业	广西环江远丰糖业有限责任公司	16	30	30	76	B
000953.SZ	*ST 河化	广西河池化工股份有限公司	16	30	30	76	B
000539.SZ	粤电力 A	广东粤电大埔发电有限公司	16	30	30	76	B
000690.SZ	宝新能源	广东宝丽华电力有限公司	16	30	30	76	B
000825.SZ	太钢不锈	山西太钢不锈钢股份有限公司	40	30	6	76	B

代码	名称（简称）	被参控公司/母公司	在线监测系统得分	监督性监测系统得分	环境违法处罚系统得分	企业环境绩效总得分	评分等级
601699.SH	潞安环能	山西天脊潞安化工有限公司	16	30	30	76	B
600578.SH	京能电力	山西京玉发电有限责任公司	24	30	22	76	B
600586.SH	金晶科技	山东海天生物化工有限公司	16	30	30	76	B
000720.SZ	新能泰山	山东华能莱芜热电有限公司	20	30	26	76	B
002597.SZ	金禾实业	安徽金禾实业股份有限公司	16	30	30	76	B
000933.SZ	神火股份	国电民权发电有限公司	30	30	16	76	B
600795.SH	国电电力	国电库车发电有限公司	16	30	30	76	B
000695.SZ	滨海能源	国华能源发展（天津）有限公司	16	30	30	76	B
600069.SH	银鸽投资	四川银鸽竹浆纸业有限公司	30	30	16	76	B
600425.SH	*ST 青松	和田青松建材有限责任公司	16	30	30	76	B
600497.SH	驰宏锌锗	呼伦贝尔驰宏矿业有限公司	16	30	30	76	B
600801.SH	华新水泥	华新金龙水泥（郧县）有限公司	16	30	30	76	B
600801.SH	华新水泥	华新水泥（道县）有限公司	16	30	30	76	B
600801.SH	华新水泥	华新水泥（河南信阳）有限公司	16	30	30	76	B
600801.SH	华新水泥	华新水泥（昭通）有限公司.	16	30	30	76	B
600585.SH	海螺水泥	千阳海螺水泥有限责任公司	16	30	30	76	B
600863.SH	内蒙华电	内蒙古丰泰发电有限公司	24	30	22	76	B
600585.SH	海螺水泥	全椒海螺水泥有限责任公司	24	30	22	76	B
600881.SH	亚泰集团	亚泰集团伊通水泥有限公司	16	30	30	76	B
600585.SH	海螺水泥	乾县海螺水泥有限责任公司	16	30	30	76	B
000513.SZ	丽珠集团	丽珠集团福州福兴医药有限公司	16	30	30	76	B
600888.SH	新疆众和	新疆众和股份有限公司	14	30	30	74	B⁻
600027.SH	华电国际	四川广安发电有限责任公司	26	30	18	74	B⁻

代码	名称（简称）	被参控公司/母公司	在线监测系统得分	监督性监测系统得分	环境违法处罚系统得分	企业环境绩效总得分	评分等级
600578.SH	京能电力	内蒙古上都发电有限责任公司	14	30	30	74	B^-
600021.SH	上海电力	上海上电漕泾发电有限公司	14	30	30	74	B^-
000552.SZ	靖远煤电	靖煤集团白银热电有限公司	14	30	30	74	B^-
600720.SH	祁连山	青海祁连山水泥有限公司	14	30	30	74	B^-
000546.SZ	金圆股份	青海宏扬水泥有限责任公司	20	30	24	74	B^-
601992.SH	金隅股份	陵川金隅水泥有限公司	14	30	30	74	B^-
000990.SZ	诚志股份	陕西长青能源化工有限公司	14	30	30	74	B^-
601636.SH	旗滨集团	长兴旗滨玻璃有限公司	14	30	30	74	B^-
600585.SH	海螺水泥	遵义海螺盘江水泥有限责任公司	14	30	30	74	B^-
000600.SZ	建投能源	衡水恒兴发电有限责任公司	24	30	20	74	B^-
600802.SH	福建水泥	福建省海峡水泥股份有限公司	14	30	30	74	B^-
601212.SH	白银有色	白银有色集团股份有限公司	32	30	12	74	B^-
600356.SH	恒丰纸业	牡丹江恒丰纸业股份有限公司	18	30	26	74	B^-
600538.SH	国发股份	湖南国发精细化工科技有限公司	18	30	26	74	B^-
600160.SH	巨化股份	浙江晋巨化工有限公司	14	30	30	74	B^-
600207.SH	安彩高科	河南安彩高科股份有限公司	14	30	30	74	B^-
000885.SZ	同力水泥	河南同力水泥股份有限公司	14	30	30	74	B^-
601899.SH	紫金矿业	新疆天龙矿业股份有限公司	40	24	10	74	B^-
300070.SZ	碧水源	张家界碧水源水务科技有限公司	40	22	12	74	B^-
600585.SH	海螺水泥	广东清新水泥有限公司	14	30	30	74	B^-
000983.SZ	西山煤电	山西西山热电有限责任公司	22	30	22	74	B^-
601991.SH	大唐发电	山西大唐国际云冈热电有限责任公司	24	30	20	74	B^-
000401.SZ	冀东水泥	山西双良鼎新水泥有限公司	14	30	30	74	B^-

代码	名称（简称）	被参控公司/母公司	在线监测系统得分	监督性监测系统得分	环境违法处罚系统得分	企业环境绩效总得分	评分等级
601678.SH	滨化股份	山东滨化热力有限责任公司	14	30	30	74	B^-
600298.SH	安琪酵母	安琪酵母（伊犁）有限公司	24	30	20	74	B^-
600585.SH	海螺水泥	安徽宣城海螺水泥有限公司	14	30	30	74	B^-
601339.SH	百隆东方	宁波海德针织漂染有限公司	14	30	30	74	B^-
600449.SH	宁夏建材	天水中材水泥有限责任公司	14	30	30	74	B^-
600720.SH	祁连山	夏河祁连山安多水泥有限公司	14	30	30	74	B^-
600425.SH	*ST 青松	塔城南岗建材有限责任公司	20	30	24	74	B^-
600795.SH	国电电力	国电电力酒泉发电有限公司	14	30	30	74	B^-
600881.SH	亚泰集团	吉林亚泰明城水泥有限公司	14	30	30	74	B^-
600011.SH	华能国际	华能重庆两江燃机发电有限责任公司	14	30	30	74	B^-
600578.SH	京能电力	内蒙古京能康巴什热电有限公司	14	30	30	74	B^-
000401.SZ	冀东水泥	冀东水泥重庆合川有限责任公司	14	30	30	74	B^-
000401.SZ	冀东水泥	冀东水泥璧山有限责任公司	14	30	30	74	B^-
600737.SH	中粮糖业	中粮屯河新源糖业有限公司	22	30	22	74	B^-
601992.SH	金隅股份	邢台金隅咏宁水泥有限公司	12	30	30	72	B^-
600997.SH	开滦股份	迁安中化煤化工有限责任公司	22	30	20	72	B^-
000543.SZ	皖能电力	淮北国安电力有限公司	22	30	20	72	B^-
000600.SZ	建投能源	河北邯峰发电有限责任公司	24	30	18	72	B^-
600293.SH	三峡新材	新疆普耀新型建材有限公司	20	30	22	72	B^-
600585.SH	海螺水泥	龙陵海螺水泥有限责任公司	12	30	30	72	B^-
600886.SH	国投电力	靖远第二发电有限公司	12	30	30	72	B^-
600117.SH	西宁特钢	青海江仓能源发展有限责任公司	24	30	18	72	B^-
000401.SZ	冀东水泥	阳泉冀东水泥有限责任公司	12	30	30	72	B^-

代码	名称（简称）	被参控公司/母公司	在线监测系统得分	监督性监测系统得分	环境违法处罚系统得分	企业环境绩效总得分	评分等级
600452.SH	涪陵电力	重庆市新嘉南建材有限责任公司	12	30	30	72	B^-
000709.SZ	河钢股份	邯钢集团邯宝钢铁有限公司	24	30	18	72	B^-
002128.SZ	露天煤业	通辽霍林河坑口发电有限责任公司	12	30	30	72	B^-
600585.SH	海螺水泥	达州海螺水泥有限责任公司	24	30	18	72	B^-
600585.SH	海螺水泥	贵州六矿瑞安水泥有限公司	12	30	30	72	B^-
600585.SH	海螺水泥	芜湖海螺水泥有限公司	12	30	30	72	B^-
601636.SH	旗滨集团	漳州旗滨玻璃有限公司	12	30	30	72	B^-
000401.SZ	冀东水泥	涞水冀东水泥有限责任公司	22	30	20	72	B^-
000885.SZ	同力水泥	洛阳黄河同力水泥有限责任公司	12	30	30	72	B^-
601898.SH	中煤能源	河北中煤旭阳焦化有限公司	12	30	30	72	B^-
000883.SZ	湖北能源	新疆楚星能源发展有限公司	20	30	22	72	B^-
600737.SH	中粮糖业	新疆四方实业股份有限公司	26	30	16	72	B^-
601636.SH	旗滨集团	平湖旗滨玻璃有限公司	12	30	30	72	B^-
600585.SH	海螺水泥	安徽荻港海螺水泥股份有限公司	12	30	30	72	B^-
601991.SH	大唐发电	宁夏大唐国际大坝发电有限责任公司	12	30	30	72	B^-
600795.SH	国电电力	国电宿州第二热电有限公司	12	30	30	72	B^-
000723.SZ	美锦能源	唐钢美锦（唐山）煤化工有限公司	28	30	14	72	B^-
000877.SZ	天山股份	哈密天山水泥有限责任公司	12	30	30	72	B^-
000012.SZ	南玻A	咸宁南玻玻璃有限公司	12	30	30	72	B^-
000401.SZ	冀东水泥	吴堡冀东特种水泥有限公司	16	30	26	72	B^-
600027.SH	华电国际	华电潍坊发电有限公司	20	30	22	72	B^-
600801.SH	华新水泥	华新水泥（武穴）有限公司	12	30	30	72	B^-
000401.SZ	冀东水泥	包头冀东水泥有限公司	16	30	26	72	B^-

代码	名称（简称）	被参控公司/母公司	在线监测系统得分	监督性监测系统得分	环境违法处罚系统得分	企业环境绩效总得分	评分等级
600578.SH	京能电力	内蒙古华宁热电有限公司	22	30	20	72	B⁻
600096.SH	云天化	云南水富云天化有限公司	12	30	30	72	B⁻
000543.SZ	皖能电力	临涣中利发电有限公司	12	30	30	72	B⁻
600028.SH	中国石化	中国石化青岛炼油化工有限责任公司	18	24	30	72	B⁻
600309.SH	万华化学	万华化学（宁波）有限公司	12	30	30	72	B⁻
600578.SH	京能电力	内蒙古京隆发电有限责任公司	20	30	20	70	B⁻
600021.SH	上海电力	上海吴泾第二发电有限责任公司	22	30	18	70	B⁻
600021.SH	上海电力	上海吴泾发电有限责任公司	10	30	30	70	B⁻
000792.SZ	盐湖股份	青海盐湖海纳化工有限公司	10	30	30	70	B⁻
000707.SZ	双环科技	重庆索特盐化股份有限公司	14	30	26	70	B⁻
600585.SH	海螺水泥	贵阳海螺盘江水泥有限责任公司	22	24	24	70	B⁻
600711.SH	盛屯矿业	福嘉综环科技股份有限公司	24	30	16	70	B⁻
000553.SZ	沙隆达A	湖北沙隆达股份有限公司	22	30	18	70	B⁻
600273.SH	嘉化能源	浙江嘉化能源化工股份有限公司	10	30	30	70	B⁻
600585.SH	海螺水泥	梁平海螺水泥有限责任公司	10	30	30	70	B⁻
600585.SH	海螺水泥	扶绥新宁海螺水泥有限责任公司	10	30	30	70	B⁻
000539.SZ	粤电力A	广东粤电靖海发电有限公司	10	30	30	70	B⁻
600792.SH	云煤能源	师宗煤焦化工有限公司	24	30	16	70	B⁻
000983.SZ	西山煤电	山西西山煤气化有限责任公司	24	30	16	70	B⁻
000723.SZ	美锦能源	山西美锦煤焦化有限公司	24	30	16	70	B⁻
600578.SH	京能电力	山西漳山发电有限责任公司	10	30	30	70	B⁻
000822.SZ	山东海化	山东海化盛兴热电有限公司	10	30	30	70	B⁻
000488.SZ	晨鸣纸业	山东晨鸣纸业集团股份有限公司	10	30	30	70	B⁻

代码	名称（简称）	被参控公司/母公司	在线监测系统得分	监督性监测系统得分	环境违法处罚系统得分	企业环境绩效总得分	评分等级
002386.SZ	天原集团	宜宾海丰和锐有限公司	20	30	20	70	B⁻
000709.SZ	河钢股份	唐山中厚板材有限公司	24	30	16	70	B⁻
000672.SZ	上峰水泥	博乐市中博水泥有限公司	14	30	26	70	B⁻
600011.SH	华能国际	华能平凉发电有限责任公司	10	30	30	70	B⁻
600011.SH	华能国际	华能左权煤电有限责任公司	28	30	12	70	B⁻
600801.SH	华新水泥	华新水泥（株洲）有限公司	20	30	20	70	B⁻
600585.SH	海螺水泥	北流海螺水泥有限责任公司	10	30	30	70	B⁻
000401.SZ	冀东水泥	冀东水泥重庆江津有限责任公司	10	30	30	70	B⁻
600328.SH	兰太实业	中盐青海昆仑碱业有限公司	10	30	30	70	B⁻
600028.SH	中国石化	中国石化扬子石油化工股份有限公司	10	30	30	70	B⁻
600726.SH	华电能源	中国华电集团哈尔滨发电有限公司	10	30	30	70	B⁻
601991.SH	大唐发电	甘肃大唐国际连城发电有限责任公司	8	30	30	68	C
600642.SH	申能股份	华能上海石洞口发电有限责任公司	18	30	20	68	C
600578.SH	京能电力	内蒙古岱海发电有限责任公司	18	30	20	68	C
002716.SZ	金贵银业	郴州市金贵银业股份有限公司	8	30	30	68	C
600844.SH	*ST 丹科	通辽金煤化工有限公司	16	30	22	68	C
600227.SH	赤天化	贵州赤天化桐梓化工有限公司	18	30	20	68	C
000877.SZ	天山股份	若羌天山水泥有限责任公司	8	30	30	68	C
601088.SH	中国神华	神华神东电力有限责任公司	24	30	14	68	C
000939.SZ	凯迪生态	祁阳县凯迪绿色能源开发有限公司	8	30	30	68	C
600691.SH	阳煤化工	石家庄柏坡正元化肥有限公司	22	30	16	68	C
000939.SZ	凯迪生态	益阳市凯迪绿色能源开发有限公司	8	30	30	68	C
000932.SZ	*ST 华菱	湖南华菱湘潭钢铁有限公司	16	30	22	68	C

代码	名称（简称）	被参控公司/母公司	在线监测系统得分	监督性监测系统得分	环境违法处罚系统得分	企业环境绩效总得分	评分等级
000488.SZ	晨鸣纸业	江西晨鸣纸业有限责任公司	20	30	18	68	C
002394.SZ	联发股份	江苏联发环保新能源有限公司	8	30	30	68	C
600308.SH	华泰股份	新疆昕昊达矿业有限责任公司	8	30	30	68	C
000778.SZ	新兴铸管	新兴铸管股份有限公司	18	30	20	68	C
600500.SH	中化国际	山西亚鑫煤焦化有限公司	26	30	12	68	C
600966.SH	博汇纸业	山东博汇纸业股份有限公司	24	30	14	68	C
600795.SH	国电电力	国电克拉玛依发电有限公司	8	30	30	68	C
600011.SH	华能国际	华能太原东山燃机热电有限责任公司	8	30	30	68	C
600011.SH	华能国际	华能北京热电有限责任公司	10	30	26	66	C
600642.SH	申能股份	申能吴忠热电有限责任公司	18	30	18	66	C
600586.SH	金晶科技	滕州金晶玻璃有限公司	14	30	22	66	C
000683.SZ	远兴能源	河南中源化学股份有限公司	22	30	14	66	C
600795.SH	国电电力	河北邯郸热电股份有限公司	14	30	22	66	C
000698.SZ	沈阳化工	沈阳石蜡化工有限公司	16	30	20	66	C
000983.SZ	西山煤电	武乡西山发电有限责任公司	22	30	14	66	C
000778.SZ	新兴铸管	拜城县峰峰煤焦化有限公司	18	30	18	66	C
600425.SH	*ST 青松	巴州青松绿原建材有限责任公司	10	30	26	66	C
600585.SH	海螺水泥	宿州海螺水泥有限责任公司	22	14	30	66	C
000027.SZ	深圳能源	国电织金发电有限公司	22	30	14	66	C
603077.SH	和邦生物	四川武骏特种玻璃制品有限公司	18	30	18	66	C
600282.SH	南钢股份	南京钢铁有限公司	24	22	20	66	C
601898.SH	中煤能源	中煤鄂尔多斯能源化工有限公司	16	30	20	66	C
600642.SH	申能股份	上海申能星火热电有限责任公司	10	30	26	66	C

代码	名称（简称）	被参控公司/母公司	在线监测系统得分	监督性监测系统得分	环境违法处罚系统得分	企业环境绩效总得分	评分等级
600578.SH	京能电力	国电电力大同发电有限责任公司	24	30	10	64	C
600585.SH	海螺水泥	淮北矿业相山水泥有限责任公司	18	30	16	64	C
600489.SH	中金黄金	河南中原黄金冶炼厂有限责任公司	20	30	14	64	C
002534.SZ	杭锅股份	江西乐浩综合利用电业有限公司	10	30	24	64	C
601992.SH	金隅股份	曲阳金隅水泥有限公司	14	30	20	64	C
000877.SZ	天山股份	新疆米东天山水泥有限责任公司	12	30	22	64	C
002092.SZ	中泰化学	新疆中泰矿冶有限公司	10	24	30	64	C
601991.SH	大唐发电	山西大唐国际神头发电有限责任公司	20	30	14	64	C
600063.SH	皖维高新	安徽皖维高新材料股份有限公司	18	30	16	64	C
600585.SH	海螺水泥	安徽怀宁海螺水泥有限公司	12	30	22	64	C
600997.SH	开滦股份	唐山中润煤化工有限公司	26	30	8	64	C
600096.SH	云天化	呼伦贝尔金新化工有限公司	10	30	24	64	C
600691.SH	阳煤化工	阳煤集团淄博齐鲁第一化肥有限公司	20	30	12	62	C
000933.SZ	神火股份	新疆神火煤电有限公司	18	30	14	62	C
600586.SH	金晶科技	山东金晶科技股份有限公司	16	30	16	62	C
000027.SZ	深圳能源	国电深能四川华蓥山发电有限公司	10	30	22	62	C
600028.SH	中国石化	中国石化海南炼油化工有限公司	16	30	16	62	C
600864.SH	哈投股份	黑龙江岁宝热电有限公司	12	30	18	60	C
600307.SH	酒钢宏兴	酒钢集团榆中钢铁有限责任公司	20	30	10	60	C
002163.SZ	中航三鑫	海南中航特玻材料有限公司	10	30	20	60	C
601989.SH	中国重工	武汉重工铸锻有限责任公司	18	30	12	60	C
600725.SH	*ST 云维	曲靖大为焦化制供气有限公司	12	30	18	60	C
002092.SZ	中泰化学	新疆富丽达纤维有限公司	10	30	20	60	C

代码	名称（简称）	被参控公司/母公司	在线监测系统得分	监督性监测系统得分	环境违法处罚系统得分	企业环境绩效总得分	评分等级
600585.SH	海螺水泥	巢湖海螺水泥有限责任公司	16	30	14	60	C
000983.SZ	西山煤电	山西兴能发电有限责任公司	22	30	8	60	C
600188.SH	兖州煤业	兖州煤业榆林能化有限公司	18	24	18	60	C
000630.SZ	铜陵有色	金隆铜业有限公司	8	30	20	58	C⁻
000932.SZ	*ST 华菱	湖南华菱涟源钢铁有限公司	14	30	14	58	C⁻
000877.SZ	天山股份	新疆天山水泥股份有限公司	8	30	20	58	C⁻
000672.SZ	上峰水泥	怀宁上峰水泥有限公司	8	30	20	58	C⁻
600793.SH	宜宾纸业	宜宾纸业股份有限公司	8	30	20	58	C⁻
002513.SZ	蓝丰生化	宁夏蓝丰精细化工有限公司	12	30	16	58	C⁻
600596.SH	新安股份	宁夏新安科技有限公司	16	24	18	58	C⁻
002078.SZ	太阳纸业	太阳纸业有限公司	16	30	12	58	C⁻
601857.SH	中国石油	大连西太平洋石油化工有限公司	12	30	16	58	C⁻
000600.SZ	建投能源	国电河北龙山发电有限责任公司	10	30	18	58	C⁻
002422.SZ	科伦药业	伊犁川宁生物技术有限公司	24	16	18	58	C⁻
601600.SH	中国铝业	中铝集团山西交口兴华科技股份有限公司	20	30	8	58	C⁻
601168.SH	西部矿业	青海西豫有色金属有限公司	12	30	14	56	C⁻
600691.SH	阳煤化工	阳煤平原化工有限公司	14	30	12	56	C⁻
600758.SH	红阳能源	灯塔市红阳热电有限公司	18	30	8	56	C⁻
000027.SZ	深圳能源	国电南宁发电有限责任公司	16	10	30	56	C⁻
000983.SZ	西山煤电	山西焦化股份有限公司	10	30	14	54	C⁻
600660.SH	福耀玻璃	重庆万盛浮法玻璃有限公司	12	12	30	54	C⁻
600028.SH	中国石化	福建联合石油化工有限公司	10	30	14	54	C⁻
000488.SZ	晨鸣纸业	武汉晨鸣乾能热电有限责任公司	18	16	20	54	C⁻

代码	名称（简称）	被参控公司/母公司	在线监测系统得分	监督性监测系统得分	环境违法处罚系统得分	企业环境绩效总得分	评分等级
601600.SH	中国铝业	包头铝业股份有限公司	14	30	10	54	C^-
600863.SH	内蒙华电	包头东华热电有限公司	8	30	16	54	C^-
601600.SH	中国铝业	中铝中州铝业有限公司	14	30	10	54	C^-
600019.SH	宝钢股份	上海梅山钢铁股份有限公司	26	14	14	54	C^-
600256.SH	广汇能源	新疆广汇新能源有限公司	10	30	12	52	C^-
600123.SH	兰花科创	山西兰花煤化工有限责任公司	8	30	14	52	C^-
000755.SZ	*ST 三维	山西三维集团股份有限公司	10	30	12	52	C^-
600028.SH	中国石化	中国石化上海石油化工股份有限公司	14	30	6	50	C^-
000792.SZ	盐湖股份	青海盐湖镁业有限公司	8	30	12	50	C^-
601005.SH	*ST 重钢	重庆钢铁股份有限公司	14	24	10	48	D
600452.SH	涪陵电力	重庆市蓬威石化有限责任公司	8	22	18	48	D
600028.SH	中国石化	中国石化上海高桥石油化工有限公司	10	30	6	46	D
600293.SH	三峡新材	湖北三峡新型建材股份有限公司	8	30	6	44	D
600470.SH	六国化工	安徽六国化工股份有限公司	12	12	14	38	E
000912.SZ	泸天化	宁夏和宁化学有限公司	8	6	18	32	E

表 C2　企业环境绩效评价得分情况统计表（以在线监测系统为基准的重点排污单位企业）

代码	名称（简称）	被参控公司/母公司	在线监测系统得分	监督性监测系统得分	环境违法处罚系统得分	企业环境绩效总得分	评分等级
600027.SH	华电国际	杭州华电半山发电有限公司	40	30	30	100	A^{++}
000877.SZ	天山股份	叶城天山水泥有限责任公司	40	30	30	100	A^{++}
000513.SZ	丽珠集团	丽珠集团宁夏新北江制药有限公司	40	30	30	100	A^{++}
000726.SZ	鲁泰 A	鲁丰织染有限公司	38	30	30	98	A^{++}
000539.SZ	粤电力 A	深圳市广前电力有限公司	38	30	30	98	A^{++}
000037.SZ	深南电 A	深南电（中山）电力有限公司	38	30	30	98	A^{++}
002479.SZ	富春环保	浙江清园生态热电有限公司	38	30	30	98	A^{++}
002012.SZ	凯恩股份	浙江凯丰新材料股份有限公司	38	30	30	98	A^{++}
600795.SH	国电电力	国电浙江北仑第三发电有限公司	36	30	30	96	A^{++}
600886.SH	国投电力	铜山华润电力有限公司	36	30	30	96	A^{++}
002233.SZ	塔牌集团	梅州金塔水泥有限公司	36	30	30	96	A^{++}
002233.SZ	塔牌集团	梅州市塔牌集团蕉岭鑫达旋窑水泥有限公司	36	30	30	96	A^{++}
600987.SH	航民股份	杭州航民热电有限公司	36	30	30	96	A^{++}
000027.SZ	深圳能源	惠州深能源丰达电力有限公司	36	30	30	96	A^{++}
600098.SH	广州发展	广州珠江天然气发电有限公司	36	30	30	96	A^{++}
600027.SH	华电国际	安徽华电宿州发电有限公司	36	30	30	96	A^{++}
600488.SH	天药股份	天津天药药业股份有限公司	36	30	30	96	A^{++}
601991.SH	大唐发电	天津大唐国际盘山发电有限责任公司	36	30	30	96	A^{++}
600027.SH	华电国际	天津华电福源热电有限公司	36	30	30	96	A^{++}
600595.SH	中孚实业	大唐林州热电有限责任公司	36	30	30	96	A^{++}
601088.SH	中国神华	国华徐州发电有限公司	36	30	30	96	A^{++}
000731.SZ	四川美丰	四川美丰化工科技有限责任公司	36	30	30	96	A^{++}

代码	名称（简称）	被参控公司/母公司	在线监测系统得分	监督性监测系统得分	环境违法处罚系统得分	企业环境绩效总得分	评分等级
600011.SH	华能国际	华能辛店发电有限公司	36	30	30	96	A^{++}
600011.SH	华能国际	华能营口热电有限责任公司	36	30	30	96	A^{++}
600011.SH	华能国际	华能临港（天津）燃气热电有限公司	36	30	30	96	A^{++}
600027.SH	华电国际	华电龙口发电股份有限公司	36	30	30	96	A^{++}
600801.SH	华新水泥	华新水泥（冷水江）有限公司	36	30	30	96	A^{++}
600578.SH	京能电力	内蒙古京能盛乐热电有限公司	36	30	30	96	A^{++}
600585.SH	海螺水泥	临湘海螺水泥有限责任公司	36	30	30	96	A^{++}
002233.SZ	塔牌集团	蕉岭鑫盛能源发展有限公司	34	30	30	94	A^{+}
000037.SZ	深南电 A	深南电（东莞）唯美电力有限公司	34	30	30	94	A^{+}
002521.SZ	齐峰新材	淄博市临淄区朱台热力有限公司	34	30	30	94	A^{+}
000739.SZ	普洛药业	浙江普洛康裕生物制药有限公司	34	30	30	94	A^{+}
600595.SH	中孚实业	河南中孚电力有限公司	34	30	30	94	A^{+}
000939.SZ	凯迪生态	南陵县凯迪绿色能源开发有限公司	34	30	30	94	A^{+}
600011.SH	华能国际	华能沾化热电有限公司	34	30	30	94	A^{+}
600295.SH	鄂尔多斯	内蒙古鄂尔多斯热电有限责任公司	34	30	30	94	A^{+}
002674.SZ	兴业科技	徐州兴宁皮业有限公司	36	30	26	92	A^{+}
600023.SH	浙能电力	浙江浙能北仑发电有限公司	30	30	30	90	A
601991.SH	大唐发电	浙江大唐乌沙山发电有限责任公司	30	30	30	90	A
000543.SZ	皖能电力	阜阳华润电力有限公司	30	30	30	90	A
000059.SZ	华锦股份	锦西天然气化工有限责任公司	30	30	30	90	A
600023.SH	浙能电力	浙江浙能嘉兴发电有限公司	30	30	30	90	A
600023.SH	浙能电力	浙江浙能台州第二发电有限责任公司	30	30	30	90	A
002067.SZ	景兴纸业	浙江景兴板纸有限公司	30	30	30	90	A
000672.SZ	上峰水泥	浙江上峰建材有限公司	34	30	26	90	A
002004.SZ	华邦健康	河北万全宏宇化工有限责任公司	30	30	30	90	A

代码	名称（简称）	被参控公司/母公司	在线监测系统得分	监督性监测系统得分	环境违法处罚系统得分	企业环境绩效总得分	评分等级
600370.SH	三房巷	江阴新源热电有限公司	30	30	30	90	A
000789.SZ	万年青	江西瑞金万年青水泥有限责任公司	30	30	30	90	A
600805.SH	悦达投资	江苏国华陈家港发电有限公司	30	30	30	90	A
600486.SH	扬农化工	江苏优士化学有限公司	30	30	30	90	A
000878.SZ	云南铜业	楚雄滇中有色金属有限责任公司	30	30	30	90	A
600475.SH	华光股份	无锡友联热电股份有限公司	30	30	30	90	A
600886.SH	国投电力	徐州华润电力有限公司	30	30	30	90	A
002001.SZ	新和成	山东新和成药业有限公司	30	30	30	90	A
000525.SZ	红太阳	安徽国星生物化学有限公司	30	30	30	90	A
600886.SH	国投电力	天津国投津能发电有限公司	30	30	30	90	A
600011.SH	华能国际	天津华能杨柳青热电有限责任公司	30	30	30	90	A
600668.SH	尖峰集团	大冶尖峰水泥有限公司	30	30	30	90	A
600795.SH	国电电力	国电浙江北仑第一发电有限公司	30	30	30	90	A
600795.SH	国电电力	国电江苏谏壁发电有限公司	30	30	30	90	A
600795.SH	国电电力	国电宿迁热电有限公司	30	30	30	90	A
600886.SH	国投电力	国投北部湾发电有限公司	30	30	30	90	A
000488.SZ	晨鸣纸业	吉林晨鸣纸业有限责任公司	30	30	30	90	A
600011.SH	华能国际	华能洛阳热电有限责任公司	30	30	30	90	A
600011.SH	华能国际	华能武汉发电有限责任公司	30	30	30	90	A
000027.SZ	深圳能源	东莞深能源樟洋电力有限公司	30	30	30	90	A
000027.SZ	深圳能源	深圳妈湾电力有限公司	28	30	30	88	A
600395.SH	盘江股份	国投盘江发电有限公司	28	30	30	88	A
001896.SZ	豫能控股	鹤壁鹤淇发电有限责任公司	28	30	30	88	A
000726.SZ	鲁泰 A	鲁泰纺织股份有限公司	28	30	30	88	A
002616.SZ	长青集团	鱼台长青环保能源有限公司	28	30	30	88	A

代码	名称（简称）	被参控公司/母公司	在线监测系统得分	监督性监测系统得分	环境违法处罚系统得分	企业环境绩效总得分	评分等级
600795.SH	国电电力	青铜峡铝业发电有限责任公司	28	30	30	88	A
000937.SZ	冀中能源	金牛天铁煤焦化有限公司	28	30	30	88	A
000935.SZ	四川双马	都江堰拉法基水泥有限公司	28	30	30	88	A
600873.SH	梅花生物	通辽梅花生物科技有限公司	28	30	30	88	A
601991.SH	大唐发电	辽宁大唐国际锦州热电有限责任公司	28	30	30	88	A
600724.SH	宁波富达	蒙自瀛洲水泥有限责任公司	28	30	30	88	A
600585.SH	海螺水泥	祁阳海螺水泥有限责任公司	28	30	30	88	A
600380.SH	健康元	焦作健康元生物制品有限公司	28	30	30	88	A
600023.SH	浙能电力	浙江浙能长兴发电有限公司	28	30	30	88	A
600023.SH	浙能电力	浙江浙能兰溪发电有限责任公司	28	30	30	88	A
002479.SZ	富春环保	浙江富春江环保热电股份有限公司	28	30	30	88	A
600011.SH	华能国际	洛阳阳光热电有限公司	28	30	30	88	A
600531.SH	豫光金铅	河南豫光金铅股份有限公司	28	30	30	88	A
601991.SH	大唐发电	江西大唐国际抚州发电有限责任公司	28	30	30	88	A
600021.SH	上海电力	江苏阚山发电有限公司	28	30	30	88	A
002608.SZ	江苏国信	江苏射阳港发电有限责任公司	28	30	30	88	A
600886.SH	国投电力	江苏利港电力有限公司	28	30	30	88	A
600585.SH	海螺水泥	江华海螺水泥有限责任公司	28	30	30	88	A
600987.SH	航民股份	杭州航民美时达印染有限公司	28	30	30	88	A
000949.SZ	新乡化纤	新乡化纤股份有限公司	32	30	26	88	A
001896.SZ	豫能控股	新乡中益发电有限公司	28	30	30	88	A
600028.SH	中国石化	扬子石化—巴斯夫有限责任公司	28	30	30	88	A
600157.SH	永泰能源	张家港沙洲电力有限公司	28	30	30	88	A
600585.SH	海螺水泥	广元海螺水泥有限责任公司	28	30	30	88	A
600720.SH	祁连山	平凉祁连山水泥有限公司	28	30	30	88	A

代码	名称（简称）	被参控公司/母公司	在线监测系统得分	监督性监测系统得分	环境违法处罚系统得分	企业环境绩效总得分	评分等级
002479.SZ	富春环保	常州市新港热电有限公司	28	30	30	88	A
601992.SH	金隅股份	岚县金隅水泥有限公司	28	30	30	88	A
600027.SH	华电国际	安徽华电六安电厂有限公司	28	30	30	88	A
600126.SH	杭钢股份	宁波钢铁有限公司	28	30	30	88	A
600027.SH	华电国际	宁夏中宁发电有限责任公司	28	30	30	88	A
000966.SZ	长源电力	国电长源荆门发电有限公司	28	30	30	88	A
600795.SH	国电电力	国电铜陵发电有限公司	28	30	30	88	A
000600.SZ	建投能源	国电承德热电有限公司	28	30	30	88	A
600795.SH	国电电力	国电常州发电有限公司	28	30	30	88	A
601088.SH	中国神华	国华太仓发电有限公司	28	30	30	88	A
000912.SZ	泸天化	四川泸天化股份有限公司	28	30	30	88	A
601991.SH	大唐发电	同煤大唐塔山第二发电有限责任公司	28	30	30	88	A
000875.SZ	吉电股份	吉林松花江热电有限公司	28	30	30	88	A
600011.SH	华能国际	华能瑞金发电有限责任公司	28	30	30	88	A
600027.SH	华电国际	华电漯河发电有限公司	28	30	30	88	A
600027.SH	华电国际	华电渠东发电有限公司	28	30	30	88	A
600578.SH	京能电力	内蒙古京泰发电有限责任公司	28	30	30	88	A
000401.SZ	冀东水泥	冀东水泥磐石有限责任公司	28	30	30	88	A
000401.SZ	冀东水泥	临澧冀东水泥有限公司	28	30	30	88	A
000543.SZ	皖能电力	淮北申皖发电有限公司	26	30	30	86	A
000703.SZ	恒逸石化	海南逸盛石化有限公司	30	30	26	86	A
600023.SH	浙能电力	浙江浙能乐清发电有限责任公司	26	30	30	86	A
600023.SH	浙能电力	浙江浙能中煤舟山煤电有限责任公司	26	30	30	86	A
600023.SH	浙能电力	浙江国华浙能发电有限公司	26	30	30	86	A
601918.SH	新集能源	国投宣城发电有限责任公司	26	30	30	86	A

代码	名称（简称）	被参控公司/母公司	在线监测系统得分	监督性监测系统得分	环境违法处罚系统得分	企业环境绩效总得分	评分等级
600011.SH	华能国际	华能苏州热电有限责任公司	26	30	30	86	A
600021.SH	上海电力	上海漕泾热电有限责任公司	26	30	30	86	A
601898.SH	中煤能源	陕西延长中煤榆林能源化工有限公司	26	30	30	86	A
601088.SH	中国神华	陕西国华锦界能源有限责任公司	26	30	30	86	A
600585.SH	海螺水泥	铜仁海螺盘江水泥有限责任公司	26	30	30	86	A
000600.SZ	建投能源	邢台国泰发电有限责任公司	26	30	30	86	A
601991.SH	大唐发电	辽宁调兵山煤矸石发电有限责任公司	26	30	30	86	A
000543.SZ	皖能电力	淮北涣城发电有限公司	26	30	30	86	A
000726.SZ	鲁泰 A	淄博鑫胜热电有限公司	26	30	30	86	A
603165.SH	荣晟环保	浙江荣晟环保纸业股份有限公司	26	30	30	86	A
600023.SH	浙能电力	浙江浙能绍兴滨海热电有限责任公司	26	30	30	86	A
000012.SZ	南玻 A	河北视窗玻璃有限公司	26	30	30	86	A
600027.SH	华电国际	河北华电石家庄裕华热电有限公司	26	30	30	86	A
600027.SH	华电国际	河北华电石家庄热电有限公司	26	30	30	86	A
002608.SZ	江苏国信	江苏新海发电有限公司	26	30	30	86	A
601991.SH	大唐发电	江苏大唐国际吕四港发电有限责任公司	26	30	30	86	A
002608.SZ	江苏国信	江苏国信扬州发电有限责任公司	26	30	30	86	A
600987.SH	航民股份	杭州澳美印染有限公司	26	30	30	86	A
600433.SH	冠豪高新	广东冠豪高新技术股份有限公司	26	30	30	86	A
600426.SH	华鲁恒升	山东华鲁恒升化工股份有限公司	26	30	30	86	A
000422.SZ	湖北宜化	宜昌宜化太平洋热电有限公司	30	30	26	86	A
600027.SH	华电国际	安徽华电芜湖发电有限公司	26	30	30	86	A
600449.SH	宁夏建材	宁夏中宁赛马水泥有限公司	26	30	30	86	A
600744.SH	华银电力	大唐湘潭发电有限责任公司	26	30	30	86	A
600236.SH	桂冠电力	大唐桂冠合山发电有限公司	26	30	30	86	A

代码	名称（简称）	被参控公司/母公司	在线监测系统得分	监督性监测系统得分	环境违法处罚系统得分	企业环境绩效总得分	评分等级
600744.SH	华银电力	大唐华银株洲发电有限公司	26	30	30	86	A
600744.SH	华银电力	大唐华银攸县能源有限公司	26	30	30	86	A
000401.SZ	冀东水泥	大同冀东水泥有限责任公司	26	30	30	86	A
600795.SH	国电电力	国电电力大连庄河发电有限责任公司	26	30	30	86	A
600795.SH	国电电力	国电内蒙古东胜热电有限公司	26	30	30	86	A
600726.SH	华电能源	哈尔滨热电有限责任公司	26	30	30	86	A
600889.SH	南京化纤	南京法伯耳纺织有限公司	36	30	20	86	A
600011.SH	华能国际	华能安源发电有限责任公司	26	30	30	86	A
600011.SH	华能国际	华能太仓发电有限责任公司	26	30	30	86	A
600011.SH	华能国际	华能南京金陵发电有限公司	26	30	30	86	A
600027.SH	华电国际	华电莱州发电有限公司	26	30	30	86	A
600027.SH	华电国际	华电淄博热电有限公司	26	30	30	86	A
600801.SH	华新水泥	华新水泥（长阳）有限公司	26	30	30	86	A
600801.SH	华新水泥	华新水泥（桑植）有限公司	26	30	30	86	A
600801.SH	华新水泥	华新水泥（宜昌）有限公司	26	30	30	86	A
600795.SH	国电电力	北京太阳宫燃气热电有限公司	26	30	30	86	A
600231.SH	凌钢股份	凌源钢铁股份有限公司	26	30	30	86	A
600863.SH	内蒙华电	内蒙古国华准格尔发电有限责任公司	26	30	30	86	A
000401.SZ	冀东水泥	冀东水泥滦县有限责任公司	26	30	30	86	A
601991.SH	大唐发电	云南大唐国际红河发电有限责任公司	26	30	30	86	A
000815.SZ	美利云	中冶美利云产业投资股份有限公司	26	30	30	86	A
600277.SH	亿利洁能	内蒙古亿利冀东水泥有限责任公司	24	30	30	84	B^+
600726.SH	华电能源	黑龙江华电齐齐哈尔热电有限公司	24	30	30	84	B^+
600469.SH	风神股份	风神轮胎股份有限公司	24	30	30	84	B^+
601015.SH	陕西黑猫	陕西龙门煤化工有限责任公司	24	30	30	84	B^+

代码	名称（简称）	被参控公司/母公司	在线监测系统得分	监督性监测系统得分	环境违法处罚系统得分	企业环境绩效总得分	评分等级
601015.SH	陕西黑猫	陕西黑猫焦化股份有限公司	24	30	30	84	B^+
600720.SH	祁连山	陇南祁连山水泥有限公司	24	30	30	84	B^+
600157.SH	永泰能源	郑州裕中能源有限责任公司	24	30	30	84	B^+
600346.SH	恒力股份	苏州苏盛热电有限公司	24	30	30	84	B^+
000767.SZ	漳泽电力	秦皇岛秦热发电有限责任公司	24	30	30	84	B^+
600493.SH	凤竹纺织	福建凤竹纺织科技股份有限公司	24	30	30	84	B^+
000543.SZ	皖能电力	皖能马鞍山发电有限公司	28	30	26	84	B^+
600396.SH	金山股份	白音华金山发电有限公司	24	30	30	84	B^+
601899.SH	紫金矿业	瓮福紫金化工股份有限公司	24	30	30	84	B^+
600380.SH	健康元	焦作金冠嘉华电力有限公司	24	30	30	84	B^+
000401.SZ	冀东水泥	灵寿冀东水泥有限责任公司	24	30	30	84	B^+
002408.SZ	齐翔腾达	淄博齐翔腾达化工股份有限公司	24	30	30	84	B^+
002067.SZ	景兴纸业	浙江景兴纸业股份有限公司	24	30	30	84	B^+
000600.SZ	建投能源	河北建投沙河发电有限责任公司	24	30	30	84	B^+
601991.SH	大唐发电	河北大唐国际唐山热电有限责任公司	24	30	30	84	B^+
600691.SH	阳煤化工	沧州正元化肥有限公司	24	30	30	84	B^+
600396.SH	金山股份	沈阳华润热电有限公司	24	30	30	84	B^+
002608.SZ	江苏国信	江苏淮阴发电有限责任公司	24	30	30	84	B^+
002608.SZ	江苏国信	江苏国信股份有限公司	28	30	26	84	B^+
600235.SH	民丰特纸	民丰特种纸股份有限公司	24	30	30	84	B^+
600961.SH	株冶集团	株洲冶炼集团股份有限公司	24	30	30	84	B^+
600425.SH	*ST 青松	新疆青松建材化工（集团）股份有限公司	24	30	30	84	B^+
000877.SZ	天山股份	新疆阜康天山水泥有限公司	40	30	14	84	B^+
600581.SH	八一钢铁	新疆八一钢铁股份有限公司	24	30	30	84	B^+
600720.SH	祁连山	文县祁连山水泥有限公司	24	30	30	84	B^+

代码	名称（简称）	被参控公司/母公司	在线监测系统得分	监督性监测系统得分	环境违法处罚系统得分	企业环境绩效总得分	评分等级
000629.SZ	*ST 钒钛	攀钢集团重庆钛业股份有限公司	24	30	30	84	B^+
002608.SZ	江苏国信	扬州第二发电有限责任公司	24	30	30	84	B^+
000012.SZ	南玻 A	成都南玻玻璃有限公司	24	30	30	84	B^+
600720.SH	祁连山	成县祁连山水泥有限公司	24	30	30	84	B^+
000531.SZ	穗恒运 A	广州恒运企业集团股份有限公司	24	30	30	84	B^+
600098.SH	广州发展	广州中电荔新电力实业有限公司	24	30	30	84	B^+
000539.SZ	粤电力 A	广东惠州平海发电厂有限公司	24	30	30	84	B^+
000767.SZ	漳泽电力	山西漳电同华发电有限公司	24	30	30	84	B^+
601898.SH	中煤能源	山西平朔煤矸石发电有限责任公司	24	30	30	84	B^+
600585.SH	海螺水泥	宝鸡众喜凤凰山水泥有限公司	24	30	30	84	B^+
600019.SH	宝钢股份	宝钢湛江钢铁有限公司	24	30	30	84	B^+
000877.SZ	天山股份	宜兴天山水泥有限责任公司	24	30	30	84	B^+
600795.SH	国电电力	国电石嘴山第一发电有限公司	28	30	26	84	B^+
600795.SH	国电电力	国电泰州发电有限公司	24	30	30	84	B^+
600795.SH	国电电力	国电大武口热电有限公司	24	30	30	84	B^+
002422.SZ	科伦药业	四川新迪医药化工有限公司	24	30	30	84	B^+
000935.SZ	四川双马	四川双马宜宾水泥制造有限公司	24	30	30	84	B^+
000401.SZ	冀东水泥	唐县冀东水泥有限责任公司	24	30	30	84	B^+
001896.SZ	豫能控股	南阳鸭河口发电有限责任公司	24	30	30	84	B^+
600011.SH	华能国际	华能巢湖发电有限责任公司	28	30	26	84	B^+
600027.SH	华电国际	华电章丘发电有限公司	24	30	30	84	B^+
600801.SH	华新水泥	华新水泥（万源）有限公司	34	30	20	84	B^+
601992.SH	金隅股份	北京金隅北水环保科技有限公司	28	30	26	84	B^+
600226.SH	升华拜克	内蒙古拜克生物有限公司	24	30	30	84	B^+
600195.SH	中牧股份	内蒙古中牧生物药业有限公司	24	30	30	84	B^+

代码	名称（简称）	被参控公司/母公司	在线监测系统得分	监督性监测系统得分	环境违法处罚系统得分	企业环境绩效总得分	评分等级
600881.SH	亚泰集团	亚泰集团铁岭水泥有限公司	24	30	30	84	B^+
600396.SH	金山股份	丹东金山热电有限公司	24	30	30	84	B^+
600737.SH	中粮糖业	中粮（唐山）糖业有限公司	24	30	30	84	B^+
600623.SH	华谊集团	上海华谊能源化工有限公司	38	30	16	84	B^+
601088.SH	中国神华	河北国华沧东发电有限责任公司	22	30	30	82	B^+
002326.SZ	永太科技	江西富祥药业股份有限公司	22	30	30	82	B^+
000539.SZ	粤电力A	广东红海湾发电有限公司	22	30	30	82	B^+
601992.SH	金隅股份	鞍山冀东水泥有限责任公司	26	30	26	82	B^+
000792.SZ	盐湖股份	青海水泥股份有限公司	22	30	30	82	B^+
600396.SH	金山股份	阜新金山煤矸石热电有限公司	22	30	30	82	B^+
002172.SZ	澳洋科技	阜宁澳洋科技有限责任公司	22	30	30	82	B^+
000672.SZ	上峰水泥	铜陵上峰水泥股份有限公司	22	30	30	82	B^+
000401.SZ	冀东水泥	辽阳冀东水泥有限公司	22	30	30	82	B^+
601991.SH	大唐发电	福建大唐国际宁德发电有限责任公司	22	30	30	82	B^+
601088.SH	中国神华	神华国华（舟山）发电有限责任公司	22	30	30	82	B^+
600585.SH	海螺水泥	礼泉海螺水泥有限责任公司	22	30	30	82	B^+
600691.SH	阳煤化工	石家庄正元化肥有限公司	22	30	30	82	B^+
000543.SZ	皖能电力	皖能铜陵发电有限公司	22	30	30	82	B^+
600720.SH	祁连山	甘谷祁连山水泥有限公司	22	30	30	82	B^+
002172.SZ	澳洋科技	玛纳斯澳洋科技有限责任公司	26	30	26	82	B^+
600720.SH	祁连山	漳县祁连山水泥有限公司	22	30	30	82	B^+
000027.SZ	深圳能源	满洲里达赉湖热电有限公司	22	30	30	82	B^+
600585.SH	海螺水泥	湖南海螺水泥有限公司	22	30	30	82	B^+
600023.SH	浙能电力	浙江浙能镇海发电有限责任公司	22	30	30	82	B^+
600585.SH	海螺水泥	济宁海螺水泥有限责任公司	22	30	30	82	B^+

代码	名称（简称）	被参控公司/母公司	在线监测系统得分	监督性监测系统得分	环境违法处罚系统得分	企业环境绩效总得分	评分等级
000933.SZ	神火股份	河南神火发电有限公司	22	30	30	82	B^+
000600.SZ	建投能源	河北建投宣化热电有限责任公司	22	30	30	82	B^+
601991.SH	大唐发电	河北大唐国际张家口热电有限责任公司	22	30	30	82	B^+
601991.SH	大唐发电	河北大唐国际丰润热电有限责任公司	22	30	30	82	B^+
600027.SH	华电国际	河北华电石家庄鹿华热电有限公司	22	30	30	82	B^+
000789.SZ	万年青	江西赣州南方万年青水泥有限公司	22	30	30	82	B^+
000789.SZ	万年青	江西玉山万年青水泥有限公司	22	30	30	82	B^+
603299.SH	井神股份	江苏瑞洪盐业有限公司	22	30	30	82	B^+
002608.SZ	江苏国信	江苏国信靖江发电有限公司	22	30	30	82	B^+
600595.SH	中孚实业	林州市林丰铝电有限责任公司	34	30	18	82	B^+
000878.SZ	云南铜业	易门铜业有限公司	22	30	30	82	B^+
002092.SZ	中泰化学	新疆华泰重化工有限责任公司	22	30	30	82	B^+
000600.SZ	建投能源	建投邢台热电有限责任公司	22	30	30	82	B^+
000539.SZ	粤电力 A	广东韶关粤江发电有限责任公司	22	30	30	82	B^+
600780.SH	通宝能源	山西阳光发电有限责任公司	30	30	22	82	B^+
601991.SH	大唐发电	山西大唐国际临汾热电有限责任公司	22	30	30	82	B^+
601600.SH	中国铝业	山西华泽铝电有限公司	22	30	30	82	B^+
002144.SZ	宏达高科	宏达高科控股股份有限公司	22	30	30	82	B^+
603599.SH	广信股份	安徽东至广信农化有限公司	22	30	30	82	B^+
600795.SH	国电电力	国电蚌埠发电有限公司	22	30	30	82	B^+
600795.SH	国电电力	国电宣威发电有限责任公司	22	30	30	82	B^+
600795.SH	国电电力	国电宁夏石嘴山发电有限责任公司	26	30	26	82	B^+
600886.SH	国投电力	国投钦州发电有限公司	22	30	30	82	B^+
000401.SZ	冀东水泥	唐山冀东水泥三友有限公司	22	30	30	82	B^+
600585.SH	海螺水泥	双峰海螺水泥有限公司	22	30	30	82	B^+

代码	名称（简称）	被参控公司/母公司	在线监测系统得分	监督性监测系统得分	环境违法处罚系统得分	企业环境绩效总得分	评分等级
600011.SH	华能国际	华能沁北发电有限责任公司	22	30	30	82	B^+
600801.SH	华新水泥	华新水泥（郴州）有限公司	22	30	30	82	B^+
600801.SH	华新水泥	华新水泥（渠县）有限公司	26	30	26	82	B^+
600863.SH	内蒙华电	内蒙古蒙华海勃湾发电有限责任公司	22	30	30	82	B^+
000401.SZ	冀东水泥	冀东海天水泥闻喜有限责任公司	22	30	30	82	B^+
000401.SZ	冀东水泥	冀东水泥永吉有限责任公司	22	30	30	82	B^+
600425.SH	*ST 青松	克州青松水泥有限责任公司	22	30	30	82	B^+
600578.SH	京能电力	京能（赤峰）能源发展有限公司	22	30	30	82	B^+
600497.SH	驰宏锌锗	云南驰宏资源综合利用有限公司	22	30	30	82	B^+
000939.SZ	凯迪生态	临澧县凯迪绿色能源开发有限公司	22	30	30	82	B^+
600449.SH	宁夏建材	中材甘肃水泥有限责任公司	22	30	30	82	B^+
600688.SH	上海石化	上海赛科石油化工有限责任公司	22	30	30	82	B^+
600578.SH	京能电力	三河发电有限责任公司	22	30	30	82	B^+
600023.SH	浙能电力	浙江浙能嘉华发电有限公司	20	30	30	80	B^+
600500.SH	中化国际	南通江山农药化工股份有限公司	20	30	30	80	B^+
600409.SH	三友化工	青海五彩碱业有限公司	20	30	30	80	B^+
600585.SH	海螺水泥	邵阳市云峰新能源科技有限公司	24	30	26	80	B^+
601088.SH	中国神华	绥中发电有限责任公司	20	30	30	80	B^+
600886.SH	国投电力	福建太平洋电力有限公司	20	30	30	80	B^+
600509.SH	天富能源	石河子天富南热电有限公司	20	30	30	80	B^+
000539.SZ	粤电力 A	湛江电力有限公司	20	30	30	80	B^+
000027.SZ	深圳能源	深能合和电力（河源）有限公司	20	30	30	80	B^+
600987.SH	航民股份	浙江航民股份有限公司	20	30	30	80	B^+
600070.SH	浙江富润	浙江富润印染有限公司	20	30	30	80	B^+
600810.SH	神马股份	河南神马尼龙化工有限责任公司	20	30	30	80	B^+

代码	名称（简称）	被参控公司/母公司	在线监测系统得分	监督性监测系统得分	环境违法处罚系统得分	企业环境绩效总得分	评分等级
000600.SZ	建投能源	河北建投任丘热电有限责任公司	20	30	30	80	B^+
600167.SH	联美控股	沈阳新北热电有限责任公司	20	30	30	80	B^+
600220.SH	江苏阳光	江苏阳光璜塘热电有限公司	20	30	30	80	B^+
600720.SH	祁连山	永登祁连山水泥有限公司	20	30	30	80	B^+
002535.SZ	林州重机	林州重机林钢钢铁有限公司	28	30	22	80	B^+
600585.SH	海螺水泥	建德海螺水泥有限责任公司	20	30	30	80	B^+
000539.SZ	粤电力 A	广东惠州天然气发电有限责任公司	20	30	30	80	B^+
601991.SH	大唐发电	广东大唐国际潮州发电有限责任公司	20	30	30	80	B^+
000939.SZ	凯迪生态	岳阳市凯迪绿色能源开发有限公司	20	30	30	80	B^+
000767.SZ	漳泽电力	山西漳电大唐热电有限公司	28	30	22	80	B^+
002078.SZ	太阳纸业	山东太阳宏河纸业有限公司	20	30	30	80	B^+
600585.SH	海螺水泥	安徽枞阳海螺水泥股份有限公司	20	30	30	80	B^+
600578.SH	京能电力	宁夏京能宁东发电有限责任公司	20	30	30	80	B^+
600819.SH	耀皮玻璃	天津耀皮玻璃有限公司	20	30	30	80	B^+
600795.SH	国电电力	国电哈密煤电开发有限公司	20	30	30	80	B^+
600251.SH	冠农股份	国投新疆罗布泊钾盐有限责任公司	20	30	30	80	B^+
601992.SH	金隅股份	四平金隅水泥有限公司	20	30	30	80	B^+
000510.SZ	金路集团	四川省金路树脂有限公司	24	30	26	80	B^+
600153.SH	建发股份	四川永丰浆纸股份有限公司	20	30	30	80	B^+
600997.SH	开滦股份	唐山中浩化工有限公司	24	30	26	80	B^+
600886.SH	国投电力	厦门华夏国际电力发展有限公司	20	30	30	80	B^+
600011.SH	华能国际	华能湖南岳阳发电有限责任公司	20	30	30	80	B^+
600011.SH	华能国际	华能榆社发电有限责任公司	28	30	22	80	B^+
600027.SH	华电国际	华电青岛发电有限公司	20	30	30	80	B^+
600027.SH	华电国际	华电滕州新源热电有限公司	24	30	26	80	B^+

代码	名称（简称）	被参控公司/母公司	在线监测系统得分	监督性监测系统得分	环境违法处罚系统得分	企业环境绩效总得分	评分等级
600801.SH	华新水泥	华新水泥（鹤峰）民族建材有限公司	20	30	30	80	B^+
000401.SZ	冀东水泥	冀东水泥凤翔有限责任公司	20	30	30	80	B^+
600098.SH	广州发展	佛山恒益发电有限公司	20	30	30	80	B^+
600028.SH	中国石化	中韩（武汉）石油化工有限公司	20	30	30	80	B^+
601991.SH	大唐发电	河北大唐国际王滩发电有限责任公司	18	30	30	78	B
601088.SH	中国神华	广东国华粤电台山发电有限公司	18	30	30	78	B
601168.SH	西部矿业	巴彦淖尔紫金有色金属有限公司	26	30	22	78	B
600027.SH	华电国际	华电宁夏灵武发电有限公司	18	30	30	78	B
601992.SH	金隅股份	冀东海德堡（泾阳）水泥有限公司	18	30	30	78	B
600585.SH	海螺水泥	阳春海螺水泥有限责任公司	18	30	30	78	B
600585.SH	海螺水泥	重庆海螺水泥有限责任公司	18	30	30	78	B
601991.SH	大唐发电	重庆大唐国际石柱发电有限责任公司	18	30	30	78	B
600396.SH	金山股份	辽宁华电铁岭发电有限公司	18	30	30	78	B
000630.SZ	铜陵有色	赤峰金剑铜业有限责任公司	18	30	30	78	B
000878.SZ	云南铜业	赤峰云铜有色金属有限公司	18	30	30	78	B
601992.SH	金隅股份	赞皇金隅水泥有限公司	18	30	30	78	B
000539.SZ	粤电力 A	茂名臻能热电有限公司	18	30	30	78	B
600660.SH	福耀玻璃	福耀玻璃工业集团股份有限公司	18	30	30	78	B
600483.SH	福能股份	福建省鸿山热电有限责任公司	18	30	30	78	B
600103.SH	青山纸业	福建省青山纸业股份有限公司	18	30	30	78	B
002233.SZ	塔牌集团	福建塔牌水泥有限公司	18	30	30	78	B
002066.SZ	瑞泰科技	瑞泰科技股份有限公司	22	30	26	78	B
600141.SH	兴发集团	湖北泰盛化工有限公司	26	30	22	78	B
601088.SH	中国神华	河北国华定州发电有限责任公司	18	30	30	78	B
002748.SZ	世龙实业	江西世龙实业股份有限公司	18	30	30	78	B

代码	名称（简称）	被参控公司/母公司	在线监测系统得分	监督性监测系统得分	环境违法处罚系统得分	企业环境绩效总得分	评分等级
600220.SH	江苏阳光	江苏阳光新桥热电有限公司	18	30	30	78	B
601636.SH	旗滨集团	株洲醴陵旗滨玻璃有限公司	18	30	30	78	B
600987.SH	航民股份	杭州钱江印染化工有限公司	26	30	22	78	B
601011.SH	宝泰隆	宝泰隆新材料股份有限公司	18	30	30	78	B
600569.SH	安阳钢铁	安钢集团永通球墨铸铁管有限责任公司	18	30	30	78	B
002597.SZ	金禾实业	安徽华尔泰化工股份有限公司	18	30	30	78	B
600051.SH	宁波联合	宁波经济技术开发区热电有限责任公司	18	30	30	78	B
600982.SH	宁波热电	宁波光耀热电有限公司	24	30	24	78	B
601992.SH	金隅股份	天津振兴水泥有限公司	18	30	30	78	B
600420.SH	现代制药	国药集团威奇达药业有限公司	18	30	30	78	B
600623.SH	华谊集团	双钱集团（重庆）轮胎有限公司	24	24	30	78	B
600011.SH	华能国际	华能重庆珞璜发电有限责任公司	18	30	30	78	B
600011.SH	华能国际	华能渑池热电有限责任公司	22	30	26	78	B
600011.SH	华能国际	华能威海发电有限责任公司	18	30	30	78	B
600801.SH	华新水泥	华新水泥（房县）有限公司	18	30	30	78	B
600801.SH	华新水泥	华新水泥重庆涪陵有限公司	18	30	30	78	B
600585.SH	海螺水泥	分宜海螺水泥有限责任公司	18	30	30	78	B
000683.SZ	远兴能源	内蒙古博大实地化学有限公司	22	30	26	78	B
000401.SZ	冀东水泥	冀东水泥阿巴嘎旗有限责任公司	18	30	30	78	B
601992.SH	金隅股份	保定太行和益水泥有限公司	18	30	30	78	B
600881.SH	亚泰集团	亚泰集团哈尔滨水泥（阿城）有限公司	18	30	30	78	B
600668.SH	尖峰集团	云南尖峰水泥有限公司	28	30	20	78	B
600096.SH	云天化	云南天安化工有限公司	24	30	24	78	B
600725.SH	ST 云维	云南大为制焦有限公司	18	30	30	78	B
600737.SH	中粮糖业	中粮屯河北海糖业有限公司	26	30	22	78	B

代码	名称（简称）	被参控公司/母公司	在线监测系统得分	监督性监测系统得分	环境违法处罚系统得分	企业环境绩效总得分	评分等级
600737.SH	中粮糖业	中粮屯河伊犁新宁糖业有限公司	28	30	20	78	B
601991.SH	大唐发电	内蒙古大唐国际托克托发电有限责任公司	16	30	30	76	B
600863.SH	内蒙华电	内蒙古大唐国际托克托发电有限责任公司	16	30	30	76	B
600021.SH	上海电力	上海外高桥第二发电有限责任公司	20	30	26	76	B
600021.SH	上海电力	上海外高桥第三发电有限责任公司	20	30	26	76	B
600021.SH	上海电力	上海外高桥发电有限责任公司	20	30	26	76	B
000959.SZ	首钢股份	首钢京唐钢铁联合有限责任公司	16	30	30	76	B
600881.SH	亚泰集团	辽宁富山水泥有限公司	16	30	30	76	B
600585.SH	海螺水泥	英德海螺水泥有限责任公司	16	30	30	76	B
600802.SH	福建水泥	福建安砂建福水泥有限公司	16	30	30	76	B
000958.SZ	东方能源	石家庄良村热电有限公司	22	24	30	76	B
000539.SZ	粤电力 A	湛江中粤能源有限公司	16	30	30	76	B
600079.SH	人福医药	湖北竹溪人福药业有限责任公司	16	30	30	76	B
601992.SH	金隅股份	涿鹿金隅水泥有限公司	16	30	30	76	B
600023.SH	浙能电力	浙能阿克苏热电有限公司	16	30	30	76	B
000600.SZ	建投能源	河北衡丰发电有限责任公司	26	30	20	76	B
000012.SZ	南玻 A	河北南玻玻璃有限公司	22	30	24	76	B
000789.SZ	万年青	江西锦溪水泥有限公司	16	30	30	76	B
601991.SH	大唐发电	江西大唐国际新余发电有限责任公司	26	30	20	76	B
600500.SH	中化国际	江苏扬农化工集团有限公司	16	30	30	76	B
600987.SH	航民股份	杭州航民达美染整有限公司	26	30	20	76	B
000401.SZ	冀东水泥	昌黎冀东水泥有限公司	16	30	30	76	B
600507.SH	方大特钢	方大特钢科技股份有限公司	20	30	26	76	B
600586.SH	金晶科技	廊坊金彪玻璃有限公司	16	30	30	76	B
600425.SH	*ST 青松	库车青松水泥有限责任公司	16	30	30	76	B

代码	名称（简称）	被参控公司/母公司	在线监测系统得分	监督性监测系统得分	环境违法处罚系统得分	企业环境绩效总得分	评分等级
000911.SZ	南宁糖业	广西环江远丰糖业有限责任公司	16	30	30	76	B
000953.SZ	*ST 河化	广西河池化工股份有限公司	16	30	30	76	B
000539.SZ	粤电力 A	广东粤电大埔发电有限公司	16	30	30	76	B
000690.SZ	宝新能源	广东宝丽华电力有限公司	16	30	30	76	B
601699.SH	潞安环能	山西天脊潞安化工有限公司	16	30	30	76	B
600578.SH	京能电力	山西京玉发电有限责任公司	24	30	22	76	B
600586.SH	金晶科技	山东海天生物化工有限公司	16	30	30	76	B
000720.SZ	新能泰山	山东华能莱芜热电有限公司	20	30	26	76	B
002597.SZ	金禾实业	安徽金禾实业股份有限公司	16	30	30	76	B
000933.SZ	神火股份	国电民权发电有限公司	30	30	16	76	B
600795.SH	国电电力	国电库车发电有限公司	16	30	30	76	B
000695.SZ	滨海能源	国华能源发展（天津）有限公司	16	30	30	76	B
600069.SH	银鸽投资	四川银鸽竹浆纸业有限公司	30	30	16	76	B
600425.SH	*ST 青松	和田青松建材有限责任公司	16	30	30	76	B
600497.SH	驰宏锌锗	呼伦贝尔驰宏矿业有限公司	16	30	30	76	B
600801.SH	华新水泥	华新金龙水泥（郧县）有限公司	16	30	30	76	B
600801.SH	华新水泥	华新水泥（道县）有限公司	16	30	30	76	B
600801.SH	华新水泥	华新水泥（河南信阳）有限公司	16	30	30	76	B
600801.SH	华新水泥	华新水泥（昭通）有限公司	16	30	30	76	B
600585.SH	海螺水泥	千阳海螺水泥有限责任公司	16	30	30	76	B
600863.SH	内蒙华电	内蒙古丰泰发电有限公司	24	30	22	76	B
600585.SH	海螺水泥	全椒海螺水泥有限责任公司	24	30	22	76	B
600881.SH	亚泰集团	亚泰集团伊通水泥有限公司	16	30	30	76	B
600585.SH	海螺水泥	乾县海螺水泥有限责任公司	16	30	30	76	B
000513.SZ	丽珠集团	丽珠集团福州福兴医药有限公司	16	30	30	76	B

代码	名称（简称）	被参控公司/母公司	在线监测系统得分	监督性监测系统得分	环境违法处罚系统得分	企业环境绩效总得分	评分等级
601088.SH	中国神华	四川广安发电有限责任公司	26	30	18	74	B⁻
600578.SH	京能电力	内蒙古上都发电有限责任公司	14	30	30	74	B⁻
600021.SH	上海电力	上海上电漕泾发电有限公司	14	30	30	74	B⁻
000552.SZ	靖远煤电	靖煤集团白银热电有限公司	14	30	30	74	B⁻
600720.SH	祁连山	青海祁连山水泥有限公司	14	30	30	74	B⁻
000546.SZ	金圆股份	青海宏扬水泥有限责任公司	20	30	24	74	B⁻
601992.SH	金隅股份	陵川金隅水泥有限公司	14	30	30	74	B⁻
000990.SZ	诚志股份	陕西长青能源化工有限公司	14	30	30	74	B⁻
601636.SH	旗滨集团	长兴旗滨玻璃有限公司	14	30	30	74	B⁻
600585.SH	海螺水泥	遵义海螺盘江水泥有限责任公司	14	30	30	74	B⁻
000600.SZ	建投能源	衡水恒兴发电有限责任公司	24	30	20	74	B⁻
600802.SH	福建水泥	福建省海峡水泥股份有限公司	14	30	30	74	B⁻
601212.SH	白银有色	白银有色集团股份有限公司	32	30	12	74	B⁻
600356.SH	恒丰纸业	牡丹江恒丰纸业股份有限公司	18	30	26	74	B⁻
600538.SH	国发股份	湖南国发精细化工科技有限公司	18	30	26	74	B⁻
600160.SH	巨化股份	浙江晋巨化工有限公司	14	30	30	74	B⁻
600207.SH	安彩高科	河南安彩高科股份有限公司	14	30	30	74	B⁻
000885.SZ	同力水泥	河南同力水泥股份有限公司	14	30	30	74	B⁻
600585.SH	海螺水泥	广东清新水泥有限公司	14	30	30	74	B⁻
000983.SZ	西山煤电	山西西山热电有限责任公司	22	30	22	74	B⁻
601991.SH	大唐发电	山西大唐国际云冈热电有限责任公司	24	30	20	74	B⁻
000401.SZ	冀东水泥	山西双良鼎新水泥有限公司	14	30	30	74	B⁻
601678.SH	滨化股份	山东滨化热力有限责任公司	14	30	30	74	B⁻
600298.SH	安琪酵母	安琪酵母（伊犁）有限公司	24	30	20	74	B⁻
600585.SH	海螺水泥	安徽宣城海螺水泥有限公司	14	30	30	74	B⁻

代码	名称（简称）	被参控公司/母公司	在线监测系统得分	监督性监测系统得分	环境违法处罚系统得分	企业环境绩效总得分	评分等级
601339.SH	百隆东方	宁波海德针织漂染有限公司	14	30	30	74	B^-
600449.SH	宁夏建材	天水中材水泥有限责任公司	14	30	30	74	B^-
600720.SH	祁连山	夏河祁连山安多水泥有限公司	14	30	30	74	B^-
600425.SH	*ST 青松	塔城南岗建材有限责任公司	20	30	24	74	B^-
600795.SH	国电电力	国电电力酒泉发电有限公司	14	30	30	74	B^-
600881.SH	亚泰集团	吉林亚泰明城水泥有限公司	14	30	30	74	B^-
600011.SH	华能国际	华能重庆两江燃机发电有限责任公司	14	30	30	74	B^-
600578.SH	京能电力	内蒙古京能康巴什热电有限公司	14	30	30	74	B^-
000401.SZ	冀东水泥	冀东水泥重庆合川有限责任公司	14	30	30	74	B^-
000401.SZ	冀东水泥	冀东水泥璧山有限责任公司	14	30	30	74	B^-
600737.SH	中粮糖业	中粮屯河新源糖业有限公司	22	30	22	74	B^-
601992.SH	金隅股份	邢台金隅咏宁水泥有限公司	12	30	30	72	B^-
600997.SH	开滦股份	迁安中化煤化工有限责任公司	22	30	20	72	B^-
600886.SH	国投电力	淮北国安电力有限公司	22	30	20	72	B^-
000600.SZ	建投能源	河北邯峰发电有限责任公司	24	30	18	72	B^-
600540.SH	*ST 新赛	新疆普耀新型建材有限公司	20	30	22	72	B^-
600585.SH	海螺水泥	龙陵海螺水泥有限责任公司	12	30	30	72	B^-
600886.SH	国投电力	靖远第二发电有限公司	12	30	30	72	B^-
600117.SH	西宁特钢	青海江仓能源发展有限责任公司	24	30	18	72	B^-
000401.SZ	冀东水泥	阳泉冀东水泥有限责任公司	12	30	30	72	B^-
600452.SH	涪陵电力	重庆市新嘉南建材有限责任公司	12	30	30	72	B^-
000709.SZ	河钢股份	邯钢集团邯宝钢铁有限公司	24	30	18	72	B^-
002128.SZ	露天煤业	通辽霍林河坑口发电有限责任公司	12	30	30	72	B^-
600585.SH	海螺水泥	达州海螺水泥有限责任公司	24	30	18	72	B^-
600585.SH	海螺水泥	贵州六矿瑞安水泥有限公司	12	30	30	72	B^-

代码	名称（简称）	被参控公司/母公司	在线监测系统得分	监督性监测系统得分	环境违法处罚系统得分	企业环境绩效总得分	评分等级
600585.SH	海螺水泥	芜湖海螺水泥有限公司	12	30	30	72	B⁻
601636.SH	旗滨集团	漳州旗滨玻璃有限公司	12	30	30	72	B⁻
000401.SZ	冀东水泥	涞水冀东水泥有限责任公司	22	30	20	72	B⁻
000885.SZ	同力水泥	洛阳黄河同力水泥有限责任公司	12	30	30	72	B⁻
601898.SH	中煤能源	河北中煤旭阳焦化有限公司	12	30	30	72	B⁻
000883.SZ	湖北能源	新疆楚星能源发展有限公司	20	30	22	72	B⁻
600737.SH	中粮糖业	新疆四方实业股份有限公司	26	30	16	72	B⁻
601636.SH	旗滨集团	平湖旗滨玻璃有限公司	12	30	30	72	B⁻
600585.SH	海螺水泥	安徽荻港海螺水泥股份有限公司	12	30	30	72	B⁻
601991.SH	大唐发电	宁夏大唐国际大坝发电有限责任公司	12	30	30	72	B⁻
600795.SH	国电电力	国电宿州第二热电有限公司	12	30	30	72	B⁻
000723.SZ	美锦能源	唐钢美锦（唐山）煤化工有限公司	28	30	14	72	B⁻
000877.SZ	天山股份	哈密天山水泥有限责任公司	12	30	30	72	B⁻
000012.SZ	南玻A	咸宁南玻玻璃有限公司	12	30	30	72	B⁻
000401.SZ	冀东水泥	吴堡冀东特种水泥有限公司	16	30	26	72	B⁻
600027.SH	华电国际	华电潍坊发电有限公司	20	30	22	72	B⁻
600801.SH	华新水泥	华新水泥（武穴）有限公司	12	30	30	72	B⁻
000401.SZ	冀东水泥	包头冀东水泥有限公司	16	30	26	72	B⁻
600578.SH	京能电力	内蒙古华宁热电有限公司	22	30	20	72	B⁻
600096.SH	云天化	云南水富云天化有限公司	12	30	30	72	B⁻
000543.SZ	皖能电力	临涣中利发电有限公司	12	30	30	72	B⁻
600028.SH	中国石化	中国石化青岛炼油化工有限责任公司	18	24	30	72	B⁻
600309.SH	万华化学	万华化学（宁波）有限公司	12	30	30	72	B⁻
600863.SH	内蒙华电	内蒙古京隆发电有限责任公司	20	30	20	70	B⁻
600021.SH	上海电力	上海吴泾第二发电有限责任公司	22	30	18	70	B⁻

代码	名称（简称）	被参控公司/母公司	在线监测系统得分	监督性监测系统得分	环境违法处罚系统得分	企业环境绩效总得分	评分等级
600021.SH	上海电力	上海吴泾发电有限责任公司	10	30	30	70	B^-
000792.SZ	盐湖股份	青海盐湖海纳化工有限公司	10	30	30	70	B^-
000707.SZ	双环科技	重庆索特盐化股份有限公司	14	30	26	70	B^-
600585.SH	海螺水泥	贵阳海螺盘江水泥有限责任公司	22	24	24	70	B^-
600711.SH	盛屯矿业	福嘉综环科技股份有限公司	24	30	16	70	B^-
000553.SZ	沙隆达 A	湖北沙隆达股份有限公司	22	30	18	70	B^-
600273.SH	嘉化能源	浙江嘉化能源化工股份有限公司	10	30	30	70	B^-
600585.SH	海螺水泥	梁平海螺水泥有限责任公司	10	30	30	70	B^-
600585.SH	海螺水泥	扶绥新宁海螺水泥有限责任公司	10	30	30	70	B^-
000539.SZ	粤电力 A	广东粤电靖海发电有限公司	10	30	30	70	B^-
600792.SH	云煤能源	师宗煤焦化工有限公司	24	30	16	70	B^-
000983.SZ	西山煤电	山西西山煤气化有限责任公司	24	30	16	70	B^-
000723.SZ	美锦能源	山西美锦煤焦化有限公司	24	30	16	70	B^-
600578.SH	京能电力	山西漳山发电有限责任公司	10	30	30	70	B^-
000822.SZ	山东海化	山东海化盛兴热电有限公司	10	30	30	70	B^-
000488.SZ	晨鸣纸业	山东晨鸣纸业集团股份有限公司	10	30	30	70	B^-
002386.SZ	天原集团	宜宾海丰和锐有限公司	20	30	20	70	B^-
000709.SZ	河钢股份	唐山中厚板材有限公司	24	30	16	70	B^-
000672.SZ	上峰水泥	博乐市中博水泥有限公司	14	30	26	70	B^-
600011.SH	华能国际	华能平凉发电有限责任公司	10	30	30	70	B^-
600011.SH	华能国际	华能左权煤电有限责任公司	28	30	12	70	B^-
600801.SH	华新水泥	华新水泥（株洲）有限公司	20	30	20	70	B^-
600585.SH	海螺水泥	北流海螺水泥有限责任公司	10	30	30	70	B^-
000401.SZ	冀东水泥	冀东水泥重庆江津有限责任公司	10	30	30	70	B^-
600328.SH	兰太实业	中盐青海昆仑碱业有限公司	10	30	30	70	B^-

代码	名称（简称）	被参控公司/母公司	在线监测系统得分	监督性监测系统得分	环境违法处罚系统得分	企业环境绩效总得分	评分等级
600028.SH	中国石化	中国石化扬子石油化工股份有限公司	10	30	30	70	B-
600726.SH	华电能源	中国华电集团哈尔滨发电有限公司	10	30	30	70	B-
600795.SH	国电电力	甘肃大唐国际连城发电有限责任公司	8	30	30	68	C
600642.SH	申能股份	华能上海石洞口发电有限责任公司	18	30	20	68	C
600578.SH	京能电力	内蒙古岱海发电有限责任公司	18	30	20	68	C
002716.SZ	金贵银业	郴州市金贵银业股份有限公司	8	30	30	68	C
600844.SH	*ST 丹科	通辽金煤化工有限公司	16	30	22	68	C
600227.SH	赤天化	贵州赤天化桐梓化工有限公司	18	30	20	68	C
000877.SZ	天山股份	若羌天山水泥有限责任公司	8	30	30	68	C
601088.SH	中国神华	神华神东电力有限责任公司	24	30	14	68	C
000939.SZ	凯迪生态	祁阳县凯迪绿色能源开发有限公司	8	30	30	68	C
600691.SH	阳煤化工	石家庄柏坡正元化肥有限公司	22	30	16	68	C
000939.SZ	凯迪生态	益阳市凯迪绿色能源开发有限公司	8	30	30	68	C
000932.SZ	*ST 华菱	湖南华菱湘潭钢铁有限公司	16	30	22	68	C
000488.SZ	晨鸣纸业	江西晨鸣纸业有限责任公司	20	30	18	68	C
002394.SZ	联发股份	江苏联发环保新能源有限公司	8	30	30	68	C
600308.SH	华泰股份	新疆昕昊达矿业有限责任公司	8	30	30	68	C
000778.SZ	新兴铸管	新兴铸管股份有限公司	18	30	20	68	C
600500.SH	中化国际	山西亚鑫煤焦化有限公司	26	30	12	68	C
600966.SH	博汇纸业	山东博汇纸业股份有限公司	24	30	14	68	C
600795.SH	国电电力	国电克拉玛依发电有限公司	8	30	30	68	C
600011.SH	华能国际	华能太原东山燃机热电有限责任公司	8	30	30	68	C
600011.SH	华能国际	华能北京热电有限责任公司	10	30	26	66	C
600642.SH	申能股份	申能吴忠热电有限责任公司	18	30	18	66	C
600586.SH	金晶科技	滕州金晶玻璃有限公司	14	30	22	66	C

代码	名称（简称）	被参控公司/母公司	在线监测系统得分	监督性监测系统得分	环境违法处罚系统得分	企业环境绩效总得分	评分等级
000683.SZ	远兴能源	河南中源化学股份有限公司	22	30	14	66	C
600795.SH	国电电力	河北邯郸热电股份有限公司	14	30	22	66	C
000698.SZ	沈阳化工	沈阳石蜡化工有限公司	16	30	20	66	C
000983.SZ	西山煤电	武乡西山发电有限责任公司	22	30	14	66	C
000778.SZ	新兴铸管	拜城县峰峰煤焦化有限公司	18	30	18	66	C
600425.SH	*ST 青松	巴州青松绿原建材有限责任公司	10	30	26	66	C
600585.SH	海螺水泥	宿州海螺水泥有限责任公司	22	14	30	66	C
000027.SZ	深圳能源	国电织金发电有限公司	22	30	14	66	C
603077.SH	和邦生物	四川武骏特种玻璃制品有限公司	18	30	18	66	C
600282.SH	南钢股份	南京钢铁有限公司	24	22	20	66	C
601898.SH	中煤能源	中煤鄂尔多斯能源化工有限公司	16	30	20	66	C
600642.SH	申能股份	上海申能星火热电有限责任公司	10	30	26	66	C
600795.SH	国电电力	国电电力大同发电有限责任公司	24	30	10	64	C
600585.SH	海螺水泥	淮北矿业相山水泥有限责任公司	18	30	16	64	C
600489.SH	中金黄金	河南中原黄金冶炼厂有限责任公司	20	30	14	64	C
002534.SZ	杭锅股份	江西乐浩综合利用电业有限公司	10	30	24	64	C
601992.SH	金隅股份	曲阳金隅水泥有限公司	14	30	20	64	C
000877.SZ	天山股份	新疆米东天山水泥有限责任公司	12	30	22	64	C
002092.SZ	中泰化学	新疆中泰矿冶有限公司	10	24	30	64	C
601991.SH	大唐发电	山西大唐国际神头发电有限责任公司	20	30	14	64	C
600063.SH	皖维高新	安徽皖维高新材料股份有限公司	18	30	16	64	C
600585.SH	海螺水泥	安徽怀宁海螺水泥有限公司	12	30	22	64	C
600997.SH	开滦股份	唐山中润煤化工有限公司	26	30	8	64	C
600096.SH	云天化	呼伦贝尔金新化工有限公司	10	30	24	64	C
600691.SH	阳煤化工	阳煤集团淄博齐鲁第一化肥有限公司	20	30	12	62	C

代码	名称（简称）	被参控公司/母公司	在线监测系统得分	监督性监测系统得分	环境违法处罚系统得分	企业环境绩效总得分	评分等级
000933.SZ	神火股份	新疆神火煤电有限公司	18	30	14	62	C
600586.SH	金晶科技	山东金晶科技股份有限公司	16	30	16	62	C
000027.SZ	深圳能源	国电深能四川华蓥山发电有限公司	10	30	22	62	C
600028.SH	中国石化	中国石化海南炼油化工有限公司	16	30	16	62	C
600864.SH	哈投股份	黑龙江岁宝热电有限公司	12	30	18	60	C
600307.SH	酒钢宏兴	酒钢集团榆中钢铁有限责任公司	20	30	10	60	C
002163.SZ	中航三鑫	海南中航特玻材料有限公司	10	30	20	60	C
601989.SH	中国重工	武汉重工铸锻有限责任公司	18	30	12	60	C
600725.SH	ST 云维	曲靖大为焦化制供气有限公司	12	30	18	60	C
002092.SZ	中泰化学	新疆富丽达纤维有限公司	10	30	20	60	C
600585.SH	海螺水泥	巢湖海螺水泥有限责任公司	16	30	14	60	C
000983.SZ	西山煤电	山西兴能发电有限责任公司	22	30	8	60	C
600188.SH	兖州煤业	兖州煤业榆林能化有限公司	18	24	18	60	C
000630.SZ	铜陵有色	金隆铜业有限公司	8	30	20	58	C⁻
000932.SZ	*ST 华菱	湖南华菱涟源钢铁有限公司	14	30	14	58	C⁻
000877.SZ	天山股份	新疆天山水泥股份有限公司	8	30	20	58	C⁻
000672.SZ	上峰水泥	怀宁上峰水泥有限公司	8	30	20	58	C⁻
600793.SH	宜宾纸业	宜宾纸业股份有限公司	8	30	20	58	C⁻
002513.SZ	蓝丰生化	宁夏蓝丰精细化工有限公司	12	30	16	58	C⁻
600596.SH	新安股份	宁夏新安科技有限公司	16	24	18	58	C⁻
002078.SZ	太阳纸业	太阳纸业有限公司	16	30	12	58	C⁻
601857.SH	中国石油	大连西太平洋石油化工有限公司	12	30	16	58	C⁻
000600.SZ	建投能源	国电河北龙山发电有限责任公司	10	30	18	58	C⁻
002422.SZ	科伦药业	伊犁川宁生物技术有限公司	24	16	18	58	C⁻
601600.SH	中国铝业	中铝集团山西交口兴华科技股份有限公司	20	30	8	58	C⁻

代码	名称（简称）	被参控公司/母公司	在线监测系统得分	监督性监测系统得分	环境违法处罚系统得分	企业环境绩效总得分	评分等级
601168.SH	西部矿业	青海西豫有色金属有限公司	12	30	14	56	C^-
600691.SH	阳煤化工	阳煤平原化工有限公司	14	30	12	56	C^-
600758.SH	红阳能源	灯塔市红阳热电有限公司	18	30	8	56	C^-
000027.SZ	深圳能源	国电南宁发电有限责任公司	16	10	30	56	C^-
000983.SZ	西山煤电	山西焦化股份有限公司	10	30	14	54	C^-
600660.SH	福耀玻璃	重庆万盛浮法玻璃有限公司	12	12	30	54	C^-
600028.SH	中国石化	福建联合石油化工有限公司	10	30	14	54	C^-
000488.SZ	晨鸣纸业	武汉晨鸣乾能热电有限责任公司	18	16	20	54	C^-
601600.SH	中国铝业	包头铝业股份有限公司	14	30	10	54	C^-
600863.SH	内蒙华电	包头东华热电有限公司	8	30	16	54	C^-
601600.SH	中国铝业	中铝中州铝业有限公司	14	30	10	54	C^-
600019.SH	宝钢股份	上海梅山钢铁股份有限公司	26	14	14	54	C^-
600256.SH	广汇能源	新疆广汇新能源有限公司	10	30	12	52	C^-
600123.SH	兰花科创	山西兰花煤化工有限责任公司	8	30	14	52	C^-
000755.SZ	*ST 三维	山西三维集团股份有限公司	10	30	12	52	C^-
600028.SH	中国石化	中国石化上海石油化工股份有限公司	14	30	6	50	C^-
000792.SZ	盐湖股份	青海盐湖镁业有限公司	8	30	12	50	C^-
601005.SH	*ST 重钢	重庆钢铁股份有限公司	14	24	10	48	D
600452.SH	涪陵电力	重庆市蓬威石化有限责任公司	8	22	18	48	D
600028.SH	中国石化	中国石化上海高桥石油化工有限公司	10	30	6	46	D
600293.SH	三峡新材	湖北三峡新型建材股份有限公司	8	30	6	44	D
600470.SH	六国化工	安徽六国化工股份有限公司	12	12	14	38	E
000912.SZ	泸天化	宁夏和宁化学有限公司	8	6	18	32	E

表 C3　企业环境绩效评价得分情况统计表（以在线监测系统为基准的非重点排污单位企业）

代码	名称（简称）	被参控公司/母公司	在线监测系统得分	监督性监测系统得分	环境违法处罚系统得分	企业环境绩效总得分	评分等级
601608.SH	中信重工	中信重工洛阳重铸铁业有限责任公司	40	30	30	100	A^{++}
600623.SH	华谊集团	双钱集团（江苏）轮胎有限公司	40	30	30	100	A^{++}
000877.SZ	天山股份	吐鲁番天山水泥有限责任公司	40	30	30	100	A^{++}
601991.SH	大唐发电	大唐国际发电股份有限公司	40	30	30	100	A^{++}
000830.SZ	鲁西化工	山东聊城鲁西化工第六化肥有限公司	40	30	30	100	A^{++}
002378.SZ	章源钨业	崇义章源钨业股份有限公司	40	30	30	100	A^{++}
002535.SZ	林州重机	林州重机集团股份有限公司	40	30	30	100	A^{++}
601233.SH	桐昆股份	桐昆集团浙江恒盛化纤有限公司	40	30	30	100	A^{++}
601233.SH	桐昆股份	桐昆集团股份有限公司	40	30	30	100	A^{++}
002422.SZ	科伦药业	河南科伦药业有限公司	40	30	30	100	A^{++}
601608.SH	中信重工	洛阳中重铸锻有限责任公司	40	30	30	100	A^{++}
601038.SH	一拖股份	一拖（洛阳）铸造有限公司	38	30	30	98	A^{++}
600031.SH	三一重工	三一重工股份有限公司	38	30	30	98	A^{++}
600323.SH	瀚蓝环境	创冠环保（晋江）有限公司	38	30	30	98	A^{++}
000895.SZ	双汇发展	南昌双汇食品有限公司	38	30	30	98	A^{++}
600461.SH	洪城水业	南昌市朝阳污水处理环保有限公司	38	30	30	98	A^{++}
000725.SZ	京东方 A	合肥京东方光电科技有限公司	38	30	30	98	A^{++}
002539.SZ	云图控股	嘉施利（平原）化肥有限公司	40	30	28	98	A^{++}
600887.SH	伊利股份	宁夏伊利乳业有限责任公司	38	30	30	98	A^{++}
000598.SZ	兴蓉环境	成都市兴蓉污泥处置有限责任公司	38	30	30	98	A^{++}
000761.SZ	本钢板材	本钢板材股份有限公司	38	30	30	98	A^{++}
600987.SH	航民股份	杭州航民小城热电有限公司	38	30	30	98	A^{++}

代码	名称（简称）	被参控公司/母公司	在线监测系统得分	监督性监测系统得分	环境违法处罚系统得分	企业环境绩效总得分	评分等级
002240.SZ	威华股份	河北威利邦木业有限公司	38	30	30	98	A^{++}
002461.SZ	珠江啤酒	河北珠江啤酒有限公司	38	30	30	98	A^{++}
601677.SH	明泰铝业	河南巩电热力股份有限公司	38	30	30	98	A^{++}
000060.SZ	中金岭南	深圳市中金岭南有色金属股份有限公司	38	30	30	98	A^{++}
600600.SH	青岛啤酒	深圳青岛啤酒朝日有限公司	38	30	30	98	A^{++}
600649.SH	城投控股	漳州环境再生能源有限公司	40	30	28	98	A^{++}
300433.SZ	蓝思科技	蓝思科技（长沙）有限公司	38	30	30	98	A^{++}
002479.SZ	富春环保	衢州东港环保热电有限公司	38	30	30	98	A^{++}
600600.SH	青岛啤酒	青岛啤酒（三水）有限公司	38	30	30	98	A^{++}
600021.SH	上海电力	淮沪煤电有限公司	36	30	30	96	A^{++}
600649.SH	城投控股	上海环城再生能源有限公司	36	30	30	96	A^{++}
002051.SZ	中工国际	中工水务有限公司	36	30	30	96	A^{++}
600461.SH	洪城水业	九江市蓝天碧水环保有限公司	36	30	30	96	A^{++}
600096.SH	云天化	云南云天化股份有限公司	36	30	30	96	A^{++}
000967.SZ	盈峰环境	佛山市顺德区华清源环保有限公司	36	30	30	96	A^{++}
000967.SZ	盈峰环境	佛山市顺德区华盈环保水务有限公司	36	30	30	96	A^{++}
600889.SH	南京化纤	兰精（南京）纤维有限公司	36	30	30	96	A^{++}
000725.SZ	京东方 A	北京京东方显示技术有限公司	36	30	30	96	A^{++}
000999.SZ	华润三九	华润三九（郴州）制药有限公司	36	30	30	96	A^{++}
600027.SH	华电国际	华电国际电力股份有限公司	36	30	30	96	A^{++}
300388.SZ	国祯环保	合肥朱砖井污水处理有限公司	36	30	30	96	A^{++}
002246.SZ	北化股份	四川北方硝化棉股份有限公司	36	30	30	96	A^{++}
600488.SH	天药股份	天津天药药业（亚洲）有限公司	36	30	30	96	A^{++}
600008.SH	首创股份	安庆首创水务有限责任公司	36	30	30	96	A^{++}
600971.SH	恒源煤电	安徽恒力电业有限责任公司	36	30	30	96	A^{++}

代码	名称（简称）	被参控公司/母公司	在线监测系统得分	监督性监测系统得分	环境违法处罚系统得分	企业环境绩效总得分	评分等级
603198.SH	迎驾贡酒	安徽迎驾贡酒股份有限公司	36	30	30	96	A^{++}
600887.SH	伊利股份	定州伊利乳业有限责任公司	36	30	30	96	A^{++}
000729.SZ	燕京啤酒	山西燕京啤酒有限公司	36	30	30	96	A^{++}
600887.SH	伊利股份	成都伊利乳业有限责任公司	36	30	30	96	A^{++}
300388.SZ	国祯环保	故城国祯污水处理有限公司	36	30	30	96	A^{++}
300187.SZ	永清环保	永清环保股份有限公司	36	30	30	96	A^{++}
002304.SZ	洋河股份	江苏双沟酒业股份有限公司	36	30	30	96	A^{++}
002304.SZ	洋河股份	江苏双沟酒类运营有限公司	36	30	30	96	A^{++}
002091.SZ	江苏国泰	江苏国泰盐城污水处理有限公司	36	30	30	96	A^{++}
002391.SZ	长青股份	江苏长青农化股份有限公司	36	30	30	96	A^{++}
300388.SZ	国祯环保	泗阳县华海水处理有限公司	36	30	30	96	A^{++}
000786.SZ	北新建材	泰山石膏有限公司	36	30	30	96	A^{++}
603993.SH	洛阳钼业	洛阳栾川钼业集团股份有限公司	36	30	30	96	A^{++}
603993.SH	洛阳钼业	洛阳栾川钼业集团钨业有限公司	36	30	30	96	A^{++}
603993.SH	洛阳钼业	洛阳栾川钼业集团销售有限公司	36	30	30	96	A^{++}
000685.SZ	中山公用	济宁中山公用水务有限公司	36	30	30	96	A^{++}
000100.SZ	TCL 集团	深圳市华星光电技术有限公司	36	30	30	96	A^{++}
000027.SZ	深圳能源	深圳市能源环保有限公司	36	30	30	96	A^{++}
603628.SH	清源股份	清源科技（厦门）股份有限公司	36	30	30	96	A^{++}
002311.SZ	海大集团	睢县豫粮海鼎饲料有限公司	36	30	30	96	A^{++}
000035.SZ	中国天楹	福州天楹环保能源有限公司	36	30	30	96	A^{++}
300132.SZ	青松股份	福建青松股份有限公司	36	30	30	96	A^{++}
300388.SZ	国祯环保	繁昌县城市污水处理有限责任公司	36	30	30	96	A^{++}
002868.SZ	绿康生化	绿康生化股份有限公司	36	30	30	96	A^{++}
300388.SZ	国祯环保	衡水国祯污水处理有限公司	36	30	30	96	A^{++}

代码	名称（简称）	被参控公司/母公司	在线监测系统得分	监督性监测系统得分	环境违法处罚系统得分	企业环境绩效总得分	评分等级
300187.SZ	永清环保	衡阳永清环保能源有限公司	36	30	30	96	A^{++}
600126.SH	杭钢股份	象山富春紫光污水处理有限公司	36	30	30	96	A^{++}
300388.SZ	国祯环保	遵化国祯污水处理有限公司	36	30	30	96	A^{++}
002051.SZ	中工国际	邳州中工水务有限责任公司	36	30	30	96	A^{++}
600635.SH	大众公用	邳州源泉水务运营有限公司	36	30	30	96	A^{++}
000786.SZ	北新建材	阜新泰山石膏建材有限公司	36	30	30	96	A^{++}
600874.SH	创业环保	阜阳创业水务有限公司	36	30	30	96	A^{++}
601225.SH	陕西煤业	陕煤集团神木红柳林矿业有限公司	36	30	30	96	A^{++}
600600.SH	青岛啤酒	青岛啤酒（珠海）有限公司	36	30	30	96	A^{++}
600600.SH	青岛啤酒	青岛啤酒（菏泽）有限公司	36	30	30	96	A^{++}
000039.SZ	中集集团	驻马店中集华骏铸造有限公司	36	30	30	96	A^{++}
002423.SZ	中原特钢	中原特钢股份有限公司	34	30	30	94	A^{+}
603288.SH	海天味业	佛山市海天（高明）调味食品有限公司	34	30	30	94	A^{+}
600323.SH	瀚蓝环境	创冠环保（安溪）有限公司	34	30	30	94	A^{+}
603968.SH	醋化股份	南通醋酸化工股份有限公司	34	30	30	94	A^{+}
600887.SH	伊利股份	合肥伊利乳业有限责任公司	34	30	30	94	A^{+}
002507.SZ	涪陵榨菜	四川省惠通食业有限责任公司	36	30	28	94	A^{+}
601989.SH	中国重工	大连船舶重工集团工程服务有限公司	34	30	30	94	A^{+}
601989.SH	中国重工	大连船舶重工集团建筑工程有限公司	34	30	30	94	A^{+}
601989.SH	中国重工	大连船舶重工集团海洋工程有限公司	34	30	30	94	A^{+}
601989.SH	中国重工	大连船舶重工集团船务工程有限公司	34	30	30	94	A^{+}
601989.SH	中国重工	大连船舶重工集团舾装有限公司	34	30	30	94	A^{+}
601989.SH	中国重工	大连船舶重工集团装备制造有限公司	34	30	30	94	A^{+}
601989.SH	中国重工	大连船舶重工集团设计研究院有限公司	34	30	30	94	A^{+}
601989.SH	中国重工	大连船舶重工集团运输有限公司	34	30	30	94	A^{+}

代码	名称（简称）	被参控公司/母公司	在线监测系统得分	监督性监测系统得分	环境违法处罚系统得分	企业环境绩效总得分	评分等级
601989.SH	中国重工	大连船舶重工集团钢业有限公司	34	30	30	94	A^+
601989.SH	中国重工	大连船舶重工集团钢结构制作有限公司	34	30	30	94	A^+
600595.SH	中孚实业	河南中孚铝业有限公司	34	30	30	94	A^+
300433.SZ	蓝思科技	深圳市蓝思科技有限公司	34	30	30	94	A^+
000885.SZ	同力水泥	濮阳同力建材有限公司	34	30	30	94	A^+
000885.SZ	同力水泥	濮阳同力水泥有限公司	34	30	30	94	A^+
002442.SZ	龙星化工	焦作龙星化工有限责任公司	34	30	30	94	A^+
600192.SH	长城电工	秦安长城果汁饮料有限公司	34	30	30	94	A^+
601899.SH	紫金矿业	紫金矿业集团股份有限公司	34	30	30	94	A^+
300388.SZ	国祯环保	芜湖国祯环保科技有限公司	34	30	30	94	A^+
300433.SZ	蓝思科技	蓝思科技股份有限公司	34	30	30	94	A^+
300433.SZ	蓝思科技	蓝思科技（昆山）有限公司	34	30	30	94	A^+
300433.SZ	蓝思科技	蓝思科技（湘潭）有限公司	34	30	30	94	A^+
601225.SH	陕西煤业	陕西煤业股份有限公司	36	30	28	94	A^+
000027.SZ	深圳能源	深圳能源集团股份有限公司	32	30	30	92	A^+
600331.SH	宏达股份	剑川益云有色金属有限公司	32	30	30	92	A^+
600331.SH	宏达股份	四川宏达股份有限公司	32	30	30	92	A^+
601989.SH	中国重工	大连船舶重工集团有限公司	34	30	28	92	A^+
002171.SZ	楚江新材	安徽楚江科技新材料股份有限公司	32	30	30	92	A^+
002237.SZ	恒邦股份	山东恒邦冶炼股份有限公司	32	30	30	92	A^+
600008.SH	首创股份	广元首创水务有限公司	32	30	30	92	A^+
603993.SH	洛阳钼业	洛阳钼业控股有限公司	32	30	30	92	A^+
603993.SH	洛阳钼业	洛阳钼业集团金属材料有限公司	32	30	30	92	A^+
603993.SH	洛阳钼业	洛阳钼业（香港）有限公司	32	30	30	92	A^+
600887.SH	伊利股份	湖北黄冈伊利乳业有限责任公司	32	30	30	92	A^+

代码	名称（简称）	被参控公司/母公司	在线监测系统得分	监督性监测系统得分	环境违法处罚系统得分	企业环境绩效总得分	评分等级
000799.SZ	酒鬼酒	酒鬼酒供销有限责任公司	32	30	30	92	A^+
000799.SZ	酒鬼酒	酒鬼酒河南有限责任公司	32	30	30	92	A^+
000799.SZ	酒鬼酒	酒鬼酒股份有限公司	32	30	30	92	A^+
600132.SH	重庆啤酒	重庆嘉酿啤酒有限公司	32	30	30	92	A^+
000826.SZ	启迪桑德	重庆绿能新能源有限公司	32	30	30	92	A^+
600600.SH	青岛啤酒	青岛啤酒榆林有限责任公司	32	30	30	92	A^+
600600.SH	青岛啤酒	青岛啤酒（杭州）有限公司	32	30	30	92	A^+
600600.SH	青岛啤酒	青岛啤酒（长沙）有限公司	32	30	30	92	A^+
002140.SZ	东华科技	合肥王小郢污水处理有限公司	30	30	30	90	A
000635.SZ	英力特	宁夏英力特化工股份有限公司	30	30	30	90	A
002056.SZ	横店东磁	横店集团东磁股份香港有限公司	30	30	30	90	A
600121.SH	*ST 郑煤	河南省新郑煤电有限责任公司	36	30	24	90	A
000037.SZ	深南电 A	深圳南山热电股份有限公司	30	30	30	90	A
600309.SH	万华化学	万华化学集团股份有限公司	30	30	30	90	A
600623.SH	华谊集团	上海华谊集团股份有限公司	30	30	30	90	A
600649.SH	城投控股	上海友联竹园第一污水处理投资发展有限公司	30	30	30	90	A
600875.SH	东方电气	东方电气股份有限公司	30	30	30	90	A
600875.SH	东方电气	东方电气集团东方电机有限公司	30	30	30	90	A
000544.SZ	中原环保	中原环保伊川水务有限公司	30	30	30	90	A
000544.SZ	中原环保	中原环保股份有限公司	30	30	30	90	A
000826.SZ	启迪桑德	临朐邑清环保能源有限公司	30	30	30	90	A
603568.SH	伟明环保	临海市伟明环保能源有限公司	30	30	30	90	A
600126.SH	杭钢股份	临海市富春紫光污水处理有限公司	30	30	30	90	A
600283.SH	钱江水利	丽水市供排水有限责任公司	30	30	30	90	A
600673.SH	东阳光科	乳源瑶族自治县东阳光化成箔有限公司	38	22	30	90	A

代码	名称（简称）	被参控公司/母公司	在线监测系统得分	监督性监测系统得分	环境违法处罚系统得分	企业环境绩效总得分	评分等级
000960.SZ	锡业股份	云南云铜锌业股份有限公司	30	30	30	90	A
600277.SH	亿利洁能	亿利洁能科技有限公司	30	30	30	90	A
600277.SH	亿利洁能	亿利洁能科技（金乡）有限公司	30	30	30	90	A
300090.SZ	盛运环保	伊春中科环保电力有限公司	30	30	30	90	A
002286.SZ	保龄宝	保龄宝生物股份有限公司	30	30	30	90	A
601199.SH	江南水务	光大水务（江阴）有限公司	30	30	30	90	A
600323.SH	瀚蓝环境	创冠环保（建阳）有限公司	30	30	30	90	A
600323.SH	瀚蓝环境	创冠环保（黄石）有限公司	30	30	30	90	A
000725.SZ	京东方 A	北京京东方光电科技有限公司	30	30	30	90	A
600027.SH	华电国际	华电新乡发电有限公司	30	30	30	90	A
000727.SZ	华东科技	南京中电熊猫晶体科技有限公司	30	30	30	90	A
000826.SZ	启迪桑德	南昌桑德象湖水务有限公司	30	30	30	90	A
300388.SZ	国祯环保	南陵国祯环保科技有限公司	30	30	30	90	A
002118.SZ	紫鑫药业	吉林紫鑫药业股份有限公司	30	30	30	90	A
600008.SH	首创股份	呼和浩特首创春华水务有限责任公司	30	30	30	90	A
601857.SH	中国石油	大庆油田有限责任公司	30	30	30	90	A
002185.SZ	华天科技	天水华天科技股份有限公司	30	30	30	90	A
300070.SZ	碧水源	天津市碧水源环境科技有限公司	30	30	30	90	A
600008.SH	首创股份	太原首创污水处理有限责任公司	30	30	30	90	A
000962.SZ	东方钽业	宁夏东方钽业股份有限公司	30	30	30	90	A
600008.SH	首创股份	定州市中诚水务有限公司	30	30	30	90	A
000826.SZ	启迪桑德	宜昌桑德三峡水务有限公司	30	30	30	90	A
600874.SH	创业环保	宝应创业水务有限责任公司	30	30	30	90	A
600126.SH	杭钢股份	宣城富春紫光污水处理有限公司	30	30	30	90	A
600126.SH	杭钢股份	宿迁富春紫光污水处理有限公司	30	30	30	90	A

代码	名称（简称）	被参控公司/母公司	在线监测系统得分	监督性监测系统得分	环境违法处罚系统得分	企业环境绩效总得分	评分等级
000830.SZ	鲁西化工	山东聊城鲁西化工第五化肥有限公司	34	30	26	90	A
000601.SZ	韶能股份	广东韶能集团股份有限公司公司	30	30	30	90	A
600063.SH	皖维高新	广西广维化工有限责任公司	30	30	30	90	A
601368.SH	绿城水务	广西绿城水务股份有限公司	30	30	30	90	A
600126.SH	杭钢股份	开化富春紫光水务有限公司	30	30	30	90	A
600635.SH	大众公用	徐州源泉污水处理有限公司	30	30	30	90	A
002051.SZ	中工国际	成都中工水务有限责任公司	30	30	30	90	A
000725.SZ	京东方 A	成都京东方光电科技有限公司	30	30	30	90	A
000050.SZ	深天马 A	成都天马微电子有限公司	30	30	30	90	A
000598.SZ	兴蓉环境	成都市排水有限责任公司	30	30	30	90	A
600649.SH	城投控股	成都温江区阳晨水质净化有限公司	30	30	30	90	A
600419.SH	天润乳业	新疆天润生物科技股份有限公司	30	30	30	90	A
000729.SZ	燕京啤酒	新疆燕京啤酒有限公司	30	30	30	90	A
300106.SZ	西部牧业	新疆石河子花园乳业有限公司	32	30	28	90	A
600874.SH	创业环保	杭州天创水务有限公司	30	30	30	90	A
000826.SZ	启迪桑德	枝江桑德枝清水务有限公司	30	30	30	90	A
300190.SZ	维尔利	桐庐横村镇污水处理有限公司	30	30	30	90	A
300190.SZ	维尔利	桐庐沙湾畈维尔利污水处理有限公司	30	30	30	90	A
300190.SZ	维尔利	桐庐维尔利水务有限公司	30	30	30	90	A
002056.SZ	横店东磁	横店集团东磁股份有限公司	30	30	30	90	A
601199.SH	江南水务	江阴市恒通排水设施管理有限公司	30	30	30	90	A
600207.SH	安彩高科	河南省海川电子玻璃有限公司	30	30	30	90	A
601012.SH	隆基股份	河南隆基绿能科技有限公司	30	30	30	90	A
002483.SZ	润邦股份	沾化绿威生物能源有限公司	30	30	30	90	A
600649.SH	城投控股	洛阳环洛再生能源有限公司	30	30	30	90	A

代码	名称（简称）	被参控公司/母公司	在线监测系统得分	监督性监测系统得分	环境违法处罚系统得分	企业环境绩效总得分	评分等级
600216.SH	浙江医药	浙江医药股份有限公司	30	30	30	90	A
600023.SH	浙能电力	淮浙煤电有限责任公司	30	30	30	90	A
002125.SZ	湘潭电化	湘潭市污水处理有限责任公司	30	30	30	90	A
000035.SZ	中国天楹	滨州天楹环保能源有限公司	30	30	30	90	A
002145.SZ	中核钛白	甘肃和诚钛业有限公司	30	30	30	90	A
601899.SH	紫金矿业	紫金铜业有限公司	30	30	30	90	A
600846.SH	同济科技	肇庆市同济水务有限公司	30	30	30	90	A
000895.SZ	双汇发展	芜湖双汇食品有限公司	30	30	30	90	A
600736.SH	苏州高新	苏州高新污水处理有限公司	30	30	30	90	A
600867.SH	通化东宝	通化东宝药业股份有限公司	30	30	30	90	A
002493.SZ	荣盛石化	逸盛大化石化有限公司	30	30	30	90	A
000960.SZ	锡业股份	郴州云湘矿冶有限责任公司	30	30	30	90	A
000725.SZ	京东方A	重庆京东方光电科技有限公司	30	30	30	90	A
000525.SZ	红太阳	重庆华歌生物化学有限公司	40	30	20	90	A
600132.SH	重庆啤酒	重庆啤酒（集团）有限责任公司	30	30	30	90	A
601012.SH	隆基股份	隆基绿能科技股份有限公司	30	30	30	90	A
600600.SH	青岛啤酒	青岛啤酒渭南有限责任公司	30	30	30	90	A
600600.SH	青岛啤酒	青岛啤酒西安汉斯集团有限公司	30	30	30	90	A
600600.SH	青岛啤酒	青岛啤酒（郴州）有限公司	30	30	30	90	A
002493.SZ	荣盛石化	香港逸盛大化有限公司	30	30	30	90	A
600396.SH	金山股份	沈阳金山能源股份有限公司	28	30	30	88	A
600962.SH	国投中鲁	万荣中鲁果汁有限公司	28	30	30	88	A
600692.SH	亚通股份	上海华润大东船务有限公司	28	30	30	88	A
601727.SH	上海电气	上海电气集团上海电机厂有限公司	28	30	30	88	A
601727.SH	上海电气	上海电气集团股份有限公司	28	30	30	88	A

代码	名称（简称）	被参控公司/母公司	在线监测系统得分	监督性监测系统得分	环境违法处罚系统得分	企业环境绩效总得分	评分等级
600649.SH	城投控股	上海阳晨排水运营有限公司	28	30	30	88	A
600029.SH	南方航空	中国南方航空股份有限公司	28	30	30	88	A
000685.SZ	中山公用	中山公用黄圃污水处理有限公司	28	30	30	88	A
601918.SH	新集能源	中煤新集能源股份有限公司	28	30	30	88	A
000826.SZ	启迪桑德	临清德运环保能源有限公司	28	30	30	88	A
002428.SZ	云南锗业	云南临沧鑫圆锗业股份有限公司	28	30	30	88	A
000807.SZ	云铝股份	云南云铝涌鑫铝业有限公司	28	30	30	88	A
000807.SZ	云铝股份	云南云铝润鑫铝业有限公司	28	30	30	88	A
300388.SZ	国祯环保	云南国祯环保科技有限责任公司	28	30	30	88	A
002470.SZ	金正大	云南金正大生态工程有限公司	28	30	30	88	A
600331.SH	宏达股份	云南金鼎锌业有限公司	28	30	30	88	A
000878.SZ	云南铜业	云南铜业股份有限公司	28	30	30	88	A
600597.SH	光明乳业	光明乳业股份有限公司	28	30	30	88	A
000929.SZ	兰州黄河	兰州黄河嘉酿啤酒有限公司	28	30	30	88	A
000826.SZ	启迪桑德	包头鹿城水务有限公司	28	30	30	88	A
601992.SH	金隅股份	北京金隅股份有限公司	28	30	30	88	A
002042.SZ	华孚色纺	华孚色纺股份有限公司	28	30	30	88	A
600801.SH	华新水泥	华新水泥（大冶）有限公司	28	30	30	88	A
000421.SZ	南京公用	华润电力唐山丰润有限公司	28	30	30	88	A
600011.SH	华能国际	华能（苏州工业园区）发电有限责任公司	28	30	30	88	A
000545.SZ	金浦钛业	南京钛白化工有限责任公司	28	30	30	88	A
000725.SZ	京东方 A	合肥鑫晟光电科技有限公司	28	30	30	88	A
600409.SH	三友化工	唐山三友硅业有限责任公司	28	30	30	88	A
000737.SZ	南风化工	四川同庆南风有限责任公司	28	30	30	88	A
000737.SZ	南风化工	四川同庆南风洗涤用品有限责任公司	28	30	30	88	A

代码	名称（简称）	被参控公司/母公司	在线监测系统得分	监督性监测系统得分	环境违法处罚系统得分	企业环境绩效总得分	评分等级
000731.SZ	四川美丰	四川美丰化工股份有限公司	28	30	30	88	A
600340.SH	华夏幸福	固安九通基业公用事业有限公司	28	30	30	88	A
000966.SZ	长源电力	国电长源电力股份有限公司	28	30	30	88	A
000982.SZ	*ST 中绒	宁夏中银绒业股份有限公司	28	30	30	88	A
600449.SH	宁夏建材	宁夏青铜峡水泥股份有限公司	28	30	30	88	A
600795.SH	国电电力	安徽华电六安发电有限公司	28	30	30	88	A
300388.SZ	国祯环保	安徽国祯环保节能科技股份有限公司	30	30	28	88	A
002470.SZ	金正大	安徽金正大生态工程有限公司	28	30	30	88	A
600808.SH	马钢股份	安徽长江钢铁股份有限公司	28	30	30	88	A
600569.SH	安阳钢铁	安阳豫河永通球团有限责任公司	28	30	30	88	A
600600.SH	青岛啤酒	山东新银麦啤酒有限公司	28	30	30	88	A
000698.SZ	沈阳化工	山东蓝星东大化工有限责任公司	28	30	30	88	A
600123.SH	兰花科创	山西兰花工业污水处理有限公司	30	30	28	88	A
600809.SH	山西汾酒	山西杏花村汾酒厂股份有限公司	28	30	30	88	A
600809.SH	山西汾酒	山西杏花村汾酒原粮基地管理有限责任公司	28	30	30	88	A
600809.SH	山西汾酒	山西杏花村汾酒商贸有限责任公司	28	30	30	88	A
600809.SH	山西汾酒	山西杏花村汾酒科技开发有限责任公司	28	30	30	88	A
600809.SH	山西汾酒	山西杏花村汾酒销售有限责任公司	28	30	30	88	A
000983.SZ	西山煤电	山西西山晋兴能源有限责任公司	28	30	30	88	A
000983.SZ	西山煤电	山西西山煤电股份有限公司	28	30	30	88	A
600126.SH	杭钢股份	常山富春紫光污水处理有限公司	28	30	30	88	A
000782.SZ	美达股份	广东新会美达锦纶股份有限公司	28	30	30	88	A
600866.SH	星湖科技	广东肇庆星湖生物科技股份有限公司	28	30	30	88	A
002470.SZ	金正大	广东金正大生态工程有限公司	28	30	30	88	A
300388.SZ	国祯环保	彬县国祯水处理有限公司	28	30	30	88	A

代码	名称（简称）	被参控公司/母公司	在线监测系统得分	监督性监测系统得分	环境违法处罚系统得分	企业环境绩效总得分	评分等级
300388.SZ	国祯环保	徐州国祯水务运营有限公司	28	30	30	88	A
002470.SZ	金正大	德州金正大生态工程有限公司	28	30	30	88	A
600874.SH	创业环保	文登创业水务有限公司	28	30	30	88	A
000726.SZ	鲁泰 A	新疆鲁泰纺织有限公司	28	30	30	88	A
600874.SH	创业环保	武汉天创环保有限公司	28	30	30	88	A
000050.SZ	深天马 A	武汉天马微电子有限公司	28	30	30	88	A
601199.SH	江南水务	江苏江南水务股份有限公司	28	30	30	88	A
600746.SH	江苏索普	江苏索普化工股份有限公司	28	30	30	88	A
600362.SH	江西铜业	江西铜业（德兴）化工有限公司	28	30	30	88	A
000550.SZ	江铃汽车	江铃汽车销售有限公司	28	30	30	88	A
300388.SZ	国祯环保	江门市新会区龙泉污水处理有限公司	28	30	30	88	A
000933.SZ	神火股份	河南省许昌新龙矿业有限责任公司	28	30	30	88	A
600186.SH	莲花健康	河南省项城佳能热电有限责任公司	28	30	30	88	A
002470.SZ	金正大	河南金正大生态工程有限公司	28	30	30	88	A
603993.SH	洛阳钼业	洛阳栾川钼业集团冶炼有限责任公司	36	30	22	88	A
600160.SH	巨化股份	浙江巨化股份有限公司	28	30	30	88	A
002440.SZ	闰土股份	浙江迪邦化工有限公司	28	30	30	88	A
300070.SZ	碧水源	湖南合源水务环境科技股份有限公司	28	30	30	88	A
000729.SZ	燕京啤酒	燕京啤酒（玉林）有限公司	28	30	30	88	A
603568.SH	伟明环保	玉环伟明环保能源有限公司	28	30	30	88	A
000507.SZ	珠海港	珠海碧辟化工有限公司	28	30	30	88	A
600720.SH	祁连山	甘肃张掖巨龙建材有限责任公司	28	30	30	88	A
600027.SH	华电国际	石家庄华电供热集团有限公司	28	30	30	88	A
601088.SH	中国神华	神华北电胜利能源有限公司	32	30	26	88	A
600549.SH	厦门钨业	福建省长汀金龙稀土有限公司	28	30	30	88	A

代码	名称（简称）	被参控公司/母公司	在线监测系统得分	监督性监测系统得分	环境违法处罚系统得分	企业环境绩效总得分	评分等级
002382.SZ	蓝帆医疗	蓝帆医疗股份有限公司	28	30	30	88	A
600117.SH	西宁特钢	西宁特殊钢股份有限公司	28	30	30	88	A
601168.SH	西部矿业	西宁特殊钢集团有限责任公司	28	30	30	88	A
000598.SZ	兴蓉环境	西安兴蓉环境发展有限责任公司	28	30	30	88	A
600874.SH	创业环保	西安创业水务有限公司	28	30	30	88	A
002470.SZ	金正大	辽宁金正大生态工程有限公司	28	30	30	88	A
000766.SZ	通化金马	通化金马药业集团股份有限公司	28	30	30	88	A
601992.SH	金隅股份	邯郸金隅太行水泥有限责任公司	28	30	30	88	A
600066.SH	宇通客车	郑州宇通客车股份有限公司	28	30	30	88	A
601669.SH	中国电建	郑州燃气发电有限公司	28	30	30	88	A
000826.SZ	启迪桑德	鄂州桑德鄂清水务有限公司	28	30	30	88	A
600141.SH	兴发集团	重庆兴发金冠化工有限公司	30	30	28	88	A
000950.SZ	*ST 建峰	重庆建峰化工股份有限公司	28	30	30	88	A
002470.SZ	金正大	金正大生态工程集团股份有限公司	28	30	30	88	A
002019.SZ	亿帆医药	鑫富科技有限公司	28	30	30	88	A
600008.SH	首创股份	铁岭泓源大禹城市污水处理有限公司	28	30	30	88	A
600549.SH	厦门钨业	长汀金龙稀土有限公司	28	30	30	88	A
600600.SH	青岛啤酒	青岛啤酒股份有限公司	28	30	30	88	A
600600.SH	青岛啤酒	青岛啤酒（廊坊）有限公司	28	30	30	88	A
002646.SZ	青青稞酒	青海互助青稞酒股份有限公司	28	30	30	88	A
000606.SZ	神州易桥	青海明胶有限责任公司	28	30	30	88	A
002125.SZ	湘潭电化	靖西湘潭电化科技有限公司	28	30	30	88	A
600031.SH	三一重工	三一汽车制造有限公司	38	30	18	86	A
600019.SH	宝钢股份	上海宝钢化工有限公司	26	30	30	86	A
300388.SZ	国祯环保	东莞市松山湖天地环科水务有限公司	26	30	30	86	A

代码	名称（简称）	被参控公司/母公司	在线监测系统得分	监督性监测系统得分	环境违法处罚系统得分	企业环境绩效总得分	评分等级
000544.SZ	中原环保	中原环保同生漯河水务有限公司	26	30	30	86	A
600585.SH	海螺水泥	中国水泥厂有限公司	26	30	30	86	A
000685.SZ	中山公用	中山市污水处理有限公司	26	30	30	86	A
601678.SH	滨化股份	中海沥青股份有限公司	30	26	30	86	A
601766.SH	中国中车	中车西安车辆有限公司	26	30	30	86	A
600585.SH	海螺水泥	临夏海螺水泥有限责任公司	26	30	30	86	A
601991.SH	大唐发电	云南大唐国际电力有限公司	26	30	30	86	A
600011.SH	华能国际	云南滇东雨汪能源有限公司	26	30	30	86	A
000807.SZ	云铝股份	云南铝业股份有限公司	26	30	30	86	A
600197.SH	伊力特	伊犁伊力特有限公司	26	30	30	86	A
600887.SH	伊利股份	内蒙古伊利企业发展有限责任公司	26	30	30	86	A
600887.SH	伊利股份	内蒙古伊利实业集团股份有限公司	26	30	30	86	A
601991.SH	大唐发电	内蒙古大唐国际再生资源开发有限公司	26	30	30	86	A
300070.SZ	碧水源	北京碧水源环境科技有限公司	26	30	30	86	A
000059.SZ	华锦股份	北方华锦化学工业股份有限公司	26	30	30	86	A
600863.SH	内蒙华电	北方魏家峁煤电有限责任公司	26	30	30	86	A
600801.SH	华新水泥	华新水泥（秭归）有限公司	26	30	30	86	A
600027.SH	华电国际	华电湖北发电有限公司	26	30	30	86	A
002566.SZ	益盛药业	吉林省集安益盛药业股份有限公司	26	30	30	86	A
601718.SH	际华集团	咸阳际华新三零印染有限公司	26	30	30	86	A
600664.SH	哈药股份	哈药集团中药有限公司	26	30	30	86	A
600409.SH	三友化工	唐山三友集团兴达化纤有限公司	26	30	30	86	A
002068.SZ	黑猫股份	唐山黑猫炭黑有限责任公司	28	30	28	86	A
000958.SZ	东方能源	国家电投集团石家庄东方能源股份有限公司	26	30	30	86	A
000966.SZ	长源电力	国电长源荆州热电有限公司	26	30	30	86	A

代码	名称（简称）	被参控公司/母公司	在线监测系统得分	监督性监测系统得分	环境违法处罚系统得分	企业环境绩效总得分	评分等级
000826.SZ	启迪桑德	大冶桑德清波水务有限公司	26	30	30	86	A
600874.SH	创业环保	安国创业水务有限公司	26	30	30	86	A
002136.SZ	安纳达	安徽安纳达钛业股份有限公司	26	30	30	86	A
600585.SH	海螺水泥	安徽海螺水泥股份有限公司	26	30	30	86	A
600079.SH	人福医药	宜昌三峡制药有限公司	26	30	30	86	A
002004.SZ	华邦健康	山东凯盛新材料股份有限公司	26	30	30	86	A
002217.SZ	合力泰	山东合力泰化工有限公司	26	30	30	86	A
600789.SH	鲁抗医药	山东鲁抗医药股份有限公司	26	30	30	86	A
601991.SH	大唐发电	山西大唐国际运城发电有限责任公司	26	30	30	86	A
600408.SH	安泰集团	山西安泰集团股份有限公司	26	30	30	86	A
600408.SH	安泰集团	山西安泰集团能源投资有限公司	26	30	30	86	A
000767.SZ	漳泽电力	山西漳泽电力股份有限公司	26	30	30	86	A
002233.SZ	塔牌集团	广东塔牌集团股份有限公司	26	30	30	86	A
000952.SZ	广济药业	广济药业（孟州）有限公司	26	30	30	86	A
600997.SH	开滦股份	开滦能源化工股份有限公司	26	30	30	86	A
600635.SH	大众公用	徐州大众水务运营有限公司	26	30	30	86	A
601966.SH	玲珑轮胎	德州玲珑轮胎有限公司	26	30	30	86	A
300328.SZ	宜安科技	新材料科技有限公司	30	30	26	86	A
600197.SH	伊力特	新疆伊力特实业股份有限公司	26	30	30	86	A
600197.SH	伊力特	新疆伊力特经销公司	26	30	30	86	A
600400.SH	红豆股份	无锡后墅污水处理有限公司	26	30	30	86	A
600292.SH	远达环保	朝阳远达环保水务有限公司	26	30	30	86	A
600283.SH	钱江水利	永康市钱江水务有限公司	26	30	30	86	A
000823.SZ	超声电子	汕头超声印制板公司	26	30	30	86	A
000823.SZ	超声电子	汕头超声印制板（二厂）有限公司	26	30	30	86	A

代码	名称（简称）	被参控公司/母公司	在线监测系统得分	监督性监测系统得分	环境违法处罚系统得分	企业环境绩效总得分	评分等级
002075.SZ	沙钢股份	江苏沙钢集团淮钢特钢股份有限公司	26	30	30	86	A
600513.SH	联环药业	江苏联环药业股份有限公司	26	30	30	86	A
600461.SH	洪城水业	江西洪城水业环保有限公司	26	30	30	86	A
600461.SH	洪城水业	江西洪城水业股份有限公司	26	30	30	86	A
600572.SH	康恩贝	江西珍视明药业有限公司	26	30	30	86	A
600362.SH	江西铜业	江西铜业股份有限公司	26	30	30	86	A
000550.SZ	江铃汽车	江铃汽车股份有限公司	28	30	28	86	A
300388.SZ	国祯环保	江门市国祯污水处理有限公司	26	30	30	86	A
300388.SZ	国祯环保	汨罗市国祯水处理有限公司	26	30	30	86	A
600226.SH	升华拜克	河北圣雪大成制药有限责任公司	26	30	30	86	A
600876.SH	洛阳玻璃	洛玻集团龙门玻璃有限责任公司	26	30	30	86	A
300090.SZ	盛运环保	济宁中科环保电力有限公司	26	30	30	86	A
600267.SH	海正药业	浙江海正药业股份有限公司	26	30	30	86	A
300388.SZ	国祯环保	淮北中联环水环境有限公司	26	30	30	86	A
600008.SH	首创股份	淮南首创水务有限责任公司	26	30	30	86	A
000422.SZ	湖北宜化	湖北宜化肥业有限公司	28	30	28	86	A
000926.SZ	福星股份	湖北福星新材料科技有限公司	26	30	30	86	A
600089.SH	特变电工	特变电工股份有限公司	26	30	30	86	A
600089.SH	特变电工	特变电工衡阳变压器有限公司	26	30	30	86	A
000878.SZ	云南铜业	玉溪矿业有限公司	26	30	30	86	A
000543.SZ	皖能电力	皖能合肥发电有限公司	26	30	30	86	A
000059.SZ	华锦股份	盘锦北方沥青股份有限公司	26	30	30	86	A
600126.SH	杭钢股份	盱眙富春紫光污水处理有限公司	26	30	30	86	A
600585.SH	海螺水泥	石门海螺水泥有限责任公司	26	30	30	86	A
600483.SH	福能股份	福建南纺有限责任公司	26	30	30	86	A

代码	名称（简称）	被参控公司/母公司	在线监测系统得分	监督性监测系统得分	环境违法处罚系统得分	企业环境绩效总得分	评分等级
002110.SZ	三钢闽光	福建天尊新材料制造有限公司	26	30	30	86	A
603817.SH	海峡环保	福建海峡环保集团股份有限公司	26	30	30	86	A
000544.SZ	中原环保	郑州市郑东新区水务有限公司	26	30	30	86	A
601216.SH	君正集团	鄂尔多斯市君正能源化工有限公司	26	30	30	86	A
000707.SZ	双环科技	重庆宜化化工有限公司	26	30	30	86	A
601158.SH	重庆水务	重庆市渝西水务有限公司	26	30	30	86	A
600008.SH	首创股份	铜陵首创排水有限责任公司	26	30	30	86	A
600600.SH	青岛啤酒	青岛啤酒武威有限责任公司	26	30	30	86	A
600600.SH	青岛啤酒	青岛啤酒（石家庄）有限公司	26	30	30	86	A
600110.SH	诺德股份	青海电子材料产业发展有限公司	26	30	30	86	A
000792.SZ	盐湖股份	青海盐湖工业股份有限公司	26	30	30	86	A
002442.SZ	龙星化工	龙星化工股份有限公司	26	30	30	86	A
600277.SH	亿利洁能	内蒙古亿利化学工业有限公司	24	30	30	84	B^+
002004.SZ	华邦健康	江西禾益化工股份有限公司	26	30	28	84	B^+
002493.SZ	荣盛石化	浙江逸盛石化有限公司	24	30	30	84	B^+
600320.SH	振华重工	上海振华重工（集团）股份有限公司	24	30	30	84	B^+
601800.SH	中国交建	上海振华重工（集团）股份有限公司	24	30	30	84	B^+
600006.SH	东风汽车	东风汽车集团股份有限公司	24	30	30	84	B^+
000544.SZ	中原环保	中原环保郑州上街水务有限公司	24	30	30	84	B^+
600323.SH	瀚蓝环境	佛山市南海区里水污水处理有限公司	24	30	30	84	B^+
600323.SH	瀚蓝环境	佛山市南海里水水务有限公司	24	30	30	84	B^+
002674.SZ	兴业科技	兴业皮革科技股份有限公司	24	30	30	84	B^+
000401.SZ	冀东水泥	内蒙古冀东水泥有限责任公司	24	30	30	84	B^+
300239.SZ	东宝生物	包头东宝生物技术股份有限公司	24	30	30	84	B^+
600801.SH	华新水泥	华新水泥（阳新）有限公司	24	30	30	84	B^+

代码	名称（简称）	被参控公司/母公司	在线监测系统得分	监督性监测系统得分	环境违法处罚系统得分	企业环境绩效总得分	评分等级
600726.SH	华电能源	华电能源股份有限公司	24	30	30	84	B^+
600011.SH	华能国际	华能云南滇东能源有限责任公司	24	30	30	84	B^+
600282.SH	南钢股份	南京钢铁股份有限公司	24	30	30	84	B^+
001896.SZ	豫能控股	南阳天益发电有限责任公司	24	30	30	84	B^+
600664.SH	哈药股份	哈药集团股份有限公司	24	30	30	84	B^+
600409.SH	三友化工	唐山三友远达纤维有限公司	24	30	30	84	B^+
600839.SH	四川长虹	四川长虹技佳精工有限公司	24	30	30	84	B^+
600585.SH	海螺水泥	国产实业（湖南）水泥有限公司	24	30	30	84	B^+
000825.SZ	太钢不锈	天津太钢天管不锈钢有限公司	24	30	30	84	B^+
000652.SZ	泰达股份	天津泰达环保有限公司	24	30	30	84	B^+
000930.SZ	中粮生化	安徽中粮生化燃料酒精有限公司	24	30	30	84	B^+
600623.SH	华谊集团	安徽华谊化工有限公司	24	30	30	84	B^+
000596.SZ	古井贡酒	安徽古井贡酒股份有限公司	24	30	30	84	B^+
002145.SZ	中核钛白	安徽金星钛白（集团）有限公司	24	30	30	84	B^+
600008.SH	首创股份	安阳首创水务有限公司	24	30	30	84	B^+
600141.SH	兴发集团	宜都兴发化工有限公司	24	30	30	84	B^+
300070.SZ	碧水源	宽城碧水源环保有限公司	24	30	30	84	B^+
600783.SH	鲁信创投	山东东岳氟硅材料有限公司	28	30	26	84	B^+
000826.SZ	启迪桑德	巨鹿县聚力环保有限公司	24	30	30	84	B^+
000531.SZ	穗恒运 A	广州恒运热电（D）厂有限责任公司	24	30	30	84	B^+
002255.SZ	海陆重工	张家港市清源水处理有限公司	24	30	30	84	B^+
000601.SZ	韶能股份	张家界市桑梓综合利用发电厂有限责任公司	26	30	28	84	B^+
600100.SH	同方股份	惠州市同方水务有限公司	24	30	30	84	B^+
000885.SZ	同力水泥	新乡平原同力水泥有限责任公司	24	30	30	84	B^+
600585.SH	海螺水泥	新疆青松建材化工（集团）股份有限公司	24	30	30	84	B^+

代码	名称（简称）	被参控公司/母公司	在线监测系统得分	监督性监测系统得分	环境违法处罚系统得分	企业环境绩效总得分	评分等级
600425.SH	*ST 青松	新疆青松建材有限责任公司	24	30	30	84	B^+
300388.SZ	国祯环保	昆明市东川区国祯污水处理有限公司	24	30	30	84	B^+
600874.SH	创业环保	曲靖创业水务有限公司	24	30	30	84	B^+
002019.SZ	亿帆医药	杭州鑫富科技有限公司	28	30	26	84	B^+
002011.SZ	盾安环境	武安顶峰热电有限公司	24	30	30	84	B^+
603369.SH	今世缘	江苏今世缘酒业股份有限公司	24	30	30	84	B^+
603369.SH	今世缘	江苏今世缘酒业销售有限公司	24	30	30	84	B^+
600362.SH	江西铜业	江西铜业集团银山矿业有限责任公司	24	30	30	84	B^+
600419.SH	天润乳业	沙湾盖瑞乳业有限责任公司	24	30	30	84	B^+
600578.SH	京能电力	河北涿州利源热电有限公司	24	30	30	84	B^+
002321.SZ	华英农业	河南华英农业发展股份有限公司	24	30	30	84	B^+
600874.SH	创业环保	洪湖市创业水务有限公司	24	30	30	84	B^+
600023.SH	浙能电力	浙江浙能温州发电有限公司	24	30	30	84	B^+
600461.SH	洪城水业	温州洪城水业环保有限公司	24	30	30	84	B^+
600141.SH	兴发集团	湖北兴发化工集团股份有限公司	24	30	30	84	B^+
000952.SZ	广济药业	湖北广济药业股份有限公司	24	30	30	84	B^+
600156.SH	华升股份	湖南华升洞庭麻业有限公司	24	30	30	84	B^+
600585.SH	海螺水泥	益阳海螺水泥有限公司	24	30	30	84	B^+
600277.SH	亿利洁能	神华亿利能源有限责任公司	24	30	30	84	B^+
600810.SH	神马股份	神马实业股份有限公司	24	30	30	84	B^+
600461.SH	洪城水业	萍乡市洪城水业环保有限责任公司	24	30	30	84	B^+
601179.SH	中国西电	西安西电开关电气有限公司	24	30	30	84	B^+
002390.SZ	信邦制药	贵州信邦制药股份有限公司	24	30	30	84	B^+
002390.SZ	信邦制药	贵州信邦药业有限公司	24	30	30	84	B^+
600635.SH	大众公用	连云港西湖污水处理有限公司	24	30	30	84	B^+

代码	名称（简称）	被参控公司/母公司	在线监测系统得分	监督性监测系统得分	环境违法处罚系统得分	企业环境绩效总得分	评分等级
000937.SZ	冀中能源	邢台东庞通达煤电有限公司	24	30	30	84	B^+
300388.SZ	国祯环保	郎溪国祯水务运营有限公司	24	30	30	84	B^+
600121.SH	*ST 郑煤	郑州煤电股份有限公司	24	30	30	84	B^+
601158.SH	重庆水务	重庆市排水有限公司	24	30	30	84	B^+
600691.SH	阳煤化工	阳煤化工股份有限公司	24	30	30	84	B^+
600027.SH	华电国际	韶关市坪石发电厂有限公司（B厂）	24	30	30	84	B^+
002083.SZ	孚日股份	高密万仁热电有限公司	24	30	30	84	B^+
000830.SZ	鲁西化工	鲁西化工集团股份有限公司	24	30	30	84	B^+
000027.SZ	深圳能源	龙岩新东阳环保净化有限公司	24	30	30	84	B^+
600011.SH	华能国际	华能海南发电股份有限公司	22	30	30	82	B^+
000401.SZ	冀东水泥	唐山冀东水泥股份有限公司	24	30	28	82	B^+
000899.SZ	赣能股份	江西赣能股份有限公司	22	30	30	82	B^+
600635.SH	大众公用	上海大众嘉定污水处理有限公司	26	30	26	82	B^+
002221.SZ	东华能源	东华能源股份有限公司	22	30	30	82	B^+
600028.SH	中国石化	中国石化湛江东兴石油化工有限公司	24	30	28	82	B^+
603903.SH	中持股份	中持水务股份有限公司	22	30	30	82	B^+
600737.SH	中粮糖业	中粮屯河崇左糖业有限公司	22	30	30	82	B^+
000768.SZ	中航飞机	中航飞机股份有限公司	22	30	30	82	B^+
600489.SH	中金黄金	中金嵩县嵩原黄金冶炼有限责任公司	28	30	24	82	B^+
601600.SH	中国铝业	中铝宁夏能源集团有限公司	22	30	30	82	B^+
300388.SZ	国祯环保	云南陆良县国祯污水处理有限公司	22	30	30	82	B^+
600323.SH	瀚蓝环境	佛山市南海罗村污水处理有限公司	22	30	30	82	B^+
600188.SH	兖州煤业	兖州煤业股份有限公司	22	30	30	82	B^+
600188.SH	兖州煤业	兖州煤业鄂尔多斯能化有限公司	22	30	30	82	B^+
600188.SH	兖州煤业	内蒙古伊泽矿业投资有限公司	22	30	30	82	B^+

代码	名称（简称）	被参控公司/母公司	在线监测系统得分	监督性监测系统得分	环境违法处罚系统得分	企业环境绩效总得分	评分等级
601168.SH	西部矿业	内蒙古双利矿业有限公司	22	30	30	82	B^+
600887.SH	伊利股份	内蒙古金海伊利乳业有限责任公司	22	30	30	82	B^+
600008.SH	首创股份	凡和（葫芦岛）水务投资有限公司	22	30	30	82	B^+
600126.SH	杭钢股份	凤阳县富春紫光污水处理有限公司	22	30	30	82	B^+
603609.SH	禾丰牧业	北票市宏发食品有限公司	22	30	30	82	B^+
600720.SH	祁连山	古浪祁连山水泥有限公司	22	30	30	82	B^+
002821.SZ	凯莱英	吉林凯莱英医药化学有限公司	22	30	30	82	B^+
600585.SH	海螺水泥	哈密弘毅建材有限责任公司	22	30	30	82	B^+
600864.SH	哈投股份	哈尔滨哈投投资股份有限公司	22	30	30	82	B^+
601233.SH	桐昆股份	嘉兴石化有限公司	22	30	30	82	B^+
600438.SH	通威股份	四川永祥股份有限公司	22	30	30	82	B^+
600187.SH	国中水务	国水（马鞍山）污水处理有限公司	22	30	30	82	B^+
600795.SH	国电电力	国电电力朝阳水务环保有限公司	22	30	30	82	B^+
600567.SH	山鹰纸业	安徽山鹰纸业股份有限公司	22	30	30	82	B^+
600298.SH	安琪酵母	安琪酵母（睢县）有限公司	22	30	30	82	B^+
000902.SZ	新洋丰	宜昌新洋丰肥业有限公司	22	30	30	82	B^+
300388.SZ	国祯环保	富宁县国祯污水处理有限公司	22	30	30	82	B^+
600727.SH	鲁北化工	山东鲁北化工股份有限公司	22	30	30	82	B^+
000767.SZ	漳泽电力	山西华泽铝电有限责任公司	22	30	30	82	B^+
600546.SH	山煤国际	山西省长治经坊煤业有限公司	22	30	30	82	B^+
600585.SH	海螺水泥	平凉海螺水泥有限责任公司	22	30	30	82	B^+
002539.SZ	云图控股	应城市新都化工有限责任公司	22	30	30	82	B^+
002255.SZ	海陆重工	张家港市清泉水处理有限公司	22	30	30	82	B^+
300388.SZ	国祯环保	怀远县国祯污水处理有限公司	22	30	30	82	B^+
600346.SH	恒力股份	恒力石化股份有限公司	22	30	30	82	B^+

代码	名称（简称）	被参控公司/母公司	在线监测系统得分	监督性监测系统得分	环境违法处罚系统得分	企业环境绩效总得分	评分等级
600346.SH	恒力股份	恒力石化（大连）化工有限公司	22	30	30	82	B^+
002092.SZ	中泰化学	新疆中泰化学托克逊能化有限公司	22	30	30	82	B^+
002092.SZ	中泰化学	新疆中泰化学股份有限公司	22	30	30	82	B^+
000761.SZ	本钢板材	本钢板材辽阳球团有限责任公司	22	30	30	82	B^+
300090.SZ	盛运环保	枣庄中科环保电力有限公司	22	30	30	82	B^+
002075.SZ	沙钢股份	江苏沙钢股份有限公司	28	30	24	82	B^+
600758.SH	红阳能源	沈阳焦煤股份有限公司	22	30	30	82	B^+
600722.SH	金牛化工	河北金牛旭阳化工有限公司	22	30	30	82	B^+
601677.SH	明泰铝业	河南明泰铝业股份有限公司	22	30	30	82	B^+
600596.SH	新安股份	浙江开化合成材料有限公司	22	30	30	82	B^+
002034.SZ	美欣达	浙江美欣达印染集团股份有限公司	22	30	30	82	B^+
601678.SH	滨化股份	滨化集团股份有限公司	22	30	30	82	B^+
000612.SZ	焦作万方	焦作万方铝业股份有限公司	22	30	30	82	B^+
000729.SZ	燕京啤酒	燕京啤酒（山东无名）股份有限公司	22	30	30	82	B^+
000729.SZ	燕京啤酒	燕京啤酒（衡阳）有限公司	22	30	30	82	B^+
002407.SZ	多氟多	白银中天化工有限责任公司	22	30	30	82	B^+
601618.SH	中国中冶	石钢京诚装备技术有限公司	28	30	24	82	B^+
300388.SZ	国祯环保	砚山县国祯污水处理有限公司	22	30	30	82	B^+
300070.SZ	碧水源	秦皇岛碧水源环境科技有限公司	22	30	30	82	B^+
600008.SH	首创股份	菏泽首创水务有限公司	22	30	30	82	B^+
000826.SZ	启迪桑德	襄阳桑德汉水水务有限公司	22	30	30	82	B^+
000939.SZ	凯迪生态	郑州煤炭工业（集团）杨河煤业有限公司	22	30	30	82	B^+
601158.SH	重庆水务	重庆市三峡水务有限责任公司	22	30	30	82	B^+
601158.SH	重庆水务	重庆市大足区清溪水务有限公司	22	30	30	82	B^+
300388.SZ	国祯环保	阳春市水质净化有限公司	22	30	30	82	B^+

代码	名称（简称）	被参控公司/母公司	在线监测系统得分	监督性监测系统得分	环境违法处罚系统得分	企业环境绩效总得分	评分等级
601718.SH	际华集团	际华三五零九纺织有限公司	22	30	30	82	B^+
601718.SH	际华集团	青海际华江源实业有限公司	22	30	30	82	B^+
002068.SZ	黑猫股份	韩城黑猫炭黑有限责任公司	22	30	30	82	B^+
600803.SH	新奥股份	新能能源有限公司	20	30	30	80	B^+
000027.SZ	深圳能源	深圳市广深沙角 B 电力有限公司	20	30	30	80	B^+
000729.SZ	燕京啤酒	燕京惠泉啤酒（抚州）有限公司	20	30	30	80	B^+
600126.SH	杭钢股份	三门富春紫光污水处理有限公司	20	30	30	80	B^+
600028.SH	中国石化	中国石化长城能源化工有限公司	20	30	30	80	B^+
601106.SH	*ST 一重	中国第一重型机械股份公司	20	30	30	80	B^+
000930.SZ	中粮生化	中粮生物化学（安徽）股份有限公司	20	30	30	80	B^+
600008.SH	首创股份	临沂首创博瑞水务有限公司	20	30	30	80	B^+
600691.SH	阳煤化工	临猗县城市污水处理有限公司	20	30	30	80	B^+
600152.SH	维科精华	九江维科针织有限公司	20	30	30	80	B^+
000960.SZ	锡业股份	云南华联锌铟股份有限公司	20	30	30	80	B^+
300070.SZ	碧水源	云南水务投资股份有限公司	20	30	30	80	B^+
600881.SH	亚泰集团	亚泰集团通化水泥股份有限公司	20	30	30	80	B^+
600323.SH	瀚蓝环境	佛山市南海区丹灶水务有限公司	20	30	30	80	B^+
600323.SH	瀚蓝环境	佛山市南海区丹灶镇污水处理有限公司	20	30	30	80	B^+
600182.SH	S 佳通	佳通轮胎股份有限公司	20	30	30	80	B^+
002342.SZ	巨力索具	保定巨力供热有限公司	20	30	30	80	B^+
600585.SH	海螺水泥	兴业葵阳海螺水泥有限责任公司	20	30	30	80	B^+
000401.SZ	冀东水泥	冀东水泥铜川有限公司	20	30	30	80	B^+
000401.SZ	冀东水泥	冀东水泥（烟台）有限责任公司	22	30	28	80	B^+
000571.SZ	新大洲 A	内蒙古牙克石五九煤炭（集团）有限责任公司	20	30	30	80	B^+
600863.SH	内蒙华电	内蒙古蒙电华能热电股份有限公司	20	30	30	80	B^+

代码	名称（简称）	被参控公司/母公司	在线监测系统得分	监督性监测系统得分	环境违法处罚系统得分	企业环境绩效总得分	评分等级
600010.SH	包钢股份	包钢集团固阳矿山有限公司	20	30	30	80	B^+
300070.SZ	碧水源	北京碧海环境科技有限公司	20	30	30	80	B^+
300070.SZ	碧水源	十堰京水环境科技有限公司	20	30	30	80	B^+
600812.SH	华北制药	华北制药河北华民药业有限责任公司	20	30	30	80	B^+
600801.SH	华新水泥	华新水泥股份有限公司	20	30	30	80	B^+
000525.SZ	红太阳	南京红太阳农村云商有限公司	20	30	30	80	B^+
000525.SZ	红太阳	南京红太阳国际实业有限公司	20	30	30	80	B^+
000525.SZ	红太阳	南京红太阳国际贸易有限公司	20	30	30	80	B^+
600064.SH	南京高科	南京高科水务有限公司	20	30	30	80	B^+
600064.SH	南京高科	南京高科股份有限公司	20	30	30	80	B^+
000911.SZ	南宁糖业	南宁糖业股份有限公司	20	30	30	80	B^+
002588.SZ	史丹利	史丹利化肥宁陵有限公司	20	30	30	80	B^+
600881.SH	亚泰集团	吉林亚泰水泥有限公司	20	30	30	80	B^+
600432.SH	*ST 吉恩	吉林吉恩镍业股份有限公司	24	30	26	80	B^+
000826.SZ	启迪桑德	嘉鱼嘉清水务有限公司	20	30	30	80	B^+
000910.SZ	大亚圣象	大亚木业（江西）有限公司	20	30	30	80	B^+
002078.SZ	太阳纸业	太阳纸业（香港）有限公司	20	30	30	80	B^+
000862.SZ	银星能源	宁夏银星能源股份有限公司	20	30	30	80	B^+
600298.SH	安琪酵母	安琪酵母（德宏）有限公司	20	30	30	80	B^+
002078.SZ	太阳纸业	山东太阳纸业股份有限公司	20	30	30	80	B^+
603026.SH	石大胜华	山东石大胜华化工集团股份有限公司	20	30	30	80	B^+
600022.SH	山东钢铁	山东钢铁集团有限公司	20	30	30	80	B^+
601989.SH	中国重工	山海关船舶重工有限责任公司	20	30	30	80	B^+
000539.SZ	粤电力 A	广东电力发展股份有限公司	20	30	30	80	B^+
000539.SZ	粤电力 A	广东省惠州天然气发电有限公司	20	30	30	80	B^+

代码	名称（简称）	被参控公司/母公司	在线监测系统得分	监督性监测系统得分	环境违法处罚系统得分	企业环境绩效总得分	评分等级
600252.SH	中恒集团	广西梧州制药（集团）股份有限公司	20	30	30	80	B^+
600008.SH	首创股份	恩施首创水务有限公司	20	30	30	80	B^+
000629.SZ	*ST 钒钛	攀枝花东方钛业有限公司	30	30	20	80	B^+
600873.SH	梅花生物	梅花生物科技集团股份有限公司	20	30	30	80	B^+
600168.SH	武汉控股	武汉市城市排水发展有限公司	20	30	30	80	B^+
000488.SZ	晨鸣纸业	武汉晨鸣汉阳纸业股份有限公司	20	30	30	80	B^+
002216.SZ	三全食品	河南全惠食品有限公司	20	30	30	80	B^+
000786.SZ	北新建材	泰山石膏（济源）有限公司	20	30	30	80	B^+
600070.SH	浙江富润	浙江富润股份有限公司	20	30	30	80	B^+
000422.SZ	湖北宜化	湖北宜化化工股份有限公司	26	30	24	80	B^+
600196.SH	复星医药	湖北新生源生物工程股份有限公司	20	30	30	80	B^+
300388.SZ	国祯环保	湖南国祯环保科技有限责任公司	20	30	30	80	B^+
600433.SH	冠豪高新	湛江冠豪纸业有限公司	20	30	30	80	B^+
000729.SZ	燕京啤酒	燕京啤酒（河南月山）有限公司	20	30	30	80	B^+
000729.SZ	燕京啤酒	燕京啤酒（通辽）有限责任公司	20	30	30	80	B^+
000571.SZ	新大洲 A	牙克石五九煤炭销售有限公司	20	30	30	80	B^+
600008.SH	首创股份	绍兴市嵊新首创污水处理有限公司	20	30	30	80	B^+
000895.SZ	双汇发展	绵阳双汇食品有限责任公司	20	30	30	80	B^+
600758.SH	红阳能源	辽宁沈煤红阳热电有限公司	20	30	30	80	B^+
600614.SH	鹏起科技	郴州丰越环保科技有限公司	20	30	30	80	B^+
002507.SZ	涪陵榨菜	重庆市涪陵榨菜集团股份有限公司	20	30	30	80	B^+
601158.SH	重庆水务	重庆市渝东水务有限公司	20	30	30	80	B^+
002688.SZ	金河生物	金河生物科技股份有限公司	20	30	30	80	B^+
600328.SH	兰太实业	阿拉善经济开发区污水处理有限责任公司	20	30	30	80	B^+
002532.SZ	新界泵业	陇西县博华污水处理有限公司	20	30	30	80	B^+

代码	名称（简称）	被参控公司/母公司	在线监测系统得分	监督性监测系统得分	环境违法处罚系统得分	企业环境绩效总得分	评分等级
600508.SH	上海能源	上海大屯能源股份有限公司	18	30	30	78	B
002604.SZ	龙力生物	山东龙力生物科技股份有限公司	18	30	30	78	B
000050.SZ	深天马A	上海中航光电子有限公司	18	30	30	78	B
300388.SZ	国祯环保	东莞市万江区天地信达水务有限公司	18	30	30	78	B
000544.SZ	中原环保	中原环保新密热力有限公司	18	30	30	78	B
600028.SH	中国石化	中国石化催化剂有限公司	18	30	30	78	B
600008.SH	首创股份	临沂首创水务有限公司	18	30	30	78	B
600881.SH	亚泰集团	亚泰集团哈尔滨水泥有限公司	18	30	30	78	B
600277.SH	亿利洁能	亿利洁能股份有限公司	18	30	30	78	B
600323.SH	瀚蓝环境	佛山市南海区九江镇净蓝污水处理有限公司	18	30	30	78	B
600323.SH	瀚蓝环境	佛山市南海区狮山镇松岗污水处理有限公司	18	30	30	78	B
600660.SH	福耀玻璃	佛山福耀玻璃有限公司	18	30	30	78	B
600188.SH	兖州煤业	兖煤菏泽能化有限公司	18	30	30	78	B
600887.SH	伊利股份	内蒙古金山乳业有限责任公司	18	30	30	78	B
600292.SH	远达环保	凌源远达水务有限公司	18	30	30	78	B
600010.SH	包钢股份	包钢钢联股份有限公司	18	30	30	78	B
600801.SH	华新水泥	华新水泥（恩施）有限公司	18	30	30	78	B
600801.SH	华新水泥	华新水泥（襄阳）有限公司	18	30	30	78	B
000525.SZ	红太阳	南京红太阳股份有限公司	20	30	28	78	B
002588.SZ	史丹利	史丹利化肥（平原）有限公司	18	30	30	78	B
600795.SH	国电电力	国电内蒙古晶阳能源有限公司	18	30	30	78	B
600795.SH	国电电力	国电电力发展股份有限公司	18	30	30	78	B
600340.SH	华夏幸福	大厂回族自治县鼎鸿投资开发有限公司	18	30	30	78	B
000927.SZ	一汽夏利	天津一汽夏利汽车股份有限公司	18	30	30	78	B
000939.SZ	凯迪生态	安仁县凯迪绿色能源开发有限公司	18	30	30	78	B

代码	名称（简称）	被参控公司/母公司	在线监测系统得分	监督性监测系统得分	环境违法处罚系统得分	企业环境绩效总得分	评分等级
002805.SZ	丰元股份	山东丰元化学股份有限公司	18	30	30	78	B
601666.SH	平煤股份	平顶山天安煤业股份有限公司	18	30	30	78	B
000576.SZ	广东甘化	广东江门生物技术开发中心有限公司	18	30	30	78	B
600660.SH	福耀玻璃	广州福耀玻璃有限公司	18	30	30	78	B
000939.SZ	凯迪生态	德安县凯迪绿色能源开发有限公司	18	30	30	78	B
600399.SH	抚顺特钢	抚顺特殊钢股份有限公司	24	30	24	78	B
600249.SH	两面针	柳州两面针纸业有限公司	18	30	30	78	B
600249.SH	两面针	柳州两面针纸品有限公司	18	30	30	78	B
600249.SH	两面针	柳州两面针股份有限公司	18	30	30	78	B
600660.SH	福耀玻璃	柳州福耀玻璃有限公司	18	30	30	78	B
000027.SZ	深圳能源	武汉深能环保新沟垃圾发电有限公司	18	30	30	78	B
600660.SH	福耀玻璃	武汉福耀玻璃有限公司	18	30	30	78	B
600720.SH	祁连山	民和祁连山水泥有限公司	18	30	30	78	B
002091.SZ	江苏国泰	江苏国泰盱眙污水处理有限公司	18	30	30	78	B
000877.SZ	天山股份	江苏天山水泥集团有限公司	18	30	30	78	B
600220.SH	江苏阳光	江苏阳光股份有限公司	18	30	30	78	B
000789.SZ	万年青	江西万年青水泥股份有限公司	18	30	30	78	B
300294.SZ	博雅生物	江西博雅生物制药股份有限公司	18	30	30	78	B
002463.SZ	沪电股份	沪士电子股份有限公司	22	30	26	78	B
000709.SZ	河钢股份	河北钢铁集团滦县司家营铁矿有限公司	18	30	30	78	B
300381.SZ	溢多利	河南利华制药有限公司	18	30	30	78	B
000933.SZ	神火股份	河南神火兴隆矿业有限责任公司	18	30	30	78	B
000895.SZ	双汇发展	湖北武汉双汇食品有限公司	18	30	30	78	B
002225.SZ	濮耐股份	濮阳濮耐高温材料（集团）股份有限公司	18	30	30	78	B
600660.SH	福耀玻璃	烟台福耀玻璃有限公司	18	30	30	78	B

代码	名称（简称）	被参控公司/母公司	在线监测系统得分	监督性监测系统得分	环境违法处罚系统得分	企业环境绩效总得分	评分等级
000729.SZ	燕京啤酒	燕京啤酒（桂林漓泉）股份有限公司	18	30	30	78	B
000532.SZ	华金资本	珠海力合环保有限公司	18	30	30	78	B
600660.SH	福耀玻璃	福耀玻璃俄罗斯有限公司	18	30	30	78	B
600660.SH	福耀玻璃	福耀玻璃美国有限公司	18	30	30	78	B
600660.SH	福耀玻璃	福耀玻璃（湖北）有限公司	18	30	30	78	B
600660.SH	福耀玻璃	福耀玻璃（重庆）有限公司	18	30	30	78	B
002260.SZ	德奥通航	蓝海实业有限公司	18	30	30	78	B
300152.SZ	科融环境	诸城宝源新能源发电有限公司	18	30	30	78	B
600519.SH	贵州茅台	贵州茅台酒股份有限公司	18	30	30	78	B
600227.SH	赤天化	贵州赤天化股份有限公司	18	30	30	78	B
600660.SH	福耀玻璃	郑州福耀玻璃有限公司	18	30	30	78	B
601101.SH	昊华能源	鄂尔多斯市昊华国泰化工有限公司	18	30	30	78	B
600808.SH	马钢股份	马鞍山钢铁无锡销售有限公司	18	30	30	78	B
600808.SH	马钢股份	马鞍山钢铁股份有限公司	18	30	30	78	B
600808.SH	马钢股份	马鞍山钢铁（澳大利亚）有限公司	18	30	30	78	B
600104.SH	上汽集团	上汽大众汽车有限公司	16	30	30	76	B
600104.SH	上汽集团	上海上汽大众汽车销售有限公司	16	30	30	76	B
600618.SH	氯碱化工	上海氯碱化工股份有限公司	16	30	30	76	B
000597.SZ	东北制药	东北制药集团股份有限公司	22	30	24	76	B
000544.SZ	中原环保	中原环保水务登封有限公司	16	30	30	76	B
601766.SH	中国中车	中车长春轨道客车股份有限公司	16	30	30	76	B
600277.SH	亿利洁能	亿利洁能科技（乐陵）有限公司	24	30	22	76	B
600425.SH	*ST 青松	伊犁青松南岗建材有限公司	16	30	30	76	B
600323.SH	瀚蓝环境	创冠环保（廊坊）有限公司	16	30	30	76	B
600323.SH	瀚蓝环境	创冠环保（惠安）有限公司	16	30	30	76	B

代码	名称（简称）	被参控公司/母公司	在线监测系统得分	监督性监测系统得分	环境违法处罚系统得分	企业环境绩效总得分	评分等级
600801.SH	华新水泥	华新水泥（赤壁）有限公司	16	30	30	76	B
600449.SH	宁夏建材	固原市六盘山水泥有限责任公司	16	30	30	76	B
600187.SH	国中水务	国水（昌黎）污水处理有限公司	16	30	30	76	B
601992.SH	金隅股份	大厂金隅金海燕玻璃棉有限公司	16	30	30	76	B
600298.SH	安琪酵母	安琪酵母（崇左）有限公司	16	30	30	76	B
600350.SH	山东高速	山东高速环保科技有限公司	16	30	30	76	B
600350.SH	山东高速	山东高速股份有限公司	16	30	30	76	B
601898.SH	中煤能源	山西中煤华晋能源有限责任公司	16	30	30	76	B
000778.SZ	新兴铸管	新兴铸管（加拿大）有限公司	16	30	30	76	B
000778.SZ	新兴铸管	新兴铸管（卢森堡）有限公司	16	30	30	76	B
000778.SZ	新兴铸管	新兴铸管（香港）有限公司	16	30	30	76	B
002092.SZ	中泰化学	新疆圣雄能源股份有限公司	16	30	30	76	B
600425.SH	*ST 青松	新疆青松水泥有限责任公司	16	30	30	76	B
600846.SH	同济科技	枣庄市同安水务有限公司	16	30	30	76	B
601003.SH	柳钢股份	柳州钢铁股份有限公司	16	30	30	76	B
600486.SH	扬农化工	江苏扬农化工股份有限公司	16	30	30	76	B
600167.SH	联美控股	沈阳浑南热力有限责任公司	16	30	30	76	B
000600.SZ	建投能源	河北西柏坡第二发电有限责任公司	16	30	30	76	B
600812.SH	华北制药	河北银发华鼎环保科技有限公司	16	30	30	76	B
002061.SZ	江山化工	浙江江山化工股份有限公司	26	30	20	76	B
000615.SZ	京汉股份	湖北金环新材料科技有限公司	16	30	30	76	B
600601.SH	方正科技	珠海方正科技高密电子有限公司	16	30	30	76	B
603823.SH	百合花	百合花集团股份有限公司	18	30	28	76	B
600802.SH	福建水泥	福建水泥股份有限公司	16	30	30	76	B
600126.SH	杭钢股份	襄阳富春紫光污水处理有限公司	16	30	30	76	B

代码	名称（简称）	被参控公司/母公司	在线监测系统得分	监督性监测系统得分	环境违法处罚系统得分	企业环境绩效总得分	评分等级
000615.SZ	京汉股份	襄阳金环新材料科技有限公司	16	30	30	76	B
601992.SH	金隅股份	邯郸涉县金隅水泥有限公司	16	30	30	76	B
000939.SZ	凯迪生态	鄱阳县凯迪绿色能源开发有限公司	16	30	30	76	B
000630.SZ	铜陵有色	铜陵有色金属集团股份有限公司	16	30	30	76	B
002109.SZ	兴化股份	陕西兴化化学股份有限公司	16	30	30	76	B
000778.SZ	新兴铸管	黄石新兴管业有限公司	30	30	16	76	B
000012.SZ	南玻 A	东莞南玻太阳能玻璃有限公司	14	30	30	74	B⁻
601857.SH	中国石油	中国石油天然气股份有限公司	14	30	30	74	B⁻
601898.SH	中煤能源	中煤陕西榆林能源化工有限公司	24	30	20	74	B⁻
600078.SH	澄星股份	云南宣威磷电有限责任公司	14	30	30	74	B⁻
000683.SZ	远兴能源	内蒙古博源水务有限责任公司	14	30	30	74	B⁻
600917.SH	重庆燃气	华能重庆两江燃机有限公司	14	30	30	74	B⁻
600062.SH	华润双鹤	双鹤药业（商丘）有限责任公司	14	30	30	74	B⁻
002588.SZ	史丹利	史丹利化肥定西有限公司	14	30	30	74	B⁻
002210.SZ	飞马国际	大同富乔垃圾焚烧发电有限公司	14	30	30	74	B⁻
000652.SZ	泰达股份	天津泰达股份有限公司	14	30	30	74	B⁻
000695.SZ	滨海能源	天津滨海能源发展股份有限公司	14	30	30	74	B⁻
000756.SZ	新华制药	山东新华制药股份有限公司	14	30	30	74	B⁻
600529.SH	山东药玻	山东省药用玻璃股份有限公司	24	30	20	74	B⁻
600691.SH	阳煤化工	山西阳煤丰喜肥业（集团）有限公司	14	30	30	74	B⁻
600497.SH	驰宏锌锗	彝良驰宏矿业有限公司	14	30	30	74	B⁻
000756.SZ	新华制药	新华制药（高密）有限公司	14	30	30	74	B⁻
600888.SH	新疆众和	新疆众和进出口有限公司	14	30	30	74	B⁻
600509.SH	天富能源	新疆天富能源股份有限公司	14	30	30	74	B⁻
600803.SH	新奥股份	新能凤凰（滕州）能源有限公司	16	30	28	74	B⁻

代码	名称（简称）	被参控公司/母公司	在线监测系统得分	监督性监测系统得分	环境违法处罚系统得分	企业环境绩效总得分	评分等级
601118.SH	海南橡胶	江城嘉禾橡胶有限责任公司	14	30	30	74	B^-
002304.SZ	洋河股份	江苏洋河酒厂股份有限公司	14	30	30	74	B^-
002562.SZ	兄弟科技	江西兄弟医药有限公司	14	30	30	74	B^-
600962.SH	国投中鲁	河北国投中鲁果蔬汁有限公司	14	30	30	74	B^-
000933.SZ	神火股份	河南有色汇源铝业有限公司	14	30	30	74	B^-
000885.SZ	同力水泥	河南省同力水泥有限公司	14	30	30	74	B^-
000953.SZ	*ST 河化	河池化工有限责任公司	16	30	28	74	B^-
002068.SZ	黑猫股份	济宁黑猫炭黑有限责任公司	14	30	30	74	B^-
000703.SZ	恒逸石化	浙江巴陵恒逸己内酰胺有限责任公司	14	30	30	74	B^-
600023.SH	浙能电力	浙江浙能电力股份有限公司	14	30	30	74	B^-
600160.SH	巨化股份	浙江衢化氟化学有限公司	14	30	30	74	B^-
600187.SH	国中水务	涿州中科国益水务有限公司	14	30	30	74	B^-
002125.SZ	湘潭电化	湘潭电化科技股份有限公司	28	30	16	74	B^-
002365.SZ	永安药业	潜江永安药业股份有限公司	14	30	30	74	B^-
000612.SZ	焦作万方	焦作万方电力有限公司	14	30	30	74	B^-
601088.SH	中国神华	神华准格尔能源有限责任公司	14	30	30	74	B^-
002250.SZ	联化科技	联化科技股份有限公司	14	30	30	74	B^-
600526.SH	菲达环保	衢州市清泰环境工程有限公司	14	30	30	74	B^-
600585.SH	海螺水泥	贵定海螺盘江水泥有限责任公司	14	30	30	74	B^-
600585.SH	海螺水泥	赣州海螺水泥有限责任公司	14	30	30	74	B^-
000758.SZ	中色股份	赤峰中色锌业有限公司	24	30	20	74	B^-
600720.SH	祁连山	酒钢（集团）宏达建材有限责任公司	14	30	30	74	B^-
002507.SZ	涪陵榨菜	重庆市邱家榨菜食品有限责任公司	14	30	30	74	B^-
601718.SH	际华集团	际华三五零二职业装有限公司	14	30	30	74	B^-
600021.SH	上海电力	上海电力股份有限公司	12	30	30	72	B^-

代码	名称（简称）	被参控公司/母公司	在线监测系统得分	监督性监测系统得分	环境违法处罚系统得分	企业环境绩效总得分	评分等级
000600.SZ	建投能源	河北西柏坡发电有限责任公司	24	30	18	72	B^-
600309.SH	万华化学	万华化学（宁波）热电有限公司	12	30	30	72	B^-
002672.SZ	东江环保	东莞市虎门绿源水务有限公司	12	30	30	72	B^-
000422.SZ	湖北宜化	内蒙古宜化化工有限公司	14	30	28	72	B^-
601992.SH	金隅股份	博爱金隅水泥有限公司	12	30	30	72	B^-
600886.SH	国投电力	国投云顶湄洲湾电力有限公司	12	30	30	72	B^-
600874.SH	创业环保	天津创业环保集团股份有限公司	12	30	30	72	B^-
600874.SH	创业环保	天津创业环保（香港）有限公司	12	30	30	72	B^-
600717.SH	天津港	天津港股份有限公司	14	30	28	72	B^-
300070.SZ	碧水源	天津蓟源水处理有限公司	12	30	30	72	B^-
002083.SZ	孚日股份	孚日集团股份有限公司	12	30	30	72	B^-
600449.SH	宁夏建材	宁夏赛马水泥有限公司	12	30	30	72	B^-
600982.SH	宁波热电	宁波热电股份有限公司	12	30	30	72	B^-
300185.SZ	通裕重工	山东省禹城市新园热电有限公司	12	30	30	72	B^-
300158.SZ	振东制药	山西振东制药股份有限公司	12	30	30	72	B^-
601699.SH	潞安环能	山西潞安环保能源开发股份有限公司	12	30	30	72	B^-
600546.SH	山煤国际	山西霍尔辛赫煤业有限责任公司	12	30	30	72	B^-
000756.SZ	新华制药	新华制药（寿光）有限公司	14	30	28	72	B^-
600089.SH	特变电工	新特能源股份有限公司	12	30	30	72	B^-
002092.SZ	中泰化学	新疆中泰化学阜康能源有限公司	18	30	24	72	B^-
000729.SZ	燕京啤酒	河北燕京玻璃制品有限公司	22	30	20	72	B^-
600559.SH	老白干酒	河北衡水老白干酒业股份有限公司	12	30	30	72	B^-
002132.SZ	恒星科技	河南恒星科技股份有限公司	12	30	30	72	B^-
000488.SZ	晨鸣纸业	湛江晨鸣浆纸有限公司	18	30	24	72	B^-
002225.SZ	濮耐股份	濮阳市濮耐功能材料有限公司	12	30	30	72	B^-

代码	名称（简称）	被参控公司/母公司	在线监测系统得分	监督性监测系统得分	环境违法处罚系统得分	企业环境绩效总得分	评分等级
002250.SZ	联化科技	联化科技（德州）有限公司	14	30	28	72	B⁻
002170.SZ	芭田股份	贵州芭田生态工程有限公司	20	30	22	72	B⁻
601225.SH	陕西煤业	陕煤集团神木张家峁矿业有限公司	12	30	30	72	B⁻
000885.SZ	同力水泥	驻马店市豫龙同力水泥有限公司	12	30	30	72	B⁻
000885.SZ	同力水泥	三门峡腾跃同力水泥有限公司	10	30	30	70	B⁻
600028.SH	中国石化	中国石化北海炼化有限责任公司	10	30	30	70	B⁻
601600.SH	中国铝业	中国铝业股份有限公司	24	30	16	70	B⁻
002002.SZ	鸿达兴业	内蒙古中谷矿业有限责任公司	18	30	22	70	B⁻
600719.SH	大连热电	大连热电股份有限公司	10	30	30	70	B⁻
600281.SH	太化股份	太原化工股份有限公司	10	30	30	70	B⁻
600308.SH	华泰股份	山东华泰纸业股份有限公司	14	30	26	70	B⁻
600188.SH	兖州煤业	山东华聚能源股份有限公司	10	30	30	70	B⁻
601699.SH	潞安环能	山西潞安焦化有限责任公司	10	30	30	70	B⁻
601992.SH	金隅股份	沁阳市金隅水泥有限公司	10	30	30	70	B⁻
002001.SZ	新和成	浙江春晖环保能源股份有限公司	18	30	22	70	B⁻
000422.SZ	湖北宜化	贵州宜化化工有限责任公司	24	22	24	70	B⁻
601600.SH	中国铝业	遵义铝业股份有限公司	10	30	30	70	B⁻
600133.SH	东湖高新	钟祥东海水务有限公司	18	30	22	70	B⁻
000546.SZ	金圆股份	青海互助金圆水泥有限公司	10	30	30	70	B⁻
000422.SZ	湖北宜化	青海宜化化工有限责任公司	16	30	24	70	B⁻
000401.SZ	冀东水泥	冀东海德堡（扶风）水泥有限公司	8	30	30	68	C
600028.SH	中国石化	中国石油化工集团公司	8	30	30	68	C
600585.SH	海螺水泥	兴安海螺水泥有限责任公司	8	30	30	68	C
601216.SH	君正集团	内蒙古君正化工有限责任公司	20	30	18	68	C
600812.SH	华北制药	华北制药华胜有限公司	16	30	22	68	C

代码	名称（简称）	被参控公司/母公司	在线监测系统得分	监督性监测系统得分	环境违法处罚系统得分	企业环境绩效总得分	评分等级
600500.SH	中化国际	圣奥化学科技有限公司	8	30	30	68	C
600874.SH	创业环保	天津静海创业水务有限公司	8	30	30	68	C
002271.SZ	东方雨虹	天鼎丰非织造布有限公司	10	30	28	68	C
600019.SH	宝钢股份	宝山钢铁股份有限公司	24	30	14	68	C
600581.SH	八一钢铁	新疆八钢南疆钢铁拜城有限公司	8	30	30	68	C
601899.SH	紫金矿业	新疆天龙矿业股份有限公司	26	26	16	68	C
600230.SH	沧州大化	沧州大化 TDI 有限责任公司	8	30	30	68	C
000729.SZ	燕京啤酒	河北燕京啤酒有限公司	8	30	30	68	C
600595.SH	中孚实业	河南中孚炭素有限公司	8	30	30	68	C
000786.SZ	北新建材	泰山石膏（平山）有限公司	8	30	30	68	C
601718.SH	际华集团	湖北际华新四五印染有限公司	8	30	30	68	C
002155.SZ	湖南黄金	湖南安化渣滓溪矿业有限公司	16	30	22	68	C
600182.SH	S 佳通	福建佳通轮胎有限公司	8	30	30	68	C
600367.SH	红星发展	贵州红星发展进出口有限责任公司	8	30	30	68	C
000967.SZ	盈峰环境	阜南绿色东方环保有限公司	8	30	30	68	C
600348.SH	阳泉煤业	阳泉煤业（集团）股份有限公司	8	30	30	68	C
601600.SH	中国铝业	中国铝业遵义氧化铝有限公司	14	30	22	66	C
600469.SH	风神股份	中车双喜轮胎有限公司	20	30	16	66	C
600010.SH	包钢股份	内蒙古包钢还原铁有限责任公司	18	30	18	66	C
002601.SZ	龙蟒佰利	四川龙蟒钛业股份有限公司	20	30	16	66	C
600569.SH	安阳钢铁	安阳钢铁股份有限公司	22	30	14	66	C
000677.SZ	恒天海龙	恒天海龙股份有限公司	12	30	24	66	C
600873.SH	梅花生物	新疆梅花氨基酸有限责任公司	12	30	24	66	C
000599.SZ	青岛双星	双星东风轮胎有限公司	18	30	16	64	C
600075.SH	新疆天业	天伟化工有限公司	18	30	16	64	C

代码	名称（简称）	被参控公司/母公司	在线监测系统得分	监督性监测系统得分	环境违法处罚系统得分	企业环境绩效总得分	评分等级
600782.SH	新钢股份	新余钢铁股份有限公司	18	30	16	64	C
600319.SH	亚星化学	潍坊亚星化学股份有限公司	18	30	16	64	C
600367.SH	红星发展	贵州红星发展股份有限公司	8	26	30	64	C
002470.SZ	金正大	金正大诺泰尔化学有限公司	12	30	22	64	C
000420.SZ	吉林化纤	吉林化纤股份有限公司	14	30	18	62	C
600367.SH	红星发展	贵州红星发展大龙锰业有限责任公司	8	30	24	62	C
600390.SH	五矿资本	贵州铜仁金瑞锰业有限责任公司	20	12	30	62	C
600123.SH	兰花科创	山西兰花丹峰化工股份有限公司	10	30	20	60	C
600123.SH	兰花科创	山西兰花清洁能源有限责任公司	10	30	20	60	C
300070.SZ	碧水源	张家界碧水源水务科技有限公司	20	24	16	60	C
600307.SH	酒钢宏兴	甘肃酒钢集团宏兴钢铁股份有限公司	10	30	20	60	C
600170.SH	上海建工	亚同环保水处理江阴有限公司	12	30	16	58	C⁻
002068.SZ	黑猫股份	太原黑猫炭黑有限责任公司	8	30	20	58	C⁻
600126.SH	杭钢股份	孟州市城市污水处理有限公司	12	30	16	58	C⁻
000825.SZ	太钢不锈	山西太钢不锈钢股份有限公司	16	30	12	58	C⁻
002340.SZ	格林美	荆门市城南污水处理有限公司	14	14	30	58	C⁻
002068.SZ	黑猫股份	乌海黑猫炭黑有限责任公司	8	30	18	56	C⁻
600470.SH	六国化工	江西六国化工有限责任公司	8	30	18	56	C⁻
600187.SH	国中水务	国中（秦皇岛）污水处理有限公司	10	12	30	52	C⁻
002087.SZ	新野纺织	河南新野纺织股份有限公司	8	30	12	50	C⁻

附录 D

表 D1 按地级市分类的企业环境绩效得分情况（以在线监测系统为基准的所有评价企业）

地级市	企业数/个	平均值	标准差	最小值	最大值
喀什地区	1	100.00	—	100	100
本溪市	1	98.00	—	98	98
深圳市	4	95.00	3.46	90	98
长沙市	8	93.75	3.77	86	98
吴忠市	2	93.00	7.07	88	98
韶关市	3	92.67	4.62	90	98
湘西土家族苗族自治州	3	92.00	0.00	92	92
阜新市	3	91.33	8.08	82	96
洛阳市	18	91.00	6.76	72	100
六安市	3	90.67	4.62	88	96
徐州市	13	90.62	5.50	78	96
梅州市	4	90.50	9.71	76	96
聊城市	4	90.50	6.81	84	100
丽水市	1	90.00	—	90	90
宿迁市	7	90.00	7.83	74	96
广元市	2	90.00	2.83	88	92
成都市	10	90.00	4.42	84	98
淮南市	4	90.00	4.32	86	96
渭南市	1	90.00	—	90	90

地级市	企业数/个	平均值	标准差	最小值	最大值
眉山市	3	90.00	3.46	88	94
金华市	5	89.60	2.97	86	94
衡阳市	5	89.20	6.42	82	96
盐城市	4	89.00	5.77	82	96
肇庆市	2	89.00	1.41	88	90
营口市	2	89.00	9.90	82	96
镇江市	2	89.00	1.41	88	90
烟台市	5	88.80	6.10	80	96
大连市	18	88.33	9.95	58	94
吐鲁番地区	2	88.00	16.97	76	100
周口市	1	88.00	—	88	88
张掖市	1	88.00	—	88	88
怀化市	1	88.00	—	88	88
西安市	7	88.00	2.31	84	90
鄂州市	1	88.00	—	88	88
锦州市	1	88.00	—	88	88
芜湖市	12	87.67	8.30	72	96
新乡市	4	87.50	2.52	84	90
台州市	6	87.33	3.93	80	90
中山市	2	87.00	1.41	86	88
漯河市	2	87.00	1.41	86	88
通化市	5	86.80	4.15	80	90
绵阳市	3	86.67	8.33	80	96
杭州市	21	86.48	8.12	74	100
赣州市	6	86.33	8.62	74	100

地级市	企业数/个	平均值	标准差	最小值	最大值
南昌市	7	86.29	11.04	68	98
北京市	9	86.22	9.72	66	100
临沂市	10	86.20	3.82	78	88
临夏回族自治州	1	86.00	—	86	86
常州市	4	86.00	5.42	78	90
承德市	2	86.00	2.83	84	88
汕头市	2	86.00	0.00	86	86
盘锦市	2	86.00	0.00	86	86
驻马店市	3	86.00	12.49	72	96
黄石市	7	85.71	4.82	76	90
南通市	5	85.60	12.44	68	100
扬州市	8	85.50	6.91	76	96
滨州市	7	85.43	6.70	74	94
崇明县	3	85.33	2.31	84	88
常德市	3	85.33	3.06	82	88
苏州市	12	85.33	3.45	78	90
南宁市	2	85.00	7.07	80	90
嘉兴市	12	85.00	9.24	70	100
天水市	4	85.00	8.87	74	94
惠州市	2	85.00	1.41	84	86
江门市	4	85.00	4.76	78	88
连云港市	2	85.00	1.41	84	86
合肥市	10	84.80	12.83	60	98
温州市	3	84.67	1.15	84	86
濮阳市	4	84.50	11.24	72	94

地级市	企业数/个	平均值	标准差	最小值	最大值
珠海市	4	84.50	9.29	76	96
石嘴山市	4	84.50	18.28	58	100
德阳市	6	84.33	9.91	66	92
吕梁市	8	84.25	10.61	58	88
佛山市	9	84.22	7.10	78	98
衢州市	10	84.20	9.59	74	98
安阳市	11	84.18	10.90	66	100
丹东市	1	84.00	—	84	84
亳州市	1	84.00	—	84	84
塔城地区	1	84.00	—	84	84
岳阳市	5	84.00	8.12	74	96
忻州市	1	84.00	—	84	84
武威市	2	84.00	2.83	82	86
济南市	1	84.00	—	84	84
舟山市	2	84.00	2.83	82	86
萍乡市	1	84.00	—	84	84
葫芦岛市	3	84.00	5.29	80	90
铁岭市	4	84.00	4.32	78	88
上海市	13	83.85	8.02	66	96
呼和浩特市	13	83.69	5.59	76	96
郑州市	11	83.64	4.37	76	90
宣城市	4	83.50	6.81	74	90
淮安市	8	83.50	2.56	78	86
郴州市	7	83.43	9.36	68	96
孝感市	3	83.33	2.31	82	86

地级市	企业数/个	平均值	标准差	最小值	最大值
天津市	18	83.22	9.26	72	96
宁波市	15	83.20	8.51	72	96
九江市	6	83.00	7.67	74	96
威海市	2	83.00	7.07	78	88
昌吉回族自治州	2	83.00	1.41	82	84
泰州市	2	83.00	1.41	82	84
绍兴市	8	83.00	6.85	70	90
无锡市	11	82.91	9.57	58	90
朝阳市	5	82.80	3.35	78	86
衡水市	5	82.80	12.13	72	96
马鞍山市	9	82.67	4.36	78	90
黄冈市	3	82.67	10.07	72	92
张家口市	4	82.50	5.74	76	90
宜昌市	14	82.00	11.42	44	90
延边朝鲜族自治州	1	82.00	—	82	82
汉中市	1	82.00	—	82	82
蚌埠市	4	82.00	1.63	80	84
鞍山市	1	82.00	—	82	82
运城市	9	81.78	4.63	74	88
上饶市	5	81.60	4.77	76	88
商丘市	5	81.60	8.65	74	96
邢台市	10	81.60	5.23	72	86
济宁市	14	81.57	9.55	58	96
泸州市	4	81.50	13.20	66	96
廊坊市	10	81.40	5.58	76	88

地级市	企业数/个	平均值	标准差	最小值	最大值
榆林市	9	81.33	12.33	60	96
湖州市	3	81.33	7.02	74	88
许昌市	3	81.33	5.77	78	88
淄博市	23	81.13	10.11	62	98
乐山市	2	81.00	1.41	80	82
咸阳市	6	81.00	5.18	76	88
唐山市	22	81.00	7.16	64	96
抚州市	4	81.00	3.46	78	86
菏泽市	4	81.00	11.60	68	96
锡林郭勒盟	4	81.00	6.22	74	88
湛江市	5	80.80	5.40	72	86
南京市	17	80.71	9.92	54	96
鄂尔多斯市	23	80.70	6.31	66	94
吉林市	7	80.57	9.91	62	90
晋中市	4	80.50	7.55	70	86
娄底市	5	80.40	13.81	58	96
淮北市	7	80.29	11.16	64	96
信阳市	2	80.00	5.66	76	84
六盘水市	2	80.00	11.31	72	88
平凉市	3	80.00	9.17	70	88
攀枝花市	1	80.00	—	80	80
朔州市	4	80.00	13.47	64	96
株洲市	6	80.00	6.07	70	88
梧州市	1	80.00	—	80	80
池州市	2	80.00	2.83	78	82

地级市	企业数/个	平均值	标准差	最小值	最大值
湘潭市	4	80.00	10.71	68	90
石家庄市	20	80.00	7.87	68	98
荆州市	4	80.00	7.12	70	86
西宁市	10	80.00	7.72	70	88
邵阳市	1	80.00	—	80	80
铜川市	1	80.00	—	80	80
银川市	2	80.00	11.31	72	88
阳江市	2	80.00	2.83	78	82
阿拉善盟	1	80.00	—	80	80
潼南县	9	79.78	7.03	70	92
平顶山市	3	79.33	5.03	74	84
恩施土家族苗族自治州	3	79.33	1.15	78	80
玉林市	3	79.33	9.02	70	88
咸宁市	4	79.00	6.83	72	88
河池市	4	79.00	7.39	74	90
阜阳市	2	79.00	15.56	68	90
枣庄市	7	78.86	9.15	66	96
宁河县	3	78.67	15.14	68	96
定西市	3	78.67	4.16	74	82
鹤壁市	3	78.67	8.08	74	88
沈阳市	6	78.33	7.63	66	88
四平市	2	78.00	2.83	76	80
宿州市	3	78.00	15.87	66	96
抚顺市	1	78.00	—	78	78
永州市	5	78.00	9.59	68	88

地级市	企业数/个	平均值	标准差	最小值	最大值
滁州市	3	78.00	3.46	76	82
赤峰市	4	78.00	3.27	74	82
长春市	2	78.00	2.83	76	80
德州市	12	77.83	11.07	56	98
保定市	8	77.75	7.44	64	86
大同市	8	77.75	7.52	64	88
通辽市	5	77.60	7.80	68	88
焦作市	13	77.54	11.61	54	94
东莞市	4	77.50	6.19	72	86
柳州市	4	77.50	1.00	76	78
中卫市	4	77.00	13.22	58	86
白银市	5	76.80	4.82	72	82
邯郸市	13	76.77	10.60	58	98
张家界市	3	76.67	14.47	60	86
武汉市	9	76.44	11.91	54	90
呼伦贝尔市	5	76.40	7.27	64	82
宝鸡市	5	76.40	6.07	68	84
十堰市	6	76.33	6.74	64	84
两江新区	5	76.00	6.32	70	86
固原市	1	76.00	—	76	76
崇左市	3	76.00	6.00	70	82
荆门市	4	76.00	14.70	58	88
莱芜市	1	76.00	—	76	76
襄阳市	6	76.00	4.56	68	82
青岛市	2	76.00	5.66	72	80

地级市	企业数/个	平均值	标准差	最小值	最大值
潍坊市	13	75.69	8.20	64	90
黔南布依族苗族自治州	5	75.60	8.53	64	84
重庆市	16	75.38	13.89	48	90
巴彦淖尔市	3	75.33	8.33	66	82
辽阳市	5	75.20	11.01	56	82
铜陵市	9	75.11	16.56	38	88
东营市	2	75.00	7.07	70	80
乌鲁木齐市	6	75.00	7.24	64	84
景德镇市	4	75.00	7.75	64	82
清远市	2	75.00	1.41	74	76
秦皇岛市	6	75.00	11.71	52	84
达州市	4	75.00	10.13	62	84
沧州市	8	74.50	6.65	68	84
兰州市	4	74.00	12.44	60	88
北海市	2	74.00	5.66	70	78
广安市	1	74.00	—	74	74
甘南藏族自治州	1	74.00	—	74	74
酒泉市	1	74.00	—	74	74
阳泉市	3	74.00	7.21	68	82
益阳市	3	73.33	9.24	68	84
桂林市	2	73.00	7.07	68	78
安庆市	3	72.67	20.43	58	96
乌兰察布市	4	72.50	5.26	68	80
长治市	8	72.50	4.75	66	82
遵义市	6	72.33	5.13	66	78

地级市	企业数/个	平均值	标准差	最小值	最大值
包头市	8	72.25	12.89	54	88
伊犁哈萨克自治州	5	71.20	7.69	58	78
南阳市	4	71.00	16.37	50	84
新余市	2	71.00	9.90	64	78
三门峡市	3	70.67	7.02	64	78
宜宾市	3	70.67	13.01	58	84
太原市	13	70.31	9.86	58	90
博尔塔拉蒙古自治州	1	70.00	—	70	70
贵阳市	1	70.00	—	70	70
黔西南布依族苗族自治州	1	70.00	—	70	70
乌海市	4	69.50	10.75	56	82
海西蒙古族藏族自治州	6	69.33	13.89	50	86
嘉峪关市	2	67.00	9.90	60	74
阿克苏地区	2	67.00	1.41	66	68
晋城市	5	66.80	14.25	52	88
巴音郭楞蒙古自治州	4	66.50	9.98	58	80
安顺市	3	64.67	3.06	62	68
哈密地区	3	64.00	10.58	52	72
临汾市	3	62.67	16.77	52	82
鹰潭市	1	56.00	—	56	56

表 D2　按上市公司代码汇总的企业环境绩效得分情况（以在线监测系统为基准的所有评价企业）

代码	名称（简称）	公司全称	在线监测系统得分	监督性监测系统得分	环境违法处罚系统得分	企业环境绩效总得分	评分等级
002378.SZ	章源钨业	崇义章源钨业股份有限公司	40.00	30.00	30.00	100.00	A^{++}
601608.SH	中信重工	中信重工机械股份有限公司	40.00	30.00	30.00	100.00	A^{++}
002461.SZ	珠江啤酒	广州珠江啤酒集团有限公司	38.00	30.00	30.00	98.00	A^{++}
601038.SH	一拖股份	第一拖拉机股份有限公司	38.00	30.00	30.00	98.00	A^{++}
002012.SZ	凯恩股份	浙江凯恩特种材料股份有限公司	38.00	30.00	30.00	98.00	A^{++}
002240.SZ	威华股份	广东威华股份有限公司	38.00	30.00	30.00	98.00	A^{++}
000060.SZ	中金岭南	深圳市中金岭南有色金属股份有限公司	38.00	30.00	30.00	98.00	A^{++}
600031.SH	三一重工	三一重工股份有限公司	38.00	30.00	29.40	97.40	A^{++}
300433.SZ	蓝思科技	蓝思科技股份有限公司	37.20	30.00	30.00	97.20	A^{++}
000761.SZ	本钢板材	本钢板材股份有限公司	37.20	30.00	30.00	97.20	A^{++}
601233.SH	桐昆股份	桐昆集团股份有限公司	36.61	30.00	30.00	96.61	A^{++}
300132.SZ	青松股份	福建青松股份有限公司	36.00	30.00	30.00	96.00	A^{++}
002391.SZ	长青股份	江苏长青农化股份有限公司	36.00	30.00	30.00	96.00	A^{++}
603628.SH	清源股份	清源科技（厦门）股份有限公司	36.00	30.00	30.00	96.00	A^{++}
000100.SZ	TCL 集团	TCL 集团股份有限公司	36.00	30.00	30.00	96.00	A^{++}
600971.SH	恒源煤电	安徽恒源煤电股份有限公司	36.00	30.00	30.00	96.00	A^{++}
002311.SZ	海大集团	广东海大集团股份有限公司	36.00	30.00	30.00	96.00	A^{++}
002246.SZ	北化股份	四川北方硝化棉股份有限公司	36.00	30.00	30.00	96.00	A^{++}
000999.SZ	华润三九	华润三九医药股份有限公司	36.00	30.00	30.00	96.00	A^{++}
600488.SH	天药股份	天津天药药业股份有限公司	36.00	30.00	30.00	96.00	A^{++}
000039.SZ	中集集团	中国国际海运集装箱（集团）股份有限公司	36.00	30.00	30.00	96.00	A^{++}

代码	名称（简称）	公司全称	在线监测系统得分	监督性监测系统得分	环境违法处罚系统得分	企业环境绩效总得分	评分等级
300187.SZ	永清环保	永清环保股份有限公司	36.00	30.00	30.00	96.00	A^{++}
603198.SH	迎驾贡酒	安徽迎驾贡酒股份有限公司	36.00	30.00	30.00	96.00	A^{++}
002868.SZ	绿康生化	绿康生化股份有限公司	36.00	30.00	30.00	96.00	A^{+}
603993.SH	洛阳钼业	洛阳栾川钼业集团股份有限公司	35.40	30.00	29.60	95.00	A^{+}
000685.SZ	中山公用	中山公用事业集团股份有限公司	34.67	30.00	30.00	94.67	A^{+}
600098.SH	广州发展	广州发展集团股份有限公司	34.60	30.00	30.00	94.60	A^{+}
002535.SZ	林州重机	林州重机集团股份有限公司	36.70	30.00	27.80	94.50	A^{+}
600295.SH	鄂尔多斯	内蒙古鄂尔多斯资源股份有限公司	34.00	30.00	30.00	94.00	A^{+}
603288.SH	海天味业	佛山市海天调味食品股份有限公司	34.00	30.00	30.00	94.00	A^{+}
000739.SZ	普洛药业	普洛药业股份有限公司	34.00	30.00	30.00	94.00	A^{+}
600192.SH	长城电工	兰州长城电工股份有限公司	34.00	30.00	30.00	94.00	A^{+}
002423.SZ	中原特钢	中原特钢股份有限公司	34.00	30.00	30.00	94.00	A^{+}
002051.SZ	中工国际	中工国际工程股份有限公司	34.00	30.00	30.00	94.00	A^{+}
002521.SZ	齐峰新材	齐峰新材料股份有限公司	34.00	30.00	30.00	94.00	A^{+}
603968.SH	醋化股份	南通醋酸化工股份有限公司	34.00	30.00	30.00	94.00	A^{+}
000786.SZ	北新建材	北新集团建材股份有限公司	33.80	30.00	30.00	93.80	A^{+}
000725.SZ	京东方 A	京东方科技集团股份有限公司	32.86	30.00	30.00	92.86	A^{+}
601225.SH	陕西煤业	陕西煤业股份有限公司	34.44	30.00	28.32	92.76	A^{+}
000035.SZ	中国天楹	中国天楹股份有限公司	32.26	30.00	30.00	92.26	A^{+}
000799.SZ	酒鬼酒	酒鬼酒股份有限公司	32.00	30.00	30.00	92.00	A^{+}
002171.SZ	楚江新材	安徽楚江科技新材料股份有限公司	32.00	30.00	30.00	92.00	A^{+}
002237.SZ	恒邦股份	山东恒邦冶炼股份有限公司	32.00	30.00	30.00	92.00	A^{+}
600649.SH	城投控股	上海城投控股股份有限公司	32.33	30.00	29.67	92.00	A^{+}
000037.SZ	深南电 A	深圳南山热电股份有限公司	32.00	30.00	30.00	92.00	A^{+}

代码	名称（简称）	公司全称	在线监测系统得分	监督性监测系统得分	环境违法处罚系统得分	企业环境绩效总得分	评分等级
601989.SH	中国重工	中国船舶重工股份有限公司	32.96	30.00	28.76	91.72	A^+
601899.SH	紫金矿业	紫金矿业集团股份有限公司	32.38	29.80	29.30	91.48	A^+
600889.SH	南京化纤	南京化纤股份有限公司	36.00	30.00	25.00	91.00	A^+
600331.SH	宏达股份	四川宏达股份有限公司	30.78	30.00	30.00	90.78	A
600600.SH	青岛啤酒	青岛啤酒股份有限公司	30.46	30.00	30.00	90.46	A
000598.SZ	兴蓉环境	成都市兴蓉环境股份有限公司	30.30	30.00	30.00	90.30	A
600132.SH	重庆啤酒	重庆啤酒（集团）有限责任公司	30.10	30.00	30.00	90.10	A
002479.SZ	富春环保	浙江富春江环保热电股份有限公司	30.03	30.00	30.00	90.03	A
002056.SZ	横店东磁	横店集团东磁股份有限公司	30.00	30.00	30.00	90.00	A
300106.SZ	西部牧业	新疆西部牧业股份有限公司	32.00	30.00	28.00	90.00	A
601368.SH	绿城水务	广西绿城水务股份有限公司	30.00	30.00	30.00	90.00	A
002286.SZ	保龄宝	保龄宝生物股份有限公司	30.00	30.00	30.00	90.00	A
002140.SZ	东华科技	东华工程科技股份有限公司	30.00	30.00	30.00	90.00	A
000635.SZ	英力特	宁夏英力特化工股份有限公司	30.00	30.00	30.00	90.00	A
600875.SH	东方电气	东方电气股份有限公司	30.00	30.00	30.00	90.00	A
300190.SZ	维尔利	江苏维尔利环保科技股份有限公司	30.00	30.00	30.00	90.00	A
002185.SZ	华天科技	天水华天科技股份有限公司	30.00	30.00	30.00	90.00	A
000727.SZ	华东科技	南京华东电子信息科技股份有限公司	30.00	30.00	30.00	90.00	A
002118.SZ	紫鑫药业	吉林紫鑫药业股份有限公司	30.00	30.00	30.00	90.00	A
600673.SH	东阳光科	广东东阳光科技控股股份有限公司	38.00	22.00	30.00	90.00	A
601012.SH	隆基股份	隆基绿能科技股份有限公司	30.00	30.00	30.00	90.00	A
600805.SH	悦达投资	江苏悦达投资股份有限公司	30.00	30.00	30.00	90.00	A
600370.SH	三房巷	江苏三房巷实业股份有限公司	30.00	30.00	30.00	90.00	A
002483.SZ	润邦股份	江苏润邦重工股份有限公司	30.00	30.00	30.00	90.00	A

代码	名称（简称）	公司全称	在线监测系统得分	监督性监测系统得分	环境违法处罚系统得分	企业环境绩效总得分	评分等级
600216.SH	浙江医药	浙江医药股份有限公司	30.00	30.00	30.00	90.00	A
600736.SH	苏州高新	苏州新区高新技术产业股份有限公司	30.00	30.00	30.00	90.00	A
000962.SZ	东方钽业	宁夏东方钽业股份有限公司	30.00	30.00	30.00	90.00	A
600475.SH	华光股份	无锡华光锅炉股份有限公司	30.00	30.00	30.00	90.00	A
600867.SH	通化东宝	通化东宝药业股份有限公司	30.00	30.00	30.00	90.00	A
600283.SH	钱江水利	钱江水利开发股份有限公司	29.80	30.00	30.00	89.80	A
000726.SZ	鲁泰 A	鲁泰纺织股份有限公司	29.76	30.00	30.00	89.76	A
000601.SZ	韶能股份	广东韶能集团股份有限公司公司	29.80	30.00	29.90	89.70	A
000513.SZ	丽珠集团	丽珠医药集团股份有限公司	29.33	30.00	30.00	89.33	A
600623.SH	华谊集团	上海华谊集团股份有限公司	30.30	29.70	29.30	89.30	A
000731.SZ	四川美丰	四川美丰化工股份有限公司	29.25	30.00	30.00	89.25	A
600207.SH	安彩高科	河南安彩高科股份有限公司	29.20	30.00	30.00	89.20	A
002001.SZ	新和成	浙江新和成股份有限公司	29.40	30.00	29.60	89.00	A
603568.SH	伟明环保	浙江伟明环保股份有限公司	29.00	30.00	30.00	89.00	A
000544.SZ	中原环保	中原环保股份有限公司	28.66	30.00	30.00	88.66	A
000826.SZ	启迪桑德	启迪桑德环境资源股份有限公司	28.40	30.00	30.00	88.40	A
601199.SH	江南水务	江苏江南水务股份有限公司	28.20	30.00	30.00	88.20	A
300388.SZ	国祯环保	安徽国祯环保节能科技股份有限公司	27.65	30.00	30.39	88.04	A
601669.SH	中国电建	中国电力建设股份有限公司	28.00	30.00	30.00	88.00	A
002382.SZ	蓝帆医疗	蓝帆医疗股份有限公司	28.00	30.00	30.00	88.00	A
000606.SZ	神州易桥	神州易桥信息服务股份有限公司	28.00	30.00	30.00	88.00	A
000766.SZ	通化金马	通化金马药业集团股份有限公司	28.00	30.00	30.00	88.00	A
000421.SZ	南京公用	南京公用发展股份有限公司	28.00	30.00	30.00	88.00	A
000507.SZ	珠海港	珠海港股份有限公司	28.00	30.00	30.00	88.00	A

代码	名称（简称）	公司全称	在线监测系统得分	监督性监测系统得分	环境违法处罚系统得分	企业环境绩效总得分	评分等级
000545.SZ	金浦钛业	金浦钛业股份有限公司	28.00	30.00	30.00	88.00	A
600866.SH	星湖科技	广东肇庆星湖生物科技股份有限公司	28.00	30.00	30.00	88.00	A
002440.SZ	闰土股份	浙江闰土股份有限公司	28.00	30.00	30.00	88.00	A
000950.SZ	*ST 建峰	重庆建峰化工股份有限公司	28.00	30.00	30.00	88.00	A
002042.SZ	华孚色纺	华孚色纺股份有限公司	28.00	30.00	30.00	88.00	A
600029.SH	南方航空	中国南方航空股份有限公司	28.00	30.00	30.00	88.00	A
002616.SZ	长青集团	广东长青（集团）股份有限公司	28.00	30.00	30.00	88.00	A
600549.SH	厦门钨业	厦门钨业股份有限公司	28.00	30.00	30.00	88.00	A
600724.SH	宁波富达	宁波富达股份有限公司	28.00	30.00	30.00	88.00	A
002428.SZ	云南锗业	云南临沧鑫圆锗业股份有限公司	28.00	30.00	30.00	88.00	A
600066.SH	宇通客车	郑州宇通客车股份有限公司	28.00	30.00	30.00	88.00	A
000949.SZ	新乡化纤	新乡化纤股份有限公司	32.00	30.00	26.00	88.00	A
002646.SZ	青青稞酒	青海互助青稞酒股份有限公司	28.00	30.00	30.00	88.00	A
000929.SZ	兰州黄河	兰州黄河企业股份有限公司	28.00	30.00	30.00	88.00	A
600395.SH	盘江股份	贵州盘江精煤股份有限公司	28.00	30.00	30.00	88.00	A
601727.SH	上海电气	上海电气集团股份有限公司	28.00	30.00	30.00	88.00	A
000875.SZ	吉电股份	吉林电力股份有限公司	28.00	30.00	30.00	88.00	A
600809.SH	山西汾酒	山西杏花村汾酒厂股份有限公司	28.00	30.00	30.00	88.00	A
600746.SH	江苏索普	江苏索普化工股份有限公司	28.00	30.00	30.00	88.00	A
000737.SZ	南风化工	南风化工集团股份有限公司	28.00	30.00	30.00	88.00	A
000782.SZ	美达股份	广东新会美达锦纶股份有限公司	28.00	30.00	30.00	88.00	A
600692.SH	亚通股份	上海亚通股份有限公司	28.00	30.00	30.00	88.00	A
000982.SZ	*ST 中绒	宁夏中银绒业股份有限公司	28.00	30.00	30.00	88.00	A
600186.SH	莲花健康	莲花健康产业集团股份有限公司	28.00	30.00	30.00	88.00	A

代码	名称（简称）	公司全称	在线监测系统得分	监督性监测系统得分	环境违法处罚系统得分	企业环境绩效总得分	评分等级
600531.SH	豫光金铅	河南豫光金铅股份有限公司	28.00	30.00	30.00	88.00	A
600597.SH	光明乳业	光明乳业股份有限公司	28.00	30.00	30.00	88.00	A
601918.SH	新集能源	中煤新集能源股份有限公司	27.90	30.00	30.00	87.90	A
600157.SH	永泰能源	永泰能源股份有限公司	27.80	30.00	30.00	87.80	A
000966.SZ	长源电力	国电长源电力股份有限公司	27.74	30.00	30.00	87.74	A
600887.SH	伊利股份	内蒙古伊利实业集团股份有限公司	27.70	30.00	30.00	87.70	A
000550.SZ	江铃汽车	江铃汽车股份有限公司	28.00	30.00	29.69	87.69	A
002442.SZ	龙星化工	龙星化工股份有限公司	27.67	30.00	30.00	87.67	A
600635.SH	大众公用	上海大众公用事业（集团）股份有限公司	28.40	30.00	29.20	87.60	A
000878.SZ	云南铜业	云南铜业股份有限公司	27.29	30.00	30.00	87.29	A
002493.SZ	荣盛石化	荣盛石化股份有限公司	27.09	30.00	30.00	87.09	A
002091.SZ	江苏国泰	江苏国泰国际集团国贸股份有限公司	27.00	30.00	30.00	87.00	A
600419.SH	天润乳业	新疆天润乳业股份有限公司	27.00	30.00	30.00	87.00	A
000935.SZ	四川双马	四川双马投资集团有限公司	26.99	30.00	30.00	86.99	A
000937.SZ	冀中能源	冀中能源集团有限责任公司	26.98	30.00	30.00	86.98	A
600461.SH	洪城水业	江西洪城水业股份有限公司	26.90	30.00	30.00	86.90	A
600595.SH	中孚实业	河南中孚实业股份有限公司	29.20	30.00	27.60	86.80	A
000967.SZ	盈峰环境	盈峰环境科技集团股份有限公司	26.67	30.00	30.00	86.67	A
600160.SH	巨化股份	浙江巨化股份有限公司	26.60	30.00	30.00	86.60	A
000807.SZ	云铝股份	云南铝业股份有限公司	26.52	30.00	30.00	86.52	A
600027.SH	华电国际	华电国际电力股份有限公司	27.04	30.00	29.40	86.44	A
600380.SH	健康元	健康元药业集团股份有限公司	26.37	30.00	30.00	86.37	A
002470.SZ	金正大	金正大生态工程集团股份有限公司	26.90	30.00	29.45	86.35	A
600117.SH	西宁特钢	西宁特殊钢股份有限公司	27.58	30.00	28.75	86.33	A

代码	名称（简称）	公司全称	在线监测系统得分	监督性监测系统得分	环境违法处罚系统得分	企业环境绩效总得分	评分等级
002004.SZ	华邦健康	华邦生命健康股份有限公司	26.20	30.00	29.90	86.10	A
000059.SZ	华锦股份	北方华锦化学工业股份有限公司	26.08	30.00	30.00	86.08	A
600876.SH	洛阳玻璃	洛阳玻璃股份有限公司	26.00	30.00	30.00	86.00	A
600513.SH	联环药业	江苏联环药业股份有限公司	26.00	30.00	30.00	86.00	A
000815.SZ	美利云	中冶美利云产业投资股份有限公司	26.00	30.00	30.00	86.00	A
002566.SZ	益盛药业	吉林省集安益盛药业股份有限公司	26.00	30.00	30.00	86.00	A
600110.SH	诺德股份	诺德投资股份有限公司	26.00	30.00	30.00	86.00	A
600362.SH	江西铜业	江西铜业股份有限公司	26.00	30.00	30.00	86.00	A
600226.SH	升华拜克	浙江升华拜克生物股份有限公司	26.00	30.00	30.00	86.00	A
600744.SH	华银电力	大唐华银电力股份有限公司	26.00	30.00	30.00	86.00	A
300090.SZ	盛运环保	安徽盛运环保（集团）股份有限公司	26.00	30.00	30.00	86.00	A
603165.SH	荣晟环保	浙江荣晟环保纸业股份有限公司	26.00	30.00	30.00	86.00	A
600789.SH	鲁抗医药	山东鲁抗医药股份有限公司	26.00	30.00	30.00	86.00	A
300328.SZ	宜安科技	东莞宜安科技股份有限公司	30.00	30.00	26.00	86.00	A
600400.SH	红豆股份	江苏红豆实业股份有限公司	26.00	30.00	30.00	86.00	A
002217.SZ	合力泰	合力泰科技股份有限公司	26.00	30.00	30.00	86.00	A
002136.SZ	安纳达	安徽安纳达钛业股份有限公司	26.00	30.00	30.00	86.00	A
600231.SH	凌钢股份	凌源钢铁股份有限公司	26.00	30.00	30.00	86.00	A
603817.SH	海峡环保	福建海峡环保集团股份有限公司	26.00	30.00	30.00	86.00	A
600426.SH	华鲁恒升	山东华鲁恒升化工股份有限公司	26.00	30.00	30.00	86.00	A
600408.SH	安泰集团	山西安泰集团股份有限公司	26.00	30.00	30.00	86.00	A
600572.SH	康恩贝	浙江康恩贝制药股份有限公司	26.00	30.00	30.00	86.00	A
600236.SH	桂冠电力	广西桂冠电力股份有限公司	26.00	30.00	30.00	86.00	A
601966.SH	玲珑轮胎	山东玲珑轮胎股份有限公司	26.00	30.00	30.00	86.00	A

代码	名称（简称）	公司全称	在线监测系统得分	监督性监测系统得分	环境违法处罚系统得分	企业环境绩效总得分	评分等级
002110.SZ	三钢闽光	福建三钢闽光股份有限公司	26.00	30.00	30.00	86.00	A
000823.SZ	超声电子	广东汕头超声电子股份有限公司	26.00	30.00	30.00	86.00	A
600197.SH	伊力特	新疆伊力特实业股份有限公司	26.00	30.00	30.00	86.00	A
600267.SH	海正药业	浙江海正药业股份有限公司	26.00	30.00	30.00	86.00	A
000926.SZ	福星股份	湖北福星科技股份有限公司	26.00	30.00	30.00	86.00	A
002233.SZ	塔牌集团	广东塔牌集团股份有限公司	25.87	30.00	30.00	85.87	A
600011.SH	华能国际	中国华能集团公司	27.21	30.00	28.62	85.83	A
000830.SZ	鲁西化工	鲁西化工集团股份有限公司	25.93	30.00	29.80	85.73	A
000050.SZ	深天马 A	天马微电子股份有限公司	25.68	30.00	30.00	85.68	A
600409.SH	三友化工	唐山三友化工股份有限公司	25.51	30.00	30.00	85.51	A
600089.SH	特变电工	特变电工股份有限公司	25.30	30.00	30.00	85.30	A
000767.SZ	漳泽电力	山西漳泽电力股份有限公司	25.45	30.00	29.83	85.28	A
001896.SZ	豫能控股	河南豫能控股股份有限公司	25.24	30.00	30.00	85.24	A
000707.SZ	双环科技	湖北双环科技股份有限公司	25.40	30.00	29.80	85.20	A
002067.SZ	景兴纸业	浙江景兴纸业股份有限公司	25.18	30.00	30.00	85.18	A
002674.SZ	兴业科技	兴业皮革科技股份有限公司	25.72	30.00	29.43	85.15	A
002608.SZ	江苏国信	江苏国信股份有限公司	25.56	30.00	29.46	85.01	A
600309.SH	万华化学	万华化学集团股份有限公司	24.96	30.00	30.00	84.96	B^+
600433.SH	冠豪高新	广东冠豪高新技术股份有限公司	24.89	30.00	30.00	84.89	B^+
000952.SZ	广济药业	湖北广济药业股份有限公司	24.68	30.00	30.00	84.68	B^+
600396.SH	金山股份	沈阳金山能源股份有限公司	24.64	30.00	30.00	84.64	B^+
600126.SH	杭钢股份	杭州钢铁股份有限公司	25.67	30.00	28.83	84.50	B^+
002539.SZ	云图控股	成都云图控股股份有限公司	24.69	30.00	29.70	84.39	B^+
000027.SZ	深圳能源	深圳能源集团股份有限公司	26.57	29.00	28.80	84.37	B^+

代码	名称（简称）	公司全称	在线监测系统得分	监督性监测系统得分	环境违法处罚系统得分	企业环境绩效总得分	评分等级
600668.SH	尖峰集团	浙江尖峰集团股份有限公司	29.06	30.00	25.29	84.35	B^+
000895.SZ	双汇发展	河南双汇投资发展股份有限公司	24.34	30.00	30.00	84.34	B^+
002145.SZ	中核钛白	中核华原钛白股份有限公司	24.30	30.00	30.00	84.30	B^+
600121.SH	*ST 郑煤	郑州煤电股份有限公司	24.60	30.00	29.70	84.30	B^+
600008.SH	首创股份	北京首创股份有限公司	24.20	30.00	30.00	84.20	B^+
002019.SZ	亿帆医药	亿帆医药股份有限公司	28.00	30.00	26.20	84.20	B^+
601678.SH	滨化股份	滨化集团股份有限公司	26.61	27.55	30.00	84.16	B^+
600664.SH	哈药股份	哈药集团股份有限公司	24.10	30.00	30.00	84.10	B^+
603369.SH	今世缘	江苏今世缘酒业股份有限公司	24.00	30.00	30.00	84.00	B^+
600320.SH	振华重工	上海振华重工（集团）股份有限公司	24.00	30.00	30.00	84.00	B^+
002408.SZ	齐翔腾达	淄博齐翔腾达化工股份有限公司	24.00	30.00	30.00	84.00	B^+
600961.SH	株冶集团	株洲冶炼集团股份有限公司	24.00	30.00	30.00	84.00	B^+
600006.SH	东风汽车	东风汽车集团股份有限公司	24.00	30.00	30.00	84.00	B^+
600493.SH	凤竹纺织	福建凤竹纺织科技股份有限公司	24.00	30.00	30.00	84.00	B^+
600839.SH	四川长虹	四川长虹电器股份有限公司	24.00	30.00	30.00	84.00	B^+
002011.SZ	盾安环境	浙江盾安人工环境股份有限公司	24.00	30.00	30.00	84.00	B^+
600783.SH	鲁信创投	鲁信创业投资集团股份有限公司	28.00	30.00	26.00	84.00	B^+
601800.SH	中国交建	中国交通建设股份有限公司	24.00	30.00	30.00	84.00	B^+
000596.SZ	古井贡酒	安徽古井贡酒股份有限公司	24.00	30.00	30.00	84.00	B^+
601179.SH	中国西电	中国西电电气股份有限公司	24.00	30.00	30.00	84.00	B^+
002321.SZ	华英农业	河南华英农业发展股份有限公司	24.00	30.00	30.00	84.00	B^+
600235.SH	民丰特纸	民丰特种纸股份有限公司	24.00	30.00	30.00	84.00	B^+
600195.SH	中牧股份	中牧实业股份有限公司	24.00	30.00	30.00	84.00	B^+
300239.SZ	东宝生物	包头东宝生物技术股份有限公司	24.00	30.00	30.00	84.00	B^+

代码	名称（简称）	公司全称	在线监测系统得分	监督性监测系统得分	环境违法处罚系统得分	企业环境绩效总得分	评分等级
600156.SH	华升股份	湖南华升股份有限公司	24.00	30.00	30.00	84.00	B^+
000531.SZ	穗恒运 A	广州恒运企业集团股份有限公司	24.00	30.00	30.00	84.00	B^+
601015.SH	陕西黑猫	陕西黑猫焦化股份有限公司	24.00	30.00	30.00	84.00	B^+
600100.SH	同方股份	同方股份有限公司	24.00	30.00	30.00	84.00	B^+
002390.SZ	信邦制药	贵州信邦制药股份有限公司	24.00	30.00	30.00	84.00	B^+
002075.SZ	沙钢股份	江苏沙钢股份有限公司	27.01	30.00	26.98	83.99	B^+
600997.SH	开滦股份	开滦能源化工股份有限公司	25.70	30.00	28.20	83.90	B^+
600323.SH	瀚蓝环境	瀚蓝环境股份有限公司	23.90	30.00	30.00	83.90	B^+
000792.SZ	盐湖股份	青海盐湖工业股份有限公司	24.53	30.00	29.34	83.87	B^+
600810.SH	神马股份	神马实业股份有限公司	23.80	30.00	30.00	83.80	B^+
000703.SZ	恒逸石化	恒逸石化股份有限公司	26.70	30.00	26.83	83.52	B^+
600726.SH	华电能源	华电能源股份有限公司	23.40	30.00	30.00	83.40	B^+
600581.SH	八一钢铁	新疆八一钢铁股份有限公司	23.20	30.00	30.00	83.20	B^+
600141.SH	兴发集团	湖北兴发化工集团股份有限公司	24.40	30.00	28.75	83.15	B^+
600282.SH	南钢股份	南京钢铁股份有限公司	24.00	29.60	29.50	83.10	B^+
002255.SZ	海陆重工	苏州海陆重工股份有限公司	23.00	30.00	30.00	83.00	B^+
600846.SH	同济科技	上海同济科技实业股份有限公司	23.00	30.00	30.00	83.00	B^+
601158.SH	重庆水务	重庆水务集团股份有限公司	22.97	30.00	30.00	82.97	B^+
600886.SH	国投电力	国投电力控股股份有限公司	23.82	30.00	29.09	82.91	B^+
600795.SH	国电电力	国电电力发展股份有限公司	24.60	30.00	28.20	82.80	B^+
000960.SZ	锡业股份	云南锡业股份有限公司	22.66	30.00	30.00	82.66	B^+
000543.SZ	皖能电力	安徽省皖能股份有限公司	22.80	30.00	29.80	82.60	B^+
000958.SZ	东方能源	国家电投集团石家庄东方能源股份有限公司	24.54	27.81	30.00	82.36	B^+
601677.SH	明泰铝业	河南明泰铝业股份有限公司	22.24	30.00	30.00	82.24	B^+

代码	名称（简称）	公司全称	在线监测系统得分	监督性监测系统得分	环境违法处罚系统得分	企业环境绩效总得分	评分等级
600346.SH	恒力股份	恒力石化股份有限公司	22.10	30.00	30.00	82.10	B^+
600340.SH	华夏幸福	华夏幸福基业股份有限公司	22.09	30.00	30.00	82.09	B^+
601618.SH	中国中冶	中国冶金科工股份有限公司	28.00	30.00	24.00	82.00	B^+
603609.SH	禾丰牧业	辽宁禾丰牧业股份有限公司	22.00	30.00	30.00	82.00	B^+
000768.SZ	中航飞机	中航飞机股份有限公司	22.00	30.00	30.00	82.00	B^+
600438.SH	通威股份	通威股份有限公司	22.00	30.00	30.00	82.00	B^+
002407.SZ	多氟多	多氟多化工股份有限公司	22.00	30.00	30.00	82.00	B^+
603299.SH	井神股份	江苏井神盐化股份有限公司	22.00	30.00	30.00	82.00	B^+
000899.SZ	赣能股份	江西赣能股份有限公司	22.00	30.00	30.00	82.00	B^+
600688.SH	上海石化	中国石化上海石油化工股份有限公司	22.00	30.00	30.00	82.00	B^+
002172.SZ	澳洋科技	江苏澳洋科技股份有限公司	23.28	30.00	28.72	82.00	B^+
002326.SZ	永太科技	浙江永太科技股份有限公司	22.00	30.00	30.00	82.00	B^+
600727.SH	鲁北化工	山东鲁北化工股份有限公司	22.00	30.00	30.00	82.00	B^+
600292.SH	远达环保	国家电投集团远达环保股份有限公司	22.00	30.00	30.00	82.00	B^+
000902.SZ	新洋丰	湖北新洋丰肥业股份有限公司	22.00	30.00	30.00	82.00	B^+
002221.SZ	东华能源	东华能源股份有限公司	22.00	30.00	30.00	82.00	B^+
603903.SH	中持股份	中持水务股份有限公司	22.00	30.00	30.00	82.00	B^+
600567.SH	山鹰纸业	安徽山鹰纸业股份有限公司	22.00	30.00	30.00	82.00	B^+
600483.SH	福能股份	福建福能股份有限公司	22.00	30.00	30.00	82.00	B^+
002034.SZ	美欣达	浙江美欣达印染集团股份有限公司	22.00	30.00	30.00	82.00	B^+
603599.SH	广信股份	安徽广信农化股份有限公司	22.00	30.00	30.00	82.00	B^+
600722.SH	金牛化工	河北金牛化工股份有限公司	22.00	30.00	30.00	82.00	B^+
002144.SZ	宏达高科	宏达高科控股股份有限公司	22.00	30.00	30.00	82.00	B^+
600780.SH	通宝能源	山西通宝能源股份有限公司	30.00	30.00	22.00	82.00	B^+

代码	名称（简称）	公司全称	在线监测系统得分	监督性监测系统得分	环境违法处罚系统得分	企业环境绩效总得分	评分等级
002821.SZ	凯莱英	凯莱英医药集团（天津）股份有限公司	22.00	30.00	30.00	82.00	B^+
601991.SH	大唐发电	大唐国际发电股份有限公司	23.60	30.00	28.20	81.80	B^+
000612.SZ	焦作万方	焦作万方铝业股份有限公司	21.60	30.00	30.00	81.60	B^+
000525.SZ	红太阳	南京红太阳股份有限公司	23.31	30.00	28.29	81.60	B^+
000629.SZ	*ST 钒钛	攀钢集团钒钛资源股份有限公司	27.91	30.00	23.48	81.39	B^+
000672.SZ	上峰水泥	上峰水泥集团有限公司	24.74	30.00	26.64	81.38	B^+
000983.SZ	西山煤电	山西西山煤电股份有限公司	25.14	30.00	26.21	81.35	B^+
002507.SZ	涪陵榨菜	重庆市涪陵榨菜集团股份有限公司	21.40	30.00	29.81	81.21	B^+
601088.SH	中国神华	中国神华能源股份有限公司	23.83	30.00	27.33	81.17	B^+
000930.SZ	中粮生化	中粮生物化学（安徽）股份有限公司	21.12	30.00	30.00	81.12	B^+
600720.SH	祁连山	甘肃祁连山水泥集团股份有限公司	21.08	30.00	30.00	81.08	B^+
600425.SH	*ST 青松	新疆青松建材化工（集团）股份有限公司	21.46	30.00	29.56	81.02	B^+
600962.SH	国投中鲁	国投中鲁果汁股份有限公司	21.00	30.00	30.00	81.00	B^+
600079.SH	人福医药	人福医药集团股份公司	21.00	30.00	30.00	81.00	B^+
601766.SH	中国中车	中国中车股份有限公司	21.00	30.00	30.00	81.00	B^+
600023.SH	浙能电力	浙江浙能电力股份有限公司	20.95	30.00	30.00	80.95	B^+
600801.SH	华新水泥	华新水泥股份有限公司	22.10	30.00	28.80	80.90	B^+
600987.SH	航民股份	浙江航民股份有限公司	23.23	30.00	27.63	80.86	B^+
000401.SZ	冀东水泥	唐山冀东水泥股份有限公司	22.06	30.00	28.61	80.67	B^+
600277.SH	亿利洁能	亿利洁能股份有限公司	20.96	30.00	29.60	80.56	B^+
300070.SZ	碧水源	北京碧水源科技股份有限公司	21.11	29.70	29.30	80.11	B^+
600021.SH	上海电力	上海电力股份有限公司	23.14	30.00	26.92	80.07	B^+
600064.SH	南京高科	南京高科股份有限公司	20.00	30.00	30.00	80.00	B^+
600432.SH	*ST 吉恩	吉林吉恩镍业股份有限公司	24.00	30.00	26.00	80.00	B^+

代码	名称（简称）	公司全称	在线监测系统得分	监督性监测系统得分	环境违法处罚系统得分	企业环境绩效总得分	评分等级
000510.SZ	金路集团	四川金路集团股份有限公司	24.00	30.00	26.00	80.00	B^+
600152.SH	维科精华	宁波维科精华集团股份有限公司	20.00	30.00	30.00	80.00	B^+
603026.SH	石大胜华	山东石大胜华化工集团股份有限公司	20.00	30.00	30.00	80.00	B^+
600022.SH	山东钢铁	山东钢铁集团有限公司	20.00	30.00	30.00	80.00	B^+
000910.SZ	大亚圣象	大亚圣象家居股份有限公司	20.00	30.00	30.00	80.00	B^+
002342.SZ	巨力索具	巨力索具股份有限公司	20.00	30.00	30.00	80.00	B^+
600614.SH	鹏起科技	鹏起科技发展股份有限公司	20.00	30.00	30.00	80.00	B^+
000571.SZ	新大洲 A	新大洲控股股份有限公司	20.00	30.00	30.00	80.00	B^+
600196.SH	复星医药	上海复星医药（集团）股份有限公司	20.00	30.00	30.00	80.00	B^+
600168.SH	武汉控股	武汉三镇实业控股股份有限公司	20.00	30.00	30.00	80.00	B^+
002532.SZ	新界泵业	新界泵业集团股份有限公司	20.00	30.00	30.00	80.00	B^+
002688.SZ	金河生物	金河生物科技股份有限公司	20.00	30.00	30.00	80.00	B^+
600070.SH	浙江富润	浙江富润股份有限公司	20.00	30.00	30.00	80.00	B^+
600251.SH	冠农股份	新疆冠农果茸集团股份有限公司	20.00	30.00	30.00	80.00	B^+
000862.SZ	银星能源	宁夏银星能源股份有限公司	20.00	30.00	30.00	80.00	B^+
600819.SH	耀皮玻璃	上海耀皮玻璃集团股份有限公司	20.00	30.00	30.00	80.00	B^+
002216.SZ	三全食品	三全食品股份有限公司	20.00	30.00	30.00	80.00	B^+
601106.SH	*ST 一重	中国第一重型机械股份公司	20.00	30.00	30.00	80.00	B^+
600252.SH	中恒集团	广西梧州中恒集团股份有限公司	20.00	30.00	30.00	80.00	B^+
600153.SH	建发股份	厦门建发股份有限公司	20.00	30.00	30.00	80.00	B
600486.SH	扬农化工	江苏扬农化工股份有限公司	19.97	30.00	30.00	79.97	B
000729.SZ	燕京啤酒	北京燕京啤酒集团公司	20.40	30.00	29.50	79.90	B
000911.SZ	南宁糖业	南宁糖业股份有限公司	19.76	30.00	30.00	79.76	B
000539.SZ	粤电力 A	广东电力发展段份有限公司	19.74	30.00	30.00	79.74	B

代码	名称（简称）	公司全称	在线监测系统得分	监督性监测系统得分	环境违法处罚系统得分	企业环境绩效总得分	评分等级
000789.SZ	万年青	江西万年青水泥股份有限公司	19.55	30.00	30.00	79.55	B
600808.SH	马钢股份	马鞍山钢铁股份有限公司	19.52	30.00	30.00	79.52	B
600873.SH	梅花生物	梅花生物科技集团股份有限公司	20.54	30.00	28.82	79.35	B
600874.SH	创业环保	天津创业环保集团股份有限公司	19.10	30.00	30.00	79.10	B
600691.SH	阳煤化工	阳煤化工股份有限公司	21.59	30.00	27.50	79.09	B
000422.SZ	湖北宜化	湖北宜化化工股份有限公司	23.78	29.88	25.27	78.93	B
601992.SH	金隅股份	北京金隅股份有限公司	19.80	30.00	29.10	78.90	B
002078.SZ	太阳纸业	山东太阳纸业股份有限公司	19.80	30.00	29.10	78.90	B
000012.SZ	南玻 A	中国南玻集团股份有限公司	19.77	30.00	28.83	78.60	B
600863.SH	内蒙华电	内蒙古蒙电华能热电股份有限公司	20.10	30.00	28.40	78.50	B
000939.SZ	凯迪生态	凯迪生态环境科技股份有限公司	18.44	30.00	30.00	78.44	B
002125.SZ	湘潭电化	湘潭电化科技股份有限公司	28.13	30.00	20.24	78.37	B
600881.SH	亚泰集团	吉林亚泰（集团）股份有限公司	18.25	30.00	30.00	78.25	B
600864.SH	哈投股份	哈尔滨哈投投资股份有限公司	20.26	30.00	27.91	78.18	B
601898.SH	中煤能源	中国中煤能源股份有限公司	20.52	30.00	27.62	78.14	B
002588.SZ	史丹利	史丹利农业集团股份有限公司	18.07	30.00	30.00	78.07	B
600220.SH	江苏阳光	江苏阳光股份有限公司	18.03	30.00	30.00	78.03	B
600167.SH	联美控股	联美控股股份有限公司	18.00	30.00	30.00	78.00	B
300294.SZ	博雅生物	江西博雅生物制药股份有限公司	18.00	30.00	30.00	78.00	B
000927.SZ	一汽夏利	天津一汽夏利汽车股份有限公司	18.00	30.00	30.00	78.00	B
601666.SH	平煤股份	平顶山天安煤业股份有限公司	18.00	30.00	30.00	78.00	B
002748.SZ	世龙实业	江西世龙实业股份有限公司	18.00	30.00	30.00	78.00	B
300381.SZ	溢多利	广东溢多利生物科技股份有限公司	18.00	30.00	30.00	78.00	B
600249.SH	两面针	柳州两面针股份有限公司	18.00	30.00	30.00	78.00	B

代码	名称（简称）	公司全称	在线监测系统得分	监督性监测系统得分	环境违法处罚系统得分	企业环境绩效总得分	评分等级
002604.SZ	龙力生物	山东龙力生物科技股份有限公司	18.00	30.00	30.00	78.00	B
600737.SH	中粮糖业	中粮屯河糖业股份有限公司	24.67	30.00	23.33	78.00	B
600051.SH	宁波联合	宁波联合集团股份有限公司	18.00	30.00	30.00	78.00	B
600519.SH	贵州茅台	贵州茅台酒股份有限公司	18.00	30.00	30.00	78.00	B
002463.SZ	沪电股份	沪士电子股份有限公司	22.00	30.00	26.00	78.00	B
601011.SH	宝泰隆	宝泰隆新材料股份有限公司	18.00	30.00	30.00	78.00	B
601101.SH	昊华能源	北京昊华能源股份有限公司	18.00	30.00	30.00	78.00	B
600508.SH	上海能源	上海大屯能源股份有限公司	18.00	30.00	30.00	78.00	B
002805.SZ	丰元股份	山东丰元化学股份有限公司	18.00	30.00	30.00	78.00	B
002066.SZ	瑞泰科技	瑞泰科技股份有限公司	22.00	30.00	26.00	78.00	B
300152.SZ	科融环境	徐州科融环境资源股份有限公司	18.00	30.00	30.00	78.00	B
000576.SZ	广东甘化	江门甘蔗化工厂（集团）股份有限公司	18.00	30.00	30.00	78.00	B
600103.SH	青山纸业	福建省青山纸业股份有限公司	18.00	30.00	30.00	78.00	B
600399.SH	抚顺特钢	抚顺特殊钢股份有限公司	24.00	30.00	24.00	78.00	B
002260.SZ	德奥通航	德奥通用航空股份有限公司	18.00	30.00	30.00	78.00	B
600420.SH	现代制药	上海现代制药股份有限公司	18.00	30.00	30.00	78.00	B
000532.SZ	华金资本	珠海华金资本股份有限公司	18.00	30.00	30.00	78.00	B
002304.SZ	洋河股份	江苏洋河酒厂股份有限公司	17.93	30.00	30.00	77.93	B
600449.SH	宁夏建材	宁夏建材集团股份有限公司	17.81	30.00	30.00	77.81	B
002092.SZ	中泰化学	新疆中泰化学股份有限公司	19.56	29.73	28.49	77.78	B
601216.SH	君正集团	内蒙古君正能源化工集团股份有限公司	23.23	30.00	24.47	77.70	B
002225.SZ	濮耐股份	濮阳濮耐高温材料（集团）股份有限公司	17.62	30.00	30.00	77.62	B
600298.SH	安琪酵母	安琪酵母股份有限公司	18.06	30.00	29.50	77.56	B
600660.SH	福耀玻璃	福耀玻璃工业集团股份有限公司	17.86	29.59	30.00	77.46	B

代码	名称（简称）	公司全称	在线监测系统得分	监督性监测系统得分	环境违法处罚系统得分	企业环境绩效总得分	评分等级
000933.SZ	神火股份	河南神火集团有限公司	21.68	30.00	25.75	77.43	B
600188.SH	兖州煤业	兖州煤业股份有限公司	18.20	29.70	29.40	77.30	B
600803.SH	新奥股份	新奥生态控股股份有限公司	18.01	30.00	29.00	77.01	B
600063.SH	皖维高新	安徽皖维高新材料股份有限公司	24.00	30.00	23.00	77.00	B
600578.SH	京能电力	北京京能电力股份有限公司	19.50	30.00	27.48	76.98	B
600497.SH	驰宏锌锗	云南驰宏锌锗股份有限公司	16.55	30.00	30.00	76.55	B
002597.SZ	金禾实业	安徽金禾实业股份有限公司	16.10	30.00	30.00	76.10	B
000885.SZ	同力水泥	河南同力水泥股份有限公司	16.10	30.00	30.00	76.10	B
600546.SH	山煤国际	山煤国际能源集团股份有限公司	16.05	30.00	30.00	76.05	B
600069.SH	银鸽投资	河南银鸽实业投资股份有限公司	30.00	30.00	16.00	76.00	B
601003.SH	柳钢股份	柳州钢铁股份有限公司	16.00	30.00	30.00	76.00	B
000597.SZ	东北制药	东北制药集团股份有限公司	22.00	30.00	24.00	76.00	B
000615.SZ	京汉股份	京汉实业投资股份有限公司	16.00	30.00	30.00	76.00	B
000690.SZ	宝新能源	广东宝丽华新能源股份有限公司	16.00	30.00	30.00	76.00	B
603823.SH	百合花	百合花集团股份有限公司	18.00	30.00	28.00	76.00	B
000953.SZ	*ST 河化	广西河池化工股份有限公司	16.00	30.00	30.00	76.00	B
000959.SZ	首钢股份	北京首钢股份有限公司	16.00	30.00	30.00	76.00	B
600618.SH	氯碱化工	上海氯碱化工股份有限公司	16.00	30.00	30.00	76.00	B
600350.SH	山东高速	山东高速股份有限公司	16.00	30.00	30.00	76.00	B
000720.SZ	新能泰山	山东新能泰山发电股份有限公司	20.00	30.00	26.00	76.00	B
002061.SZ	江山化工	浙江江山化工股份有限公司	26.00	30.00	20.00	76.00	B
600104.SH	上汽集团	上海汽车集团股份有限公司	16.00	30.00	30.00	76.00	B
002109.SZ	兴化股份	陕西兴化化学股份有限公司	16.00	30.00	30.00	76.00	B
600507.SH	方大特钢	方大特钢科技股份有限公司	20.00	30.00	26.00	76.00	B

代码	名称（简称）	公司全称	在线监测系统得分	监督性监测系统得分	环境违法处罚系统得分	企业环境绩效总得分	评分等级
600601.SH	方正科技	方正科技集团股份有限公司	16.00	30.00	30.00	76.00	B
600802.SH	福建水泥	福建水泥股份有限公司	15.80	30.00	30.00	75.80	B
601718.SH	际华集团	际华集团股份有限公司	15.10	30.00	30.00	75.10	B
600469.SH	风神股份	风神轮胎股份有限公司	22.00	30.00	23.00	75.00	B
000600.SZ	建投能源	河北建投能源投资股份有限公司	21.15	30.00	23.81	74.96	B^-
600812.SH	华北制药	华北制药股份有限公司	17.33	30.00	27.33	74.67	B^-
600010.SH	包钢股份	包钢钢联股份有限公司	18.67	30.00	26.00	74.67	B^-
000695.SZ	滨海能源	天津滨海能源发展股份有限公司	14.46	30.00	30.00	74.46	B^-
000912.SZ	泸天化	四川泸天化股份有限公司	23.13	24.15	27.08	74.36	B^-
600509.SH	天富能源	新疆天富能源股份有限公司	14.29	30.00	30.00	74.29	B^-
000652.SZ	泰达股份	天津泰达股份有限公司	14.25	30.00	30.00	74.25	B^-
600227.SH	赤天化	贵州赤天化股份有限公司	18.00	30.00	26.18	74.18	B^-
600096.SH	云天化	云南云天化股份有限公司	17.97	30.00	26.09	74.06	B^-
601636.SH	旗滨集团	株洲旗滨集团股份有限公司	14.02	30.00	30.00	74.02	B^-
600182.SH	S 佳通	佳通轮胎股份有限公司	14.02	30.00	30.00	74.02	B^-
002210.SZ	飞马国际	深圳市飞马国际供应链股份有限公司	14.00	30.00	30.00	74.00	B^-
600062.SH	华润双鹤	华润双鹤药业股份有限公司	14.00	30.00	30.00	74.00	B^-
000552.SZ	靖远煤电	甘肃靖远煤电股份有限公司	14.00	30.00	30.00	74.00	B^-
601339.SH	百隆东方	百隆东方股份有限公司	14.00	30.00	30.00	74.00	B^-
600529.SH	山东药玻	山东省药用玻璃股份有限公司	24.00	30.00	20.00	74.00	B^-
601118.SH	海南橡胶	海南天然橡胶产业集团股份有限公司	14.00	30.00	30.00	74.00	B^-
601857.SH	中国石油	中国石油天然气股份有限公司	14.70	30.00	29.30	74.00	B^-
600917.SH	重庆燃气	重庆燃气集团股份有限公司	14.00	30.00	30.00	74.00	B^-
000990.SZ	诚志股份	诚志股份有限公司	14.00	30.00	30.00	74.00	B^-

代码	名称（简称）	公司全称	在线监测系统得分	监督性监测系统得分	环境违法处罚系统得分	企业环境绩效总得分	评分等级
000758.SZ	中色股份	中国有色金属建设股份有限公司	24.00	30.00	20.00	74.00	B^-
002365.SZ	永安药业	潜江永安药业股份有限公司	14.00	30.00	30.00	74.00	B^-
601212.SH	白银有色	白银有色集团股份有限公司	32.00	30.00	12.00	74.00	B^-
600356.SH	恒丰纸业	牡丹江恒丰纸业股份有限公司	18.00	30.00	26.00	74.00	B^-
600078.SH	澄星股份	江苏澄星磷化工股份有限公司	14.00	30.00	30.00	74.00	B^-
002562.SZ	兄弟科技	兄弟科技股份有限公司	14.00	30.00	30.00	74.00	B^-
600526.SH	菲达环保	浙江菲达环保科技股份有限公司	14.00	30.00	30.00	74.00	B^-
600888.SH	新疆众和	新疆众和股份有限公司	14.00	30.00	30.00	74.00	B^-
600538.SH	国发股份	北海国发海洋生物产业股份有限公司	18.00	30.00	26.00	74.00	B^-
600500.SH	中化国际	中化国际（控股）股份有限公司	14.82	30.00	29.10	73.92	B^-
000756.SZ	新华制药	山东新华制药股份有限公司	14.00	30.00	29.90	73.90	B^-
002250.SZ	联化科技	联化科技股份有限公司	14.00	30.00	29.76	73.76	B^-
002083.SZ	孚日股份	孚日集团股份有限公司	13.56	30.00	30.00	73.56	B^-
600489.SH	中金黄金	中金黄金股份有限公司	24.00	30.00	19.00	73.00	B^-
600758.SH	红阳能源	辽宁红阳能源投资股份有限公司	20.00	30.00	22.67	72.67	B^-
600982.SH	宁波热电	宁波热电股份有限公司	13.23	30.00	29.39	72.61	B^-
000630.SZ	铜陵有色	铜陵有色金属集团股份有限公司	14.51	30.00	28.01	72.51	B^-
000709.SZ	河钢股份	河钢股份有限公司	23.70	30.00	18.50	72.20	B^-
601699.SH	潞安环能	山西潞安环保能源开发股份有限公司	12.10	30.00	30.00	72.10	B^-
300185.SZ	通裕重工	通裕重工股份有限公司	12.00	30.00	30.00	72.00	B^-
002170.SZ	芭田股份	深圳市芭田生态工程股份有限公司	20.00	30.00	22.00	72.00	B^-
000883.SZ	湖北能源	湖北能源集团股份有限公司	20.00	30.00	22.00	72.00	B^-
300158.SZ	振东制药	山西振东制药股份有限公司	12.00	30.00	30.00	72.00	B^-
002132.SZ	恒星科技	河南恒星科技股份有限公司	12.00	30.00	30.00	72.00	B^-

代码	名称（简称）	公司全称	在线监测系统得分	监督性监测系统得分	环境违法处罚系统得分	企业环境绩效总得分	评分等级
002128.SZ	露天煤业	内蒙古霍林河露天煤业股份有限公司	12.00	30.00	30.00	72.00	B^-
600540.SH	*ST 新赛	新疆赛里木现代农业股份有限公司	20.00	30.00	22.00	72.00	B^-
600717.SH	天津港	天津港股份有限公司	14.00	30.00	28.00	72.00	B^-
002672.SZ	东江环保	东江环保股份有限公司	12.00	30.00	30.00	72.00	B^-
600559.SH	老白干酒	河北衡水老白干酒业股份有限公司	12.00	30.00	30.00	72.00	B^-
002068.SZ	黑猫股份	江西黑猫炭黑股份有限公司	16.51	30.00	25.03	71.54	B^-
600187.SH	国中水务	黑龙江国中水务股份有限公司	15.50	25.50	30.00	71.00	B^-
600019.SH	宝钢股份	宝山钢铁股份有限公司	24.92	23.41	22.61	70.95	B^-
000698.SZ	沈阳化工	沈阳化工股份有限公司	18.70	30.00	22.25	70.94	B^-
000488.SZ	晨鸣纸业	山东晨鸣纸业集团股份有限公司	14.06	29.30	27.58	70.94	B^-
600452.SH	涪陵电力	重庆涪陵电力实业股份有限公司	11.80	29.60	29.40	70.80	B^-
000546.SZ	金圆股份	金圆水泥股份有限公司	11.74	30.00	28.96	70.70	B^-
600328.SH	兰太实业	内蒙古兰太实业股份有限公司	10.50	30.00	30.00	70.50	B^-
000723.SZ	美锦能源	山西美锦能源股份有限公司	24.20	30.00	15.90	70.10	B^-
002386.SZ	天原集团	宜宾天原集团股份有限公司	20.00	30.00	20.00	70.00	B^-
600273.SH	嘉化能源	浙江嘉化能源化工股份有限公司	10.00	30.00	30.00	70.00	B^-
000553.SZ	沙隆达 A	湖北沙隆达股份有限公司	22.00	30.00	18.00	70.00	B^-
600596.SH	新安股份	浙江新安化工集团股份有限公司	19.00	27.00	24.00	70.00	B^-
000822.SZ	山东海化	山东海化股份有限公司	10.00	30.00	30.00	70.00	B^-
600281.SH	太化股份	太原化工股份有限公司	10.00	30.00	30.00	70.00	B^-
002002.SZ	鸿达兴业	鸿达兴业股份有限公司	18.00	30.00	22.00	70.00	B^-
600133.SH	东湖高新	武汉东湖高新集团股份有限公司	18.00	30.00	22.00	70.00	B^-
600719.SH	大连热电	大连热电股份有限公司	10.00	30.00	30.00	70.00	B^-
600792.SH	云煤能源	云南煤业能源股份有限公司	24.00	30.00	16.00	70.00	B^-

代码	名称（简称）	公司全称	在线监测系统得分	监督性监测系统得分	环境违法处罚系统得分	企业环境绩效总得分	评分等级
600711.SH	盛屯矿业	盛屯矿业集团股份有限公司	24.00	30.00	16.00	70.00	B^-
600308.SH	华泰股份	山东华泰纸业股份有限公司	13.70	30.00	26.20	69.90	C
000778.SZ	新兴铸管	新兴铸管股份有限公司	18.14	30.00	21.25	69.39	C
600725.SH	ST 云维	云南云维股份有限公司	15.00	30.00	24.00	69.00	C
601600.SH	中国铝业	中国铝业股份有限公司	21.40	30.00	17.40	68.80	C
600028.SH	中国石化	中国石油化工集团公司	12.11	29.70	26.64	68.44	C
002271.SZ	东方雨虹	北京东方雨虹防水技术股份有限公司	10.00	30.00	28.00	68.00	C
600844.SH	*ST 丹科	丹化化工科技股份有限公司	16.00	30.00	22.00	68.00	C
002394.SZ	联发股份	江苏联发纺织股份有限公司	8.00	30.00	30.00	68.00	C
600230.SH	沧州大化	沧州大化股份有限公司	8.00	30.00	30.00	68.00	C
600348.SH	阳泉煤业	阳泉煤业（集团）股份有限公司	8.00	30.00	30.00	68.00	C
002155.SZ	湖南黄金	湖南黄金股份有限公司	16.00	30.00	22.00	68.00	C
002716.SZ	金贵银业	郴州市金贵银业股份有限公司	8.00	30.00	30.00	68.00	C
600966.SH	博汇纸业	山东博汇纸业股份有限公司	24.00	30.00	14.00	68.00	C
600569.SH	安阳钢铁	安阳钢铁股份有限公司	22.10	30.00	15.60	67.70	C
600586.SH	金晶科技	山东金晶科技股份有限公司	15.69	30.00	21.50	67.19	C
000683.SZ	远兴能源	内蒙古远兴能源股份有限公司	21.60	30.00	15.40	67.00	C
600642.SH	申能股份	申能股份有限公司	15.33	30.00	21.33	66.67	C
000877.SZ	天山股份	新疆天山水泥股份有限公司	13.85	30.00	22.76	66.61	C
002601.SZ	龙蟒佰利	龙蟒佰利联集团股份有限公司	20.00	30.00	16.00	66.00	C
603077.SH	和邦生物	四川和邦生物科技股份有限公司	18.00	30.00	18.00	66.00	C
000677.SZ	恒天海龙	恒天海龙股份有限公司	12.00	30.00	24.00	66.00	C
600585.SH	海螺水泥	安徽海螺水泥股份有限公司	10.20	28.90	26.60	65.70	C
000599.SZ	青岛双星	双星集团有限责任公司	18.00	30.00	16.00	64.00	C

代码	名称（简称）	公司全称	在线监测系统得分	监督性监测系统得分	环境违法处罚系统得分	企业环境绩效总得分	评分等级
600782.SH	新钢股份	新余钢铁股份有限公司	18.00	30.00	16.00	64.00	C
600319.SH	亚星化学	潍坊亚星化学股份有限公司	18.00	30.00	16.00	64.00	C
600075.SH	新疆天业	新疆天业股份有限公司	18.00	30.00	16.00	64.00	C
002534.SZ	杭锅股份	杭州锅炉集团股份有限公司	10.00	30.00	24.00	64.00	C
600367.SH	红星发展	贵州红星发展股份有限公司	8.00	27.25	28.42	63.67	C
000932.SZ	*ST 华菱	湖南华菱钢铁股份有限公司	15.05	30.00	18.19	63.24	C
600390.SH	五矿资本	五矿资本股份有限公司	20.00	12.00	30.00	62.00	C
000420.SZ	吉林化纤	吉林化纤股份有限公司	14.00	30.00	18.00	62.00	C
002422.SZ	科伦药业	四川科伦药业股份有限公司	24.80	16.92	18.79	60.51	C
000825.SZ	太钢不锈	山西太钢不锈钢股份有限公司	16.62	30.00	13.40	60.02	C
601168.SH	西部矿业	西部矿业股份有限公司	14.00	30.00	16.00	60.00	C
600307.SH	酒钢宏兴	甘肃酒钢集团宏兴钢铁股份有限公司	10.25	30.00	19.75	60.00	C
002163.SZ	中航三鑫	中航三鑫股份有限公司	10.00	30.00	20.00	60.00	C
600170.SH	上海建工	上海建工股份有限公司	12.00	30.00	16.00	58.00	C⁻
600793.SH	宜宾纸业	宜宾纸业股份有限公司	8.00	30.00	20.00	58.00	C⁻
002340.SZ	格林美	格林美股份有限公司	14.00	14.00	30.00	58.00	C⁻
002513.SZ	蓝丰生化	江苏蓝丰生物化工股份有限公司	12.00	30.00	16.00	58.00	C⁻
600123.SH	兰花科创	山西兰花科技创业股份有限公司	9.88	30.00	17.05	56.94	C⁻
000755.SZ	*ST 三维	山西三维集团股份有限公司	10.00	30.00	12.00	52.00	C⁻
600256.SH	广汇能源	广汇能源股份有限公司	10.00	30.00	12.00	52.00	C⁻
002087.SZ	新野纺织	河南新野纺织股份有限公司	8.00	30.00	12.00	50.00	C⁻
601005.SH	*ST 重钢	重庆钢铁股份有限公司	14.00	24.00	10.00	48.00	D
600293.SH	三峡新材	湖北三峡新型建材股份有限公司	8.00	30.00	6.00	44.00	D
600470.SH	六国化工	安徽六国化工股份有限公司	11.42	14.59	14.58	40.59	D